PAR AMOUR DU SPORT

Tony Estanguet

Par amour du sport

Avec la collaboration
de Camille Reinauld

CALMANN LEVY
ÉDITEUR DEPUIS 1836

COUVERTURE
Conception graphique: Thomas Hamel / 'Olo
Photographie: © Paris 2024 – Tom Lefèvre

ISBN: 978-2-7021-9353-2

À ma mère,
à qui je dois tout.

À Titouan, Gabin et Léandre,
à qui j'espère avoir transmis mon amour du sport.

Je pensais avoir vécu le plus grand moment de ma carrière le 31 juillet 2012, à Londres, lors de ma dernière finale olympique.

Après mon naufrage aux Jeux de Pékin, quatre ans plus tôt, je venais de réussir ce qu'aucun Français n'avait encore réussi : gagner trois titres olympiques individuels au cours de trois éditions différentes des Jeux. Tous mes proches étaient là, dans les tribunes et au bord du bassin ; les supporters français étaient venus m'encourager en masse et je pensais ne jamais revivre d'émotions aussi fortes. Je me trompais.

La fierté et la joie que j'ai ressenties ce jour-là n'étaient en rien comparables à ce que j'ai pu vivre au cours de l'été 2024. Paris 2024 a été l'aventure de ma vie.

La plus belle, parce qu'elle a rendu fiers tous les Français. La plus inattendue, parce que le scénario que l'on a vécu a dépassé tout ce que je pouvais imaginer, dans les difficultés qui ont jalonné chaque étape comme dans leur succès final absolu. La plus collective, parce que l'on a été des milliers à la construire.

Je n'ai pas l'habitude de me confier. Mais l'été dernier, en voyant votre ferveur et votre attachement aux athlètes de Paris 2024, à ses sites, à son hymne, à sa vasque, j'ai eu envie de vous raconter son histoire. Raconter sa genèse et ses rebondissements. Raconter tout ce qu'elle dit du pouvoir du sport et de la force de notre pays.

J'aurais aimé pouvoir raconter tout ce que chacun y a apporté. Citer tous les noms de ceux qui ont travaillé dans l'ombre, tous les salariés, tous les élus, toutes les administrations, toutes les entreprises, toutes les fédérations, tous les volontaires, qui se sont engagés à nos côtés. Décrire toutes les idées que l'on a eues, toutes les solutions que l'on a trouvées, toutes les victoires que l'on a remportées. Je sais que tout n'y est pas.

Ce récit n'est ni objectif, ni exhaustif. C'est un récit avec ses oublis et ses imprécisions. C'est ce que j'ai vécu.

Préambule

La journée a été longue. Il est bientôt 20 heures, et le Comité international olympique (CIO) s'apprête à dévoiler son choix.

Nous entrons enfin dans la salle. C'est l'immense amphithéâtre d'un grand hôtel. À droite, nos concurrents sont déjà assis à leurs places. Les membres du CIO, les représentants des fédérations sportives internationales et des comités olympiques nationaux ainsi que des sponsors du CIO sont installés au milieu. Avec la délégation française, nous nous dirigeons vers les fauteuils situés à gauche, dans un mouvement presque chorégraphié, car tout a été pensé, jusqu'à notre façon d'entrer en scène. Nous devons être une centaine. Les plus grands champions français sont là : Marie-José Pérec, Tony Parker, David Douillet, Laura Flessel... Tous avec le même costume, le même pin's, et le même sourire un peu crispé aux lèvres.

Quelques minutes avant, dans la chambre d'appel dans laquelle nous avons tous été réunis, nos experts olympiques nous ont dit qu'ils avaient fait le décompte de nos soutiens, et que c'était bon. Il fallait qu'on fasse profil bas jusqu'à l'annonce officielle, mais c'était sûr, cette fois, les Jeux d'été allaient revenir en France.

L'ambiance est électrique ; un mélange d'excitation de la victoire annoncée et de tension extrême, malgré les mots qui résonnent dans nos têtes : « Cette fois, c'est pour nous ». Le président du CIO s'avance enfin sur l'estrade. Un silence de plomb s'installe. On lui apporte l'enveloppe qui contient le nom du vainqueur, et il se met à l'ouvrir péniblement. Au bout de plusieurs secondes qui me paraissent interminables, il relève la tête : « *The Games of the 30th Olympiad are awarded to the city of... London !*[1] »

C'est bizarre comme les mauvaises nouvelles mettent du temps à parvenir au cerveau. On a entendu le mot, mais c'est comme si on n'en avait pas saisi le sens. On se préparait à exploser de joie, on était prêts à bondir, mais au lieu de sauter, on s'écroule sur

1. « Les Jeux de la XXXe Olympiade sont attribués à la ville de... Londres. »

nos chaises. Au lieu de hurler, on reste sans voix. En quelques secondes, tous les appareils photos qui étaient braqués sur nous ont disparu pour aller saisir la joie qui éclate de l'autre côté de la salle. Sebastian Coe, David Beckham et toute l'équipe de Londres 2012 se tombent dans les bras. Je suis sonné.

Une des premières images qui me vient, c'est la foule sur les Champs-Élysées quelques semaines auparavant. L'équipe de candidature avait installé une piscine, des courts de tennis, des rings de boxe, un terrain de football, une piste d'athlétisme et même une piscine. Des milliers de Parisiens étaient venus s'essayer aux sports olympiques le long de la plus belle avenue du monde. On était des centaines d'athlètes à s'être mobilisés, et on avait senti une envie de Jeux comme jamais. Je sais à quel point c'est une immense déception pour tous ceux qui étaient là sur les Champs et qui pensaient vivre un avant-goût de Paris 2012. Je sais à quel point c'est une immense déception pour tout notre pays. Comme tous les athlètes français, j'y croyais très fort. Participer aux Jeux, c'est le rêve de tout sportif de haut niveau. Mais nos carrières sont souvent tellement courtes et l'accueil des Jeux par un pays tellement exceptionnel, que faire les Jeux à domicile, la plupart des athlètes dans le monde ne songent même pas à en rêver.

Pour moi, et pour toute la génération d'athlètes français avec laquelle j'ai grandi, c'est différent. Nous nous sommes construits dans l'espoir de pouvoir vivre les Jeux à la maison. Quand l'équipe de Paris 1992 perd face à Barcelone, on est en 1985. J'ai sept ans et je viens de voir mes toutes premières images des Jeux à Los Angeles. Quand la candidature de Lille 2004 n'est pas retenue, j'ai dix-neuf ans, je fais du canoë en compétition depuis plusieurs années, et mon frère vient de remporter la médaille de bronze aux Jeux d'Atlanta. Faire les Jeux, c'est déjà devenu mon objectif ultime. Quand l'équipe de Paris 2008 perd face à Pékin, j'ai vingt-trois ans, je viens de remporter mon premier titre olympique, et évidemment, je m'étais projeté dans des Jeux à la maison. Depuis que j'ai l'âge d'être amoureux des Jeux, on est candidats, et on perd.

Mais cette fois, c'était différent. Notre dossier était hyper-solide, l'enthousiasme de la population était palpable, les retours des médias français comme des experts internationaux étaient excellents. Cette fois, les planètes étaient alignées, et c'était ma dernière chance de jouer à domicile. J'avais déjà deux titres olympiques, je me préparais à vivre mes troisièmes Jeux, à Pékin, mais j'avais aussi déjà 27 ans. Au mieux, je pouvais continuer ma carrière jusqu'aux Jeux de 2012, pas plus tard.

Comme tout le monde, sur le coup, j'en veux forcément aux Anglais. Mais le sport m'a appris que quand ton adversaire gagne, c'est juste qu'il a été le meilleur. Je sais que je n'ai pas le droit d'être en colère contre l'équipe de Londres 2012. Si on a perdu, c'est qu'on n'a pas su faire la différence. Je n'ai pas non plus le droit d'être en colère contre ceux qui ont mené cette campagne. C'est trop facile de critiquer quand on n'a soi-même pas fait grand-chose. Comme beaucoup d'athlètes français, j'ai été présent pour les temps forts de Paris 2012, mais je n'ai rien fait de plus. Alors je suis en colère contre moi-même, de m'être accroché à cette idée qu'on était favoris. Mais dans une compétition, être favori, ça n'a aucun sens ! Dans une compétition, la seule chose qui compte, c'est d'être le meilleur le jour J. On n'arrêtait pas de nous dire que c'était le tour de la France, qu'on avait candidaté en 2001 pour les Jeux de 2008 pour pouvoir dire « après, c'est notre tour ». Dans le sport, ce n'est jamais ton tour ! C'est une compétition, et il faut la gagner. Entre Federer et Nadal, ce n'est pas une fois sur deux ! La question, ce n'est pas « est-ce que c'est notre tour ? », mais « est-ce qu'on est les meilleurs, à cet instant T ? »

Le 6 juillet 2005, il est près de 20 heures à Singapour, et l'espoir de voir les Jeux d'été revenir en France vient de partir en fumée. Dans le sport, toutes les victoires n'ont pas la même saveur. C'est la même chose pour les défaites, et celle-ci me reste en travers de la gorge. Pour beaucoup d'athlètes français, Singapour, c'est une porte qui se referme. J'en fais partie.

Mon rêve de finir ma carrière en jouant à domicile aux Jeux de Paris 2012 vient de se briser.

Chapitre I

Mardi 31 juillet 2012, il est presque 15 h 30 quand je m'engage, calé dans mon canoë, sur le tapis roulant qui va m'amener au départ de la dernière course de ma vie.

Je ne joue pas à domicile, dans le bassin olympique qu'on avait imaginé à Vaires-sur-Marne pour les Jeux de Paris 2012, mais dans le centre d'eaux vives de Lee Valley, au nord de Londres. Quatre ans se sont écoulés depuis les Jeux de Pékin et mon dernier départ olympique qui s'était soldé par la plus grande défaite de ma carrière, à la neuvième place, très loin derrière mes performances habituelles.

Il reste cinq minutes avant que je me lance : deux minutes sur le tapis roulant, puis trois minutes dans l'aire de départ, qu'on appelle le « start ». Je serai maintenant seul jusqu'à la ligne d'arrivée. J'ai déjà fait des centaines de fois tous ces gestes qui précèdent le moment où je me lance dans une course, et en même temps, les cinq minutes qui vont suivre sont un saut dans l'inconnu.

Dans le sport, on répète chaque mouvement à l'infini. Ce que le public peut percevoir comme un enchaînement naturel nous a demandé des milliers d'heures d'entraînement, de répétition, de perfectionnement. Tout a été pensé, testé, schématisé, optimisé avec mes deux entraîneurs, mon préparateur physique, ma psy, mon kiné… Tout, sauf les cinq minutes qui précèdent une finale olympique. Ces cinq minutes-là, bien sûr on s'y prépare, mais on ne peut pas anticiper la façon dont on va les vivre, parce qu'on ne peut pas reproduire à l'entraînement les conditions d'une finale olympique. On ne peut pas reproduire la clameur des 15 000 personnes réunies dans le stade nautique de Lee Valley et ce qu'elle va provoquer en nous. On ne peut pas reproduire la montée d'adrénaline à l'approche du départ. On ne peut pas s'entraîner à étouffer les pensées parasites qui vont nous assaillir subitement : « Ça y est, c'est parti, j'y suis… Putain, c'est la finale, ma dernière finale… Et si j'explose en vol comme à Pékin ?

Qu'est-ce que je fais si je me plante ? J'ai trente-quatre ans, je ne peux pas encore repartir pour une nouvelle Olympiade… »

C'est long cinq minutes, quand on est seul face à soi-même. Une fois que le top départ aura retenti, je serai en terrain connu. Mais avant, il y a ce vide impressionnant, ces cinq minutes où tout se joue, où l'on peut soit craquer sous la pression, soit parvenir à puiser dans l'adrénaline l'énergie nécessaire pour se dépasser. C'est une épreuve qui est peut-être presque plus difficile que la course en elle-même, mais bizarrement, c'est un moment que j'aime bien affronter. C'est ma finale contre moi-même.

Pour empêcher mon cerveau de partir en toupie dès le tapis roulant, je m'oblige à reproduire toute une série de gestes qui vont m'ancrer dans le moment présent. Je vérifie que mon gilet est bien attaché, je vérifie que mon casque est bien mis, je vérifie que la jupe de mon canoë est bien fixée, je me mouille la nuque, je fais quelques exercices de respiration, puis quelques exercices de vision. C'est toujours la même routine qui m'accompagne jusqu'au départ. Quand j'ai fini d'inspecter mon matériel, je me répète ce que m'ont toujours répété mes entraîneurs : « Reste bien à plat », « Engage-toi », « Pousse sur tes bras ». C'est à la fois une autre façon d'occuper mon esprit et le moyen de donner une dernière fois à tout mon corps les consignes les plus importantes.

Le tapis roulant est comme un tunnel, protégé par deux immenses murs de béton. Lorsque j'arrive au bout, les cris de la foule surgissent d'un coup. Quand on vient d'un sport aussi confidentiel que le canoë, il n'y a qu'aux Jeux qu'on peut vivre ça. C'est impressionnant, mais cette fois, je me suis promis de me nourrir de l'énergie du stade. Je sais que je ne dois pas voir la clameur des spectateurs comme quelque chose que je ne peux pas contrôler et qui vient perturber la bulle que je me suis créée. Je dois l'intégrer à ma course et en faire un moteur.

Je m'avance dans le start. Le compte à rebours affiche 100 secondes avant le départ. Je continue de suivre patiemment chaque étape de ma routine et de me remplir de l'énergie du stade, quand j'entends qu'on annonce le temps de celui qui vient de passer juste avant moi. Le commentateur a l'air survolté. Il répète son temps une deuxième, puis une troisième fois. Les deux premières fois, j'étais encore trop concentré pour entendre son chrono, mais au bout de la troisième fois, je finis par comprendre que son temps est stratosphérique. Les quatre premiers céistes ont tous fait plus de 102 secondes, Michal Martikan vient de faire 98,31.

La première fois que j'ai affronté le Slovaque Martikan, c'était aux États-Unis, en 1994, pour mes premiers championnats du monde juniors. J'avais seize ans, lui quinze, et il avait fini premier en survolant la compétition. J'étais arrivé huitième… Ce jour-là, j'avais découvert le phénomène Martikan. Deux ans plus tard, assis sur le canapé du salon familial à Pau, je le regardais à la télévision devancer mon grand frère, Patrice, et monter sur la plus haute marche du podium de l'épreuve de canoë slalom aux Jeux Olympiques d'Atlanta. J'avais dix-huit ans, lui dix-sept, et il venait non seulement de faire les Jeux, mais de rafler l'or. Alors qu'on entend souvent qu'il faut être patient, emmagasiner de l'expérience, ne pas brûler les étapes… Ce jour-là, Michal Martikan m'a appris une chose que je n'ai jamais oubliée : il n'y a pas d'âge pour être le meilleur.

Aux Jeux suivants, à Sydney, en 2000, je suis arrivé premier, lui deuxième. À partir de ce moment-là, nous sommes devenus chacun le meilleur adversaire de l'autre. En 2003, il est premier aux championnats du monde, je suis deuxième. En 2004, je suis premier aux Jeux d'Athènes, il est second. En 2006, je suis premier aux championnats du monde, il est deuxième. En 2007, il est premier aux championnats du monde, je suis deuxième. En 2008, il est premier aux Jeux de Pékin, et cette fois, je suis loin derrière… Mais notre binôme reprend dès les championnats du monde de 2009 : je suis premier, et lui deuxième, idem pour les championnats du monde de 2010.

Toute ma vie d'athlète, j'ai eu Martikan en face de moi. Pendant douze ans, nous avons été un tandem qui se tirait mutuellement vers le haut. Il était tellement fort qu'il m'a obligé à repousser mes limites, encore et encore. Avec lui dans les bassins, je ne pouvais jamais me contenter de faire le job, j'étais obligé d'aller toujours plus loin, j'étais condamné à viser en permanence l'hyper-excellence. Le matin, quand je n'avais pas envie d'aller m'entraîner, je pensais à Martikan, et je me disais que lui devait déjà être dans l'eau.

Je n'aurais jamais été à ce niveau aux Jeux de Londres sans douze années de combat acharné contre Martikan.

Alors en ce 31 juillet 2012, pour ce qui s'annonce comme la dernière course de ma vie, nous sommes huit en finale, mais c'est contre lui que je concours, et il vient de prendre la première place.

Il reste encore 40 secondes avant le top départ. Je suis déjà complètement dans ma course. Je sais que, pour le battre, je ne dois penser qu'à une seule chose, ma navigation. Être à l'attaque. Prendre un maximum de vitesse. Rester connecté à l'eau pour m'adapter à chacun de ses mouvements. Mon objectif, c'est désormais de faire mieux que 98,31.

Vingt secondes avant le départ, j'entends le commentateur reprendre le micro pour annoncer mon nom, mon âge, mon palmarès. Le public se met à applaudir et à scander : « To-ny, To-ny, To-ny ». Je ne joue pas à domicile, mais presque. La proximité du Royaume-Uni avec la France a permis à ma famille, à mes amis et à un nombre incroyable de supporters français d'être présents. Ma mère et ma femme, Laëtitia, sont dans les tribunes, comme à chaque Jeux, et pour la première fois, mes deux frères, Aldric et Patrice, sont là aussi. Aldric est avec « La Tribu », le club de supporters qui me soutient depuis mes débuts, et Patrice sur le bord du bassin, car il est devenu l'un de mes deux entraîneurs, avec Sylvain Curinier. J'inspire à pleins poumons en entendant la tribu chanter et souffler dans ses vuvuzelas.

Cinq, quatre, trois, deux, un... Les cinq bips du départ retentissent, et ça part fort tout de suite. J'ai immédiatement de bonnes sensations, l'impression de faire corps avec mon bateau et de contrôler ce qui m'arrive. Les joueurs de tennis disent que pour certains matchs, ils voient la balle grosse comme un ballon de basket, dans un état d'hyperconscience, avec l'impression d'avoir plus de temps pour faire chaque geste. Je suis dans le même genre d'état second, et cette impression de maîtrise est grisante. J'arrive à voir les mouvements des vagues se créer et à utiliser la puissance de l'eau. Une porte touchée, c'est deux secondes de pénalité, mais je sais que je dois prendre des risques pour avoir une chance de passer devant Martikan, alors je tends mes trajectoires pour me rapprocher au maximum de chaque porte sans les toucher. Je passe à trois ou quatre centimètres, parfois deux. Dans un courant déchaîné comme celui d'un stade d'eaux vives, avec des mouvements d'eau inattendus tous les dix mètres, c'est très risqué, mais je continue. Je me fais peur pour la dernière des portes rouges – celles que je dois prendre en remontant la rivière, à contre-courant – je passe à un centimètre de la faute… Mais je ne touche pas ! Quand je lance le sprint final, ça fait déjà 15 secondes que je dois résister à l'acide lactique qui gagne mes bras, et je vais chercher mes toutes dernières ressources pour pousser encore, encore, encore…

À l'instant où je franchis enfin la ligne d'arrivée, je lève la tête et cherche du regard les résultats. Je sais que le panneau d'affichage est sur la gauche, mais je ne le vois pas tout de suite. Cet instant ne dure que quelques fractions de seconde, mais sur le moment, il me semble très long. Je finis enfin par voir ESTANGUET au-dessus de MARTIKAN. À ce moment-là, je lève les bras en poussant un cri de rage, de soulagement, de fierté, de bonheur. Je n'ai pas l'habitude d'exprimer mes émotions, et j'ai toujours admiré les athlètes qui avaient la victoire humble. En vingt ans de compétition, je n'ai jamais levé les bras après une course. C'est la première fois que je m'y autorise, alors que la compétition n'est pas finie ! Je me suis tellement programmé pour le duel avec Martikan que je ne pense plus aux deux autres finalistes qui doivent encore passer après moi. En quelques secondes, j'ai l'impression d'être enfin libéré de l'énorme pression que je me suis toujours imposée à moi-même, comme si la blessure de Pékin venait de se refermer, comme si j'avais joué toute ma carrière dans cette dernière descente et que je pouvais enfin être content de moi.

Je vois Patrice et Sylvain courir vers moi, fous de joie, et je rame vers eux. On se serre dans les bras, moi toujours dans mon bateau, eux accroupis au bord du bassin. Je ne sais plus si c'est Patrice ou Sylvain qui, au bout de quelques secondes, me lance : « Mais pourquoi t'as levé les bras ? Il y a encore l'Allemand et le Slovène ! » On éclate de rire tous les trois. C'est vrai que ce n'est pas fini. Si la médaille est assurée, on ne sait pas encore quelle sera sa couleur. Mais quoi qu'il arrive, on l'a fait. On l'a fait ensemble. Je sais tout ce que je leur dois. Ces 97,06 secondes, c'est notre victoire à tous les trois.

Patrice et Sylvain restent à mes côtés, et on regarde ensemble passer les deux derniers finalistes. L'Allemand Tasiadis Sideris fait une super course. Au début, je suis encore tellement dans l'euphorie de ma manche que je ne prends pas conscience du danger. Mais aux trois dernières portes, je me rends compte que ça va être chaud, et effectivement, il passe devant Martikan ! Sideris passe devant Martikan, mais pas devant moi ; il s'insère entre nous deux. Ce qui se joue maintenant, pour moi, c'est l'or ou l'argent. Le suspense ne dure pas longtemps, le Slovène explose rapidement. Dès les premières portes, il n'est plus dans la course. Ça y est… Je viens de décrocher mon troisième titre olympique. Et c'est à mon père que je pense. Il nous a quittés sept ans auparavant.

Quand on me demandait, avant les Jeux de Londres, s'ils marqueraient la fin de ma carrière, je répondais que je déciderais à l'issue de la compétition, mais au fond de moi, je sentais que je m'arrêterais là. Mon intuition se confirme dès la fin de la course. Le soulagement et l'apaisement que je ressens me disent que c'est fini. Je sais que je suis arrivé au bout de mon aventure sportive et que je suis tout à coup enfin en paix avec cette quête incessante de progresser, d'être le meilleur, de gagner, gagner, gagner… Ce jour-là, c'est un long chapitre qui se clôt, celui qui a commencé avec mon père, dans les Pyrénées, et qui a grandi dans le sillage de mes frères. En 97,06 secondes, cette course vient, après quatre olympiades, de mettre un terme à vingt ans d'entraînement acharné dans les rivières de Pau et du monde entier.

Je m'étais préparé à cette fin. Ça faisait quatre ans que je m'y préparais, que je commençais à m'ouvrir à d'autres domaines, à m'engager de plus en plus au sein de la Fédération française de canoë-kayak, de la Fédération internationale, auprès du ministère des Sports, auprès de mon sponsor EDF. Je venais d'être élu président de la Commission des athlètes du Comité olympique français, et j'étais en pleine campagne pour devenir membre du CIO. J'avais anticipé ma reconversion, mais ce que je n'avais pas anticipé, c'est ce que les Jeux de Londres allaient réveiller chez moi, et chez tous les Français. Londres 2012, son succès, sa proximité avec la France, sa cérémonie d'ouverture si fidèle à l'humour anglais, ses volontaires si joyeux et ses athlètes de la team GB que rien ne semblait pouvoir arrêter, nous a redonné envie. Depuis que la délégation britannique s'est mise à rafler un nombre impressionnant de médailles, je rêve qu'on puisse nous aussi bénéficier du *home advantage*. Je n'en rêve pas en tant qu'athlète, j'en rêve comme les Français réunis au Club France et devant leurs écrans, comme le président de la République, François Hollande, quand il se rend à Londres pour les Jeux et qu'il évoque la possibilité que la France retente sa chance.

Sept ans après nous avoir fait perdre le goût des Jeux, quand l'équipe emmenée par Sebastian Coe avait battu celle de Paris 2012, les Anglais ont rallumé notre flamme olympique.

★

Quelques mois plus tard, je suis dans une salle d'embarquement de l'aéroport de Pau quand je croise Bernard Lapasset. On commence à discuter. Nous nous sommes déjà croisés plusieurs fois auparavant : en 2006, quand j'avais été invité à passer vingt-quatre heures avec l'Équipe de France de rugby dans le cadre des matchs de préparation de la Coupe du monde qu'il présidait, puis en 2008, aux Jeux de Pékin, quand Bernard faisait campagne pour l'entrée du rugby à sept au programme des Jeux Olympiques, et cet été aux Jeux de Londres.

Bernard Lapasset n'a pas d'égal dans le monde sportif français. Tarbais passionné de rugby, champion de France en juniors avec son club d'Agen, il a gravi un à un les échelons au sein de la Fédération française de rugby jusqu'à être élu président, avant d'organiser l'immense succès de la Coupe du monde 2007. Il a ensuite enchaîné avec deux exploits au sein du mouvement sportif international : celui d'être élu président de la Fédération internationale de rugby, alors qu'elle est largement dominée par les Anglo-Saxons, puis, quelques années plus tard, celui de faire entrer au programme des Jeux Olympiques le rugby à sept, face à des sports pourtant bien plus connus. En un mot, c'est le plus grand expert français du lobbying sportif – tout ce qui nous avait manqué pour la candidature de Paris 2012.

Quelques semaines avant notre rencontre, la ministre des Sports, Valérie Fourneyron, et le président du Comité olympique français, Denis Masseglia, ont proposé à Bernard une mission : celle de prendre la tête d'une nouvelle structure chargée de repenser l'influence du sport français à l'international et d'engager une dynamique dans la perspective, à terme, d'une éventuelle candidature aux Jeux. Valérie Fourneyron m'avait appelé pour m'en parler. Maire de Rouen nommée ministre de la Jeunesse et des Sports après l'élection de François Hollande en mai 2012, elle connaît très bien le monde du sport français pour avoir été médecin du sport, médecin de l'Équipe de France de volleyball et responsable de la coordination des médecins des équipes de France. Elle est revenue des Jeux de Londres déterminée à lancer une dynamique autour d'une nouvelle candidature et voulait que je fasse partie de l'aventure.

Bernard me parle à son tour du projet et évoque tout de suite l'ambition olympique de la France. Il me dit : « On sait que pour 2012, la candidature française était trop politique, c'est pour ça qu'ils sont venus me chercher. Mais moi, je sais qu'on a besoin de plus, je sais que je ne gagnerai pas seul. On a besoin d'athlètes qui ne soient pas que des ambassadeurs, on a besoin d'entendre leurs voix. Toi, tu es le seul Français à avoir remporté trois titres lors de trois éditions différentes des Jeux et tu viens d'être élu membre du CIO. Tu serais un atout pour nous aider à aller conquérir le mouvement sportif international. Je ne sais pas encore pour quelle édition des Jeux ce sera, mais il va falloir qu'on se pose la question d'être à nouveau candidat… Est-ce que ça t'intéresse d'en être ? »

Chapitre II

5 décembre 2012, Institut National du Sport, de l'Expertise et de la Performance.

J'arrive à l'entrée et passe les contrôles de sécurité. Je reconnais Achour, qui est toujours à l'accueil et continue de veiller sur les allées et venues des athlètes, du staff et des rares visiteurs admis dans le temple de la performance sportive française.

C'est ici, dans l'enceinte de l'INSEP, que des générations d'athlètes se sont construits: Alain Mimoun, Jean-François Lamour, David Douillet, Marie-José Pérec, Laura Flessel, Teddy Riner... Les Jeux de Londres viennent de se terminer, et plus de la moitié des médailles remportées par la délégation française s'est forgée ici, dans ce grand campus près du bois de Vincennes, à Paris. Il y a deux pistes d'athlétisme, une piste de cyclisme, un bassin, des terrains et des salles d'entraînement pour quasiment tous les sports, à côté de salles de classe pour que les athlètes puissent poursuivre leur formation académique en parallèle de leur carrière sportive. Il y a aussi tout un département de recherche pour tester de nouveaux matériels et protocoles d'entraînement. Un département médical de pointe accompagne également au mieux chaque blessure et permet aux champions de réduire leur temps de convalescence. À l'INSEP, on ne fait pas que du sport. On étudie, on dort, on mange, on se soigne, on vit toute sa vie d'athlète.

Je n'ai pas eu la chance de m'y entraîner, puisque la pratique de mon sport nécessitait d'être à proximité de rivières, mais j'y ai vécu pendant huit mois en 2000, après mon premier titre olympique aux Jeux de Sydney, pour préparer le concours du professorat de sport. Il y règne une atmosphère à part. Le campus est très proche de Paris – la ligne de bus 112 nous dépose devant le métro –, mais comme il est entouré par l'immense bois de Vincennes, la capitale semble loin. Tout semble loin. On vit comme dans une bulle, tous avec la même exigence, la même obsession de performance.

Je traverse le campus pour rejoindre l'un des amphis et retrouve en chemin des athlètes, des présidents de fédérations sportives, Thierry Rey, le champion olympique de judo devenu conseiller sport du président de la République, Guy Drut, le champion olympique du 110 mètres haies, qui est aujourd'hui membre du CIO. Tout le sport français a rendez-vous à l'INSEP pour la remise d'un rapport sur les échecs de nos précédentes tentatives pour accueillir les Jeux Olympiques et Paralympiques. Londres 2012 nous a redonné le goût des Jeux, alors la France se met en ordre de marche.

Les villes qui souhaitent accueillir les Jeux ont deux ans pour préparer leur dossier de candidature et convaincre le CIO, puis sept ans pour les organiser et, le cas échéant, construire les équipements nécessaires. Les prochains Jeux d'été, qui se tiendront en 2016, ont été attribués à Rio en 2009. Les suivants, qui se tiendront en 2020, seront attribués en 2013, mais il est trop tard pour candidater. Les Jeux auxquels nous pouvons prétendre sont ceux de 2024, qui seront attribués en 2017, et pour lesquels les candidats devront se déclarer en 2015.

La ministre des Sports, Valérie Fourneyron, et le président du Comité olympique français, Denis Masseglia, ont confié il y a quelques mois à l'agence Keneo l'analyse de la débâcle de la candidature d'Annecy 2018 et des échecs qui l'ont précédée.

Pour les Jeux d'hiver de 2018, trois villes étaient candidates en 2011 : PyeongChang, Munich et Annecy. Sur la centaine de membres du CIO appelés à voter, la France n'en a convaincu que sept. Pour un pays qui a vu renaître les Jeux modernes, déjà hôte de plusieurs éditions olympiques, terre d'accueil d'événements sportifs majeurs, le choc est immense. De tous nos revers, c'est le plus humiliant.

Mais on avait peut-être besoin de cet électrochoc pour accepter de se regarder en face. Dans l'amphithéâtre, l'ambiance est particulière ; on sent le poids de ces défaites, l'usure engendrée par ces désillusions à répétition. Cinq candidatures qui n'aboutissent pas, c'est toute une génération d'athlètes et de dirigeants sportifs français qui n'y croit plus vraiment. Et en même temps, personne n'a envie de rester sur un échec. Et puis Bernard Lapasset est là, et tout le monde se tourne vers lui, lui qui a su convaincre les membres du CIO d'intégrer le rugby à sept au programme olympique, lui qui incarne plusieurs grandes victoires du sport français et qui ne semble pas du tout atteint par le scepticisme ambiant. Bernard, c'est notre remède anti-déprime.

Le patron de l'agence Keneo, Étienne Thobois, est venu pour présenter les résultats de l'étude. C'est un ancien joueur de l'Équipe de France de badminton qui a fait les Jeux d'Atlanta 1996. Avec Étienne, on se connaît un peu, car on a eu l'occasion d'aller voir quelques épreuves ensemble aux Jeux de Pékin, mais je connais surtout ses faits d'armes dans le sport. Il a été le directeur général de la Coupe du monde de rugby de 2007. Il est aussi le meilleur expert français du monde olympique : il a non seulement été directeur des sports et de la planification du Comité de candidature de Paris 2012, et a fait partie des rares consultants internationaux choisis par le CIO pour évaluer les villes candidates à l'organisation des Jeux de 2016 et pour suivre l'avancée de l'organisation des Jeux de Sotchi. Par ailleurs, il vient d'être choisi par le Comité de candidature de Tokyo 2020 pour les accompagner. Son profil est unique. À la tribune, Étienne revient sur nos quatre dernières candidatures. C'est la première fois que je le vois prendre la parole, et je le trouve très clair, sûr de lui sans être arrogant.

Se replonger dans tous ces échecs, ça fait mal, mais dans le sport, c'est comme ça qu'on progresse. Nous n'avons pas perdu à chaque fois pour les mêmes raisons, alors Étienne évoque une à une chaque candidature avortée. Je suis au premier rang et, comme toute la salle, je suis attentivement l'exposé.

L'échec de Paris 1992 ne fait pas partie du rapport, peut-être parce qu'il était moins cinglant dans la mesure où nous candidations, avec Paris et Albertville, à la fois aux Jeux d'été et d'hiver. À l'époque, les deux se déroulaient la même année, et nous avions remporté les Jeux d'hiver. À la dernière minute, le président du CIO de l'époque, l'Espagnol Juan Antonio Samaranch, avait inversé l'ordre des élections de façon à faire élire d'abord la ville hôte des Jeux d'hiver, puis celle des Jeux d'été. Une fois qu'Albertville avait été élue, il devenait politiquement délicat d'attribuer aussi les Jeux d'été à la France. Barcelone l'avait emporté.

Pour Lille 2004, Étienne explique que nous n'avions même pas passé l'étape des préliminaires. Les capacités de la ville en matière d'infrastructures, notamment concernant l'hébergement, étaient trop limitées pour que le CIO accepte sa candidature. Lille était restée au stade de « ville requérante ». C'est l'un des premiers enseignements du rapport : si on veut gagner, ce sera avec Paris.

Pour Paris 2008, Étienne rappelle que nous partions avec un handicap : notre candidature allait contre la règle tacite de l'alternance des continents, puisque les précédents Jeux étaient ceux d'Athènes 2004. Par ailleurs, la Chine n'avait encore jamais accueilli les Jeux, et la ville de Pékin était candidate pour la troisième fois. Mais la France avait tenté sa chance avec l'idée que si Pékin l'emportait pour 2008, elle aurait au moins pris de l'avance pour les Jeux 2012, en témoignant de son intérêt pour l'édition précédente.

Paris 2012 est sûrement l'échec qui nous a le plus marqués. Peut-être parce qu'en 2005, nous avions toutes les cartes en main et que nous semblions être en position de favoris pendant quasiment toute la phase de candidature. Pour Étienne, plusieurs raisons peuvent expliquer la bascule finale de certaines voix. D'abord, c'était peut-être davantage un projet de territoire, porté par des politiques, qu'un projet sportif. Ensuite, on avait mis toutes nos forces dans le projet technique, c'est-à-dire dans le choix des sites de compétition et la façon dont seraient organisées les épreuves. On était convaincus de la qualité de notre projet, mais on avait peut-être un peu oublié que ce qui comptait au final, c'était que les membres du CIO en soient convaincus… On avait par conséquent davantage expliqué pourquoi nous voulions organiser les Jeux, plutôt que pourquoi le CIO devrait nous les confier, là où les Anglais avaient compris que le CIO s'inquiétait du vieillissement des fans des Jeux et avaient axé leur candidature sur la jeunesse. Enfin, nous avions été moins incisifs dans la dernière ligne droite de la candidature, alors que nos concurrents accéléraient. Ce sont deux autres des grands enseignements du rapport Keneo : le lobbying doit être notre priorité, et on doit considérer les six derniers mois de la phase de candidature comme une campagne à part. Peu importe ce qu'il se sera passé pendant l'année et demie qui l'aura précédée, tout va se jouer là.

Pour ce qui est du choix de la personne pour mener cette candidature, un leader issu du monde du sport qui connaît déjà les membres du CIO aura un avantage considérable : il saura toujours mieux qu'un autre comment ils raisonnent et ce à quoi ils sont sensibles. Et inversement, les membres du CIO feront a priori davantage confiance à un acteur du sport, qu'ils connaissent et dont ils savent qu'il est animé par la même ambition de faire grandir les Jeux, plutôt qu'à des hommes et des femmes politiques pour lesquels les Jeux ne sont qu'un outil parmi d'autres. Les acteurs politiques devront toujours jouer un rôle clé dans une campagne pour les Jeux, pour garantir l'engagement de leur ville ou de l'État dans le succès des Jeux. Mais, si l'on veut mettre toutes les chances de notre côté, ils devront le faire en soutien derrière un leader issu du monde du sport.

Pour Annecy 2018, Étienne dresse un bilan encore différent. Dans un contexte concurrentiel compliqué, car la Corée du Sud avait mis énormément de moyens dans la candidature de la ville de PyeongChang, qui en était à sa troisième tentative consécutive, Annecy avait passé les deux années de campagne à courir après les moyens financiers. Et quand on passe deux ans à chercher de l'argent, on ne passe pas deux ans à convaincre les membres du CIO… Sécuriser rapidement le budget de candidature doit être l'une des priorités d'un comité de candidature au moment de sa création, afin de pouvoir ensuite se concentrer sur l'essentiel.

Nous n'avons pas toujours perdu pour les mêmes raisons, ni dans le même contexte, mais le résultat a toujours été le même. Cinq candidatures, cinq échecs.

Au soir du 5 décembre 2012, la ministre des Sports fait son annonce, après concertation avec le président du Comité olympique français : la responsabilité des relations internationales en matière de sport sera transférée au Comité olympique français. Pour cela, une structure spécifique sera créée et chargée de renforcer l'influence française dans les instances sportives internationales. Cette structure sera baptisée Comité Français du Sport International (CFSI) et présidée par Bernard Lapasset.

Quand Bernard m'avait proposé de faire partie de cette aventure quelques semaines auparavant, je lui avais tout de suite dit : « Oui, j'ai envie d'en être ». En sortant de l'INSEP, je ne sais pas exactement quel sera mon rôle, je ne sais même pas si on sera à nouveau candidats un jour, mais je retiens une chose de cette journée : tout le monde a envie de faire les choses dans le bon ordre pour ne pas se prendre le mur une sixième fois.

Je suis à la fois excité à l'idée de me lancer dans ce projet et, en même temps, je sais que je repars à zéro. Jusqu'à présent, je n'ai fait quasiment qu'une seule chose dans ma vie : pagayer le plus vite possible. Même si j'ai commencé à m'engager dans le sport, même si je suis retourné sur les bancs de l'école pendant deux ans en 2005 pour suivre un Master spécialisé « Sport, Management et Stratégie d'entreprise » à l'ESSEC, je ne sais pas vraiment ce que je vaux en dehors des rivières. Est-ce que je suis capable de faire autre chose ?

Beaucoup d'athlètes m'avaient parlé du saut dans le vide que représente la fin d'une carrière sportive. Pendant dix ans, vingt ans, parfois plus, on ne vit que pour son sport. On se lève chaque matin pour repousser encore un peu plus ses limites, on a cette obsession de faire chaque jour mieux que la veille, on n'a qu'un seul objectif en tête – et puis, un jour, tout s'arrête. Après avoir passé des années à construire quelque chose à force de travail et d'abnégation, du jour au lendemain, on doit quasiment tout reconstruire ailleurs. On sort d'une discipline dans laquelle on faisait partie des meilleurs au monde, et on doit tout recommencer. C'est brutal. J'avais anticipé cette période, mais le moment venu, même en s'y étant préparé, on sent le vide. J'ai envie de sortir rapidement de cet entre-deux, de me prouver à moi-même que je peux faire autre chose que pagayer vite.

Alors quand la Fédération française de canoë m'a contacté, il y a quelques semaines, pour me proposer de diriger le projet de candidature de Pau pour accueillir une étape des Coupes du monde 2015 et 2016 et les championnats du monde 2017 de canoë-kayak slalom, j'ai immédiatement accepté. Les enjeux sont sans commune mesure avec ceux d'une candidature olympique, mais ce sont les mêmes grandes étapes : s'aligner entre membres fondateurs, construire un projet, trouver des sponsors, convaincre… Tandis que Bernard part à la recherche d'un profil pour piloter le CFSI, je prépare avec la Ville de Pau et la Fédération française de canoë-kayak notre présentation devant la Fédération internationale.

Rapidement, Bernard m'annonce que parmi les trois candidats qu'il avait shortlistés pour le poste de délégué exécutif du CFSI, il a choisi Michaël Aloïsio, un ancien membre de l'Équipe de France de taekwondo. Il a été directeur du haut niveau de la Fédération française, puis conseiller au sein du cabinet de Chantal Jouanno quand elle était ministre des Sports et attaché olympique à l'Ambassade de France pour les Jeux de Londres 2012. Avec Michaël, on s'est rencontrés à l'ESSEC, où on était dans la même promotion, et sans être particulièrement proches, on s'apprécie.

Après le coup de fil de Bernard, on n'a pas l'occasion de se voir tout de suite tous les trois, car Léandre naît en février. C'est mon troisième enfant, et mon troisième fiston après Titouan et Gabin. Quand Titouan est né, j'étais évidemment présent, mais j'avais dû repartir rapidement. Nous étions en 2007, et une semaine après sa naissance se jouaient les qualifications pour les championnats du monde. Pour la naissance de Gabin, c'était le même schéma. Nous étions en 2011, dans la dernière ligne droite de la préparation pour les Jeux de Londres. Cette fois, je peux vraiment accompagner Laëtitia et profiter de nos premiers mois à cinq. Je commence à initier notre aîné au kayak, comme mon père m'avait fait faire mes premières descentes dans son bateau, à peu près au même âge. Titouan adore ça. On passe des après-midi entiers à descendre le stade d'eaux vives de Pau. Ce saut dans le vide après la fin de ma carrière sportive, c'est une période de doutes, mais aussi un moment de ma vie où je peux enfin profiter de mes proches. Mes frères vivent toujours à Pau, on habite à quelques kilomètres les uns des autres, et on a à nouveau le temps d'aller faire du canoë, du ski, du surf, ou une randonnée ensemble.

Chapitre III

Le 4 avril 2013, deux mois après la naissance de Léandre, je retrouve Bernard et Michaël à Paris pour la première réunion du conseil d'administration du CFSI, qui acte officiellement sa création.

Je le rejoins en tant que chargé de mission. Mon titre est assez vague pour nous permettre de préciser mon rôle au fur et à mesure, et assez humble pour correspondre à quelqu'un qui débute dans les instances sportives internationales. Ça me va bien.

Michaël nous présente la stratégie et le plan d'action du CFSI avec une seule obsession après cinq échecs consécutifs : gagner.

La prochaine étape, c'est l'élection de la ville hôte des Jeux de 2020, le 7 septembre 2013 à Buenos Aires. Madrid, Istanbul et Tokyo sont en lice pour cette édition. En fonction de la ville qui sera choisie, nous n'aurons pas les mêmes chances pour 2024. En effet, même si, dans les règles officielles du CIO, rien ne dit que deux villes européennes ne peuvent accueillir les Jeux l'une après l'autre, la raison d'être des Jeux est d'aller à la rencontre d'un maximum de personnes à travers le monde. Cela implique d'alterner autant que possible les continents hôtes. Helsinki 1952, Melbourne 1956, Rome 1960, Tokyo 1964, Mexico 1968, Munich 1972, Montréal 1976, Moscou 1980, Los Angeles 1984, Séoul 1988, Barcelone 1992, Atlanta 1996, Sydney 2000, Athènes 2004, Pékin 2008, Londres 2012 : ce n'est peut-être pas une règle écrite, mais elle est très bien suivie.

Depuis 1952, un même continent n'a jamais obtenu les Jeux pour deux Olympiades consécutives.

Si Madrid est choisie pour 2020, ce sera plus dur de convaincre les membres du CIO de faire revenir les Jeux en Europe quatre ans plus tard. Si c'est Istanbul, c'est un peu moins clair, car même si la Turquie ne fait pas partie de l'Union européenne, les équipes nationales, les clubs et les athlètes turcs participent à toutes les compétitions sportives européennes. Si c'est Tokyo, en revanche, la porte sera ouverte pour nous.

Le 4 septembre, je pars pour la session du CIO – c'est-à-dire son assemblée générale – à Buenos Aires. J'y participe désormais en tant que membre. C'est une session décisive car le CIO doit élire la ville hôte des Jeux de 2020.

Quand j'arrive à l'hôtel officiel, le hall est déjà noir de monde. En patientant à la réception pour récupérer les clés de ma chambre, j'aperçois Bernard en plein échange avec deux membres du CIO. Lui n'est pas membre, mais il est considéré comme l'un des leurs. Il est comme un poisson dans l'eau dans ces grands rassemblements. J'ai le temps de repérer les équipes des villes candidates de Tokyo et d'Istanbul aux couleurs de leurs uniformes et quelques journalistes que j'ai croisés à la précédente session du CIO un mois plus tôt, quand tous les regards se tournent dans la même direction. Ce sont les responsables de la délégation espagnole qui entrent dans le lobby. J'aperçois la silhouette du Prince Felipe. On annonce aussi la présence du Premier ministre espagnol, Mariano Rajoy, du Premier ministre de la Turquie, Recep Tayyip Erdoğan, du Premier ministre japonais, Shinzō Abe, et même de la Princesse impériale du Japon, Hisako de Takamado. Chaque ville vient avec ses meilleures armes. Même après avoir vécu quatre éditions des Jeux en tant qu'athlète, je suis toujours impressionné par leur capacité de mobilisation unique.

Tokyo, qui est la seule des trois villes candidates à avoir déjà accueilli les Jeux, en 1964, était déjà sur la ligne de départ pour 2016. Pour Madrid, c'est la troisième candidature d'affilée : ils étaient candidats pour 2012, ils étaient en finale pour 2016 et ils reviennent pour 2020. Les Stambouliotes ont sauté 2016, mais ils étaient candidats pour 2000, 2004, 2008 et 2012 ; ils en sont à cinq candidatures en six éditions. Quand on en est à deux, trois, cinq candidatures d'affilée, on n'est pas là pour faire de la figuration. Toutes les villes en lice jouent gros, et ça se ressent dans l'atmosphère.

Je dépose mes affaires dans ma chambre et retrouve Jean-Claude Killy dans le salon réservé aux membres du CIO. J'ai un immense respect pour son palmarès sportif – triple champion olympique de ski aux Jeux de Grenoble 1968 – et suis admiratif de sa reconversion aux États-Unis et en France, où il est notamment devenu patron de la grande société événementielle ASO puis co-président des Jeux d'Albertville 1992. Il est un guide précieux pour mes premiers pas au CIO, dont il est membre depuis 1995. Je comprends de nos échanges que ce salon est le lieu où tous les membres prennent leur petit déjeuner chaque matin, mais aussi un refuge à chaque pause, car les lobbyistes n'y ont pas accès.

Les membres du CIO sont en effet très sollicités par les villes candidates qui tentent de les convaincre de choisir leur projet. Les médias sont aussi à l'affût, avides de la moindre information. Pour moi, c'est encore nouveau. Lors des grands rassemblements du CIO pour l'élection des villes hôtes des Jeux de 2008 et de 2012, à Moscou puis à Singapour, j'étais un athlète parmi d'autres, observateur. À Buenos Aires, c'est différent. Je me rends tout de suite compte que j'ai changé de statut. Je suis une cible pour tous les lobbyistes. J'ai même commencé à être sollicité pour des rendez-vous avant d'arriver. Je sens que ça va être intense. Ça se confirme : à chaque fois que je traverse le hall, on me demande un rendez-vous.

Mais être du côté des votants, c'est aussi une formation accélérée pour le rôle que j'aurai peut-être à jouer si on est à nouveau candidats. Je me mets en mode éponge et emmagasine chaque information : qui est chargé de venir me courtiser, quels sont les différents niveaux d'arguments, comment mon interlocuteur les présente-t-il, sur quels supports, qu'est-ce qu'il me demande concrètement ?

Le lendemain de mon arrivée, je descends donc dans le salon du CIO pour prendre mon petit déjeuner et me retrouve à quelques mètres d'Aleksandr Popov, l'un des plus grands nageurs de tous les temps et l'une de mes idoles de jeunesse. Il y a aussi Sergueï Bubka, détenteur du record du monde de saut à la perche depuis trente ans, et le Prince Albert II de Monaco. J'essaie d'avoir l'air de trouver ça normal, mais intérieurement, je souris. J'ai grandi entre le club de sport créé par mon père, le Pau Canoë Kayak Club Universitaire, et la petite station de ski de Gourette, et je me retrouve à manger mes tartines entre un prince et deux légendes du sport mondial ! C'est l'une des forces du mouvement olympique, rassembler des membres venus d'horizons aussi différents.

Le CIO compte une centaine de personnes qui sont nommées ou élues pour définir la feuille de route du mouvement olympique.

Parmi eux, une trentaine de présidents de fédérations internationales et de comités nationaux olympiques sont choisis pour porter la voix de l'ensemble des sports et des délégations olympiques, et quinze athlètes en activité ou fraîchement retraités sont élus pour représenter leurs pairs. L'autre moitié des membres est désignée individuellement pour défendre les intérêts du sport en général. Il s'agit en grande majorité d'anciens champions olympiques : par exemple, la Marocaine Nawal El Moutawakel, première femme arabe représentant un pays musulman à avoir été championne olympique, ou le Kényan Paul Tergat, ancien recordman du monde du marathon et du semi-marathon. Le CIO compte également parmi ses membres de grands dirigeants sportifs, comme Dick Pound, premier président de l'Agence mondiale antidopage, et quelques grands patrons et têtes couronnées particulièrement engagés pour le sport, comme la Princesse Anne du Royaume-Uni, qui a participé aux Jeux en tant qu'athlète en 1976. La diversité des regards de chacun des membres a vocation à enrichir chaque décision du CIO, et la prochaine aura lieu dès le lendemain : l'élection de la ville hôte des Jeux de 2020. Ce sera mon premier vote.

Quelques semaines auparavant, lors de la Session du CIO qui s'est tenue à Lausanne, j'ai assisté aux présentations des trois équipes au cours de ce qu'on appelle le « brief technique » des comités de candidature. J'y ai rencontré des représentants des équipes de Tokyo et d'Istanbul. Tokyo 2020 coche selon moi toutes les cases, pas seulement celle du projet qui préserverait le maximum de chances pour la France en 2024. 85 % des sites sont situés à moins de huit kilomètres du village olympique et paralympique – ce qui veut dire que les transports ne seront pas un problème pour les athlètes. J'aime également l'idée que les Jeux viennent aider un pays à prendre un nouveau départ après un drame comme celui de Fukushima. C'est un soulagement de pouvoir voter à la fois pour le meilleur projet et pour les intérêts de la France.

Les trois équipes tentent jusqu'au bout d'arracher des soutiens. J'ai même été sollicité par l'équipe madrilène pour un rendez-vous avec le Prince Felipe en personne. Nous nous étions mis d'accord avec quelques membres de la Commission des athlètes pour faire les entretiens avec les villes candidates à deux – pour ne pas se retrouver coincé à devoir se positionner individuellement sur un soutien. Avec le Britannique Adam Pengilly, vice-champion du monde de skeleton qui a participé à plusieurs Jeux d'hiver, nous prévoyons donc de le rencontrer ensemble. Quand on arrive devant la porte de sa suite, qui est gardée par un nombre impressionnant de policiers, j'appréhende un peu notre échange.

En 2005, après l'échec de Paris 2012 à Singapour, on a parlé pendant des jours et des jours en France des fameux entretiens de Tony Blair avec les membres du CIO qui ont défilé dans sa suite la veille du vote. Tous répétaient en boucle: « On ne s'est pas battu avec les mêmes armes », « Les Britanniques n'ont pas joué fair-play », « Ils nous ont volé la victoire... » En réalité, le cadre des entretiens avec Tony Blair était légal, tout comme l'est mon entretien avec le Prince Felipe. Mais partout où il y a de l'argent et du pouvoir, il y a un risque de corruption, et le monde olympique a connu comme les autres son lot d'affaires. Alors en patientant devant cette suite, je n'en mène pas large. Sans parler de corruption, le prince héritier va forcément me demander de voter pour Madrid, et dans ce cas, il va falloir que je lui dise non, donc ça risque d'être un moment un peu désagréable. Certains membres m'ont conseillé de dire oui à tout le monde, mais je ne suis pas à l'aise avec ça.

La porte s'ouvre. Le prince, accompagné de son épouse, nous invite à nous asseoir dans le salon. Je suis tout de suite séduit par leur posture d'écoute et leur humilité. Le Prince Felipe est extrêmement bien briefé sur nos parcours, nous pose des questions et exprime son admiration pour nos performances sportives. Il n'est pas seulement le prince héritier d'Espagne, c'est aussi un Olympien. Il faisait partie de l'équipe espagnole de voile aux Jeux de Barcelone 1992 et était le porte-drapeau de la délégation olympique de son pays. Il connaît parfaitement le projet madrilène et nous parle de l'envie de l'Espagne de faire vivre au monde olympique une aussi belle édition que celle de Barcelone. Je l'écoute en pensant: est-ce qu'on sera à sa place dans quatre ans?

L'entretien se termine sans qu'il ne nous ait demandé pour qui nous comptions voter. Je suis non seulement soulagé, mais aussi sous le charme de ce prince si élégant dans sa façon de nous courtiser. Je comprends surtout l'importance de ces rendez-vous avec les têtes couronnées et les chefs d'État des pays candidats.

Ce n'est pas une question de corruption, c'est une question de séduction. Au-delà de leur notoriété, ce sont des gens qui sont rompus à l'exercice. Ils sont formés et habitués à échanger avec n'importe quel interlocuteur, à faire preuve d'intérêt pour son histoire et à le convaincre. Dans mon cas, cela ne suffit pas à me faire changer d'avis, mais je sens que mon regard sur Madrid 2020 a évolué après cet entretien et conçois que ce genre de rendez-vous puisse faire basculer quelqu'un qui ne serait pas encore sûr de son vote.

Il ne reste plus que quelques heures avant les ultimes présentations des villes candidates. C'est le grand moment que tout le monde attend, la dernière chance pour les villes d'arracher l'adhésion des indécis, la finale après deux ans de compétition.

Chaque ville a quarante-cinq minutes de présentation, suivie d'une séance de questions-réponses avec les membres du CIO. L'ordre de passage des villes est tiré au sort au début de la candidature et ne varie pas pendant deux ans. Le format de la présentation est libre, les villes peuvent alterner la projection de films sur l'immense écran de la salle et les prises de parole de différents intervenants – souvent un mélange de responsables de la candidature, d'athlètes ambassadeurs et d'acteurs politiques. L'objectif est à la fois de rassurer et d'émouvoir. Dans un environnement aussi cosmopolite que celui du CIO, la langue dans laquelle vont s'exprimer les intervenants représente également un enjeu. S'il est d'usage que les villes candidates disent quelques phrases en français et poursuivent en anglais, les deux langues officielles du CIO, plus elles s'exprimeront dans d'autres langues, plus elles toucheront de membres. Dans ces présentations, chaque détail compte, jusqu'à la façon de se relayer entre speakers, où le langage non verbal peut dire beaucoup sur la complicité qui existe ou non entre les porteurs de la candidature. C'est important parce que les membres du CIO ne votent pas que pour un projet, ils votent pour des gens auxquels ils confient leur bébé et avec lesquels ils vont devoir travailler pendant sept ans, ils votent pour une équipe.

Istanbul est la première à passer. J'avais déjà eu l'occasion d'assister aux présentations des villes candidates quand je faisais partie, en tant qu'athlète, des délégations officielles de Paris 2008 puis de Paris 2012. Cette fois, je suis en apprentissage, attentif à tout. Le ministre des Sports a une façon subtile de souligner qu'ils en sont à leur cinquième candidature en six éditions, en disant qu'il était encore adolescent quand Istanbul s'est portée candidate pour la première fois. L'équipe turque a des arguments forts : la jeunesse de la population du pays, dont la moitié a moins de vingt-cinq ans ; le pont entre les cultures occidentales et orientales que représente Istanbul et qui prendrait vie dans une cérémonie d'ouverture qui partirait d'un stade sur les rives du Bosphore et s'étendrait le long du fleuve pour rassembler 500 000 personnes. L'idée est géniale, mais je me demande si elle survivrait au passage de la phase de candidature, qui est parfois le moment des grandes promesses, à la phase d'organisation. Une longue salve d'applaudissements clôt leur présentation.

C'est maintenant au tour de Tokyo. La Princesse impériale rejoint la tribune, sans le reste de l'équipe de Tokyo 2020. On m'a expliqué que la famille impériale japonaise n'était pas censée se mêler des affaires courantes et ne pouvait donc pas officiellement soutenir une candidature olympique. La Princesse impériale Tsuguko de Takamado prend par conséquent la parole en amont de la présentation de la délégation japonaise. Le fait qu'elle soit seule sur scène rend son discours encore plus solennel. J'ai conscience d'assister à un moment rare. Elle ne mentionne effectivement pas la candidature de Tokyo mais remercie le CIO pour son aide au lendemain de la catastrophe de Fukushima et évoque la façon dont le sport a aidé les habitants de la zone sinistrée à se reconstruire. Son discours est puissant.

L'équipe de Tokyo 2020 lui succède et rappelle les points forts de leur candidature. Elle évoque notamment la compacité de leur projet technique et leur capacité à offrir aux Jeux leur meilleure audience télévisée. La situation géographique du Japon, à mi-chemin entre les géants chinois et américains, permettrait en effet d'avoir des horaires de compétition compatibles avec le quotidien d'un nombre inédit de téléspectateurs. Ils sont applaudis aussi longuement que l'équipe turque. Il est difficile de savoir à ce stade si l'une des deux villes est en tête.

Madrid est la dernière à passer. Comme Istanbul et Tokyo, l'Espagne a mis ce qu'elle a de plus précieux dans la bataille. Sur scène, aux côtés du Prince héritier et du Premier ministre espagnol, le célèbre basketteur Pau Gasol, qui joue en NBA, vient évoquer son amour du sport dans un anglais parfait. Dans les films, on voit défiler les stars du pays, Antonio Banderas, Rafael Nadal… Ils ont même réussi à mobiliser une légende catalane (!) du football, Andrés Iniesta, et l'icône portugaise du Real Madrid, Cristiano Ronaldo.

Sur le fond, l'équipe met l'accent sur la sobriété de son projet, avec l'utilisation d'un maximum d'infrastructures existantes. C'est un argument rationnel qui me parle. Je sais que, si nous lançons une candidature parisienne, nous aurons la même démarche, mais je me rends compte en assistant aux différentes présentations que les villes qui vont sur le registre émotionnel sont beaucoup plus impactantes. On ne vote pas seulement pour ceux avec lesquels on est d'accord, on vote pour ceux qui nous ont émus.

À la fin de sa présentation, l'équipe madrilène est applaudie avec autant d'enthousiasme que ses rivales. Le suspense reste entier sur l'issue du vote sur bulletin qui aura lieu après la pause. La ville qui recueillera la majorité absolue sera élue. Si aucune ville ne l'obtient, celle ayant recueilli le moins de voix sera éliminée. Ensuite les compteurs seront remis à zéro pour le second tour organisé entre les deux candidates restantes.

Un quart d'heure plus tard, le président annonce une égalité parfaite entre Istanbul et Madrid. Je ne sais pas si c'est la première fois que cela arrive. On doit maintenant voter pour départager ces deux villes, Tokyo étant assurée d'être en finale. On sent dans l'agitation qui s'empare de la salle qu'aucune des deux équipes ne s'attendait à ça. S'il y a égalité, l'issue de ce vote va se jouer à rien. C'est pire que le Golden Score au judo, parce que les deux villes ne peuvent plus rien faire. Avec quatre-vingt-quatorze votants, la majorité est à quarante-huit.

Le président du CIO remonte sur scène et annonce : « Madrid, 47 voix, Istanbul, 49 ». Troisième échec consécutif pour Madrid, les Espagnols sont effondrés. Dans le sport, c'est dur de se prendre une raclée, mais c'est parfois encore plus dur de passer si près du but. Ce sera donc un duel entre Istanbul et Tokyo. Pour la France, c'est bien, mais pas encore gagné. On revote une troisième et dernière fois. Nous sommes ensuite invités à quitter définitivement les lieux, car la cérémonie d'annonce de la ville hôte se fera dans une autre salle. Après un temps de dépouillement un peu plus long que les autres, l'équipe du CIO vient nous chercher et nous demande de prendre place sur l'estrade, derrière le pupitre. La scénographie est un peu bizarre, on est tous entassés les uns sur les autres derrière Jacques Rogge. Le CIO face aux villes candidates.

Je repense aux deux dernières fois où j'ai vu ce même président du CIO effectuer le même cérémonial. On était à Moscou, pour la candidature de Paris 2008, puis à Singapour, pour la candidature de Paris 2012, et l'histoire s'était mal finie. Cette fois, c'est différent. Devant l'équipe de Tokyo 2020 qui explose de joie et les Turcs qui déchantent, je ressens un immense soulagement. Je sors de l'hôtel et retrouve Denis, Bernard et Michaël. On a tous le sourire. On sait que rien n'est fait, que la Ville de Paris ne veut pas entendre parler des Jeux et que le chemin sera encore long, mais ce jour-là, à Buenos Aires, la porte ne se ferme pas pour une éventuelle candidature de la France en 2024. C'est déjà beaucoup.

Chapitre IV

À mon retour en France, nous nous réunissons pour un debriefing avec la ministre des Sports, Valérie Fourneyron, en présence notamment de Bernard, Michaël, Denis Masseglia, le président du Comité olympique français, et Francis Parny, le vice-président en charge des Sports de la Région Île-de-France, pour faire le point après Buenos Aires. Cela fait déjà plusieurs mois que nous échangeons dans cette configuration. Pour le CIO, une candidature française aurait trois parties prenantes principales : la Ville de Paris ainsi que le Comité olympique français, qui seraient les signataires du contrat avec le CIO pour l'accueil des Jeux, et l'État, en tant que garant. Pour nous, il y aurait également le Comité paralympique français et la Région Île-de-France. Non seulement la Région gère tout le système de transports, mais nous savons déjà que si nous nous lançons dans une candidature, nous nous appuierons majoritairement sur les équipements sportifs existants. Nous aurons besoin pour cela d'aller au-delà du périphérique parisien, pour pouvoir intégrer au projet des équipements comme le Vélodrome de Saint-Quentin-en-Yvelines, le Golf national de Guyancourt ou le futur Stade d'eaux vives de Vaires-sur-Marne. Le président de la Région, Jean-Paul Huchon, et Francis Parny sont par ailleurs enthousiastes à l'idée d'une candidature aux Jeux alors que la Ville de Paris est réticente. Elle n'avait pas souhaité participer à la réunion organisée en amont de Buenos Aires, et elle ne vient pas non plus à celle-ci. Le maire de Paris, Bertrand Delanoë, et sa première adjointe, Anne Hidalgo, sont tous les deux encore marqués par l'échec de Paris 2012 et penchent plutôt pour la candidature à l'organisation de l'Exposition universelle de 2025. Si on veut avoir une chance de convaincre la Ville, il va falloir y aller étape par étape…

Quelques semaines plus tard, Michaël nous soumet un plan de bataille qui doit nous emmener jusqu'à une annonce de notre candidature à l'été 2015. La première étape, c'est de lancer une étude d'opportunité qui permette de répondre à trois questions.

D'abord, la question de l'intérêt pour la France de candidater : quel impact ce projet pourrait avoir en matière de promotion du sport, de rayonnement de la France ou de changement de regard sur le handicap ? Ensuite : quels sites existants pourrait-on utiliser, quels équipements aurait-on besoin de construire, et pour quel budget ? Et enfin : quelles seraient les villes concurrentes et nos chances de gagner ? Le but de cette étude, c'est de ne pas partir la fleur au fusil. Tous les acteurs décisionnaires doivent pouvoir faire leur choix en connaissance de cause, en sachant exactement pourquoi ils choisiront de candidater ou pas, à quoi ressemblera le projet et quels sont les risques qu'ils prennent. Il y a tellement d'idées reçues autour des Jeux que cela nous paraît essentiel de poser le sujet à plat. Michaël propose aussi de mettre en place des ateliers thématiques pour embarquer tout l'écosystème du sport français et faire émerger des idées qui viendront enrichir l'étude d'opportunité. Pour que ce projet avance, il faut le partager. Ces ateliers seront une première étape pour faire des Jeux un sujet collectif.

★

À l'automne 2013, prendre ce temps de réflexion ne fait pas l'unanimité. Certains nous disent : « Vous êtes trop frileux, il faut commencer par annoncer pour fédérer ! » Mais je suis aligné avec Bernard et Michaël : ce n'est pas parce que tu annonces que tu vas combattre que tu gagnes. Il faut prendre le temps de se préparer, de poser des fondations solides, de créer une culture commune et, surtout, attendre de savoir qui sera le ou la prochaine maire de Paris pour pouvoir le ou la convaincre de s'engager. Rien ne pourra se faire sans celui ou celle qui sera élu au printemps prochain.

D'autres acteurs du sport, à l'inverse, sont effrayés par les rumeurs d'une candidature américaine pour 2024 et préconisent d'attendre 2028. Notre réponse : dans le sport, comme partout ailleurs, il n'y a jamais de fenêtre de tir idéale, il faut entrer dans le jeu pour pouvoir saisir une opportunité. C'est à nous de créer les conditions d'une candidature réussie, d'optimiser tout ce qu'on peut maîtriser. La concurrence, cela fait partie des choses qu'on ne peut pas maîtriser. Évidemment, c'est toujours utile de savoir qui on a en face et quels sont leurs atouts, mais à un moment, pour gagner, il faut se concentrer sur soi. Ne pas gaspiller d'énergie dans la comparaison avec les autres et rester concentré sur ses atouts et sa capacité à être performant.

★

Le 4 avril 2014, Anne Hidalgo est élue maire de Paris. Sa campagne vient de se terminer, la nôtre commence. Un peu moins de deux mois plus tard, le 26 mai, Bernard Lapasset est sur la scène de la grande salle du Comité olympique français pour lancer les ateliers consultatifs que nous avons baptisés « Ambition olympique ». Dans un pays qui n'est pas toujours à l'aise avec l'ambition, il commence son discours par un parallèle audacieux avec la conquête spatiale, empruntant les mots prononcés par le président américain John Fitzgerald Kennedy en 1962 : « Nous avons choisi d'aller sur la Lune. Nous avons choisi d'aller sur la Lune au cours de cette décennie et d'accomplir d'autres choses encore, non pas parce que c'est facile, mais justement parce que c'est difficile. Parce que cet objectif servira à organiser et à offrir le meilleur de notre énergie et de notre savoir-faire ». Quand on est athlète, avoir de grandes ambitions, c'est ce qui nous pousse à nous lever le matin pour aller descendre des rivières glacées ou avaler des kilomètres à vélo. Je suis convaincu qu'il n'y a que les grandes ambitions qui peuvent mettre en mouvement tout un pays, réveiller notre fierté et nous amener à nous dépasser. Je suis convaincu que les Jeux peuvent révéler le meilleur de la France.

Douze ateliers sont organisés, à la fois sur l'expérience que l'on pourrait proposer aux différents publics des Jeux – spectateurs, téléspectateurs, athlètes, partenaires, médias, etc. – et sur l'impact économique, territorial, sociétal et environnemental que pourrait avoir l'événement. Un des ateliers, coanimé par la présidente du Comité paralympique français et le cofondateur de l'association Handicap International, évoque par exemple le rôle que pourraient jouer les Jeux sur le changement de regard sur le handicap. Les ateliers rassemblent des participants qui viennent d'horizons différents : des personnalités du sport français, des personnalités du monde économique, des représentants du monde associatif, de l'État et des collectivités concernées.

★

Le 3 juillet, je me porte candidat à l'élection au poste de vice-président de la Fédération internationale de canoë-kayak. Dans cette campagne, j'ai un atout, je viens d'être élu membre du CIO. C'est un atout de taille, car notre fédération, comme toutes les fédérations internationales de sports peu médiatisés, est dépendante à 80 % des revenus que lui reverse le CIO. Mais j'ai aussi un gros défaut. Dans mon sport, il y a deux camps : celui de la course en ligne, et celui du slalom. Ce sont deux mondes concurrents qui doivent se partager un nombre limité d'épreuves aux Jeux. La course en ligne domine largement, car elle est entrée au programme olympique en 1936, et le slalom seulement en 1992. La course en ligne a trois fois plus d'épreuves aux Jeux, et plus de 80 % des présidents de fédérations nationales sont issus de ses rangs. Or ce sont très majoritairement ces présidents issus de la course en ligne qui votent, et moi, je viens du slalom…

Tout le monde me déconseille de me présenter : « Tu es triple champion olympique, tu viens d'être élu au CIO, tu n'as pas besoin de ce mandat pour être reconnu… Si tu perds, tu vas passer pour un guignol qui n'arrive pas à se faire élire par son propre sport ». C'est vrai que je n'ai pas grand-chose à y gagner, et tout à y perdre. Mais pour moi, c'est une étape importante. J'ai arrêté ma carrière sportive depuis maintenant deux ans, et chaque mandat que j'ai pris dans le sport m'a convaincu un peu plus que c'était dans cette voie que je voulais m'engager. Je veux devenir dirigeant sportif. Depuis que j'ai pris conscience de ça, il me paraît évident que je dois m'impliquer au sein de ma fédération internationale. Le canoë, c'est plus que mon sport, c'est le fil rouge qui est présent dans chacun de mes souvenirs d'enfance et que j'ai toujours suivi. Je sais que j'ai appris à marcher avant d'apprendre à pagayer, mais je ne m'en souviens pas. Alors que ma première descente dans le bateau de mon père, ça, oui, je m'en souviens.

Mes parents et mes frères m'ont transmis deux passions, le Sud-Ouest et l'Olympisme. Et pour eux, le Sud-Ouest, c'était surtout les Pyrénées. Toute mon enfance a tourné autour de notre amour pour ce territoire, dont on a exploré tous les cols et descendu toutes les rivières. Même si on y a pratiqué tous les sports de nature possibles, du VTT à la randonnée, du ski de fond au ski alpin, du parapente à l'escalade, ce qui revenait toujours au cœur de toutes nos conversations, c'était le canoë. Le canoë, le kayak, le raft, la pirogue : notre obsession, ce sont les sports de pagaie, dans toutes leurs variations. Quand on n'en faisait pas, on préparait notre prochaine expédition, ou alors on regardait des vidéos de compétitions. Mes frères se repassaient en boucle les descentes de ses mentors ou de ses adversaires, en décortiquant chaque mouvement d'eau, chaque coup de pagaie, et je regardais avec eux. J'adorais ça, c'était mon Disney Channel à moi. Avec la même force qu'elle m'a fait aimer pagayer dans les gaves des Pyrénées, ma famille m'a transmis son amour pour l'Olympisme.

Là aussi, le fil rouge, c'était le canoë. Dans mes premiers souvenirs des Jeux, il y a la foulée presque irréelle de Carl Lewis aux Jeux de Séoul, sa grâce et son humilité. J'avais dix ans et je me souviens de cet été où on avait le droit de regarder la télé pendant des heures, tous ensemble. Mais les Jeux qui m'ont façonné, ce sont ceux de Barcelone 1992 et d'Atlanta 1996 et, à chaque fois, c'est passé par le canoë.

Barcelone, c'était proche de chez nous. Mon frère Patrice n'avait pas été sélectionné, mais il avait été choisi comme premier ouvreur. Comme en ski, les athlètes n'ont pas le droit de descendre le parcours avant la course. Une dizaine d'ouvreurs passent donc avant eux pour montrer la difficulté et les lignes possibles. C'est ce qu'on appelle la démonstration du parcours.

Mes parents avaient acheté des billets, et on était allé le voir. J'avais quatorze ans. Trois jours au bord du bassin, à regarder les meilleurs céistes du monde passer un à un devant moi. Trois jours qui ont tout changé.

J'ai alors su que c'était à leur place que je voulais être. Participer aux Jeux, c'est devenu mon rêve, et toute ma vie s'est mise à tourner autour de ça.

Quatre ans plus tard, en 1996, grâce à Patrice, on va vivre les Jeux d'encore plus près : mon frère est qualifié pour les Jeux d'Atlanta. Qualifié pour les Jeux… Ça me paraît complètement fou. Qu'il décroche une médaille ou pas, il aura défilé dans le stade olympique sous le regard d'un milliard de personnes à travers le monde, il aura dormi dans le village des athlètes, il aura mangé au self à côté des finalistes du 100 mètres ou des joueurs de la NBA…

Comme il s'est qualifié tard, les billets d'avion sont trop chers pour que l'on puisse se rendre à Atlanta pour le soutenir, alors on le suivra à la télévision. Le 27 juillet, nous sommes tous réunis dans le salon familial, à Pau. Il y a mes parents et Aldric, mais aussi mes oncles, mes tantes, mes cousins et des amis du club de canoë… Je n'ai jamais vu autant de monde à la maison. On est vingt-cinq devant la télévision qui est devenue trop petite, certains ont apporté des chaises et des tabourets pour que tout le monde puisse s'asseoir. Ma mère a préparé un buffet, et mon père a mis du champagne au frais.

Après la première manche, Patrice est deuxième. Dans le salon, on est comme des fous. Les athlètes enchaînent tout de suite avec la deuxième manche. Chacun retient son souffle. Je suis plus stressé que je ne l'ai jamais été pour aucune de mes courses, j'ai presque du mal à regarder l'écran. Quand on est dans le bateau, on peut trouver des parades pour ne pas gamberger. Là, je n'ai aucune parade. Patrice fait à nouveau un super temps, mais il se fait doubler par Michal Martikan, lui qui était sixième à l'issue de la première course. Patrice décroche le bronze… Mon frère est médaillé olympique !

Toute la famille hurle. Mon père ouvre les bouteilles de champagne. On s'est tous levés, je n'arrive plus à voir l'écran, mais j'entends le commentateur dire que la France vient de battre son record absolu de médailles en une journée depuis sa première participation aux Jeux en 1896. Neuf médailles en un jour, et la dernière était celle de mon frère ! Je suis complètement sonné. Faire les Jeux, remporter une médaille, ce n'est plus un rêve lointain. C'est possible. Il ne s'agit plus des athlètes que j'aperçois à la télé ou depuis la tribune des spectateurs, il s'agit de mon propre frère. J'ai dix-huit ans, et ça fait quatorze ans que je le suis partout où il va. Quatorze ans que je mets mes pas dans les siens. Que je reproduis les mêmes gestes. Que je descends les rivières qu'il a descendues avant moi. S'il a réussi aux Jeux, c'est que je peux le faire aussi.

Le plus dur dans le sport de haut niveau, c'est d'y croire. Sans s'en rendre compte, Patrice vient de faire ce qu'aucun parent, aucun entraîneur, aucun stage, aucun psy ni aucun concurrent n'aurait pu faire pour moi. En remportant une médaille, il m'a ouvert la porte des Jeux, il m'a montré que c'était possible. Et celui qui a remporté l'or ce jour-là, c'est Michal Martikan, à dix-sept ans. Ça veut dire que c'est possible, et que c'est possible maintenant.

C'est le déclic le plus important de ma vie.

Elle vient de là, mon histoire avec le canoë. Alors me présenter à la vice-présidence de la Fédération internationale, c'est peut-être risqué, mais c'est organique. C'est le sport de mon père, c'est le sport de mes frères, c'est ce sport qui nous a construits, c'est le sport pour lequel j'ai envie de me battre. J'ai compris de mes réunions au CIO qu'attirer un public plus jeune aux Jeux était devenu la priorité, et je ne veux pas que notre sport rate ce tournant. Le canoë a plein d'atouts, c'est un sport de nature présent partout dans le monde, avec des variantes qui permettent de le pratiquer en mer, sur un lac, sur une rivière, mais il doit évoluer s'il ne veut pas se faire manger par de nouveaux sports plus spectaculaires.

Une fois que j'ai décidé de m'engager, je ne me pose plus de questions, je m'organise pour gagner. J'échange tous les jours avec le directeur sportif adjoint de la Fédération française, Cyril Nivel. Il m'aide à prendre contact avec toutes les fédérations nationales et continentales et à identifier les poids lourds qu'il faut convaincre en priorité. Le président et le directeur technique national de la fédération, Vincent Hohler et Philippe Graille, ainsi que le président de la commission slalom de la Fédération internationale, Jean-Michel Prono, sont aussi hyper mobilisés. La première étape de notre stratégie consiste à s'assurer toutes les voix des pays qui sont historiquement forts dans les épreuves de slalom et devraient donc a priori être favorables à ma candidature.

Pour compléter l'équipe, Michaël me parle d'une jeune recrue du CFSI qui pourrait travailler sur ma campagne en plus des autres dossiers dont il s'occupe.

« Il s'appelle Benjamin, et il va te plaire. Toi qui n'aimes pas les grandes gueules qui parlent pour ne rien dire, il est plutôt discret, mais quand il prend la parole, il a toujours un truc intelligent à dire. Il est jeune, mais il a une finesse de jugement rare ».

Je n'ai jamais entendu Michaël dire ça de quelqu'un, donc je rencontre Benjamin. Il est effectivement très jeune, mais j'ai appris avec le sport de haut niveau que le talent n'a rien à voir avec l'âge. Dès nos premiers échanges, je comprends ce que voulait dire Michaël. Benjamin repère tout de suite ce qui va coincer et quelles pourraient être les solutions. Le courant passe bien entre nous, et il se met à m'aider sur toute la partie communication, notamment pour mon discours devant le Congrès. Quand j'étais athlète, j'ai fait plein d'interviews mais jamais de discours à proprement parler. La campagne pour l'élection à la Commission des athlètes du CIO ne comportait pas non plus de prise de parole officielle, donc j'ai besoin de me préparer, d'autant plus que je dois m'exprimer en anglais.

★

À Paris, Bernard continue d'enchaîner les rendez-vous avec les acteurs politiques, et sa force de persuasion commence à porter ses fruits. Le 6 novembre 2014, je suis à Pau quand Michaël m'appelle pour m'annoncer une bonne nouvelle: Nathalie Iannetta, qui vient de remplacer Thierry Rey au poste de conseillère en charge du Sport du président de la République, l'a prévenu que François Hollande profitera de son interview du soir sur TF1 et France 2 pour dire qu'il est favorable à une candidature de la France aux Jeux. Dès son élection, en 2012, il s'était rendu aux Jeux Olympiques et aux Jeux Paralympiques de Londres et avait évoqué l'opportunité que représenterait l'accueil des Jeux en France si le mouvement sportif souhaitait se porter candidat. Son soutien officiel sera précieux. Il sera même nécessaire. Une candidature olympique doit être officiellement présentée par le Comité national olympique et la Ville mais elle nécessite également la garantie de l'État. Sans engagement de l'État, nous ne pourrions pas nous porter candidats.

À 20h30, je suis devant l'émission *En direct avec les Français* pour suivre l'interview. Comme prévu, le président annonce son soutien à la candidature des deux grands projets auxquels la France songe à ce moment-là: les Jeux Olympiques et Paralympiques de 2024 et l'Exposition universelle de 2025. S'agissant de Paris 2024, il déclare: «Je suis favorable à ce que la Ville de Paris, si elle en décide, présente sa candidature pour les

Jeux Olympiques. C'est très important, car ce sera un moment de ferveur, et surtout ce sera plein d'équipements, plein d'emplois, plein d'industries qui pourront se montrer». Il s'exprime avec beaucoup d'entrain. C'est exactement ce dont on avait besoin, un soutien franc et enthousiaste. Mais le journaliste Yves Calvi le relance: «C'est une excellente nouvelle que vous nous annoncez, mais il va falloir convaincre Anne Hidalgo hein...». Le président lui répond: «Oui, parce qu'elle ne veut pas prendre de risques, dans la vie, on est toujours prudents... mais elle sait que c'est une chance pour sa ville». Quelques heures plus tard, en réaction aux propos du président de la République, Anne Hidalgo annonce qu'elle donnera une conférence de presse le lendemain.

On a peur qu'elle ferme définitivement la porte aux Jeux. Michaël appelle le cabinet de la maire et essaie de temporiser: «Attendez, rien ne presse, la maire peut dire qu'elle a besoin d'avoir tous les éléments pour décider, qu'une étude d'opportunité est en cours de finalisation, et elle aura toute la liberté de dire non une fois qu'on vous aura remis l'étude... Rien ne vous oblige à tuer le projet aujourd'hui. Le mouvement sportif bosse depuis des mois sur cette étude, il appréciera que vous écoutiez au moins ses conclusions avant de prendre votre décision...»

Le lendemain, quand la conférence de presse débute, on ne sait pas ce que la maire va dire. On ne sait pas si elle veut juste rappeler qu'elle seule est en mesure de prendre une décision aussi importante pour le destin de la ville qui vient de l'élire, ou si elle veut profiter de la sortie du président pour tuer ce projet une bonne fois pour toutes.

On est le 7 novembre 2014, et le projet de candidature pourrait s'arrêter aujourd'hui.

Visiblement agacée par la prise de parole du président, la maire commence par déclarer: «Rien ni personne ne me fera changer de calendrier et de méthode en ce qui concerne la candidature de Paris aux Jeux Olympiques. Avoir des rêves, c'est magnifique, les réaliser, c'est encore mieux, et moi, je souhaite que, si rêve il y a – partagé par les Français sur cet enjeu de candidature aux JO – nous puissions le concrétiser».

On est soulagés, elle n'a pas complètement fermé la porte aux Jeux. Elle demande le respect des travaux en cours et salue même la méthode du Mouvement olympique français. Mais on est aussi conscients du fait qu'on n'a fait que gagner un peu de temps car la maire a également évoqué les trois derniers échecs des candidatures parisiennes aux Jeux en concluant par cette formule : « Je sais ce qui se passe quand le rêve se fracasse ». Il va falloir redoubler d'efforts pour répondre à ses inquiétudes. On connaît clairement sa position : la Ville soutient le projet d'Exposition universelle et considère que les deux projets ne sont pas compatibles.

Bernard et Michaël vont consacrer toute cette fin d'année à finaliser l'étude d'opportunité. Cette étude apportera des réponses précises sur chacun des sujets qui préoccupent la maire, pour pouvoir y répondre point par point. Car si on n'a pas le soutien de la Ville de Paris, celui des autres ne compte pas.

★

En face, Budapest s'est déjà déclarée candidate il y a plus d'un an, le bruit court que Rome devrait se déclarer bientôt, et les États-Unis sont en train d'organiser une primaire pour départager Boston, Los Angeles, San Francisco et Washington. On est encore dans les temps, la date limite de dépôt des candidatures est fixée au 15 septembre 2015, mais il ne nous reste que dix mois. Un premier rendez-vous est prévu courant décembre 2014 entre Jean-François Martins, Michaël et Étienne. Ce dernier a piloté la partie technique et budgétaire de l'étude d'opportunité avec son agence Keneo. On veut montrer à l'adjoint au sport et au tourisme de la mairie de Paris à quoi pourraient ressembler ces Jeux, quel serait le budget nécessaire et préparer ainsi un rendez-vous ultérieur entre Bernard et la maire.

De mon côté, je me plonge dans la dernière ligne droite avant le vote pour la vice-présidence de la Fédération internationale, qui aura lieu le 15 novembre à Varsovie. Dans une élection, tout peut basculer dans les derniers jours, d'autant que mon concurrent, le Polonais Józef Bejnarowicz, en plus d'être issu de la course en ligne, joue à domicile.

Une fois sur place, j'ai l'impression de revivre mon expérience à Buenos Aires, mais en étant cette fois du côté des courtisans. J'essaie de m'inspirer de ce que j'ai vu de bien et de ne pas reproduire ce que j'avais trouvé un peu lourd. Je n'arrête pas de me repasser mentalement la liste de ceux qu'il me reste encore à voir et de faire le décompte de ceux qui vont voter pour moi ou pour Bejnarowicz. Et puis le verdict tombe, quatre-vingt-quinze voix pour moi contre vingt-huit pour mon concurrent. Je suis élu ! Ce n'était pas l'élection la plus stratégique pour le monde du sport, mais pour moi, c'était une véritable épreuve de qualification. C'est une campagne en plus, une légitimité en plus, une expérience en plus pour être prêt à prendre plus de responsabilités le moment venu.

La réunion avec Jean-François Martins, l'adjoint au sport et au tourisme, a lieu avant les vacances de Noël. Michaël s'y rend donc avec Étienne pour montrer à l'équipe municipale que nous possédons déjà quasiment tous les grands équipements sportifs nécessaires et qu'il ne faudrait construire qu'un centre aquatique et un village pour les athlètes, qui serait converti à l'issue des Jeux en logements pour la population. En sortant du rendez-vous, ils ont l'impression d'avoir réussi à bousculer un peu sa vision de Jeux qui nécessitaient forcément un budget faramineux, amplifiée par l'édition de Sotchi.

On avance.

Chapitre V

Le 7 janvier 2015, la France bascule dans l'horreur. Deux terroristes islamistes pénètrent dans les locaux de *Charlie Hebdo*, à Paris, et assassinent onze personnes. Le lendemain, un autre terroriste islamiste tue une policière à Montrouge puis prend en otage le jour suivant les clients de l'Hypercacher de la Porte de Vincennes. Dix-sept personnes sont tuées en trois jours. Le pays tout entier est sous le choc.

Le dimanche 11 janvier 2015, en présence de quarante-quatre chefs d'État et de gouvernement, un million et demi de personnes défilent à Paris. La France est meurtrie mais rassemblée.

Les attentats de janvier 2015 auraient pu être considérés par la maire comme une raison de plus de ne pas vouloir s'engager dans le projet de Paris 2024. Ils vont avoir l'effet inverse.

Dix jours après les attentats, Bernard a rendez-vous avec Anne Hidalgo. Il est accompagné par Michaël, elle par Jean-François Martins. Quand ils m'appellent en sortant de l'Hôtel de Ville, j'entends tout de suite à leurs voix que ça s'est bien passé. Je n'étais pas là, mais ils me l'ont tellement raconté en détail que j'ai l'impression d'avoir été dans la pièce.

Bernard explique à la maire que la France se trouve à un moment charnière. Qu'elle a déjà l'essentiel des infrastructures nécessaires : le Stade de France, Roland-Garros, Jean-Bouin, Bercy, les stades de football rénovés pour l'Euro 2016, le Vélodrome de Saint-Quentin-en-Yvelines, le stade d'eaux vives de Vaires-sur-Marne. Qu'il ne manquerait qu'une piscine.

Il lui parle d'un modèle de Jeux différent, sans « éléphants blancs » – ces grands équipements sportifs construits pour les Jeux et délaissés ensuite –, de Jeux sans excès. Un projet en phase avec la réforme du CIO, « l'Agenda 2020 », portée par son nouveau président, Thomas Bach, pour justement encourager des candidatures plus durables.

Anne Hidalgo l'écoute attentivement. L'idée d'un projet maîtrisé, respectueux de l'environnement, la séduit. Mais c'est une autre corde qui la touche vraiment : celle du sens.

Après les attentats, Paris est encore sous le choc. La maire confie à Bernard qu'elle sent, dans cette tragédie, un besoin profond de se retrouver autour d'un projet positif, porteur d'un message d'unité et d'espoir. Elle parle de la marche du 11 janvier, de cette foule immense dans les rues, de cette énergie collective qu'elle voudrait voir renaître autrement.

Mais une réserve demeure : le souvenir de l'échec de 2012. « Pourquoi le CIO nous choisirait-il cette fois ? », demande-t-elle. On sent qu'elle ne veut pas revivre une nouvelle défaite.

C'est à ce moment-là que Bernard fait basculer la rencontre. Il lui répond calmement que le monde olympique a changé, et la France aussi. Que depuis 2005, le CIO s'est réformé, que Thomas Bach a fait bouger les lignes, que le temps des Jeux démesurés est révolu. Mais surtout, il lui parle du travail accompli depuis des mois pour comprendre nos erreurs passées, des leçons tirées des échecs précédents, de l'étude d'opportunité en cours. Puis il conclut, d'une voix posée mais sûre : « On peut gagner. »

Ce jour-là, la maire comprend qu'avec Bernard comme leader, avec sa connaissance des arcanes du CIO, sa maîtrise du lobbying et son calme stratégique, la France a une vraie chance.

Et c'est là, sans doute, que tout se joue. Si Anne Hidalgo n'avait pas senti, au fond d'elle, que cette fois c'était possible, elle ne se serait pas lancée. Elle aurait refusé d'entraîner Paris dans une nouvelle désillusion.

À la fin du rendez-vous, elle leur propose d'organiser la remise de l'étude d'opportunité à l'Hôtel de Ville. Elle ne dit pas encore qu'elle soutiendra la candidature, mais pour nous, c'est clair : si elle veut accueillir cet événement chez elle, c'est qu'elle a déjà choisi d'y croire.

Après cinq échecs et des mois et des mois de travail pour les surmonter, la France va peut-être présenter à nouveau une candidature aux Jeux.

★

À peu près un mois plus tard, le 12 février 2015, le sport français a rendez-vous à l'Hôtel de Ville de Paris pour la remise officielle de l'étude d'opportunité aux décideurs sportifs et publics.

Sur le fond, cette journée n'a pas beaucoup d'intérêt – on ne va rien révéler d'extraordinaire, on présente juste une synthèse de l'étude pour la presse.

Je suis au premier rang, et la salle est pleine. À l'issue de la présentation de l'étude par Bernard, la maire prend la parole à la tribune et déclare être favorable à la poursuite des discussions. Après deux années à avancer au ralenti et sur la pointe des pieds, j'ai l'impression qu'on vient de faire un pas de géant et de rattraper nos concurrents. Anne Hidalgo maîtrise parfaitement l'exercice et le fond du sujet. Elle rappelle que nous devons retenir les leçons du passé en laissant le mouvement sportif en position de leadership. Elle a aussi un mot pour saluer l'engagement de chaque acteur du projet. Au moment où elle veut parler de moi, elle hésite. Je sens qu'elle cherche quelque chose de positif à dire. Finalement, c'est « il est gentil Tony » qui sort. Nous ne nous connaissons pas encore et je me rends compte du chemin qu'il me reste à parcourir pour devenir crédible.

Une séquence presse est organisée dans la foulée de la présentation de l'étude. Pendant que j'échange avec un journaliste, Michaël s'approche de moi et me glisse à l'oreille : « Bernard vient d'annoncer que tu serais co-président avec lui si on est candidats ».

Michaël évoquait cette option depuis plusieurs mois, parce qu'il est convaincu que notre binôme si complémentaire – le grand dirigeant sportif qui en a vu d'autres et l'athlète fraîchement retraité et élu au CIO – est inattaquable. Je sais aussi que Michaël en discutait avec Bernard et Étienne, mais je n'avais jamais eu l'occasion d'en parler moi-même avec Bernard. Ce que je lis par ailleurs dans le regard de Michaël, c'est que cette annonce n'était pas du tout prévue. Je me préparais à m'engager à fond dans la candidature de Paris, mais pas forcément à en partager la présidence. C'est du Bernard tout craché, il a senti une ouverture, et il a foncé.

Le 12 février 2015, une étape majeure vient d'être franchie : tous les acteurs incontournables d'une candidature parisienne se sont approprié le projet et sont prêts à partir en campagne. Maintenant, il faut canaliser leur envie de communiquer, car avant de pouvoir annoncer qu'on est candidats, on doit d'abord se mettre d'accord sur la gouvernance, le budget, et le format de l'annonce de notre candidature. Si on veut que le CIO nous confie les Jeux, il faut lui montrer qu'on est tous alignés, qu'on forme une équipe sur laquelle ils peuvent compter.

★

En avril 2015, on crée donc une association rassemblant les représentants du Comité olympique et du Comité paralympique français, de la Ville de Paris, de la Région Île-de-France et de l'État, qui seront, si les discussions aboutissent, les cinq membres fondateurs du futur Comité d'organisation.

Le premier sujet que l'on doit trancher est celui de la gouvernance, pour définir ensemble qui décidera de quoi. L'association confirme la co-présidence du futur Comité de candidature par Bernard et moi. Nous identifions ensuite les décisions qui devront être débattues collectivement et dans quel format.

Le deuxième sujet, c'est celui des moyens financiers dont disposera le Comité de candidature. Nous avons établi un budget de soixante millions d'euros qui viendraient pour la moitié de fonds privés, via un programme de partenariats, et pour l'autre moitié des contributions des trois principaux acteurs publics : la Ville de Paris, la Région Île-de-France et l'État, qui mettent dix millions chacun au pot commun. Je comprends de nos échanges que participer au financement de la candidature est important pour chacun d'entre eux, à la fois parce qu'ils ont conscience de l'impact potentiel de ce projet pour leur territoire et pour le pays – et parce que cela leur donne officiellement voix au chapitre.

Maintenant que nous nous sommes mis d'accord sur la gouvernance et le budget, nous pouvons annoncer notre candidature. Une candidature aux Jeux, c'est une compétition. Il est important qu'on réussisse notre départ pour envoyer un message fort à la fois au CIO et à nos concurrents. La date du 14 juillet est évoquée, mais nous avons besoin de marquer une rupture avec le souvenir de Paris 2012, qui était perçue comme une candidature trop politique et trop franco-française, et d'inscrire Paris 2024, dès sa naissance, dans l'univers du sport mondial. Nous décidons donc que ce seront les athlètes français eux-mêmes qui annonceront la candidature de la France pour accueillir les Jeux de 2024. Cette annonce collective se fera dans le cadre de la Journée

Olympique internationale le 23 juin 2015, au siège du Comité national olympique.

Nous demandons à Jean-Philippe Gatien, qui coprésidait l'atelier sur l'excellence sportive et est devenu président de l'INSEP depuis un an, de mobiliser un maximum d'athlètes dans la perspective de l'annonce. Jean-Philippe est très respecté dans le monde du sport. Comme beaucoup d'athlètes, il a quitté ses parents très tôt pour rejoindre l'INSEP, mais sa particularité à lui, c'est qu'il était passionné par le tennis de table. À treize ans, il avait décidé de dédier sa vie à un sport dans lequel il n'avait a priori aucune chance de réussir tant le ping était dominé par la Chine. Alors avec son entraîneur, ils avaient mis au point une stratégie pour battre les pongistes chinois. Plutôt que de tenter de rivaliser avec eux en imitant leurs techniques, ils avaient inventé une autre façon de jouer au ping pour pouvoir les surprendre. Douze ans plus tard, Jean-Philippe était devenu champion du monde.

Je l'ai rencontré aux Jeux de Sydney, avant de le recroiser à l'ESSEC, en même temps que Michaël. J'ai fait appel à lui quand je me suis présenté à l'élection pour le CIO, pour qu'il m'aide à la fois sur la stratégie et pour la mobilisation des athlètes. D'immenses champions français – David Douillet, Amélie Mauresmo et Antoine Dénériaz – avaient échoué avant moi donc je savais que c'était un vrai challenge d'être le premier Français à se faire élire à la Commission des athlètes, a fortiori pour un céiste comme moi qui ne bénéficiait d'aucune notoriété internationale. Au-delà de son palmarès sportif unique qui lui conférait une légitimité et une aura auprès des athlètes, je savais que Jean-Philippe était toujours très juste dans ses analyses et que son humilité et son humour lui permettaient de créer facilement des liens. Ça a été le cas, il a été un énorme atout dans cette campagne. On a besoin de l'avoir avec nous pour cette candidature.

Sophie Guillon-Morel nous aide quant à elle à orchestrer la communication autour de notre annonce. Elle est l'une des communicantes qui connaît le mieux le monde du sport français. Elle a travaillé pour Jean-François Lamour lorsqu'il était ministre des Sports, pour la Fédération française de tennis et pour l'Autorité de Régulation des Jeux en Ligne. Au moment où nous faisons appel à elle, elle évolue depuis trois ans à Londres, où elle dirige les affaires publiques du plus grand circuit européen de golf masculin.

★

Le 23 juin 2015, au siège du Comité olympique français, à Paris, les représentants des cinq entités fondatrices de la candidature sont réunis dans le grand hall. À 20 heures, cent cinquante des plus grands champions olympiques et paralympiques français – Teddy Riner, Laure Manaudou, Renaud Lavillenie, Laura Flessel, Marie-José Pérec, David Douillet, Marion Bartoli, Stéphane Diagana et bien d'autres – lancent le top départ de la campagne en twittant à l'unisson une photo du rassemblement avec pour légende : « #Paris2024 est candidate à l'organisation des Jeux, portons ensemble le rêve olympique et paralympique @paris2024 ! »

Au premier coup d'œil, ça n'a l'air de rien. Et pourtant, c'est un tournant. La candidature, lancée par les athlètes dans la Maison du sport français. Les acteurs politiques unis avec eux, prêts à s'engager, même s'ils ne sont plus seuls au premier plan.

Nous sommes les cinquièmes à officialiser notre candidature : Budapest l'a fait le 11 novembre 2013, Rome le 15 décembre 2014, Boston le 8 janvier 2015 et Hambourg le 16 mars 2015. On parle aussi d'une candidature de Toronto qui pourrait se concrétiser bientôt.

Mais le 27 juillet 2015, à peine plus d'un mois après notre entrée en campagne, la compétition connaît un premier rebondissement. En raison de l'opposition de plus en plus active d'une partie de la population locale au projet de Boston 2024, le Comité olympique américain annonce le retrait de la candidature de la ville des Celtics, six mois seulement après l'avoir officialisée, et indique reprendre les échanges avec les autres villes américaines qui s'étaient initialement portées candidates. Le renoncement de Boston est loin d'être une bonne nouvelle pour nous, car Los Angeles, qui avait perdu contre Boston lors de la primaire américaine, pourrait revenir dans la course et serait un concurrent bien plus redoutable compte tenu de son rayonnement international.

Un mois plus tard, Los Angeles officialise sa candidature. Dans une course aux Jeux, la candidature américaine part toujours favorite. Cette place à part dans l'univers olympique, les États-Unis l'ont gagnée à la fin des années 1970. Les Jeux étaient à bout de souffle après les éditions de Munich 1972, qui avaient tourné au cauchemar avec l'assassinat de onze athlètes de la délégation israélienne, et de Montréal 1976, qui avaient été un fiasco financier. À ce moment-là, seuls les États-Unis s'étaient portés candidats pour organiser les Jeux de 1984. C'est à cette époque qu'ils ont proposé un nouveau modèle de financement des Jeux, basé sur le sponsoring. Cela a permis de donner un nouvel élan à la compétition. Depuis, les partenaires du CIO sont pour beaucoup américains, et l'essentiel des revenus du CIO est issu des droits de télédiffusion aux États-Unis. Une candidature américaine face à nous, ça ne veut pas dire que ce n'est pas possible de gagner, ça veut seulement dire que nous devons battre le numéro un mondial. Et là, en plus, ils viennent de troquer le Massachusetts pour la Californie, pour Hollywood et le souvenir des Jeux de Los Angeles 1984, qui avaient été un immense succès…

Le 15 septembre 2015, le CIO publie un communiqué de presse pour annoncer la liste des villes candidates pour accueillir les Jeux en 2024. Ça y est, le casting définitif est connu, nous sommes cinq sur la ligne de départ : Budapest, Hambourg, Los Angeles, Rome et Paris.

Chapitre VI

Avant chaque compétition de canoë, je connaissais mes adversaires par cœur. Leur style, leurs points forts, leurs faiblesses. Pour la candidature de Paris 2024, ce doit être pareil.

Grâce au rapport Keneo et à l'étude d'opportunité, on sait où on en est, quels sont nos atouts et ce qu'on doit encore renforcer. Maintenant, il faut regarder qui est sur la ligne avec nous. Ce sont quatre adversaires très solides.

Budapest et Hambourg ont moins de rayonnement international, mais elles vont jouer la carte de la ville à taille humaine, du projet compact, accessible.

Pour Hambourg, on se demande évidemment dans quelle mesure le président du CIO, l'Allemand Thomas Bach, regardera avec bienveillance la candidature de son propre pays.

Et puis il y a Rome. Rome, c'est une ville magique, presque jumelle de Paris dans l'imaginaire collectif. Des sites mythiques, une histoire incroyable, et surtout une vraie puissance d'influence dans le mouvement sportif international. Les Italiens sont partout dans les fédérations internationales, et ils ont trois membres au CIO – autant que les Américains. Nous, depuis le départ de Jean-Claude Killy après Sotchi, on n'est plus que deux avec Guy Drut. Mais Rome a un problème : elle avait abandonné sa candidature pour les Jeux de 2016. Et dans le monde olympique, ça laisse des traces. Avant de convaincre, il faudra qu'ils prouvent qu'ils peuvent aller au bout.

Los Angeles est notre rivale la plus sérieuse. Celle dont je ne perçois aucune faiblesse. Les derniers Jeux qui s'y sont déroulés, en 1984, ont été la première édition olympique bâtie à partir d'équipements sportifs existants, la première à ne pas faire appel au financement public, la première à être excédentaire, et la première à laisser une fondation en héritage pour financer des projets de développement de la pratique sportive en Californie. Si les Jeux Olympiques modernes sont nés en France grâce au baron Pierre de Coubertin, les Jeux Olympiques tels que nous les connaissons aujourd'hui sont nés avec Los Angeles 1984.

Los Angeles pourra donc à la fois compter sur le souvenir du succès des derniers Jeux qu'elle a accueillis et profiter au maximum des images auxquelles on associe généralement la Californie. Dans l'esprit des gens, Los Angeles, ce sont à la fois les surfeurs sur les plages qui s'étendent à perte de vue, les stars hollywoodiennes et la Silicon Valley. Si on est cinq candidats sur la ligne de départ, notre Michal Martikan, c'est Los Angeles.

Beaucoup d'observateurs du monde du sport considèrent qu'on a peu de chances face à une candidature américaine. Notre atout, c'est peut-être paradoxalement tous nos précédents échecs. À force d'étudier tous les écueils auxquels nos candidatures infructueuses ont pu être confrontées, dans le cadre du rapport Keneo puis de l'étude d'opportunité, nous avons tiré toutes les leçons possibles du passé. Tous les pièges, on les connaît.

On sait, par exemple, que l'enjeu le plus important, c'est de réussir à ne pas abandonner en cours de route. Dans ce combat-là, notre plus grand ennemi, ce ne sera pas Rome, Budapest, Hambourg, Los Angeles ni même l'Exposition universelle, à laquelle certains veulent nous opposer. Notre plus grand ennemi, ce sera nous-mêmes. La plupart des villes candidates ne parviennent effectivement pas à tenir jusqu'à l'étape du vote final par le CIO. Elles se divisent, et elles renoncent. De ces échecs, on a tiré une certitude : si une candidature tombe, c'est rarement à cause des autres. C'est parce qu'elle commet certaines erreurs.

La première erreur qui pourrait nous empêcher d'aller jusqu'au bout, ce serait de sous-estimer l'importance de l'unité politique derrière le projet.

On a beaucoup répété qu'une candidature devait être portée avant tout par le mouvement sportif. C'est vrai. Mais sans le soutien clair, fort et durable des acteurs politiques, aucun projet olympique ne peut exister. Or, ce soutien n'a rien d'automatique. Il est même fragile, car les précédentes éditions des Jeux ont parfois laissé une image brouillée dans l'opinion publique. Pendant que nous travaillons depuis deux ans à construire un modèle totalement différent, beaucoup continuent à associer les Jeux à leurs dérives passées : des budgets faramineux et des équipements laissés à l'abandon.

Quoi qu'on fasse, la confusion est tenace. Elle se nourrit des images de Sotchi, de Pékin ou d'Athènes, et mélange tout : le budget du Comité d'organisation et celui des infrastructures… Notre défi, ce sera de ramener sans cesse le débat à notre projet, à sa spécificité, à sa maîtrise, à son ambition. De convaincre sur ce que nous proposons, pas sur ce que d'autres ont fait avant nous.

Si les responsables politiques français se prononcent sur notre projet tel qu'il est réellement – sobre, maîtrisé, fondé sur des sites existants – alors je suis convaincu qu'ils le soutiendront. Mais s'ils se positionnent seulement sur l'idée plus ou moins abstraite d'organiser les Jeux, alors le risque est immense : celui de voir le sujet devenir un thème de division nationale. Ils en feront un terrain d'affrontement partisan, et les Français se retrouveront une fois de plus répartis entre « pro » et « anti JO ».

Si l'unité politique se fissure, c'est l'opinion publique qu'on perdra avec elle et le CIO ne choisit pas des pays qui se déchirent sur les Jeux : il choisit ceux qui ont envie de les accueillir.

La deuxième erreur qui pourrait nous faire éliminer est liée à la première, c'est de ne pas traiter en priorité le sujet le plus important pour la population, et donc pour ses représentants : le budget des Jeux et le risque de dérapage. C'est la raison pour laquelle nous avons identifié dès la phase de l'étude d'opportunité tous les équipements sportifs existants et montré qu'il était possible de construire un projet basé sur 95 % de sites existants ou temporaires, avec par conséquent un budget limité.

La troisième erreur, c'est de ne pas faire tout de suite du sujet environnemental un sujet central et de ne pas travailler dès le début avec des associations et des experts environnementaux. Ce n'est pas seulement une question de stratégie, c'est aussi une question de conviction personnelle. J'ai grandi au cœur des Pyrénées, j'ai pratiqué toute ma vie des sports de nature, et j'ai vu les impacts du dérèglement climatique dans les montagnes et dans les rivières que j'ai traversées.

Le sport doit prendre toute sa part dans la lutte contre le changement climatique. Je sais que si notre projet n'est pas irréprochable sur ce plan, il sera contesté – à juste titre. Si notre projet n'est pas bien conçu dès le début, il sera bloqué par les associations environnementales – et elles auront raison. Nous avons donc prévu de ne construire qu'un seul équipement sportif spécifiquement pour les Jeux : la piscine. Cela représente entre dix et quinze fois moins d'équipements neufs que pour les éditions olympiques et paralympiques précédentes, ce qui va déjà énormément diminuer notre bilan carbone. Pour aller plus loin, nous avons déjà commencé à échanger avec des associations environnementales comme WWF pour qu'elles nous aident à construire le meilleur projet possible.

Au-delà de ce qui peut nous faire perdre, il y a ce qui peut vraiment nous faire gagner. Et pour Paris 2024, c'est d'abord notre projet technique.

On a tout passé en revue : les équipements existants, les contraintes budgétaires et environnementales, notre volonté d'organiser des Jeux spectaculaires tout en laissant un héritage utile à un territoire qui en a besoin. Peu à peu, un équilibre s'est imposé : des sites de compétition déjà construits, des sites de compétition éphémères dans des lieux à couper le souffle – la tour Eiffel, Versailles – et quelques nouveaux équipements durables en Seine-Saint-Denis.

Mais notre projet technique, aussi optimisé qu'il puisse l'être, ne sera pas suffisant. Ce qui fera la différence, c'est notre capacité à le promouvoir avec les bonnes personnes pour le porter, les bons arguments et le bon timing. Il faudra également qu'on anticipe la dernière ligne droite de la candidature en gardant sous le coude quelques annonces, en préparant quelques coups de com et en continuant à se battre jusqu'à la dernière minute, même si on se retrouve dans la peau du favori.

★

Le Comité de candidature, dont je deviens co-président aux côtés de Bernard, est créé en décembre 2015. Étienne en prend la direction générale. C'est le meilleur expert français des grands événements sportifs et du CIO, et Bernard lui fait confiance depuis la Coupe du monde de rugby 2007. Michaël, qui a initié et piloté toute la phase de préfiguration, devient directeur général adjoint. Leur première mission : constituer une équipe d'une soixantaine de personnes, les meilleures dans leur domaine, prêtes à être opérationnelles immédiatement. Nous n'avons pas une minute à perdre.

Nous rejoindre représente une vraie prise de risque : à ce stade, c'est une mission de deux ans, sans garantie d'avenir. Il faut donc des gens passionnés, engagés et prêts à tout donner.

Les premiers à rejoindre officiellement le Comité de candidature sont ceux qui nous accompagnent depuis le début : Benjamin, Johann, Lorick, Jean-Philippe... Ils forment le socle du projet, ceux qui en connaissent chaque détail et incarnent son état d'esprit.

Mais pour gagner, il faut plus qu'une équipe compétente : il faut une équipe ouverte. On sait que l'une des faiblesses des précédentes candidatures, notamment celle de 2012, a été d'être trop franco-française, trop refermée sur elle-même. Alors, cette fois, on veut s'ouvrir. Croiser les cultures, les méthodes, les sensibilités.

On fait revenir en France des talents qui ont fait leurs preuves à l'étranger : Sophie Guillon-Morel donc, mais aussi Sophie Lorant, Ludivine Roosebeke, Lambis Konstantinidis... Ils connaissent les coulisses du CIO, ont travaillé sur Londres 2012, à Lausanne ou pour de grandes organisations internationales. Ils apportent une expérience rare et un regard différent.

En parallèle, on décide de s'entourer des meilleurs experts étrangers, ceux qui ont déjà vécu des campagnes victorieuses et savent comment elles se gagnent. C'est sans doute l'un des choix les plus décisifs de la candidature : accepter de s'ouvrir pour gagner. Arrêter de se regarder le nombril, écouter ceux qui pensent autrement et engager les meilleurs, d'où qu'ils viennent.

Pour le lobbying et la communication, on fait appel à Mike Lee, stratège britannique passé par les candidatures victorieuses de Londres 2012, Rio 2016 et PyeongChang 2018. Pour la conception de nos présentations et la scénarisation de nos grands rendez-vous avec le CIO, on s'appuie sur Nick Varley, fondateur de l'agence Seven46, qui a accompagné les trois dernières candidatures victorieuses aux Jeux d'été : Londres, Rio et Tokyo.

Leur décision de rejoindre Paris 2024 est déjà, en soi, un signal fort. Ces consultants internationaux, parmi les plus sollicités du monde olympique, s'engagent uniquement dans les projets dont ils estiment qu'ils peuvent aller au bout. Leur présence à nos côtés, c'est le premier indicateur de notre crédibilité à l'international.

En France, ces recrutements font débat. Certains nous disent « Vous prenez ceux de Londres 2012 qui nous ont fait perdre ! »

Bernard, fidèle à son pragmatisme, tranche sans détour :

« Non. On prend ceux qui vont nous faire gagner. »

Au-delà des CV, on cherche aussi un état d'esprit. Étienne a eu cette phrase qui m'est restée :

« Il faut qu'on recrute des gens sympas. Parce que si les gens nous aiment, ils auront envie de nous aider ».

C'est vrai à l'extérieur, mais c'est tout aussi vrai à l'intérieur. Quand une équipe aime travailler ensemble, qu'elle a envie de se retrouver le soir, de partager un verre, alors elle devient plus forte, plus solidaire, plus performante.

C'est cette alchimie qu'on cherche à créer : des compétences de très haut niveau, un regard international et une vraie humanité. Une équipe unie et ouverte, une équipe qui donne envie d'y croire.

Quelques semaines plus tard, les recrues commencent à arriver.

★

Le 2 novembre 2015, nous emménageons dans nos propres locaux, boulevard Haussmann, en plein cœur de Paris. On a l'impression de voir une start-up prendre son envol après avoir été incubée au Comité national olympique.

De mon côté, je continue à vivre à Pau et viens travailler à Paris en semaine. J'ai envie que mes enfants puissent se construire dans ce territoire de sports de nature et de liberté dans lequel j'ai moi-même grandi avec mes frères. Je préfère faire des allers-retours à Paris hebdomadaires plutôt que de les éloigner de leurs grands-parents, de leurs oncles et tantes et de leurs cousins. J'essaie au maximum de rentrer à Pau le jeudi soir pour travailler à la maison le vendredi et pouvoir aller les chercher à l'école.

Le vendredi 13 novembre 2015, je suis dans ma cuisine, à Pau, quand je reçois le SMS d'un copain : « T'es à Paris ?! ». Je lui réponds que non et lui demande pourquoi. Son « Allume la télé » m'inquiète. Sur l'écran, les premières images du Bataclan, des terrasses, du Stade de France. Je reste figé. Huit mois après les attentats de *Charlie Hebdo* et de l'Hypercacher, le pays bascule à nouveau dans l'horreur. À ce moment-là, je ne pense pas à Paris 2024. Les images tournent en boucle. Je ne peux pas m'en détacher.

Le lundi matin, quand on se retrouve au bureau, Bernard propose de réunir l'équipe. On a pris des nouvelles des uns et des autres dès le vendredi soir, mais on a besoin de parler de ce qui vient de se passer. Tout le monde est encore sous le choc. C'est le deuxième attentat qui endeuille la France en huit mois, et les autorités font maintenant état de 130 morts et plus de 350 blessés.

Une fois les salariés réunis dans la cafétéria, Bernard évoque avec des mots très justes ce que l'on vient de vivre. Il parle de la terreur qui nous a tous envahis, mais aussi de ceux qui ont été ciblés vendredi soir : des gens qui venaient assister à un concert ou à une compétition sportive, qui étaient assis en terrasse pour boire un verre, qui étaient venus partager un moment avec leurs amis. Pour lui, notre projet de rassembler les Français autour des valeurs de partage, de respect et de tolérance n'en a que plus de sens. C'est un moment fondateur pour notre équipe.

La maire de Paris, le président de la République et tous les élus avec lesquels nous travaillons sont également de cet avis. Les attentats du 13 novembre ne doivent pas nous faire renoncer à rassembler la France. Ils sont un horizon positif dans cette période sombre. Valérie Pécresse, qui succède à Jean-Paul Huchon à la tête de la Région Île-de-France en décembre, en est convaincue aussi. À Paris, Fluctuat nec mergitur[1], la devise de la ville, est devenue une immense fresque peinte le lendemain des attentats par un collectif d'artistes place de la République, et l'expression de la résilience de la France et de sa capitale.

★

Deux semaines plus tard, le 29 novembre, Hambourg 2024 se retire de la course. Alors que la ville avait justement été choisie par le Comité olympique allemand au détriment de Berlin en partie pour le soutien populaire dont Hambourg bénéficiait, le référendum qui appelait les habitants de la ville à se prononcer

1. NDLR : « Il est battu par les flots, mais ne sombre pas ».

sur la candidature s'est soldé par 51,6 % de voix contre. Les sondages indiquaient pourtant 64 % de soutien de la population locale au projet quelques mois auparavant. J'ai le sentiment que le projet de Hambourg 2024 était très bien construit, mais sur le modèle de Barcelone 1992 ou de Londres 2012, au sens où Hambourg voulait saisir l'opportunité des Jeux pour rénover tout un quartier et y construire de nombreux équipements. La ville ne disposait en effet que de 64 % des équipements sportifs nécessaires et prévoyait de construire un stade olympique, une halle olympique, un centre aquatique et un vélodrome, en plus du village des athlètes. Un tel projet représentait évidemment des investissements publics considérables. Ce qui était encore acceptable pour la population il y a trente ans, et même il y a dix ans, ne l'est plus aujourd'hui. Hambourg 2024 semble s'être heurté autant à l'écueil du budget qu'à celui du référendum… En décembre 2015, nous ne sommes déjà plus que quatre candidats.

★

Dès le mois suivant, en janvier 2016, nous partons à Marseille pour un séminaire de deux jours. Au terme d'un long processus d'attribution, la cité phocéenne vient juste d'être sélectionnée pour accueillir les épreuves de voile.

Objet du séminaire : le lobbying qui a fait défaut à Paris 2012. À vingt mois de l'élection de la ville hôte des Jeux 2024, c'est déjà notre obsession. Dans le milieu olympique, on entend souvent dire que les Français sont les meilleurs bâtisseurs, et les Anglo-Saxons les meilleurs promoteurs. Cette fois, on veut montrer qu'on peut aussi être les meilleurs promoteurs. Bernard, Guy Drut, membre du CIO, Denis Masseglia, le président du Comité olympique français, Étienne, Michaël et toute la direction des relations internationales participent à ce séminaire.

Quand la première séance de briefing débute, nous sommes tous assis avec nos stylos et nos cahiers devant nous. J'ai l'impression que nous sommes retournés sur les bancs de l'école. Sophie Lorant, notre directrice des relations internationales, et ses consultants commencent par nous rappeler le principe de base à garder en tête jusqu'à la fin : ce sont les quatre-vingt-quinze membres actuels du CIO – moins les membres des pays candidats – qui votent, personne d'autre. Si le soutien de la population française et de ses représentants est essentiel dans cette campagne, ce ne sera jamais assez. Il ne suffit pas qu'on soit nous-mêmes collectivement convaincus qu'on est les meilleurs pour gagner, il faut que la majorité de ces quatre-vingt-quinze membres le soit.

La compétition va durer deux ans et s'achèvera le jour de l'élection de la ville hôte par les membres du CIO, le 13 septembre 2017.

Dans un premier temps, les villes candidates devront se consacrer à construire leur projet. Cette première phase sera rythmée par la remise en trois temps du dossier de candidature de chacune des villes candidates au CIO : le 17 février 2016, pour la partie du dossier consacrée à la vision, au concept et à la stratégie ; le 7 octobre 2016, pour la partie consacrée à la gouvernance, aux aspects juridiques et au financement des sites ; le 3 février 2017, pour la partie consacrée à la livraison, à l'expérience et à l'héritage des Jeux. Pendant toute cette période, les villes candidates seront également invitées à partager leur projet lors de présentations officielles coordonnées par le CIO. La phase de promotion internationale débutera, elle, après la remise du troisième dossier, le 3 février 2017. Le CIO souhaite en effet limiter au maximum les frais de campagne des villes candidates.

Au total, les villes s'affronteront lors de cinq grands temps de présentation déjà fixés, dont le point culminant sera le 13 septembre 2017, lors de la session du CIO prévue à Lima, quelques heures avant le vote final.

À mesure qu'on avance dans le séminaire, je retrouve les mêmes étapes que celles par lesquelles nous sommes passés avec Jean-Philippe pour la préparation de mon élection au CIO, puis avec Benjamin et Cyril pour la préparation de mon élection à la Fédération de canoë. Sauf que ce ne sont évidemment plus les mêmes enjeux et que cette fois, il y a toute une équipe derrière qui a établi une fiche sur chaque membre du CIO et qui projette les informations les plus importantes à l'écran. J'ai l'impression d'être dans un film d'espionnage. On doit comprendre d'où les membres viennent, quels sont leurs centres d'intérêt, quels sont leurs combats, qui sont leurs amis – ou leurs ennemis – et quels sont leurs sports de prédilection. Grâce à ces renseignements détaillés, on va ensuite pouvoir déterminer les arguments à utiliser pour les convaincre, les événements au cours desquels on pourra les croiser et qui, parmi nous, sera le plus à même d'approcher tel ou tel membre.

Comme en politique, tous les membres du CIO n'ont pas la même capacité d'influence. Il y a d'abord la quinzaine de membres qui va composer la Commission d'évaluation des villes candidates aux Jeux de 2024. Ses membres seront nommés en février 2016, dans un mois. Ils seront évidemment des cibles à traiter en priorité. Il y a ensuite des membres dont le réseau est particulièrement étendu et dont il faudra s'assurer du soutien au plus tôt.

L'équipe des relations internationales a réparti les membres en trois catégories : ceux dont on sait déjà qu'ils soutiendront nos concurrents et sur lesquels il ne faut pas mettre trop d'énergie, ceux qui sont d'ores et déjà avec nous, une *fanbase* à consolider et à ne jamais négliger, et enfin, les indécis. Comme les *swing states* aux États-Unis, les membres encore indécis sont nos cibles prioritaires : ce sont ceux qui feront basculer l'élection.

Pour maximiser les opportunités de rencontre avec ces membres et, plus globalement, avec l'ensemble des membres du CIO, l'équipe a cartographié les événements sportifs et les grands rassemblements auxquels ils sont susceptibles de se rendre et où les leaders de la candidature seront présents en fonction de leurs mandats respectifs. Bernard en tant que président de World Rugby, Guy en tant que membre du CIO et ancien champion d'athlétisme, Denis en tant que président du Comité olympique français, Étienne en tant que membre du bureau de la Fédération internationale de badminton, et moi en tant que membre du CIO et du bureau de la Fédération internationale de canoë. Octavian Morariu, par exemple, membre du CIO depuis 2011, est président de Rugby Europe, donc Bernard est identifié comme son interlocuteur principal et pourra échanger avec lui lors du prochain Tournoi des 6 Nations.

Le 20 janvier 2016, on a donc tous déjà un programme de déplacements jusqu'en septembre 2017. Mais ce qui va influencer les membres du CIO dans leur choix, ce n'est pas seulement ce qu'on va leur dire lors de nos rencontres, c'est aussi ce qu'ils vont entendre de la bouche de leur entourage et ce qu'ils vont lire dans la presse.

C'est la petite musique qui va accompagner notre campagne et va avoir un impact sur ce qu'ils vont penser de Paris 2024.

Au-delà des membres du CIO, notre stratégie de promotion cible par conséquent les athlètes, les fédérations internationales, les comités olympiques étrangers, les équipes du CIO et, évidemment, les médias.

En construisant ce réseau d'influence, on prend conscience de l'avantage de travailler avec des consultants étrangers. Ils brossent un portrait sans concession de la manière dont nous sommes perçus à l'international. Selon eux, on a la réputation de se diviser facilement, de se tirer dans les pattes entre nous. Il faudra donc constamment veiller à montrer notre unité, toujours parler d'une seule voix. Et puis, il y a cette autre image qui nous colle à la peau : celle d'un pays arrogant, sûr de lui, parfois trop. On devra éviter à tout prix de donner l'impression que les Jeux nous sont dus sous prétexte qu'un Français les a faits renaître un siècle plus tôt. Il faudra convaincre sans arrogance.

Avoir deux jours entièrement consacrés à ce sujet, en étant coupés des autres sollicitations, c'est à la fois important pour nous préparer tous individuellement aux rendez-vous qui nous attendent et essentiel pour mieux nous connaître et nouer des liens. On doit construire une équipe soudée, parce que le CIO a envie de confier les clés de son événement à un collectif uni, et parce qu'on sait que les candidatures aux Jeux ne sont jamais de longs fleuves tranquilles.

⋆

« Vous n'êtes pas la cible », nous disent Sophie Guillon-Morel et son équipe de consultants lors de notre séminaire suivant dédié, cette fois, à la communication.

Ce qu'ils veulent dire, c'est que nous allons devoir veiller pendant les deux années de campagne qui se profilent à ne pas juger la qualité d'un message, d'un slogan ou d'une campagne de communication à l'aune de notre propre sensibilité et de notre propre culture, car ces messages ne nous seront pas destinés. La cible de notre communication sera toujours en priorité l'écosystème des Jeux, en particulier les membres du CIO dont 97 % ne sont pas Français et 68 % pas francophones. C'est à eux en priorité que s'adresse par exemple le logo que nous venons de choisir et qui évoque la tour Eiffel, parce que c'est le symbole qui incarne le mieux la France à l'international.

Le premier objectif de ce séminaire est d'affiner notre positionnement par rapport à celui des autres villes candidates. On a compris dès l'annonce des candidatures de Rome, Budapest et Los Angeles que nous aurions plusieurs points communs, notamment le fait de bénéficier d'une majorité d'équipements existants, mais aussi, dans le cas de Rome, d'organiser un certain nombre d'épreuves dans des sites historiques iconiques. On sait aussi que Los Angeles pourra jouer sur la notoriété de Hollywood et des basketteurs stars de la NBA, jusqu'à utiliser le pouvoir d'attraction de la Silicon Valley, même si les sièges des géants de la tech sont en réalité situés à près de six cents kilomètres de là… Et nous, sur quel terrain pouvons-nous nous différencier ? Quel est le message que nous seuls sommes en mesure de porter ?

L'un des enseignements les plus importants que j'ai retenu de ma carrière dans le sport de haut niveau, c'est que l'on gagne toujours sur ses points forts. Ça ne veut pas dire qu'il ne faut pas essayer d'améliorer ses points faibles, mais ce n'est pas ça qui nous fera gagner. Ce qui m'a fait gagner, ça n'a jamais été la technique, ça a toujours été la vitesse. Ça ne veut pas dire que je n'ai pas aussi travaillé la technique, mais ce que j'ai toujours travaillé le plus, c'est ma vitesse. On gagne toujours avec ce qui nous distingue des autres.

Pour Paris 2024, c'est pareil. On ne remportera pas cette compétition si on essaie d'égaler Los Angeles sur la notoriété de ses stars, on la remportera avec nos propres armes, et ce sont ces armes qu'on doit trouver pendant ce séminaire.

Notre second objectif est de préparer la succession d'événements qui se profilent avec le dévoilement de notre logo le 3 février, la présentation de la première partie de notre dossier de candidature deux semaines plus tard et notre présence aux Jeux de Rio au cours de l'été. À chaque fois, on doit marquer les esprits avec une image forte.

*

Une image forte comme celle de notre logo projeté sur l'Arc de Triomphe le 3 février 2016 pour son dévoilement à la tombée de la nuit, à 20 h 24.

En quelques minutes, l'image fait le tour du monde. C'est notre premier vrai coup de com. J'aime ce moment parce qu'il traduit bien notre état d'esprit. Ce jour-là, on arrive à capter l'attention des médias et du grand public avec un symbole fort, mais cette opération a aussi un sens profond : projeter notre emblème sur ce monument parisien chargé d'Histoire dit notre ambition de mettre ce qu'il y a de plus beau à Paris au service des Jeux et de faire sortir le sport des stades pour l'emmener dans des sites spectaculaires.

Le lendemain, on se replonge tout de suite dans la préparation de l'étape suivante : la première partie de notre dossier de candidature, une soixantaine de pages qui présentent notre vision, notre concept – le plan des sites d'hébergement et de compétition – et notre stratégie doit être transmise au CIO le 17 février. Nous avions pris de l'avance sur ce volet avec la réalisation de l'étude d'opportunité, donc tout est prêt, le document est en phase de relecture finale.

Pour la remise de ce premier dossier, nous avons décidé d'organiser un événement de présentation de notre projet au mouvement sportif, aux acteurs politiques et aux médias et d'en profiter pour lancer notre dispositif de concertation. La cérémonie sera organisée dans la grande salle de la Philharmonie de Paris, près du parc de la Villette. Sophie Guillon-Morel en a confié l'organisation à l'agence événementielle Ubi Bene, fondée par Thierry Reboul et connue pour avoir des idées qui sortent de l'ordinaire, car on n'a pas envie d'un événement institutionnel classique avec une succession de discours. On a envie d'un temps fort qui crée un élan, qui fait sourire, qui émeut.

On sait aussi que la France a l'image d'un pays à la gouvernance infernale, avec d'innombrables couches d'acteurs municipaux, intercommunaux, départementaux, régionaux et nationaux. Nous devons au contraire faire parvenir au CIO une image d'unité et d'efficacité. Nous décidons donc de donner en priorité la parole à des athlètes, des artistes et des enfants qui représenteront la génération 2024. Il n'y aura que deux discours d'acteurs institutionnels : celui de la maire de Paris, qui introduira la séquence en tant qu'hôte puisque la salle appartient à la Ville, et celui du Premier ministre, Manuel Valls, pour montrer que la candidature est soutenue jusqu'au sommet de l'État. Pour la présentation de la première partie du dossier de candidature, il est évident qu'Étienne, avec son expertise, est le plus légitime pour dévoiler le concept de Paris 2024 et le budget associé.

Concernant la vision, nous pourrions la présenter à deux, avec Bernard. Mais il a une autre idée en tête. Ça fait un moment maintenant qu'on échange, que j'apprends à ses côtés, que je siège dans plusieurs commissions du CIO… Pour lui, c'est le moment de franchir une nouvelle étape. Il sait que dans l'esprit de beaucoup d'observateurs, je suis perçu comme la caution athlète à ses côtés, pas vraiment comme un co-président. J'ai pour moi mes titres olympiques et mon statut de membre du CIO, mais il me manque tout le reste. Or quand le CIO choisira la ville hôte des Jeux de 2024, en septembre 2017, ils voteront pour un projet, ils voteront pour une équipe, mais ils voteront aussi pour un leader. Ils voudront pouvoir se projeter avec la personne qui livrera les Jeux sept ans après.

Bernard aura soixante-dix ans en 2017, soixante-dix-sept ans en 2024, et il considère qu'il sera trop âgé pour diriger un projet qui devra parler à toutes les générations, notamment aux plus jeunes. Dans sa tête, il faut m'installer progressivement comme le futur patron des Jeux. Pour lui, ça passe par plusieurs étapes, et cette grande cérémonie à la Philharmonie de Paris en est une. Il me propose donc de faire le discours le plus important de l'événement, celui qui va présenter notre vision des Jeux, dire pourquoi on est candidat et ce qu'on entend apporter au mouvement olympique. Je suis bluffé par l'attitude de Bernard. Je n'avais pas mesuré jusqu'à cet échange à quel point il était important pour lui que le monde du sport, et notamment les membres du CIO, se projette avec moi. À quel point il voulait me voir grandir. J'étais déjà admiratif de son parcours et de ses valeurs, mais ce jour-là, je me rends compte que j'ai affaire à un dirigeant hors-norme. Bernard répète souvent qu'au rugby « on ne garde pas le ballon, on le passe ».

Ce sera mon premier discours aussi médiatisé. On attend 2000 personnes, des dizaines de caméras et de journalistes, et quelques-uns des plus hauts responsables politiques français.

Spontanément, j'imagine une prise de parole dans un style plutôt informel, peut-être un échange avec l'animateur pour que ce soit dynamique et que ça reste naturel. Michaël et Sophie pensent l'inverse et parviennent à me convaincre que si l'on veut aller au bout de l'idée de Bernard de m'installer comme co-président, j'ai besoin au contraire d'un discours formel, derrière un pupitre. Je m'y prépare comme pour une compétition sportive.

Quelques semaines auparavant, Mercedes Erra, la patronne de BETC, l'une des agences qui nous accompagnent, est venue nous présenter une proposition de slogan pour notre première campagne de communication en France: «La force d'un rêve». La formule a résonné comme une évidence pour tout le monde. C'est la force du rêve de la France d'accueillir les Jeux, qui nous a poussés à nous relancer dans une candidature, c'est la force du rêve des athlètes de devenir Olympiens, qui les pousse à aller s'entraîner chaque matin, c'est la force des rêves qui vont naître devant leurs performances et qui vont conduire des millions d'enfants à franchir la porte d'un club de sport. Michaël et Sophie proposent que je parle de ce que ce slogan évoque pour moi. «La force d'un rêve», ça me fait penser aux Jeux de Barcelone 1992, mes premiers Jeux en tant que spectateur.

Cet été-là, j'ai quatorze ans et j'ai déjà côtoyé le sport de haut niveau. J'ai assisté aux championnats du monde de Bourg-Saint-Maurice, en 1987. J'ai vu mon frère participer à des compétitions internationales. Au fond, les épreuves de canoë qu'on va voir avec mes parents et mes frères dans le stade olympique de La Seu d'Urgell ne sont pas différentes de celles auxquelles on a l'habitude d'aller. Ce sont les mêmes athlètes, les mêmes bateaux, les mêmes règles. Pourtant, tout est différent. Savoir que les Jeux d'été n'ont lieu que tous les quatre ans, savoir qu'ils ne reviendront peut-être jamais dans cette ville, ni jamais si près de nous, donne un goût particulier à ce qu'on vit. En plus du public habituel des compétitions de canoë, il y a tous ces gens, toutes ces familles, tous ces jeunes venus du monde entier, qui ne sont pas forcément là pour voir du canoë, mais qui sont là pour voir les Jeux, peu importe le sport. Et je me rends compte que ça change tout. Je n'ai pas l'impression de voir seulement des athlètes en quête de médailles devant un public d'experts. J'ai l'impression de voir des athlètes venus représenter leur pays devant le monde entier. Pour moi, c'est un déclic. Avant Barcelone, je ne me posais pas trop de questions, je savais que j'avais envie de continuer à progresser en canoë, de participer aux compétitions le week-end avec mes frères, mais je n'avais pas vraiment de but précis. À Barcelone, je comprends que mon rêve, c'est de devenir Olympien.

En échangeant avec Michaël, Sophie et Benjamin, on se rend compte que cela pourrait être l'amorce de mon discours. Partir de mon expérience à Barcelone pour évoquer le pouvoir d'inspiration unique des Jeux. Je n'aime pas parler de moi, mais je sais que les discours les plus forts sont souvent ceux où les gens se livrent, alors on commence à creuser cette piste.

Je veux essayer de raconter ce que représente l'Olympisme, mais aussi quelles sont les valeurs qui nous animent et quel est le sens de notre démarche. Ma conviction, c'est que les Jeux peuvent être un immense projet collectif qui réunira toute la France et permettra de révéler le meilleur de notre pays. Mettre en valeur son patrimoine, son histoire, son audace et sa créativité. Parce que notre ambition est d'organiser des Jeux qui marqueront l'Histoire. Il faut que le public puisse voir avec la présentation du concept par Étienne qu'on a un projet différent qui va amener le sport au cœur de la ville, mais j'aimerais aussi que les gens comprennent qu'on ne va pas s'arrêter là, qu'on va continuer à innover, à surprendre.

Au fur et à mesure de nos échanges, on se rend compte qu'au-delà de mon expérience aux Jeux de Barcelone, chacune de mes expériences aux Jeux dit quelque chose de notre attachement aux valeurs de l'Olympisme.

On décide donc d'évoquer aussi mes premiers Jeux en tant qu'athlète à Sydney 2000, et mes derniers à Londres 2012.

À Sydney, j'ai vingt-deux ans et j'arrive en Australie avec des rêves de médailles plein la tête.

Ce que j'ai touché du doigt à Barcelone, je le prends de plein fouet lorsque j'entre dans le stade olympique pour la cérémonie d'ouverture et que je vois les nations du monde entier défiler côte à côte malgré les tensions. Je sens que je participe à quelque chose de bien plus grand qu'une quête de médailles. J'avais toujours entendu parler de l'universalité des Jeux, mais ce soir-là, je la vis. L'athlète aborigène Cathy Freeman, la double championne du monde de 400 mètres qui allait devenir championne olympique quelques jours plus tard, s'avance pour allumer la vasque olympique, comme un symbole de la réconciliation du peuple aborigène et des descendants de l'émigration européenne en Australie, et je prends conscience du pouvoir du sport.

À Londres, j'ai trente-quatre ans. Quand je suis dans le start quelques secondes avant le départ de ma dernière finale olympique, je reviens de loin après mon échec à Pékin. Et ça nous apparaît comme une évidence : je reviens de loin, comme la France avec les Jeux. Certains disaient que je n'étais plus favori, que mon temps était passé, comme la France avec les Jeux. J'ai appris de mes erreurs, comme la France avec les Jeux. Parler de ce qui m'a poussé à poursuivre ma quête de médailles, malgré ma neuvième place à Pékin, malgré le doute, la lassitude, cela peut nous permettre d'évoquer nos échecs passés sans être trop lourds.

À partir de ce moment-là, cette prise de parole devient beaucoup plus qu'un simple discours, c'est toute mon histoire avec les Jeux qu'on retrace. Michaël a les idées hyper claires sur la façon de le présenter et briefe Benjamin pour qu'il rédige une première trame, qu'on partage avec l'agence Ubi Bene. Mon discours se précise. Quand j'en parle à Anne Hidalgo, elle me propose d'en discuter avec sa plume, François Esperet. Lors de notre premier échange, il me dit : « Ce qui compte pour qu'un discours soit réussi, c'est le début et la fin. Le contenu tu l'as, tu sais ce que tu veux dire, mais je peux t'aider à rendre les premiers et les derniers mots plus forts ».

Il nous renvoie une version retravaillée, et je suis impressionné. Je ne l'aurais jamais dit comme ça, mais c'est exactement ce que je voulais dire.

Maintenant, on se rend compte qu'on a envie que tout le discours ait cette intensité. Michaël et Benjamin continuent à reprendre le texte pour trouver de nouvelles formules et renforcer chaque passage. Au sein de l'agence, on échange beaucoup avec Clémence Benesby, leur plume, et Julie Matikhine, bras droit de Thierry Reboul. Julie a l'idée de *twister* le registre du grand discours classique : de jeunes athlètes de l'INSEP pourraient être sur scène et jouer des percussions pendant que je m'exprime. Ils joueraient d'abord doucement, puis de plus en plus fort, comme des battements de cœur qui s'accélèrent, à la fois pour donner du rythme à ma prise de parole et pour symboliser les émotions que les athlètes vont faire vivre aux Français avec les Jeux. Je ne sais pas trop ce que ça va donner, mais je leur fais confiance.

La veille de l'événement, on a rendez-vous à la Philharmonie pour le filage avec les équipes techniques et une partie des athlètes percussionnistes. J'en profite pour me familiariser avec les prompteurs, même si j'ai déjà tellement répété ce discours que je commence à le connaître par cœur. Je me revois la veille d'une compétition, à parcourir le bassin pour essayer de me l'approprier. Il se passe un peu la même chose ce soir-là. Cela m'aide de pouvoir voir la salle, mais il est impossible de reproduire les conditions de la finale. Si les journalistes qui animeront la séquence sont là, les percussionnistes, eux, n'ont pas tous pu venir. Surtout, la salle de 2400 places est vide. Le soir, je relis encore une fois mon discours avant de m'endormir.

Le lendemain, je découvre en me réveillant le logo de Los Angeles. C'est un athlète aux ailes d'ange – en référence au nom de la ville – illuminé par le soleil. Il symbolise à la fois l'ascension de l'athlète vers la réalisation de son rêve et l'esprit d'optimisme des habitants de la Californie. C'est aussi une petite pique envoyée aux autres villes candidates, notamment Paris, qui n'est pas réputée pour son taux d'ensoleillement. L'équipe de Los Angeles 2024 a profité de la présentation de la première partie de son dossier de candidature pour dévoiler son logo et son slogan de campagne : « Follow the sun[1] ». C'est un bon slogan, parce que c'est un slogan qu'eux seuls peuvent incarner.

Rome présente son projet dans la matinée lors d'un événement organisé au Palais des Congrès, où s'étaient tenues les compétitions d'escrime lors des Jeux de 1960. Leur concept s'appuie sur l'utilisation de nombreux sites antiques, avec l'arrivée des courses cyclistes aux Fori Imperiali, le tir à l'arc aux Thermes de Caracalla, le beach volleyball au Cirque Maxime et un marathon qui passera entre autres devant la basilique Saint-Pierre. Nous avons poussé l'idée encore plus loin, mais

1. « Suivez le soleil ».

nos concepts sont définitivement très proches. Ce n'est pas une bonne nouvelle pour nous. Côté Budapest, l'équipe a bien remis son dossier mais craint une mobilisation des opposants et n'a donc organisé aucun événement.

J'arrive à la Philharmonie dans l'après-midi, et la salle ressemble à un stade un jour de finale de l'Équipe de France. Nous avons invité plus de 2000 personnes, dont 800 élèves des écoles et collèges de Paris et de Seine-Saint-Denis à qui on a donné des drapeaux français. Ils les agitent en hurlant. Le parterre est tapissé de trois larges bandes de moquette bleue, blanche et rouge. C'est là que nous avons prévu d'installer les grands patrons avec lesquels nous venons de signer nos premiers partenariats et les cinquante-six grands champions français qui ont répondu à notre appel. Il y a toutes les générations de championnes et champions olympiques et paralympiques. On sent que les athlètes français ont envie que ça marche, et les gamins sont comme des fous en les voyant s'installer.

Il y a aussi les représentants du mouvement sportif et des collectivités engagées à nos côtés et beaucoup de médias. Pour la première fois depuis la fin de ma carrière sportive, il y a quatre ans, je ressens à nouveau la montée d'adrénaline que j'ai vécue si souvent dans le start avant une finale, ce mélange d'excitation et de boule au ventre. Sauf que cette fois, je ne peux pas m'isoler. Je vais prendre la parole après la maire de Paris et avant le Premier ministre. J'aimerais pouvoir relire mon discours une dernière fois mais je suis assis au premier rang, entre Bernard et Anne Hidalgo. Je ne peux pas m'éclipser. Alors je souris. Dans ma tête, je répète mon texte.

La cérémonie commence par une démonstration de breakdance, comme pour chauffer une salle qui n'en a vraiment pas besoin. La journaliste Isabelle Ithurburu, qui anime la cérémonie avec Céline Géraud, invite les jeunes à crier encore plus fort pour manifester leur enthousiasme pour le projet. Anne Hidalgo est extrêmement à l'aise lors de son discours. La pression monte d'un cran, mon tour arrive. Quand Isabelle Ithurburu m'invite à la rejoindre sur scène, mon cœur s'accélère, et je monte au milieu des cris des gamins. Je sais que je n'ai pas le droit à l'erreur. Isabelle, qui est paloise elle aussi et qui me connaît bien, doit ressentir mon stress. Elle me sourit pour essayer de me détendre. Je me place devant le micro et m'agrippe au pupitre. Il y a énormément de bruits, et je me demande si je dois commencer à parler ou attendre que la salle se calme… Mais est-ce qu'elle va se calmer ? Je finis par me lancer. Dès que je prononce mes premiers mots, le silence se fait d'un coup. Là, je ne me pose plus de question, je déroule.

Ça fonctionne, je sens que la salle accroche à mon récit. Peu à peu, je me détends, et mes mains desserrent progressivement le pupitre. Puis les jeunes athlètes arrivent pour la conclusion, je me laisse porter par les percussions, et presque sans que je m'en aperçoive, j'arrive au bout du discours. La salle se lève et se met à applaudir. J'aimerais pouvoir regarder le tableau avec mon chrono pour savoir si j'ai réussi le test, si les bonnes sensations que j'ai eues sont confirmées. Je descends de la scène, le Premier ministre Manuel Valls me serre la main et me tape dans le dos avant de me remplacer au pupitre. Je lis dans les regards que je croise que j'ai passé le test. La maire me tend la main en souriant et en hochant la tête. Bernard s'approche de moi et me souffle à l'oreille : « Bravo, tu es monté sur scène en athlète et tu en es redescendu en président. »

Chapitre VII

Le lendemain matin, les travaux pratiques débutent. Je dois m'envoler pour Oslo puis rejoindre en train la ville norvégienne de Lillehammer, où sont organisés les Jeux Olympiques de la Jeunesse. C'est un nouveau format d'événement qui existe depuis 2010, destiné aux athlètes de moins de dix-sept ans. Pour les jeunes athlètes, c'est l'occasion de se familiariser avec l'univers des Jeux et de rencontrer des champions. Pour nous, une opportunité de plus de croiser tous les membres du CIO.

Je suis à l'aéroport quand Michaël m'appelle et me lit un extrait de l'article du Parisien consacré à notre événement de la veille: « Alors que Paris dévoile sa vision des Jeux de 2024, Estanguet, le co-président du Comité de candidature avec Bernard Lapasset, prend soudain une autre dimension. La France vient de trouver son Sebastian Coe, un sportif capable, comme en Grande-Bretagne en 2012, de l'embarquer dans son rêve olympique. Hier, à la Philharmonie, la candidature est entrée dans une nouvelle ère ». J'avais vu passer quelques titres ce matin avant de partir, mais je n'avais pas lu celui-là.

Ça y est, le traumatisme de Londres 2012 est définitivement derrière nous, les médias se projettent sur une candidature française victorieuse. C'est important qu'ils croient en nous. S'ils pensent qu'on n'a aucune chance, les Français auront du mal à soutenir le projet.

Je ne suis pas très à l'aise avec les compliments et le fait d'exprimer mes émotions, mais si je l'étais, je ferais un petit pas de danse dans l'aéroport. Depuis la fin de ma carrière sportive, c'est la première fois que je suis vraiment content de moi. La première fois que je me sens légitime. J'ai l'impression d'avoir franchi une énorme étape, comme si on venait enfin de retirer l'étiquette « athlète » qui était collée sur mon front depuis des années. Ma carrière sportive, c'est évidemment ma plus grande fierté, mais c'est fou comme on a tendance à enfermer les gens dans des cases, peut-être plus encore en France qu'ailleurs. Comme si un athlète ne pouvait qu'être un athlète pour le restant de ses jours. Même en ayant réussi à me faire élire au sein de la Commission des athlètes du CIO et au sein de ma fédération internationale, même en étant devenu président des championnats du monde de Pau, puis co-président du Comité de candidature de Paris 2024, j'étais toujours considéré comme un athlète ambassadeur. Il aura fallu ces huit minutes de discours pour changer la perception que les gens pouvaient avoir de moi, et me donner confiance.

Je sens qu'il y aura un avant et un après discours de la Philharmonie, et je sais que je le dois à Bernard. C'est lui qui m'a emmené là où je ne pensais pas encore pouvoir être, et je l'appelle pour le lui dire. Je mesure à quel point il est rare de pouvoir évoluer auprès de personnalités comme la sienne.

Dans l'avion pour Oslo, je passe en revue le programme du déplacement qu'a préparé l'équipe des relations internationales. Je me rends à Lillehammer en tant que membre du CIO, rien de plus en théorie, car les Jeux Olympiques de la Jeunesse ne sont pas un sas officiel de promotion pour les candidatures. Pour autant, beaucoup de membres seront là donc Sophie Lorant et son équipe ont organisé un programme pour que je sois au bon endroit au bon moment, et que je croise « par hasard » un maximum de personnes importantes.

Ce seront des échanges informels pour se nourrir de leurs regards sur notre projet et mieux comprendre ce qui pourrait influencer leurs votes.

Chacune de mes sorties est une occasion pour voir des membres et, entre deux rendez-vous, je partage leurs retours à l'équipe. Tout est noté. On est à l'écoute, on veut que les membres du CIO se rendent compte que chacune de leurs remarques est prise en compte.

Ce qui ressort de ces premiers entretiens, c'est que le projet est globalement bien perçu. Jusqu'à présent, le cœur des différentes éditions des Jeux a souvent été un parc olympique, c'est-à-dire un espace généralement bâti dans la perspective des Jeux, où se concentrent plusieurs sites de compétitions. Comme ce genre de projets nécessite beaucoup d'espace, ils sont souvent construits en périphérie des villes. Notre idée, c'est de dire que le parc olympique, cette fois, ce sera Paris. Ce concept de « Paris

Olympic Park » marche bien. On sent que nos photomontages des sites de compétition au cœur de monuments parisiens iconiques marquent les esprits.

En revanche, comme l'avaient prévu nos experts internationaux, le sujet des problèmes d'unité politique et les allusions à l'arrogance française reviennent régulièrement sur la table. Je me rends compte aussi que notre réaction après 2012 avait été moyennement appréciée. On n'avait pas marqué des points dans la manière dont on avait géré la défaite… Beaucoup me parlent également de notre tendance à nous exprimer strictement en français, en me rappelant que le français a beau être l'une des deux langues officielles du CIO, la plupart de ses membres ne le comprennent pas…

Ce qui me préoccupe le plus, ce sont leurs inquiétudes concernant notre capacité à sécuriser les Jeux. Dans le choix des villes hôtes, la sécurité représente toujours un élément central. On avait anticipé leurs craintes à ce sujet et prévu de s'appuyer sur le déroulement sans accroc de la COP 21, mais je sais qu'après les attentats de 2015, ce n'est pas suffisant. L'Euro 2016, qu'on doit accueillir quelques mois plus tard, devra se dérouler parfaitement si on veut avoir une chance.

★

Le déplacement à Lillehammer était utile, mais ce qui va vraiment compter, ce sont les Jeux Olympiques et Paralympiques de Rio en septembre.

La campagne de promotion internationale n'aura pas encore officiellement débuté, mais les quatre villes candidates seront présentes au Brésil, et nous aurons chacune plusieurs occasions de marquer les esprits.

Tout d'abord, ce sera lors de notre conférence de presse internationale, notre premier temps de présentation officielle.

Ensuite, il y aura les « maisons » ouvertes par nos comités olympiques respectifs. À chaque édition des Jeux, certains comités olympiques investissent en effet un bâtiment de la ville pour en faire un lieu de rassemblement de la délégation et, dans le cas des villes candidates, une ambassade pour promouvoir le projet olympique.

La troisième occasion de marquer des points, ce sera l'ensemble des interactions informelles que nous pourrons avoir avec les acteurs du mouvement sportif international. Chacune de nos activités à Rio est un match qu'il faut remporter.

À Londres 2012, Denis Masseglia, le président du Comité olympique français, a fait de la « maison » de la délégation tricolore pendant les Jeux – appelée le « Club France » – un espace ouvert au grand public. En quelques jours, c'était devenu le lieu incontournable pour tous les Français. Ils étaient des milliers chaque jour à hurler ensemble devant les écrans qui retransmettaient les épreuves et à accueillir le soir les médaillés du jour qui venaient fêter leur victoire avec leurs supporters. Pour les Jeux de Rio, il porte un projet encore plus ambitieux pour donner vie à la vision de Paris 2024.

Pour la conférence de presse, dans la mesure où nous serons à plus d'un an du vote final, on imagine que nos concurrents ne vont pas encore sortir la carte de la présence de leur chef d'État. Pour créer l'événement, nous voulons d'ores et déjà mobiliser le président de la République. Nous contactons Nathalie Iannetta, sa conseillère en charge du sport, et lui soumettons l'idée. François Hollande accepte immédiatement. Le CIO a fixé le format de la conférence de presse : trente minutes d'échanges, avec six intervenants maximum. Il nous reste encore cinq places. La logique institutionnelle voudrait que ce soit Bernard, Anne Hidalgo, Denis Masseglia, le président du Comité olympique français, Étienne et moi. Mais Bernard et Denis décident de laisser leur place à deux athlètes pour souligner leur rôle central dans notre projet : Teddy Riner, porte-drapeau de la délégation française, et Muriel Hurtis, championne du monde en relais 4 x 100 mètres, médaillée de bronze aux Jeux d'Athènes et qui est née en Seine-Saint-Denis, le territoire qui bénéficiera le plus de l'héritage des Jeux. Dans d'autres circonstances, chacun se serait battu pour avoir sa place à la tribune d'un moment aussi important. Là, tout le monde n'est obsédé que par une question : qu'est-ce qui va nous rendre plus forts pour gagner ce match ?

★

Quelques semaines avant le départ, l'équipe des relations internationales rassemble tous les salariés du Comité de candidature qui partent à Rio dans l'amphithéâtre de notre immeuble pour une réunion avec un représentant de l'Agence nationale de la sécurité des systèmes d'information, qui va nous briefer sur les attitudes à adopter pour protéger la confidentialité de notre projet. Des agents de l'ANSSI vont également venir inspecter nos locaux pour vérifier que des micros n'y ont pas été placés par une puissance étrangère sans que l'on s'en aperçoive. Quand Sophie Lorant m'en parle la première fois, ça me paraît surréaliste, mais en y réfléchissant, les enjeux que représente une candidature sont tellement énormes que certains pays doivent effectivement être tentés de mobiliser leurs services de renseignement pour intercepter des informations stratégiques. Étienne me confirme ensuite que les bureaux du Comité de candidature de Paris 2012 avaient été infiltrés un soir. Ils n'avaient jamais su quel pays était à l'origine de l'intrusion, mais une caméra avait filmé plusieurs individus se faisant passer pour des hommes de ménage. À l'époque, nous étions candidats face à New York, Madrid, Londres et Moscou…

L'agent de l'ANSSI qui vient nous briefer est conscient que la plupart d'entre nous ne s'imaginent pas spontanément que leurs chambres d'hôtel à Rio seront susceptibles d'être visitées par des agents des services secrets étrangers. Il passe d'abord un bon moment à nous raconter des tentatives d'espionnage industriel avérées pour des sujets beaucoup moins stratégiques qu'une candidature aux Jeux, pour qu'on prenne la réunion – et ses consignes – au sérieux. Elles sont extrêmement strictes : on doit installer sur nos téléphones portables un logiciel de cryptage qui permet – a priori – de ne pas pouvoir être mis sur écoute, chiffrer nos messageries, chiffrer nos ordinateurs et les mettre dans une enveloppe scellée à l'intérieur du coffre de la chambre à chaque fois qu'on la quittera – et se méfier de tout le monde. Il fait rire toute la salle quand il nous dit :

« Si pendant les Jeux vous vous faites draguer par le sosie de Brad Pitt ou d'Angelina Jolie et que ça ne vous était jamais arrivé avant, ce n'est pas forcément que vous êtes subitement devenus très séduisants… »

Chapitre VIII

J'arrive à Rio le samedi 30 juillet 2016 au matin – une semaine avant la cérémonie d'ouverture – pour participer à plusieurs réunions des commissions du CIO.

En marge de ces réunions, on affine avec Paris 2024 les derniers détails de notre conférence de presse, qui aura lieu le matin de la cérémonie d'ouverture des Jeux, le 5 août. Je me rends au Club France, qui ouvrira bientôt au public. Les équipes du Comité olympique français ont fait un super boulot sous l'impulsion de Denis Masseglia. Le Club France va se déployer dans la Sociedade Hipica Brasiliera, un club hippique au pied de la montagne du Corcovado et à quelques mètres du lac qui accueillera les épreuves olympiques d'aviron. Il y a de grands espaces extérieurs qui vont permettre d'organiser des initiations sportives, de retransmettre les épreuves sur écran géant et d'accueillir plusieurs cafés et restaurants éphémères. Il y a aussi une immense salle pour les concerts et les soirées. Je n'ai pas encore vu les maisons des autres pays candidats, mais je pense qu'on va impressionner avec ce lieu…

Le 4 août, François Hollande arrive pour deux jours dans la capitale brésilienne. L'Élysée a organisé le programme de son déplacement avec notre équipe des relations internationales. Il est prévu qu'il rencontre les membres les plus influents du CIO à son arrivée, avant de participer à notre conférence de presse le lendemain puis d'assister à la cérémonie d'ouverture des Jeux. Nous avons réservé deux salons côte à côte dans l'hôtel du président pour avoir une pièce dans laquelle se déroulera l'entretien et une autre pour accueillir le rendez-vous suivant. On a des timing précis. On a prévu de les faire entrer et sortir par des portes différentes et d'emprunter des ascenseurs différents afin que les membres ne puissent pas se croiser. S'ils sont sensibles à l'invitation du président de la République française, ils n'ont pas forcément envie de s'afficher avec une candidature plutôt qu'une autre… Nous préférons également qu'ils pensent qu'il s'agit d'un privilège accordé à très peu d'entre eux.

Avec Bernard, nous faisons un rendez-vous sur deux. Tandis que l'un raccompagne le membre du CIO qui vient de s'entretenir avec le président de la République, l'autre a quelques instants pour briefer François Hollande sur le profil du membre du CIO suivant. Je suis impressionné par la capacité du Président à emmagasiner de l'information et à l'utiliser à bon escient. Il est particulièrement habile pour mener la conversation et créer immédiatement une proximité avec son interlocuteur. À l'heure de faire les comptes, dans un an, ces rendez-vous feront peut-être la différence.

Le lendemain, la nouvelle de la présence du président de la République française s'est répandue dans tout Rio et nous a permis de créer l'actu avant même d'arriver au Centre des médias pour la conférence de presse. Nous sommes effectivement la seule ville candidate à avoir mobilisé son chef d'État, mais pas pour la raison que l'on imaginait. Côté italien, Matteo Renzi aurait également dû participer à la conférence de presse de l'équipe romaine. Celle-ci a cependant été annulée à la dernière minute, car Virginia Raggi, élue maire de Rome deux mois plus tôt, a exprimé son opposition au projet olympique et n'a pas souhaité se rendre à Rio. Les Italiens préfèrent ne pas donner aux médias l'opportunité de mettre en lumière leurs dissensions internes et prévoient de communiquer exclusivement sur le soutien du président du Conseil, les performances des athlètes italiens et leur magnifique Casa Italia. Ce n'est pas idéal, mais c'est bien joué.

Maintenant, il faut qu'on réussisse notre oral sur le fond. Dans ma tête, chaque séquence est une compétition que nous devons gagner pour qu'à la fin, notre élection soit la suite logique de toutes ces petites victoires.

Dans nos propos introductifs, nous avons prévu de nous exprimer en trois langues : le président de la République, Muriel Hurtis et Teddy Riner en français, la maire de Paris en français et en espagnol, Étienne et moi en anglais. Nous voulons montrer un état d'esprit différent, car nous avons bien en tête le reproche récurrent fait aux Français : toujours attendre que les autres parlent et comprennent notre langue. Évidemment, nous continuerons à utiliser le français, mais avec humilité, et en essayant au maximum de nous adapter aux langues parlées par la majorité de notre audience. L'introduction se déroule comme prévu, chacun joue sa partition, et nos prises de parole s'enchaînent de façon fluide.

Quand arrive le moment des échanges avec les journalistes, j'appréhende les questions sur la sécurité. Aucun incident n'est venu perturber l'Euro 2016, qui a été un immense succès, mais la France a connu deux nouveaux terribles attentats en juillet, l'un à Nice, qui a tué 86 personnes réunies sur la promenade des Anglais pour le feu d'artifice du 14 juillet, l'autre dans l'église de Saint-Étienne-du-Rouvray, dont le prêtre a été assassiné le 26 juillet. L'une des premières questions posées par les journalistes porte effectivement sur la menace terroriste qui pèse sur notre pays. François Hollande y répond sans détour, avec une détermination qui me marque :

« Parce qu'il y a eu des attaques sur un pays, il faudrait l'écarter ? Quel serait le message que le monde enverrait ? Nous ne demandons aucune compassion par rapport à ce qui est d'abord une candidature, même si je sais que le monde nous a exprimé sa solidarité après les épreuves, mais ce qui s'est produit à Nice, puis à Saint-Étienne-du-Rouvray, près de Rouen, ce sont des attaques terroristes qui étaient dans un cadre, j'allais dire de la vie, de la vie que nous devons protéger. Ce n'était pas des attaques dans le cadre d'un événement que nous avions décidé de protéger comme un événement de dimension internationale et avec la nécessité de contrôles à l'entrée et bien sûr à plusieurs points, lorsque par exemple, pour pénétrer sur le Stade de France, puisque Muriel en a parlé, il fallait avoir trois contrôles, et nous n'avons eu aucun incident ni dans les stades, ni dans les fan zones. Mais je vous le dis, je ne sais pas quel sera le monde en 2024, et nous faisons en sorte – c'est ma responsabilité, c'est la responsabilité des chefs d'État et de gouvernement du monde entier de lutter contre le terrorisme –, mais de toute manière, toutes les villes devront se protéger pour organiser les grands événements parce que les menaces sont là et elles ne disparaîtront pas mécaniquement de toutes les zones de la planète. »

Le sujet sécurité était notre point faible jusque-là, mais la prise de parole du président marque un point de bascule. Les journalistes enchaînent avec des questions sur d'autres thèmes. François Hollande, qui s'était exprimé sur les attentats avec toute la gravité d'un chef d'État, fait maintenant sourire les journalistes en mettant de l'humour dans ses réponses sur les sujets plus légers. Je suis marqué par son aisance dans l'exercice et par la justesse de son ton quelles que soient les questions. Je me dis que j'ai encore des progrès à faire pour me mettre à ce niveau.

À l'issue de la conférence, un journaliste juxtapose dans un tweet une photo des leaders de Paris 2012 – cinq hommes blancs en costume gris, pas spécialement jeunes – et une photo de l'équipe de Paris 2024 à la tribune du Centre des médias de Rio, plus jeune, plus féminine, plus fidèle à la diversité de la société française, et surtout, avec quatre Olympiens parmi les six représentants de la candidature. C'est exactement ce qu'on voulait montrer : qu'on a appris de nos erreurs et qu'on a évolué.

Dès le lendemain de la cérémonie d'ouverture des Jeux dans le stade mythique de Maracana, notre marathon commence. Pendant toute la durée des Jeux, nous aurons tous les matins à 7 heures une réunion d'équipe pour passer en revue les rendez-vous de la journée et débriefer sur ceux de la veille. Aux Jeux, les heures de sommeil sont rares : les compétitions finissent souvent tard, et les soirées sont l'occasion soit de croiser nos interlocuteurs au Club France, soit de répondre aux invitations des différents comités olympiques nationaux qui organisent eux-mêmes une soirée dans leur propre maison olympique. Comme on sait qu'on ne sera la plupart du temps pas couchés avant 2 heures du matin, on a évoqué avec les autres leaders de la candidature la possibilité de décaler ce rendez-vous à 7 h 30, mais Mike Lee nous a répondu, sans plaisanter : « losing bids meet at 7:30, winning bids meet at 7…[1] » Donc on est tous là à 7 heures.

L'objectif, c'est de quadriller les Jeux. Faire en sorte qu'à l'issue de ces deux semaines, chaque acteur qui compte dans le sport international, qu'il soit membre du CIO, président de fédération internationale ou journaliste influent, ait échangé au moins une fois avec un membre de l'équipe. Il faut qu'on se déploie partout et qu'on utilise tous nos atouts. Certains observateurs se moquent de la multiplicité de nos strates territoriales ? On va justement en

1. « Les comités de candidature perdants se retrouvent à 7 h 30, les gagnants se retrouvent à 7 heures… »

faire une force et accompagner sur les sites de compétition les acteurs politiques présents à Rio, notamment la maire de Paris et la présidente de la Région Île-de-France. Elles y rencontrent les membres du CIO avec lesquels elles sont le plus susceptibles de créer du lien.

Chaque matin à 7 heures, on commence donc par se débriefer des rendez-vous de la veille et faire le point sur les informations qu'on a pu recueillir : un commentaire que notre interlocuteur a fait sur notre projet, une suggestion sur la façon de présenter son sport ou un élément qui va nourrir la connaissance que l'on peut avoir de chacun d'eux. Sophie passe ensuite en revue le programme de la journée pour chaque leader :

« Bernard, tu vas aux finales de rugby à sept pour lesquelles au moins une dizaine de membres devraient être présents ».

« Guy, il y a une soirée à la maison Suisse où beaucoup de membres de ton périmètre sont attendus ».

« Tony, tu as un déjeuner presse avec un pool de médias internationaux spécialisés qui font référence auprès de l'écosystème olympique… »

On avait déterminé une stratégie et un emploi du temps associé pour chacun en amont des Jeux mais on s'adapte ensuite en fonction des opportunités qui se présentent sur le moment. On se répartit notamment les soirées organisées par les maisons des comités olympiques nationaux pour être sûrs qu'aucun pays ne puisse se sentir délaissé par la France, et chaque représentant de la candidature ressort ainsi de ce briefing avec sa to-do list pour les prochaines vingt-quatre heures.

Ce n'est pas facile de tenir le rythme pendant deux semaines, mais on n'aura pas d'autres occasions d'ici le 13 septembre 2017 de croiser autant d'acteurs en même temps, et les soirées sont des moments privilégiés parce que les gens ont tendance à se livrer plus facilement. Elles sont aussi l'occasion de visiter les maisons de nos concurrents.

L'Italie a loué un club privé situé sur une presqu'île avec vue sur l'Océan. L'endroit est sublime, mais le grand public n'y a pas accès. La Hongrie a aménagé un lieu particulièrement salué pour son design et multiplie les soirées à l'attention de la famille olympique. La Team USA House a un positionnement encore différent, axé sur l'innovation et les nouvelles technologies, mais comme la maison olympique romaine, l'accès est réservé à leurs invités. Si, en matière d'innovation ou de luxe, les Américains et les Italiens sont devant, en revanche, le Club France est devenu, en quelques jours, le lieu incontournable des Jeux de Rio, bien au-delà du seul public français. La journée, les initiations sportives attirent les familles de tous les pays, et nous travaillons avec des associations locales pour faire venir des enfants des quartiers défavorisés de Rio. Le soir, le Club France fait le plein pour célébrer les médaillés français du jour puis se transforme en boîte de nuit. Les touristes des Jeux comme les Cariocas sont prêts à faire la queue sur plusieurs centaines de mètres pour y accéder. Le président du Comité olympique français, Denis Masseglia, avait vu juste avec ce Club France.

Le 9 août, je me rends au stade d'eaux vives de Rio. Ce sera la première fois depuis quatre olympiades que j'assiste à la finale de canoë slalom sans être dans un bateau.

Cette fois, je suis là en tant que président du jury des épreuves de canoë-kayak, dans le cadre de mon mandat de vice-président de la Fédération internationale. Je dois accueillir les membres du CIO et les dirigeants sportifs qui viennent assister aux épreuves et superviser l'organisation de la compétition. Je participe aux réunions avec les équipes techniques du CIO, le Comité d'organisation Rio 2016 et les équipes de production TV. J'assiste aux briefings des juges, des volontaires. Je découvre à quel point chaque minute compte et chaque décision peut avoir un effet en chaîne.

Le premier jour, on décide de retarder le début de la compétition : trop de vent. D'un point de vue sportif, c'est une évidence. Mais côté organisation, c'est un casse-tête : il faut décaler une épreuve qui devait être diffusée partout dans le monde alors que le calendrier des Jeux est déjà d'une complexité absolue pour le CIO et tous les diffuseurs. Cette expérience m'aide à comprendre ce que veut dire livrer une compétition olympique : jongler entre l'exigence sportive et la réalité de l'organisateur.

Si ma décision d'arrêter ma carrière sportive après les Jeux de Londres avait résonné comme une évidence sur le moment, je me demande comment je vais réagir une fois que je verrai d'autres athlètes à la place qui aurait pu être la mienne.

Quand j'arrive au bord du bassin, l'atmosphère est électrique. Et quand c'est au tour de Denis Gargaud, je sens la pression encore monter.

Denis, ce n'est pas un céiste comme les autres pour moi. C'est celui que j'avais battu pour décrocher ma place pour les Jeux de 2012, alors qu'il était champion du monde en titre. La France n'avait qu'une place en canoë slalom, et c'est donc moi qui l'avais obtenue. Aujourd'hui, ça y est, il y est, la pression qui pèse sur ses épaules est énorme. À vingt-neuf ans, ce sera peut-être sa seule chance de décrocher une médaille olympique.

Je suis au bord du bassin, aux côtés du président de la Fédération internationale et des autres officiels. Denis s'élance.

Son départ est poussif. Il ne fait pas de faute mais il prend du retard. Son bateau manque de chavirer, et il passe difficilement les trois premières portes qui sont pourtant les plus faciles. À partir de la quatrième porte, je sens qu'il a repris la maîtrise de son canoë, mais il faut qu'il rattrape chaque dixième de seconde qu'il a perdu au début.

Être au bord du plan d'eau est encore plus stressant que d'être dans le bateau. Je ne sais pas si je pourrais être entraîneur un jour… Peu à peu, je sens qu'il arrive à utiliser davantage le courant, à perdre moins d'énergie en tentant de lutter contre. Ça y est, il a rattrapé son retard, il est devant ! L'Espagnol et l'Allemand doivent encore passer après Denis. Mais les deux s'effondrent. Denis est sacré champion olympique. C'était sa première et peut-être dernière fenêtre de tir, il était dos au mur, et il ne s'est pas loupé. C'est énorme ce qu'il vient de faire.

Le lendemain, le 10 août, nous accueillons le président du CIO au Club France. Officiellement, il s'agit d'une simple visite en réponse à l'invitation du président du Comité olympique français. Mais compte tenu de son poids au sein du mouvement olympique, c'est un moment aussi important que la conférence de presse. Une visite est programmée dans les maisons de chaque ville candidate. Son équipe nous indique qu'il ne passera qu'une demi-heure, donc toute la déambulation a été anticipée et chronométrée. Il sera accueilli par Denis Masseglia puis échangera avec des athlètes français avant de passer quelques minutes dans le stand dédié à la candidature, où je lui ferai une rapide présentation pour lui expliquer où on en est.

Si, jusqu'à présent, on avait fait un sans-faute depuis le début des Jeux, là, on se plante. Dès que Thomas Bach arrive sur place, un attroupement se forme autour de lui, et sa déambulation se fait dans le brouhaha et l'agitation. Les officiels se bousculent pour échanger avec lui et être sur la photo. Les journalistes, trop nombreux, l'empêchent de circuler librement et, plutôt que de lui poser des questions sur le Club France, le projet Paris 2024 ou les performances sportives françaises, ils l'interrogent sur l'actualité chaude du CIO : la participation des athlètes russes. Je ne sais pas ce qu'il a pu apercevoir du Club France tellement il y avait de monde autour de lui… En résumé, on a perdu des points là où on aurait dû en gagner. La vie de notre candidature ne se jouait pas sur cette visite, mais on n'était pas au niveau auquel on aurait dû être. À un an de la décision, c'est une petite piqûre de rappel : on ne peut pas se relâcher, on doit gagner chaque match.

Nous sommes le 11 août 2016, à la mi-temps des Jeux Olympiques. Traditionnellement, la seconde semaine des Jeux est un peu moins dense, car les temps protocolaires et les réceptions organisées dans les maisons olympiques ont déjà eu lieu. Avec Étienne, on va en profiter pour suivre davantage le programme d'observation du CIO, auquel participent les équipes de Paris 2024 pour renforcer notre expertise sur les Jeux. On va aussi continuer à saisir chaque occasion pour échanger avec les membres du CIO et connaître leur ressenti sur ces Jeux.

Le 21 août 2016, la cérémonie de clôture olympique met un terme au premier round des Jeux de Rio. C'est le moment de faire un premier bilan. La juxtaposition d'arénas de plusieurs milliers de places qui ne seront plus utiles à la population après les Jeux et l'éloignement des sites entre eux, nécessitant parfois plusieurs heures pour se déplacer d'un site à l'autre, devrait mettre les questions de compacité de la carte des sites et d'héritage des Jeux sur le haut de la pile des priorités des membres du CIO au moment du choix de la ville hôte de l'édition 2024.

Mais il faut reconnaître que, dans un contexte particulièrement compliqué, avec une crise politique doublée d'une crise sanitaire liée au virus Zika, les Brésiliens ont réussi à relever le défi organisationnel et à inscrire dans les mémoires des images fortes. Celle du site du beach volleyball sur la plage de Copacabana. Celle de la première équipe de réfugiés défilant sous le drapeau olympique dans le stade de Maracana le soir de la cérémonie d'ouverture. Celle du but décisif de Neymar contre l'Allemagne, qui permet au Brésil de remporter son premier titre olympique de football. Encore une fois, la puissance du sport a balayé toutes les difficultés.

À mon échelle, je sens que j'ai franchi un cap dans ma capacité à porter le projet et à l'incarner. J'ai passé beaucoup de temps à Rio avec le président de la République, la maire de Paris, les autres acteurs publics engagés dans le projet et les patrons français qui sont venus assister aux Jeux, et j'ai énormément appris à leurs côtés. J'ai aussi passé beaucoup de temps avec les membres du CIO. J'ai pu les écouter, leur parler de notre projet et renforcer mes liens avec eux. Petit à petit, je cerne mieux leurs grilles de lectures et les ressorts de leur vote dans un an.

★

Après avoir passé quelques jours de vacances en famille et accompagné mes garçons à l'école pour la rentrée des classes à Pau, je repars pour Rio le 6 septembre pour assister aux Jeux Paralympiques, ce que je n'ai jamais eu l'occasion de faire. Quand j'étais athlète, je rentrais toujours chez moi à l'issue des Jeux Olympiques, dans le meilleur des scénarios pour fêter ma médaille, et dans tous les cas pour me reposer et voir mes proches après des mois de préparation intense, avant de repartir pour une nouvelle phase d'entraînement.

Si je retourne à Rio cette fois, ce n'est pas pour faire du lobbying, car peu de membres du CIO seront présents. En effet, les Jeux Olympiques et Paralympiques sont deux événements distincts, organisés l'un par le Comité international olympique, l'autre par le Comité international paralympique, et c'est le CIO qui choisit la ville qui accueillera les deux.

Si je retourne au Brésil, comme la maire de Paris, c'est parce que je veux vivre les Jeux Paralympiques pour pouvoir mieux les comprendre, mieux en parler et, j'espère, mieux les organiser. Si nous obtenons les Jeux, ce sera la première fois que la France accueille les Jeux Paralympiques d'été. On a l'intuition que cet événement pourrait changer beaucoup de choses dans le regard des Français sur le handicap et la place qu'occupent les personnes en situation de handicap dans notre pays.

Dès mon arrivée, la première chose qui me frappe, c'est à quel point ça fait du bien d'avoir une dose supplémentaire de Jeux. Dix-sept jours, ça passe toujours trop vite. Qu'on soit athlète, spectateur ou ville candidate, on n'aime jamais quand les Jeux s'arrêtent et que la vie reprend son cours. Je suis heureux d'être de retour.

Nous avons façonné mon programme avec l'équipe des relations internationales et Lambis Konstantinidis, qui est chargé de tout le volet paralympique au sein du Comité de candidature, pour que je voie un maximum de sports et que je rencontre un maximum d'athlètes. Le lendemain de notre arrivée, je me rends au village pour saluer la délégation française.

Je pensais être préparé aux Jeux Paralympiques, je les avais déjà regardés à la télé, je travaille depuis des années avec des athlètes paralympiques. Mais je n'étais pas du tout préparé à cette diversité de corps, de prothèses, de lames, de fauteuils... Au début, leurs handicaps me sautent aux yeux. Je ne vois que ça. Puis je me rends à ma première compétition, et je suis tout de suite pris par les émotions du sport. Sans m'en rendre compte, j'entre dans le match et je ne me pose plus de questions. J'oublie le handicap, je veux juste savoir qui va gagner. Je vois du cyclisme sur piste, du basket fauteuil, du tennis fauteuil, du cécifoot. Je suis aux premières loges lorsque la para judoka Sandrine Martinet décroche la première médaille d'or française. Je suis dans le stade quand Marie-Amélie Le Fur décroche son premier titre et son premier record du monde dans ces Jeux, en saut en longueur. Je suis dans le centre aquatique pour encourager le jeune Théo Curin, un nageur qui n'a que seize ans mais déjà un mental d'athlète hors-norme.

À partir du moment où le sport commence, il n'y a plus de gêne, juste toute la palette des émotions sportives.

Le samedi 10 septembre, je découvre un parc paralympique plein à craquer. C'est le même parc que celui des Jeux Olympiques, mais jamais je n'y ai vu autant de monde quelques semaines auparavant. Dans une ambiance de fête, je croise des groupes d'amis et des familles entières avec des enfants, des poussettes… Je comprends alors que le succès des Jeux Olympiques a été la meilleure locomotive des Jeux Paralympiques. Pendant des années, à Rio, les Jeux Paralympiques, tout le monde trouvait ça formidable, mais ça restait un sujet secondaire pour lequel personne ne voulait mettre de moyens. Jusqu'au moment où ont débuté les Jeux Olympiques, qui ont créé un élan dans tout le pays dont les Jeux Paralympiques ont pu profiter. Une envie de prolonger la fête, de garder encore un peu les athlètes dans la ville, et de ne rien rater cette fois. Et comme la billetterie paralympique est plus accessible, les gens y vont en famille, entre amis… Et ça donne 170 000 personnes dans le parc paralympique de Rio, bien plus qu'au pic des Jeux Olympiques, dans une ambiance de fierté nationale et de communion sportive.

★

Le lendemain, quand je reprends l'avion pour Paris, je sais que quelque chose a changé en moi. Je sais que je ne serai pas gêné la prochaine fois que je me trouverai en présence d'une personne qui a un handicap, parce qu'on ne peut plus ressentir aucune gêne quand on a vu autant de performances sportives, de fiertés et de joies. J'ai trente-huit ans, et il a suffi de trois jours aux Jeux Paralympiques pour déconstruire toutes les représentations biaisées du handicap que j'avais pu accumuler. Trois jours pour que je comprenne que les freins ne sont pas dans le handicap en lui-même mais dans l'aménagement de nos villes, de nos appartements, de nos bureaux, de nos installations sportives, et surtout dans nos têtes.

Le 21 septembre 2016, quelques jours après la cérémonie de clôture des Jeux Paralympiques, je suis dans le bureau que l'on partage avec Bernard et Guy quand Sophie Lorant, notre directrice des relations internationales, entre pour nous dire que la maire de Rome vient d'annoncer à la presse qu'elle retirait son soutien à la candidature de la capitale italienne pour les Jeux de 2024. Boston, Hambourg, et maintenant Rome confirment qu'une course olympique se gagne à l'international mais se perd souvent chez soi… Rome 2024 n'a pas encore officiellement renoncé, mais nous ne serons a priori bientôt plus que trois villes candidates encore en piste : Budapest, Los Angeles, et nous.

Samedi 1er octobre, Thomas Bach arrive à Paris pour vingt-quatre heures. Une visite courte, mais décisive. Et surtout, une deuxième chance. Deux mois plus tôt, à Rio, la rencontre organisée au Club France avait tourné au fiasco. Cette fois, on ne veut rien laisser au hasard.

Le président du CIO rend visite à chacune des villes candidates. C'est un match à distance avec Los Angeles. Ce qu'il voit ici, il le comparera à ce qu'il verra là-bas dans quelques jours. Tout doit être millimétré. Chaque moment doit avoir un sens et raconter notre promesse : des Jeux au cœur de la ville, spectaculaires, compacts, humains. Chaque séquence doit mettre en lumière nos meilleurs atouts, et révéler en creux les failles de Los Angeles.

La visite commence à l'INSEP. Thomas Bach retrouve l'atmosphère authentique du sport de haut niveau qu'il connaît bien. Il a été champion olympique de fleuret par équipe en 1976, il sait ce que représente ce lieu pour nos athlètes. On échange sur l'excellence, la formation, la transmission. À Paris, le sport n'est pas un show, c'est une culture.

Le soir, changement d'atmosphère. Nous commençons par un cocktail organisé sur une terrasse avec une vue sublime sur la tour Eiffel. Puis Alain Ducasse reçoit Thomas Bach dans son restaurant. L'art de vivre à la française et la beauté de Paris. Ce que Los Angeles ne pourra jamais reproduire. Paris n'a pas besoin de décors, pas besoin d'effets spéciaux.

Puis, avec Anne Hidalgo, nous l'emmenons pour une balade à travers les installations de la Nuit Blanche, la manifestation culturelle de la Ville de Paris. C'est l'organisation de cet événement ce samedi qui nous a conduits à proposer cette date à Thomas Bach. La Nuit Blanche utilise toute la ville comme terrain de jeu pour mettre en scène des œuvres et des performances artistiques. C'est exactement ce que nous voulons pour Paris 2024 : sortir le sport de ses murs, faire de Paris un immense terrain de jeu populaire. Ce soir-là, Thomas Bach ne lit pas un dossier, il voit ce que Los Angeles ne pourra jamais offrir : la magie d'une ville où tout est symbole, où chaque rue, chaque pont raconte une histoire. Cette nuit-là, Paris devient notre plus bel argument.

Le lendemain matin, sur le pont du Carrousel, Thomas Bach donne le départ du 10 km de Paris. Des milliers de coureurs s'élancent avec, en toile de fond, le Louvre et la Seine. Le symbole de ce que nous défendons : du sport au cœur de la ville.

Puis, nous l'emmenons découvrir le futur village olympique avant de déjeuner à l'Élysée. Autour de la table : le président de la République, la maire de Paris, la présidente de la Région, les présidents des Comités olympique et paralympique français, tous réunis. Et un message clair : Paris 2024 n'est pas seulement une candidature, c'est une cause nationale.

À l'issue du déjeuner, l'équipe a loué des Vélib pour faire faire à Thomas Bach le tour de nos plus beaux sites au cœur de Paris : Grand Palais, pont Alexandre III, Invalides, Champ-de-Mars, tour Eiffel. Thomas Bach expérimente la compacité de notre projet. Tout est proche, cohérent, fluide. À Los Angeles, les distances se mesurent en kilomètres et en bouchons…

Nous rejoignons enfin le stade Émile Anthoine, juste à côté de la tour Eiffel, pour un match de football entre un club parisien et une équipe de réfugiés. Pas de stars, mais un symbole fort.

Thomas Bach a décidé de créer en 2015 la première équipe olympique de réfugiés. L'objectif était de donner les moyens aux athlètes ayant le statut de réfugiés de continuer à s'entraîner et de se qualifier pour les Jeux de Rio. Au même moment, la maire de Paris s'était elle aussi fortement mobilisée pour l'accueil de réfugiés dans sa ville. Finir la visite par ce match est une manière de montrer au président du CIO qu'avec Paris 2024, l'Olympisme ne sera pas qu'un business, il aura du sens.

Quand la voiture qui doit le raccompagner à l'aéroport s'éloigne, on sent la tension retomber. Je me tourne vers Bernard. On ne dit rien. Mais on sait : dans quelques mois, au moment du vote, le regard de Thomas Bach, son impression, sa conviction pèseront sans doute très lourd dans la décision.

Chapitre IX

Le 7 octobre 2016, pour la remise de la seconde partie de notre dossier de candidature, nous sommes toujours quatre villes candidates dans la course, mais quatre jours plus tard, Rome se retire officiellement de la compétition.

Après le retrait de la candidature de Rome 2020, en 2012, c'est la seconde fois que la capitale italienne renonce. Début 2016, un sondage de l'Institut Ipsos donnait pourtant 77 % des Italiens favorables à la candidature de Rome, et 66 % des Romains. Mais les dettes de la municipalité et, surtout, le changement à la tête de la ville, ont été fatals aux ambitions olympiques et paralympiques de la Ville éternelle.

L'abandon de Rome est aussi une preuve supplémentaire de l'importance capitale du travail de Bernard auprès de nos élus. Un adversaire qui fait une sortie de route, c'est évidemment une bonne nouvelle pour nous. Mais c'est aussi un rappel à l'ordre. La maire de Rome explique sa décision par la dette municipale mais surfe aussi sur les idées reçues contre les Jeux. Même si notre projet s'en démarque complètement, ces idées sont tout aussi ancrées dans l'inconscient collectif français que dans l'imaginaire italien. On sait qu'il suffirait qu'un parti politique s'empare habilement du sujet pour que notre projet soit chahuté.

Côté Ville de Paris, le mandat d'Anne Hidalgo court jusqu'en 2020. Nous sommes donc assurés de conserver une stabilité pour encore quatre ans. En revanche, l'élection présidentielle aura lieu dans six mois et, si nous pouvons aujourd'hui nous appuyer sur le soutien du président de la République actuel, rien ne garantit que nous aurons l'appui du prochain.

Il faut plus que jamais qu'on continue à échanger avec les représentants des groupes parlementaires à l'Assemblée nationale et qu'on poursuive notre démarche de concertation avec le grand public, commencée en février. Les inquiétudes concernant l'organisation des grands événements sportifs sont légitimes. Personne n'a envie d'aggraver les dettes publiques avec des infrastructures disproportionnées et mal construites qui ne serviront qu'une fois.

C'est pour ça qu'on a bâti ce projet en opposition à ce qui a pu se faire pour certaines éditions précédentes des Jeux. C'est pour ça aussi qu'on a besoin de consulter un maximum d'associations et de citoyens. Moins on développera ce projet dans notre coin, plus il répondra aux besoins de notre territoire et de ses habitants, et plus il sera fort. Des réunions ont déjà été organisées dans tous les départements de l'Hexagone et ont fait naître beaucoup d'idées, notamment celle d'une semaine dédiée à l'Olympisme dans les écoles. Nous avons prévu de la mettre en œuvre dès le mois de janvier suivant, à la fois pour illustrer notre ambition et pour que, quelle que soit l'issue de cette candidature, elle laisse un héritage pour le pays.

Un mois plus tard, le 8 novembre 2016, Donald Trump est élu président des États-Unis. Pour l'équipe de Los Angeles, c'est un coup dur. Ses positions sur l'immigration, son discours de repli, son projet de mur à la frontière mexicaine vont à l'encontre de tout ce que le mouvement olympique incarne. D'autant que le maire de Los Angeles, Eric Garcetti, démocrate, petit-fils d'immigrés mexicains, est un soutien affiché d'Hillary Clinton. Tout comme Casey Wasserman, président du Comité de candidature, qui a coprésidé une levée de fonds en sa faveur. Une semaine plus tard, quand les équipes des villes candidates se retrouvent à Doha pour leur première présentation officielle devant l'Assemblée générale des comités nationaux olympiques, Los Angeles fait l'actu malgré elle.

De notre côté, on arrive plutôt confiants. Sophie Lorant, notre directrice des relations internationales, est un atout précieux. Elle a été responsable des relations avec les comités africains pour Londres 2012, puis avec les comités européens pour Bakou 2015. Connue de tous, reconnue pour son professionnalisme et appréciée pour son humanité, elle inspire une vraie confiance. De son côté, Jean-Philippe Gatien, notre directeur des sports, a déjà rencontré la moitié des fédérations internationales. Il connaît leurs attentes, leurs contraintes, leurs doutes. Et il a cette qualité rare : il écoute vraiment.

Le bruit commence à circuler : Paris a le meilleur projet technique.

Aux Jeux de Rio, entre la conférence de presse, les maisons olympiques respectives et les actions de terrain pour aller à la rencontre des membres, chaque ville avait fait la promotion de son projet de son côté. À Doha, pour la première fois, nous sommes en confrontation directe. Un vrai match.

Paris 2024 sera représentée par cinq personnes : Denis Masseglia, le président du Comité olympique français, car nous nous adresserons à ses pairs ; Anne Hidalgo, en tant que maire de la ville candidate ; Teddy Riner, athlète emblématique de l'Équipe de France olympique et co-président de notre Commission des athlètes ; Bernard et moi.

Si nous créons la surprise, ce n'est pas avec un intervenant inattendu, mais plutôt sur le réseau social majeur du moment, Twitter, qui va être le lieu de la mobilisation de tous les soutiens de Paris 2024. Toute la journée, les tweets s'enchaînent, du président de la République, François Hollande, en déplacement au Maroc, qui tweete « Je suis à Marrakech, vous êtes à Doha : soutien chaleureux à la candidature #Paris2024 », au Premier ministre, Manuel Valls : « Première présentation de #Paris2024 à l'international. @TonyEstanguet et son équipe, faites briller l'ambition olympique de la France ! #ANOC ». Les élus des collectivités engagées dans le projet, les athlètes, les fédérations olympiques françaises, mais aussi des humoristes, des acteurs, des animateurs télé, tout le monde y va de son tweet. Ce n'est pas le terrain sur lequel on était attendus.

Pendant que nos concurrents défilent sur scène, nous attendons en green room. C'est comme la chambre d'appel avant une course. Le silence n'est jamais total, chacun se prépare à sa manière. Bernard discute, plaisante, détend l'atmosphère – c'est sa manière à lui de chasser la pression. Moi, je reste en retrait. Je relis encore et encore mon texte. À l'école déjà, je n'ai jamais été de ceux qui disent « C'est bon, je suis prêt ». J'ai besoin de ce moment de tension juste avant l'échéance, quand la mémoire immédiate fonctionne à plein régime.

Le staff du CIO nous fait signe. C'est à nous. On entre dans cette immense salle et on traverse l'allée centrale pour rejoindre la tribune. Le silence s'installe. Denis ouvre en français, posé, précis. Bernard enchaîne en anglais, avec son aisance habituelle. Puis Teddy prend la parole, en français aussi. Il se transcende comme il sait si bien le faire dans les moments qui comptent. Il dégage une force tranquille, une sincérité rare. Il parle de Jeux pensés pour les athlètes et lance le film qui illustre notre concept : des Jeux au cœur de la ville, compacts, spectaculaires, humains. Anne Hidalgo poursuit en espagnol, avec chaleur, sur la diversité, l'urgence environnementale, l'ouverture et le partage. Elle est brillante. Puis vient mon tour. Je termine sur la passion et le sens. La passion des émotions du sport, leur capacité unique à nous rassembler. Et le sens d'un projet qui dépasse le sport.

Quand on quitte la scène, je suis satisfait. Tout s'est déroulé comme prévu. Mais nous n'avons rien vu des autres. On est à l'aveugle.

Après la session, on débriefe avec Sophie, Michaël, Étienne et nos experts internationaux. Ils nous racontent les présentations des Américains et des Hongrois.

Comme toujours, les Américains ont été impeccables : fluides, confiants, charismatiques. La sprinteuse Allyson Felix, sextuple championne olympique, et le maire Garcetti ont évoqué l'élection américaine avec élégance, transformant le revers politique en message d'unité. Ils martèlent que la Californie restera ouverte, diverse, universelle. Leur discours est fort. Rassurant. Bien calibré.

Budapest a créé la surprise. Tout le monde s'attendait à un duel Paris-Los Angeles, mais la capitale hongroise a fait une démonstration redoutable. Avec un concept resserré autour du centre-ville et le long du Danube, leur message était simple : « Nous sommes les Jeux compacts. » Ils l'ont répété à l'envi, jusqu'à s'approprier un argument qui était pourtant l'un de nos points forts. Et ça marche. Budapest s'est également présentée comme la preuve que les Jeux peuvent être accueillis par une ville de taille moyenne. Pour le CIO, qui vient d'enregistrer plusieurs renoncements de grandes capitales, l'idée est séduisante. Et je sens le danger : si Budapest parvient à convaincre quelques membres de lui accorder leur « vote du cœur » au premier tour, elle pourrait bouleverser l'équilibre du scrutin. Il ne faut surtout pas la sous-estimer.

Peu à peu, le verdict se dessine : personne n'a creusé l'écart. Los Angeles a été impeccable, Budapest a surpris, et nous avons été bons.

Dans le sport, être bon ne suffit pas. Il faut être le meilleur. Et à Doha, le match ne fait que commencer.

Chapitre X

Quelques jours avant l'envoi au CIO de la dernière partie de notre dossier et le début de la phase de promotion internationale, le 3 février 2017, Thierry Reboul, le directeur de l'agence Ubi Bene, arrive à notre rendez-vous avec les traits un peu tirés. Pour le top départ de la dernière ligne droite avant le vote final, on voulait une image capable de faire le tour du monde : Thierry nous a proposé de dévoiler notre slogan de campagne sur la tour Eiffel. Les tests ont eu lieu cette nuit, et je comprends qu'il n'a pas beaucoup dormi.

Il me montre les images prises pendant les tests effectués la nuit précédente, et je souris. C'est vraiment canon. On repasse tout l'événement en revue : le musée de l'Homme, situé place du Trocadéro, accueillera notre conférence de presse internationale en présence de tous les représentants de la candidature, notamment du nouveau Premier ministre, Bernard Cazeneuve. À l'issue de la conférence de presse, nous dévoilerons notre slogan sur la tour Eiffel, en anglais puis en français. Nous nous sommes évidemment interrogés sur l'ordre de dévoilement des versions française et anglaise du slogan, mais tous nos experts sont catégoriques : il faut envoyer un message fort au mouvement sportif international en montrant notre ambition de parler au monde entier.

Je sais que cela fera sûrement quelques mécontents parmi les défenseurs de la langue française, mais notre responsabilité, c'est de faire gagner la France, pas d'éviter les critiques. Parmi les représentants de la candidature, nous sommes tous à l'aise avec ce choix et avons prévu du temps pour l'expliquer dans les médias. Il faut que les Français comprennent qu'on ne succombe pas à l'anglais par effet de mode, mais qu'on doit s'exprimer en priorité en anglais pour maximiser nos chances de convaincre les membres du CIO, majoritairement anglophones. Une fois qu'on les aura, les Jeux Olympiques et Paralympiques seront une opportunité unique de faire rayonner la France, sa culture, et sa langue magnifique. Mais pour ça, il faut gagner.

« La force d'un rêve », le slogan de notre première campagne de promotion lancée en 2016, disait la puissance d'inspiration des Jeux et notre détermination intacte après toutes nos candidatures infructueuses, mais il ne disait pas encore qui on était et ce qu'on pouvait proposer au monde d'unique. Pour la dernière ligne droite de cette compétition, il fallait que notre slogan dise ce qui fait notre force.

C'est en se comparant à notre concurrent le plus redoutable que notre équipe marketing a trouvé le point fort à mettre en avant. Si Los Angeles puise sa force dans la technologie, la data et les réseaux sociaux, Paris est à la pointe de toute cette économie du partage qui est en train de grandir dans le monde, avec l'économie sociale et solidaire, l'économie circulaire, les vélos et les voitures à partager, le financement participatif, les budgets publics participatifs, les plateformes artistiques collaboratives, les *fab labs*... Si Los Angeles incarne l'innovation technologique, Paris incarne l'innovation sociale. La voiture partagée face à la voiture sans conducteur. C'est ça, notre point fort. C'est en partant de ce brief que Catherine Inkster, une communicante britannique experte des Jeux qui fait partie de l'agence de Nick Varley, trouve notre slogan : « *Made for sharing* » – littéralement « Fait pour être partagé » – que l'on traduira par « Venez partager ».

On se concentre dorénavant sur nos concurrents américains, car Budapest 2024 va mal depuis qu'un mouvement baptisé « NOlympia », inspiré de « NOlympia Hambourg » et « NO Boston Olympics », a lancé le 18 janvier une collecte de signatures pour demander l'organisation d'un référendum sur la candidature de la capitale hongroise aux Jeux. Les responsables du mouvement ont jusqu'au 17 février pour collecter les 138 000 signatures, soit 10 % des électeurs inscrits, qui contraindront les autorités locales à organiser un référendum. Le 22 janvier, ils avaient déjà recueilli un quart des signatures requises. Depuis, le mouvement s'est transformé en une organisation politique appelée « Momentum Mozgalom » qui semble se servir de la candidature hongroise, dans laquelle le Premier ministre Viktor Orbán s'est beaucoup impliquée, pour s'opposer à lui. Ça sent mauvais pour Budapest.

Le 3 février 2017, tout est prêt pour le lancement de notre campagne internationale. Notre dossier est finalisé, la conférence de presse est calée, nous avons notre slogan, une image qui va faire le tour du monde, et nous sommes en route avec Bernard pour le collège Dora Maar, à Saint-Denis, où nous avons donné rendez-vous aux médias français et internationaux. L'objectif est de les emmener dans le territoire qui bénéficierait le plus de l'héritage matériel de Paris 2024, car les deux seules infrastructures qui sortiraient de terre dans la perspective des Jeux seraient construites ici, dans l'un des départements les plus jeunes et les plus dynamiques de France, mais aussi l'un de ceux qui manquent le plus de logements et d'équipements publics. Au-delà de ces deux infrastructures – le centre aquatique olympique et le village des athlètes –, de nombreux aménagements sont prévus, notamment pour cet établissement, situé juste à côté de la Cité du cinéma, qui serait rénové.

Nous arrivons au collège, et le principal nous accompagne dans une classe dont le professeur est très mobilisé dans le cadre de la Semaine Olympique et Paralympique à l'école que nous lançons cette semaine-là. Le but est d'inciter les enseignants à utiliser le sport et les Jeux comme outil d'apprentissage et à faire pratiquer plus de sport aux élèves. Après les présentations, j'annonce aux collégiens qu'un autre champion olympique va nous rejoindre. Un champion qu'ils connaissent tous... Et Teddy Riner entre dans la salle. Les gamins se regardent entre eux en poussant des cris de surprise et de joie, ils n'arrivent pas à y croire. Un des plus grands champions français, ici dans leur collège, dans leur classe ! Au bout de quelques minutes, le niveau de décibels redescend un peu et s'ensuit un moment d'échanges où les élèves lui posent tour à tour des questions.

Les enfants ne sont pas au bout de leurs surprises, car on va ensuite rejoindre la vice-championne olympique de basket Emmeline NDongue et la championne olympique de boxe Estelle Mossely pour une partie de basket, avec Teddy Riner bien sûr. On avait envie de montrer que les Jeux, pour nous, c'est avant tout une histoire de rencontre et de partage entre des athlètes et des gosses. C'est le sens du slogan que l'on va dévoiler le soir. Les photos que prennent les journalistes présents vont être géniales pour l'illustrer.

La partie de basket vient de se terminer quand Michaël m'appelle pour me dire qu'une attaque au couteau vient d'avoir lieu à Paris, au Carrousel du Louvre. Encore un attentat…

Michaël se renseigne pour savoir si le Premier ministre et la maire de Paris confirment malgré tout leur présence à la conférence de presse. Dans tous les cas, il pense que nous devons maintenir l'événement pour ne pas donner l'impression qu'on panique. Quelques heures plus tard, on comprend que l'assaillant du Louvre s'est attaqué à des militaires qui ont réussi à le maîtriser avant qu'il ne fasse de victimes, et qu'il semble avoir agi de façon isolée. Tous les élus nous confirment leur présence et paraissent déterminés à montrer que l'attaque de ce matin ne change rien à la force de notre projet.

La conférence de presse va se dérouler en deux temps : d'abord, une présentation du projet, puis une séance de questions-réponses avec les médias internationaux. Les questions-réponses, c'est évidemment la partie la plus difficile, d'autant plus en anglais. Je m'y suis préparé avec Mike Lee, notre consultant expert en communication et lobbying.

Au début, j'avais des doutes sur l'utilité de ces consultants que les candidatures s'arrachent, mais plus je passe de temps avec Mike Lee, plus je prends conscience de sa valeur ajoutée.

Rapidement, il a demandé à me voir en tête à tête, pour des rendez-vous de quinze minutes. Il préfère qu'on ne se parle pas longtemps, mais souvent, et ça fonctionne bien avec moi. Avant une interview ou un rendez-vous important, je n'ai pas besoin qu'on me rassure ou qu'on me donne des conseils généraux qui me paraissent trop abstraits. J'ai besoin de pouvoir anticiper les questions clés et de savoir précisément ce que je dois améliorer. Comme un athlète avant une compétition, j'ai besoin de connaître mon plan de jeu. C'est ce que m'offre Mike Lee. Au-delà de ses conseils, la confiance que Mike Lee place en moi me fait du bien. Il a déjà accompagné tellement de candidatures que s'il croit en ma capacité à être en première ligne sur ce projet, je peux y croire aussi.

La première question posée par les journalistes porte évidemment sur l'attentat au Carrousel du Louvre. Bernard Cazeneuve, qui s'exprime sans note et sans aucune hésitation et brille par son éloquence, y répond fermement en reprenant le même message que celui porté par le président de la République lors de notre conférence de presse à Rio. Il en profite pour attaquer implicitement la politique du nouveau président américain en déclarant que nous préférons « construire des ponts, et non des murs ». Il a raison, il faut qu'on soit offensif. Si, pour la séance de questions-réponses à Rio, je n'avais pris qu'une ou deux questions, cette fois, je les prends quasiment toutes, en répondant en anglais à chaque fois. En plus des échanges avec Mike, je suis des cours d'anglais intensifs depuis six mois. J'ai progressé et je sens qu'il faut que je sois fort, que c'est maintenant que ça compte. À 18 h 50, comme prévu, nous prenons la pose avec l'ensemble des représentants de Paris 2024 et donnons le top départ pour le dévoilement du slogan.

Les retombées sont exceptionnelles. En vingt-quatre heures, le film que nous avons diffusé la veille sur les réseaux sociaux, intitulé « Made for sharing », fait trois millions de vues. Évidemment, l'utilisation de l'anglais fait grincer quelques dents en France, notamment celles de Bernard Pivot qui tweete « Premier cas de dopage aux JO de 2024 : le slogan de Paris aux anabolisants anglo-américains », mais la presse étrangère salue notre choix et notre effort de nous exprimer en anglais lors de la conférence de presse.

Deux semaines après le dévoilement de notre slogan, cependant, la polémique repart quand l'Académie française publie un communiqué de presse pour exprimer sa réprobation devant la décision de Paris 2024 d'accorder la priorité à la langue anglaise pour porter la candidature olympique de la Ville de Paris.

Le lendemain, Bernard Pivot, dont le tweet était plutôt léger le 6 février, se montre plus acerbe au micro de RTL, en disant : « C'est une faute contre la langue française qui est une langue olympique, c'est une ânerie, car même dans la langue de Shakespeare ce slogan est d'une grande platitude, et enfin, c'est une erreur, car dans leur arrogance, les pays anglophones vont trouver normal que les Français s'expriment en anglais alors que les pays francophones vont s'indigner que Paris, capitale de la francophonie, fasse la courbette devant la langue qui n'est pas seulement celle de Shakespeare mais celle de Donald Trump. » C'est justement ce genre de phrases que les membres du CIO en ont assez d'entendre.

Bernard Pivot s'exprime sans avoir pris le temps de prendre vraiment connaissance du sujet, car il propose qu'on invente également un slogan en français…

C'est notre première polémique. On savait qu'il n'y avait pas de solution parfaite et qu'on serait toujours perdants d'un côté ou d'un autre, qu'on diffuse le slogan en français en premier ou en second. Mais on assume notre choix, car on préfère s'attirer les foudres de l'Académie française et de Bernard Pivot, et susciter la sympathie chez les membres du CIO, qui restent les seuls à voter pour le choix de la ville hôte des Jeux.

Comme lors de notre conférence de presse à Rio, on ne se soumet pas à la langue de Donald Trump, on a une approche multilingue. On projette le slogan sur la tour Eiffel en français et en anglais. On fait un communiqué de presse en français et en anglais. On continue à défendre notre langue, mais on va aussi à la rencontre des autres. Aller à la rencontre des autres, ce n'est pas leur imposer nos règles, c'est s'adapter à eux. « Venez partager » perdrait tout son sens si on ne le disait que dans notre langue… On ne fait donc pas marche arrière sur le fond, mais Bernard appelle Bernard Pivot pour lui expliquer notre démarche, et on passe à autre chose.

C'est le moment où notre responsable du digital, Olivier Touillez, se rend compte que le nombre de personnes abonnées au compte Facebook de Los Angeles 2024 a littéralement explosé. La dernière fois qu'il avait regardé, nos deux comptes étaient à peu près au même niveau, autour de 200 000 followers. Quelques semaines plus tard, le compte de nos concurrents américains avoisine le million de fans. Olivier creuse le sujet et comprend qu'il ne s'agit pas d'une croissance naturelle du compte, ni du résultat d'une campagne de publicité particulièrement efficace, mais de l'achat d'abonnés. La quasi-totalité des nouveaux fans viennent en effet du Bangladesh, du Pakistan, du Népal et de l'Indonésie. Est-ce parce que nous avions fait un communiqué de presse pour mettre en avant les trois millions de vues en vingt-quatre heures du film « Made for sharing » ? L'équipe de Los Angeles s'est dit qu'elle ne pouvait pas se laisser battre sur le terrain des réseaux sociaux et a donc décidé de contre-attaquer en achetant des followers sur Facebook ? Ce serait une explication… On décide de ne rien dire pour l'instant.

Au même moment, à Budapest, Momentum Mozgalom annonce avoir collecté plus de 266000 signatures en faveur de l'organisation d'un référendum sur la candidature de Budapest 2024. C'est deux fois plus que le minimum requis. Les autorités locales ne vont pas pouvoir s'y soustraire, et les sondages indiquent que la population de Budapest compte largement se mobiliser dans le cadre de ce référendum, certains pour protester contre le projet de candidature, beaucoup pour sanctionner le Premier ministre à un an des élections législatives en Hongrie.

Le Comité de candidature de Budapest 2024 n'attend pas la tenue du référendum et se retire officiellement de la course le 22 février 2017. Ce sera donc un duel avec les Américains. Les observateurs olympiques annonçaient depuis le début que cette compétition se terminerait en tête à tête entre Paris et Los Angeles, mais on ne pensait pas que cela arriverait si tôt.

*

Le 13 mars 2017, six mois jour pour jour avant la présentation finale qui précédera le vote des membres du CIO, le 13 septembre 2017 à Lima, au Pérou, notre consultant Nick Varley et son équipe de l'agence Seven46 organisent une première réunion de préparation de cette séquence décisive. Toute la soirée a été bloquée dans nos agendas pour qu'on ait le temps de visionner ensemble les meilleurs exemples de présentation finale, notamment celle de Londres 2012, et pour se mettre en ordre de marche. Le destin de Paris 2012 s'est joué à deux voix qu'elle semble avoir perdues pendant les présentations finales, et on a tous ce précédent en tête. On sait que Los Angeles va venir avec ses stars et pouvoir s'appuyer sur l'industrie hollywoodienne pour avoir une présentation et des films de très haut niveau. À nouveau, on sait qu'on ne les battra pas sur ce terrain-là. Il faut qu'on joue sur le nôtre, celui du sens en opposition au divertissement pur, celui de l'innovation sociale en opposition à l'innovation technologique.

Avant cette ultime présentation, il nous reste encore deux étapes clés : la présentation devant l'assemblée générale de l'Association des Fédérations Internationales des Sports

Olympiques d'été, qui aura lieu dans le cadre de la Convention SportAccord du 2 au 7 avril 2017, au Danemark, puis le brief technique devant tous les membres du CIO réunis à Lausanne le 11 juillet prochain.

Mais le 17 mars, Christophe Dubi, le directeur des Jeux du CIO, m'appelle pour me prévenir que Thomas Bach va annoncer à la presse la mise en place d'un groupe de travail chargé d'étudier la possibilité d'une double attribution des Jeux de 2024 et de 2028 aux deux dernières villes en lice pour 2024. Il faut que je sois prêt à répondre aux éventuelles questions des journalistes. Le groupe de travail, composé des quatre vice-présidents du CIO, doit rendre ses conclusions en juin. Depuis l'abandon de Budapest, ce bruit courait au sein du monde olympique. Le CIO considérerait que les candidatures françaises et américaines sont trop précieuses pour en perdre une et réfléchirait à une solution de double attribution pour les Jeux de 2024 et de 2028. Normalement, dans une compétition pour accueillir les Jeux, il n'y a pas de médaille d'argent, c'est le principe du « *winner takes all* ».

On avait déjà évoqué le sujet en interne à Paris 2024, mais maintenant que la question se pose officiellement, on bouscule nos agendas pour refaire le point avec Bernard, Étienne, Michaël et Guy et s'assurer qu'on est bien tous alignés.

Dire qu'on serait d'accord pour accueillir les Jeux en 2028, ce serait s'assurer de les organiser un jour et, après cinq échecs, évidemment, la question pourrait se poser. Que ce soit en 2024 ou en 2028, au fond, l'important, c'est d'accueillir les Jeux en France… Si on s'était sentis un peu distancés par les Américains, on n'aurait pas hésité, on aurait pris 2028. Mais on fait un tour de table, et on pense tous qu'on est capables de les battre.

En canoë, je n'ai jamais cherché à sécuriser une médaille. En finale olympique, je n'ai jamais ralenti pour minimiser le risque de toucher une porte, quitte à finir deuxième ou troisième. Ce que je visais, c'était la plus haute marche du podium. Je suis dans le même état d'esprit à ce moment-là. Je suis lancé dans une compétition, et j'ai envie de tout donner jusqu'au bout et de gagner. J'ai envie de battre les Américains. Je crois vraiment qu'on en est capables. On est tous dans cet état d'esprit.

Il y a évidemment aussi des raisons objectives à préférer 2024. D'abord, le foncier disponible pour construire notre village des athlètes ne pourra pas être gelé pendant quatre ans, il sera nécessairement utilisé pour d'autres projets si l'on attend 2028. Cela veut dire qu'il faudrait chercher un autre projet immobilier ou trouver un autre terrain foncier de cinquante hectares à proximité immédiate de Paris, ce serait un sacré défi… Il faudrait par conséquent revoir l'ensemble de notre concept, car changer de village reviendrait à modifier tous les temps de trajet des athlètes vers leurs sites d'entraînement et de compétitions. Surtout, changer de temporalité, ce serait risquer de changer d'interlocuteurs publics alors qu'on avait enfin réussi à aligner tous les acteurs politiques et tous les échelons territoriaux.

Cette décision ne dépend cependant pas que de nous, on fait le tour des membres fondateurs de Paris 2024 pour les sonder. Tous sont alignés, soit parce qu'ils sont conscients que le projet échappera à leur territoire si sa temporalité change, soit parce qu'ils risquent de ne plus être en place en 2028, soit parce qu'ils sont attachés, comme nous, à une vraie victoire.

Notre réponse aux journalistes sera la suivante : nous sommes favorables au principe de double attribution mais nous ne sommes candidats que pour 2024. Mike Lee, comme toujours, nous aide à trouver les mots justes pour ne pas paraître inconséquents ou capricieux vis-à-vis du CIO. Nous évoquons ainsi principalement l'argument du village des athlètes et le fait que tous les territoires ont voté des délibérations en faveur d'une candidature aux Jeux qui ne les engagent que pour 2024, sans garantie de pouvoir obtenir leur soutien pour 2028. Certains évoquent aussi l'argument du centenaire des Jeux de 1924, même s'il n'est au fond qu'accessoire.

⋆

La convention SportAccord, qui arrive peu de temps après et sera notre premier duel face aux États-Unis, prend ainsi une dimension supplémentaire. On savait qu'il y aurait trois batailles à mener : la bataille de la présentation, la bataille des rendez-vous individuels avec les membres du CIO, et la bataille de la communication. La scène, les coulisses et la petite musique générale. À ces trois batailles s'ajoute aussi la confrontation de nos réponses sur le sujet de la double attribution, qui vont être particulièrement scrutées.

Un premier sujet fait l'actualité lorsque nous arrivons au Danemark : Los Angeles se targue d'être la première candidature olympique et paralympique à avoir dépassé un million de fans sur Facebook. C'est le bon moment pour qu'une dépêche sorte sur les profils de leurs nouveaux abonnés… Si l'information était sortie avant, l'impact aurait été relativement limité, mais pendant SportAccord, tout l'écosystème sportif est rassemblé au même endroit, donc le petit scandale Facebook va nourrir toutes les conversations, pile au moment où les Américains sont censés promouvoir leur projet. Rapidement, ce dont Los Angeles pensait faire un point fort devient donc une polémique. Plutôt que d'admettre l'achat de fans, ce qui n'est pas illégal, l'équipe californienne nie et rame pour essayer d'expliquer pourquoi les fans du Bangladesh sont passés de 83 en janvier à 104 165 en avril, ceux du Pakistan de 56 à 92 104… Dans cette opération, ils se retrouvent finalement perdants à tous les niveaux, d'abord parce que personne ne voit l'intérêt d'avoir acheté des fans, ensuite parce que personne ne croit à leur explication et, enfin, parce qu'ils passent deux jours à râler et à chercher à se justifier plutôt qu'à faire du lobbying.

Le second sujet qui est sur toutes les lèvres à SportAccord, c'est la question de l'éventuelle double attribution.

Le 3 avril, le groupe de travail chargé de la refonte du processus de candidature reçoit notre délégation ainsi que celle de Los Angeles. Sans grande surprise, nos deux équipes tiennent des propos similaires : nous sommes tout à fait favorables à une double attribution mais nous préférons faire la compétition pour 2024 plutôt que prendre 2028. Anne Hidalgo se montre particulièrement habile dans les discussions avec le CIO. Elle leur explique notamment qu'elle et tous les élus locaux concernés par le projet ont un mandat pour porter la candidature de Paris 2024, mais que si l'échéance change, ils devront tous à nouveau soumettre au vote de leurs instances délibérantes leur soutien à cette candidature, voire s'orienter vers un référendum. Et qu'on ne sait jamais comment ces choses-là peuvent évoluer…

Le lendemain matin, l'équipe de Los Angeles est déjà dans tous ses états quand je descends prendre mon petit déjeuner dans le salon de l'hôtel. Sur chaque table sont disposés plusieurs exemplaires du *New York Times* avec en couverture le plus beau visuel de notre projet, une vue aérienne de Paris la nuit, avec une tour Eiffel scintillante et les mots «#Paris 2024, made for sharing». Notre équipe de communication a eu l'idée géniale d'acheter pour quelques milliers de dollars la sur-couverture de l'édition du jour du *New York Times* à Aarhus et en ont disposé trois cents exemplaires dans tous les hôtels officiels de SportAccord. L'impact par rapport à l'investissement est exceptionnel. Ça fait marrer tout le monde, notamment les membres du CIO, qu'un journal américain fasse la promotion de Paris 2024. Ça crée une rupture dans l'image que le monde du sport peut avoir des Français, et surtout, ça désorganise nos adversaires. Après les deux jours qu'ils ont passé à déminer le «Facebook Gate», ils passent à nouveau une demi-journée à râler, à se demander si on avait le droit, à passer des coups de fil… Et à nouveau, ce temps-là, ils ne le passent pas à convaincre les membres du CIO de voter pour eux.

Le 4 avril, à la mi-temps de la Convention SportAccord, la dynamique de campagne nous est donc favorable : l'achat des fans sur Facebook a un peu ridiculisé nos concurrents, tandis que le coup du *New York Times* nous a valu pas mal de clins d'œil de la part de membres qui ont trouvé ça malin. Si les Américains étaient depuis le début présentés comme les grands favoris dans la course aux Jeux de 2024, désormais, c'est nous qui donnons le rythme et imposons notre agenda. Quand je retrouve Étienne avant la présentation, il me raconte qu'il vient de croiser Casey Wasserman qui était furieux et que le ton est très vite monté entre eux. Les Américains ont perdu leur sérénité.

Arrive le moment de rejoindre la salle de conférences. C'est d'abord le tour de Los Angeles, comme le veut l'ordre établi depuis le début de la compétition. C'est la première fois que nous allons assister en live à leur présentation. À Doha, chaque équipe de candidature entrait dans la salle au moment de monter sur scène et ressortait ensuite, sans assister au passage de ses concurrents. Ça m'allait bien. Je ne regardais pas les courses de Martikan pendant une compétition. Je les regardais éventuellement après, mais jamais pendant, car quand je m'apprêtais à m'élancer, j'avais déjà décidé de ce que je devais faire, et ma priorité c'était de rester centré sur mon plan.

Ce jour-là, je suis au premier rang et obligé de regarder mes concurrents. Eric Garcetti, le maire de Los Angeles, Casey Wasserman, le président de la candidature, Gene Sykes, le directeur général, et Angela Ruggiero, membre américaine du CIO, se lancent dans un vrai show à l'américaine. Ils sont hyper à l'aise et font rire toute la salle. Pendant que je les regarde dérouler leur présentation à la pointe de tout ce qui peut se faire en matière de nouvelles technologies et de divertissement, du film aux lunettes connectées, je pense à la nôtre qui semble sortie des années 1990. Notre équipe de communicants a cherché à donner à notre prise de parole un style plus authentique et plus humain, à l'image de notre candidature. L'idée était bonne, mais le résultat l'est moins.

Pour la première fois depuis le début de cette compétition, les Américains décochent quelques flèches dans notre direction. Eric Garcetti envoie la première, en affirmant que « LA 2024 offre au mouvement olympique quelque chose de nouveau, pas quelque chose dans la continuité du passé. Nous sommes une ville jeune qui n'est pas concentrée uniquement sur les cent dernières années, mais qui se focalise sur les cent prochaines ». Casey Wasserman souligne, lui, que LA 2024 sera entièrement financé par des fonds privés et évitera ainsi tous les risques qui pèsent sur un projet mené conjointement avec le Gouvernement. Gene Sykes évoque quant à lui les problèmes liés à la construction d'un village des athlètes, pour mieux mettre en valeur leur solution d'utiliser le campus de l'Université de UCLA – et dévaloriser la nôtre. Même si nous ne sommes jamais explicitement nommés, ce sont des attaques frontales. C'est le jeu, et nous avons prévu de faire pareil, même si quand je monte sur l'estrade, je sais qu'on a perdu cette séquence.

Je ne sentais déjà pas notre présentation, et voir nos concurrents briller sur scène n'a rien arrangé… Ces dix minutes sur scène me paraissent plus longues que les quarante-cinq minutes à Doha. Je sors de la salle dès la fin de notre présentation et monte directement dans ma chambre me changer et mettre mes affaires de running. J'ai besoin de prendre l'air.

Je traverse le hall de l'hôtel sans trop regarder tous les gens en costume qui se demandent ce que je fais en short, et je me mets à courir. Je n'ai pas d'itinéraire en tête et je me perds un peu dans la ville. Ce n'est pas le meilleur footing de ma vie, mais ça me fait du bien. Quand je suis de retour à l'hôtel, je comprends que toute l'équipe me cherche depuis la fin de la présentation. J'étais tellement énervé contre moi-même que je n'ai pas pensé à les prévenir… Je m'en voulais d'avoir laissé la présentation partir dans une direction que je ne sentais pas, de ne pas m'en être plus occupé alors que je savais que c'était un moment important, de ne pas m'être senti suffisamment légitime pour faire valoir ma vision. Sur ce projet, on a embarqué les meilleurs experts au monde, et c'est difficile de faire confiance à son intuition quand elle ne va pas dans le sens de l'avis des gens qui sont censés mieux savoir ce qu'il faut faire. Je ne voulais pas être ce mec qui a une opinion très tranchée sur un sujet qu'il ne maîtrise pas. Mais ce dont j'ai pris conscience à Aarhus, c'est qu'il faut que je sois à l'aise avec ce qu'on va présenter, parce que c'est moi qui suis sur scène. Ce qui faisait ma force en tant qu'athlète, c'est d'écouter mon intuition, et il ne faut pas que je la perde.

Le soir, nous poursuivons nos rendez-vous avec l'écosystème sportif international. La Convention SportAccord est l'occasion de voir toutes les fédérations olympiques d'été. Les présidents avec lesquels j'échange me disent tous la même chose : « Le niveau d'avancement de votre projet est inédit pour une candidature, on n'a jamais vu ça ». Les premiers retours qu'on avait eus il y a quelques mois se sont confirmés et généralisés. Ils louent tous le travail de fond effectué par Jean-Philippe Gatien et son équipe, mais aussi sa personnalité, à la fois brillante et humble, à l'écoute, à l'aise en anglais. Jean-Philippe, c'est notre arme anti-arrogance française. Il n'y a pas de déclaration officielle de la part de l'Association des fédérations olympiques, mais le bruit court dans les couloirs de SportAccord qu'elle estime que Paris 2024 est le projet qui prend le mieux en compte les besoins de tous les sports.

Notre dernier terrain d'affrontement, c'est celui des stands. Les équipes de candidature n'ont pas le droit d'avoir un espace dédié à SportAccord, mais les villes le peuvent. Pour son stand, la Ville de Paris a eu la bonne idée d'aménager un bar qui devient rapidement un point de rassemblement chaque soir à l'heure de l'apéro, et nous permet de gagner encore quelques points de sympathie. Mais la touche finale qu'on n'avait pas anticipée, c'est l'installation d'une table de tennis de table par la Fédération internationale pour célébrer la journée mondiale du ping le 6 avril. Jean-Philippe s'y arrête évidemment pour taper quelques balles, qui se transforment finalement en une vraie démonstration au cours de laquelle il fait jouer les quelques téméraires qui osent l'affronter et rire tout l'attroupement qui s'est formé autour d'eux. Bilan de SportAccord : on a clairement perdu la bataille de la présentation mais largement gagné sur tout le reste.

C'est la première fois que je gagne en n'ayant pas été bon… C'est nouveau pour moi. Avant, quand je n'étais pas bon, je perdais. Cette fois, j'ai été sauvé par mon équipe : par la maire de Paris, qui est toujours pertinente, à la tribune comme dans nos entretiens en tête à tête avec les membres du CIO, par les idées de génie de l'équipe, de la sur-couverture du *New York Times* à celle du stand transformé en bar, et par Jean-Philippe, qui est le vrai numéro 10 de cette édition de SportAccord. Au-delà d'avoir fait le show pour la Journée internationale du ping, c'est le fruit de son travail depuis des mois qui nous a permis de dépasser les Américains sur le terrain le plus important : celui du sport.

Quand la Convention SportAccord se termine, ni nos concurrents ni nous n'avons ouvert la porte à la possibilité d'accueillir les Jeux en 2028, mais nous comprenons de nos échanges avec le CIO qu'il devrait confirmer le principe de la double attribution lors de la session organisée à Lausanne en juillet. Je suis convaincu qu'aucune des deux équipes candidates ne cédera tant qu'elle pensera avoir encore des chances de gagner. Tout va donc se jouer à Lausanne en juillet prochain, lors de notre présentation devant les membres du CIO, qui sera notre dernier oral avant Lima. C'est après cette étape que chacun va faire ses comptes et que celui qui se sentira le moins fort cédera et acceptera de prendre 2028. Avec Bernard, nous sommes conscients de notre responsabilité et je pense que nous partageons tous la même analyse avec les décideurs sportifs et publics : si les Américains sont devant nous, on ne s'entêtera pas, on acceptera 2028. Mais il ne faut surtout pas le dire. Ou que ça se sache.

Chapitre XI

Lausanne, qui devait être un simple « brief technique », c'est-à-dire une présentation centrée sur les questions de carte des sites, de transport et d'hébergement – avant la grande présentation finale de Lima – devient donc, de fait, la présentation où tout va se jouer. Ça veut dire qu'on doit revoir tous nos plans. Si Lausanne a remplacé Lima, on ne peut plus y aller avec nos experts techniques pour parler de transport et d'hébergement, on doit y aller avec nos intervenants les plus inspirants pour parler du sens des Jeux, de l'avenir de l'Olympisme et de notre passion pour le sport. Il y a un cahier des charges, mais on prend le risque de ne pas le respecter, parce qu'on pense que c'est ce qui va nous permettre de gagner.

Au retour d'Aarhus, on sonne la mobilisation générale au sein des équipes : il faut tout changer, et aller vite. D'autant qu'il faut qu'on fasse oublier notre présentation ratée de SportAccord.

Avant Lausanne, il nous reste encore deux occasions de nous démarquer de Los Angeles : l'événement qu'on a prévu pour célébrer la Journée internationale olympique, le 23 juin, et la visite à Paris, du 14 au 16 mai 2017, de la Commission d'évaluation des villes candidates aux Jeux de 2024. La Commission est composée de douze membres du CIO, de membres de l'administration du CIO et d'experts techniques. Leur visite est un rituel très codé : la première journée est consacrée à la présentation du projet dans une salle de conférences et se termine par un dîner organisé par la ville hôte. Les deux journées suivantes sont consacrées à la visite des sites. On sait que Los Angeles, qui accueillera la Commission deux jours avant nous, va capitaliser sur ses stars, et ni nos plus grands acteurs ni nos plus grands champions ne pourront rivaliser avec la notoriété des légendes de Hollywood ou de la NBA. Il va donc falloir qu'on joue à nouveau sur nos propres atouts… Mais si on veut vraiment marquer des points et pas juste faire ex aequo, chaque séquence de la visite doit être un événement.

Le 11 mai 2017, on apprend dans la presse que la visite de la Commission d'évaluation à Los Angeles a débuté la veille par une soirée organisée dans la somptueuse villa de Casey Wasserman, en présence notamment de Sylvester Stallone, du basketteur Kobe Bryant et du milliardaire Steve Ballmer, l'ancien P.-D.G. de Microsoft propriétaire du mythique club de basket des Los Angeles Clippers. Pendant deux jours, les échos nous parviennent de la visite organisée par nos concurrents. Un match de baseball dans les suites de luxe du Dodger Stadium, une partie de basketball « improvisée » entre les équipes de LA et du CIO dans le Staples Center, la mythique salle des Lakers, la visite de la plage de Santa Monica à l'heure du coucher du soleil… Ce programme nous met énormément la pression, mais il nous confirme aussi qu'on a une carte à jouer face au positionnement très sport business de Los Angeles.

Nous accueillons la Commission d'évaluation à leur hôtel en organisant un cocktail de bienvenue avec vue sur la tour Eiffel. On gagne sur ses points forts… Comme le veut le cahier des charges établi par la Commission, leur programme débute le dimanche 14 mai par une journée de réunion pour répondre à toutes leurs questions techniques et leur présenter l'équipe avec laquelle ils seraient amenés à travailler dans le cadre de l'organisation des Jeux. Mis à part le président de la République, Emmanuel Macron, élu une semaine plus tôt, qui prend officiellement ses fonctions ce même jour, l'ensemble des représentants de Paris 2024 ainsi que toute l'équipe dirigeante sont présents.

Le CIO est très sensible à une forme de stabilité dans la gouvernance entre la candidature et l'organisation : l'équipe qui fait les promesses doit, dans le meilleur des cas, aussi être celle chargée de les mettre en œuvre. Sachant cela, nous faisons valider par nos membres fondateurs la gouvernance en phase d'organisation et annonçons à la Commission d'évaluation que je présiderais le Comité d'organisation si le CIO nous confiait les Jeux. Bernard souhaite que son projet s'épanouisse entre les mains de la génération suivante. Pour lui, c'est autant un argument vis-à-vis du CIO qu'une conviction profonde : il faut savoir passer la main. Bernard m'a fait grandir à ses côtés, il s'est effacé progressivement, jusqu'à me confier les rênes du projet, avec l'élégance qui le caractérise depuis toujours, celle de ceux qui ont déjà tout gagné. Sur le moment, je suis tellement obsédé par le match avec

Los Angeles, que je ne mesure peut-être pas encore totalement ce que cela signifie.

Le soir, pour le dîner donné en l'honneur de la Commission, on a choisi un lieu capable de montrer la scène unique que Paris offre et notre ambition de mettre le plus beau de la capitale française au service des Jeux : le Petit Palais. Nous serons à quelques mètres du Grand Palais, qui accueillerait l'escrime et le taekwondo, à quelques centaines de mètres de la Seine, où seraient organisées les épreuves de nage en eau libre et de triathlon, et juste en face de l'esplanade des Invalides, hôte des épreuves de tir à l'arc. Dans ce décor spectaculaire, on a également joué sur l'un de nos points forts, la gastronomie, mais plutôt que de confier la préparation du dîner à un seul chef étoilé, on a proposé, sur une idée de la maire, à cinq grands chefs – Alain Ducasse, Yannick Alleno, Akrame Benallal, Stéphanie Le Quellec et le pâtissier Cédric Grolet – de collaborer pour créer un menu et illustrer ainsi l'idée de partage au cœur de notre projet.

Pour donner à ce dîner encore plus de sens, on a décidé d'aménager le Petit Palais comme un appartement – avec une entrée, un salon, une salle à manger – mais un appartement un peu spécial, car chaque affiche, chaque bibelot et chaque photo sont un clin d'œil à l'un des membres de la Commission d'évaluation. L'objectif, c'est de leur montrer qu'ils seront véritablement chez eux à Paris, comme les Jeux seront chez eux en France. L'équipe des relations internationales, qui consigne depuis un an et demi chaque information qu'elle recueille sur le parcours et les goûts des membres du CIO, a trouvé le maillot de basket du club italien de l'enfance de Patrick Baumann, le président de la Commission, une photo de l'équipe de hockey du père de Christophe Dubi, le directeur des Jeux du CIO, une photo du membre Poul-Erik Hoyer en train de pêcher – sa seconde passion après le badminton –, une jaquette du film que la membre Mikaela Cojuangco Jaworski a tourné aux Philippines…

Patrick Baumann est très ému quand je l'emmène devant son maillot, et les autres membres comprennent au fur et à mesure que chacun a son objet. Aucun ne s'attendait à une telle attention, et tous sont profondément touchés. Je ne sais plus qui a eu cette idée au sein de l'équipe des relations internationales mais je suis bluffé par leur créativité et par la façon dont ils ont réussi à traduire nos valeurs dans un dîner.

Nous ne savions pas, au moment où nous avons imaginé ce dîner, que Casey Wasserman organiserait une soirée dans sa propre villa. Ce qui est drôle, c'est qu'on propose un concept qui semble le même. Ils font un dîner « à la maison », on fait un dîner « comme à la maison » – mais nos messages sont complètement différents. Los Angeles 2024 dit aux membres : « Bienvenue chez nous », quand Paris 2024 leur dit : « Les Jeux sont chez eux à Paris ».

Beaucoup des plus grands athlètes français sont présents au Petit Palais ce soir-là. Teddy Riner évidemment mais aussi Bixente Lizarazu, Marie-José Pérec, Rudy Gobert, Sarah Ourahmoune, Brahim Asloum, Lilian Thuram, Muriel Hurtis, Michaël Llodra et bien d'autres. Nicolas Sarkozy, qui nous soutient depuis le début, les patrons des entreprises partenaires du Comité de candidature, des personnalités, comme le chanteur Mika, et tous les représentants officiels de Paris 2024 ont accepté notre invitation. Lorsque la soirée se termine, je ne sais pas si on a forcément marqué plus de points que Los Angeles, mais je suis convaincu qu'on n'a pas dû en marquer moins…

Le lundi, on commence la visite au dernier étage de la tour Eiffel pour montrer à la délégation tous les sites de compétition, dont certains sont vraiment à quelques centaines de mètres, et les autres se distinguent à l'horizon. À Los Angeles, il peut y avoir jusqu'à soixante kilomètres de distance entre certains sites donc on a tout intérêt à valoriser la compacité de notre concept, a fortiori compte tenu de la faiblesse de leur système de transport. On poursuit ensuite la visite par un autre de nos atouts : la Cité du cinéma, qui serait le centre du futur village des athlètes.

Aux Jeux, le réfectoire destiné aux athlètes est généralement soit installé dans un grand bâtiment temporaire sans âme, soit dans plusieurs lieux éclatés, moins rassembleurs. Avec le grand hall de la Cité du cinéma, tous les athlètes de Paris 2024 pourront se retrouver dans un lieu avec énormément de cachet.

La visite se poursuit ensuite dans tous les sites de compétition, jusqu'à l'Accor Arena, prévue pour accueillir le judo et les phases finales de basket pendant les Jeux Olympiques, puis le basket fauteuil pendant les Jeux Paralympiques. Ce soir-là, on y assiste au match France-Slovénie des championnats du monde de hockey sur glace. C'est l'occasion de montrer le savoir-faire de la France en matière d'accueil de grands événements sportifs internationaux et de redire notre attachement à toute la diversité des sports.

Le lendemain, les membres de la Commission d'évaluation sont reçus à l'Élysée pour un petit déjeuner avec Emmanuel Macron. C'est un autre point de différenciation avec Los Angeles, qui s'appuie très peu sur l'État fédéral américain. Cette rencontre est la première réception officielle du tout nouveau président de la République qui fait la une des médias français comme internationaux depuis son élection. D'un quotidien allemand qui le surnomme « Le Sauveur » au magazine américain *Time* qui déclare : « Macron n'est pas seulement le nouveau président français, il est le nouveau champion de l'Europe. » Il est un point fort de notre campagne. En mai 2017, Emmanuel Macron n'est pas seulement le chef de l'État français, il est la personnalité politique la plus en vue dans le monde, et les membres de la Commission sont conscients du privilège qui leur est accordé. Très à l'aise en anglais, le président, qui avait pris le temps d'échanger par téléphone avec le président du CIO avant même de prendre officiellement ses fonctions afin de témoigner à Thomas Bach son soutien à la candidature de Paris 2024, veille à s'entretenir personnellement avec chaque membre de la Commission.

Cette fois, j'ai le sentiment qu'on a fait un sans-faute. Pour fêter l'aboutissement de ce marathon, on organise une soirée pour toute l'équipe au sens large : non seulement nos salariés mais aussi nos parties prenantes et leurs collaborateurs. C'est grâce à eux si cette visite s'est aussi bien déroulée.

Quelques jours plus tard, Christophe Dubi m'appelle : « écoute, il faut vraiment qu'on trouve une solution pour la double attribution, et pour ça, il faudrait qu'on sache ce qui serait acceptable pour chacun d'entre vous… Est-ce que tu serais d'accord pour qu'on se réunisse en petit comité pour essayer de trouver un accord ? Côté CIO, il y aurait juste le directeur général et moi, côté Los Angeles juste le président et le directeur général. Tu pourrais venir avec Étienne ? J'aimerais qu'on se retrouve sans politiques, sans médias… »

Je pense qu'ils comptent sur une réunion physique pour faire bouger les lignes. Ce n'est pas la même chose de dire non par téléphone, en tête à tête, ou de devoir traverser l'Atlantique pour se retrouver coincé dans une salle et de réaffirmer sa position devant cinq personnes. J'imagine que le CIO espère qu'on se sentira obligés d'ouvrir la porte à 2028.

Avant d'accepter cette entrevue, je vérifie qu'il n'y aurait rien d'engageant au fait de venir à la réunion. Comme il me l'assure, je lui confirme notre venue mais aussi que notre position n'a pas changé. Nous convenons de nous retrouver le 29 mai à New York, à peu près à mi-chemin entre Paris et la Californie.

⋆

Le 28 mai, nous partons donc avec Étienne pour New York, en respectant la confidentialité que nous a demandée Christophe Dubi. Dans nos agendas respectifs figure un objet obscur pour les deux journées où nous serons absents, quelque chose comme « Réunion Étienne/Tony ». Même au sein de l'équipe de candidature, très peu de gens sont mis au courant de cette escapade.

Le lendemain, à l'heure convenue, on se retrouve donc tous les six dans une salle de réunion d'un hôtel de l'aéroport John Fitzgerald Kennedy. L'idée de se retrouver près de l'aéroport était de ne pas perdre de temps à rejoindre New York, mais la salle de réunion est vraiment austère et n'aide pas à détendre l'atmosphère.

Christophe de Kepper, le directeur général du CIO, prend la parole en premier, en rappelant la situation dans laquelle nous nous trouvons, et le fait qu'une double attribution ne présenterait que des avantages, autant pour le CIO que pour nous. Il ajoute : « Mais pour ça, on a besoin que vous vous engagiez dans cette voie… Qui veut commencer ? »

Je préfère prendre tout de suite la main pour ne pas me faire enfermer par la réponse de Casey Wasserman. Je sais qu'on est entrés dans un jeu de poker menteur, et il ne doit y avoir aucune brèche dans notre position. Je redis donc ce que j'avais dit à Lausanne : « Nous soutenons cette démarche, mais les engagements pris par l'ensemble de notre écosystème ne sont malheureusement valables que pour 2024, et nous sommes donc prêts à aller au vote ».

Tout le monde se tourne vers Casey Wasserman qui répond: «Pour une double attribution, il faut être deux, si Paris ne joue pas, nous ne jouons pas non plus.»

Ça ne fait même pas quinze minutes qu'on est là, et le sujet semble clos. Christophe de Kepper prend acte. On échange encore quelques mots sur d'autres sujets, et on se quitte peu de temps après. La réunion n'a duré qu'un quart d'heure mais elle marque un tournant parce que, ce jour-là, en disant qu'on est prêts à faire le match contre eux, on défie les Américains. Ce n'est pas dans ma personnalité de jouer les gros bras, mais je n'ai pas envie de me coucher sous prétexte que nous sommes face aux États-Unis. J'ai envie d'une vraie victoire pour la France. J'ai envie que les Français, qui sous leurs airs de grandes gueules un peu arrogantes ont souvent peu confiance en eux, se sentent fiers et se rendent compte qu'ils ne valent pas moins que les Américains.

Deux semaines plus tard, pourtant – à 48 heures de la réunion de la Commission exécutive du CIO où le groupe de travail doit présenter son rapport sur la double attribution –, Casey Wasserman entrouvre la porte à 2028. Dans une interview à un média américain, il déclare: «LA 2024 has never been only about LA or 2024. [...] we didn't say it's "LA first" or it's "now or never" for LA: that sounds like an ultimatum.[1]» Il commence peut-être à se dire que nous serons difficiles à battre. Il nous glisse surtout un petit tacle en suggérant que contrairement à Paris qui poserait un ultimatum au CIO, la candidature de LA serait, elle, plus constructive. Mais en cherchant à nous affaiblir, il se piège lui-même.

Face à l'émoi provoqué par ces déclarations, le responsable presse de LA 2024 tente d'en relativiser la signification en affirmant que «Los Angeles est la ville hôte idéale pour accueillir les Jeux de 2024 et être partenaire du mouvement olympique. Elle ne concède rien dans la course pour les Jeux de 2024». Ils argumentent en soulignant qu'ils sont – sous-entendu, contrairement à Paris – dans une démarche de co-construction avec le

1. «Los Angeles 2024 n'a jamais été seulement à propos de Los Angeles ou seulement à propos de 2024. Même lorsque la question d'une double attribution pour les Jeux de 2024 et 2028 a été initialement soulevée, nous n'avons pas dit que c'était "Los Angeles d'abord" ou "maintenant ou jamais" pour Los Angeles: cela ressemblerait à un ultimatum.»

CIO. Mais ouvrir la porte à 2028 est en quelque sorte un aveu de faiblesse. C'est en tout cas comme ça que l'interprètent la plupart des acteurs olympiques. C'est un signal très positif, mais ce n'est pas pour autant le moment de relâcher la pression. Si on a pris un court avantage, il faut maintenant le conserver, voire chercher à l'accroître, jusqu'à Lausanne. C'est dans ce contexte qu'on prépare la Journée Olympique.

L'un de nos points de différence majeurs avec Los Angeles, c'est la scène unique que Paris peut offrir aux athlètes. À moins de trois semaines de ce qui est devenu l'étape la plus importante de la compétition, on a donc décidé de donner vie à notre idée de Jeux au cœur de la ville et de faire entrer les sports olympiques et paralympiques dans les plus beaux sites parisiens. L'objectif, c'est à la fois de montrer qu'aucun lieu ne pourra concurrencer le décor de Paris et de matérialiser concrètement notre concept de Jeux « made for sharing », c'est-à-dire ouverts à tous, au cœur de la ville.

C'est la Ville de Paris qui est le chef de file de cette séquence sur laquelle sont également mobilisées les équipes du Comité de candidature, des Comités olympiques et paralympiques français, de la Région Île-de-France et de l'État. Chaque acteur est hyperimpliqué, on sent que tout le monde a en tête qu'il s'agit d'une des dernières opportunités de convaincre.

Ce qui est important pour moi, c'est aussi qu'on crée l'inédit pour avoir à nouveau une image spectaculaire capable de capter l'attention des médias et du grand public.

Le vendredi 23 juin, dix zones d'initiation sportive ouvrent pour deux jours tout le long de la Seine, avec trente-trois disciplines proposées. Le vendredi, on accueille des milliers d'élèves emmenés par leurs professeurs. Le samedi, c'est au tour des familles de venir se balader entre les sites et s'arrêter pour pratiquer ou assister aux démonstrations. Après avoir traversé Paris sur la Seine en kayak avec la maire de Paris et deux cents kayakistes et fait quelques interviews, je dois m'éclipser pour un rendez-vous.

Dès la fin de l'après-midi, je comprends qu'on a gagné cette manche quand je vois les images de notre événement tourner en boucle sur les chaînes d'information en continu. On voit un surfeur prendre une vague sur la Seine, des nageurs plonger depuis le pont

Alexandre III, des gymnastes sauter devant les tableaux du Petit Palais et des violoncellistes jouer le *Boléro* de Ravel sur la piste d'athlétisme que nous avons installée sur la Seine, pendant que des rameuses passent à côté en aviron. On voit aussi le président de la République se prendre au jeu en échangeant quelques balles de tennis fauteuil, coaché par le champion paralympique Michaël Jérémiasz. À côté, les images des activités sportives sur la plage organisées par Los Angeles pour quelques centaines de jeunes paraissent beaucoup moins spectaculaires.

À moins de trois semaines de Lausanne, je dois maintenant libérer mon agenda pour me concentrer uniquement sur cette échéance.

Après le raté de notre présentation à Aarhus, je fais le choix un peu risqué de revoir notre organisation pour les discours : Nick Varley est excellent et son expérience impressionnante, mais, un peu comme avec un entraîneur, au-delà des compétences, il faut une alchimie. Jusqu'à présent, on a eu du mal à la créer. Ses propositions marchent bien avec Étienne, moins avec moi, et j'ai compris avec Aarhus qu'il fallait que je sois à l'aise avec mes discours pour être bon.

Je demande donc à Michaël de réfléchir à une nouvelle organisation et une nouvelle équipe qui, au-delà de mon discours, devra rédiger ceux de chacun des intervenants pour nos présentations à Lausanne et à Lima, en français et en anglais. Il constitue finalement une équipe très junior par rapport à Nick. Mais je lui fais confiance. Il y aura Benjamin, qui va travailler sur le fond des messages, Camille, qui s'occupait des relations institutionnelles mais s'est révélée être notre meilleure plume, Catherine, la consultante britannique de l'équipe de Nick à qui l'on doit notre slogan « *Made for sharing* » et qui est particulièrement douée pour trouver des formules choc en anglais, et Damien, qui travaille dans l'équipe dédiée aux Jeux de la Ville de Paris.

Des présentations de villes candidates, les membres du CIO en ont tous vu des dizaines et des dizaines, donc on a l'enjeu de les surprendre, pour capter leur attention, et de les émouvoir. À Lausanne, il faut que les membres du CIO se disent qu'on a la meilleure ville, le meilleur projet, la meilleure équipe. Il faut qu'ils se projettent avec nous.

Pour le casting des intervenants à la tribune, Emmanuel Macron a confirmé sa présence quand nous avons indiqué à l'Élysée que compte tenu du projet de double attribution, la présentation décisive pour gagner 2024 serait celle de Lausanne, pas de Lima. Il viendra rappeler l'engagement de l'ensemble de notre pays dans ce projet. Anne Hidalgo s'exprimera en tant que maire de Paris et présidente du C40, une organisation regroupant les villes engagées contre le dérèglement climatique, pour évoquer l'héritage social et environnemental des Jeux. Laura Flessel, quintuple médaillée olympique devenue ministre des Sports, Sarah Ourahmoune, vice-championne olympique de boxe qui a grandi en Seine-Saint-Denis, et Guy Drut, champion olympique du 110 mètres haies et membre du CIO, souligneront la place centrale des athlètes et de l'héritage sportif dans notre projet.

Avec notre sixième intervenant, on a cherché à surprendre avec un profil issu de la société civile, et on l'a trouvé : le professeur Muhammad Yunus. Il est l'économiste bangladais qui a inventé le microcrédit et reçu le prix Nobel de la paix en 2006. Très attaché au sport pour sa capacité unique à rassembler l'humanité, il était invité à témoigner par le CIO dans le cadre des Jeux de Rio. C'est là-bas qu'il a rencontré la maire de Paris et a ensuite développé des projets dans la capitale. Depuis, on travaille avec lui pour mettre l'économie sociale et solidaire au cœur de notre projet. Mike Lee pense que son propos est trop éloigné des enjeux olympiques et qu'ajouter un homme de soixante-dix-sept ans à notre casting est une hérésie quand le CIO ne jure que par la jeunesse. On décide quand même de prendre le risque. Si dans l'esprit des gens, Los Angeles incarne l'innovation technologique, il faut que nous incarnions l'innovation sociale, la dimension humaine. Le professeur Yunus accepte de prendre la parole à nos côtés dès que nous abordons le sujet.

Plus on se rapproche du vote final, plus Bernard souhaite me laisser la place sur le devant de la scène. Je serai donc le septième intervenant, qui viendra présenter notre vision et notre concept. Dès notre premier échange sur mon discours, Michaël me dit :

« Ce qui va faire la différence face à Los Angeles, c'est aussi ton profil par rapport à celui de Casey Wasserman. Le pur produit de l'Olympisme face à l'incarnation du sport business. Le duel Estanguet-Wasserman, c'est le dernier match dans le match. Encore une fois, ce qui va nous permettre de remporter définitivement la partie, au-delà de nos arguments rationnels, c'est le lien émotionnel que tu vas créer avec les membres du CIO en racontant ton parcours. »

Une semaine plus tard, il revient à l'attaque avec Benjamin, Camille et une idée. Comme ils savaient que je n'allais pas vouloir en entendre parler s'ils l'évoquaient sans avoir de proposition concrète, Michaël a demandé à Camille de rédiger un texte. Elle se met à le lire. C'est un texte qui parle de Patrice, mon frère. Il sonne juste, mais je ne me suis jamais confié publiquement sur notre histoire avec les Jeux et je ne sais pas si j'ai envie d'aborder en détail un sujet aussi personnel.

Chapitre XII

En 1996, voir mon frère remporter la médaille de bronze aux Jeux Olympiques d'Atlanta est un déclic pour moi. J'ai dix-huit ans, je viens d'avoir mon bac, m'apprête à quitter la maison pour rejoindre la fac et le pôle France de canoë à Toulouse, et mon frère vient de me montrer que les Jeux ne sont pas qu'un rêve hors de portée. Trois semaines plus tard, je vais représenter la France en Coupe du monde à Prague, car l'équipe olympique française s'est mise au repos au retour d'Atlanta. Alors que je m'étais complètement planté aux championnats du monde junior qui avaient lieu avant les Jeux, je termine premier, devant le vice-champion olympique en titre, le Tchèque Lukas Pollert. Le compteur est ouvert ! Bien sûr, j'ai conscience qu'il s'agit d'un contexte particulier, car après les Jeux, les meilleurs athlètes se reposent ou se relâchent. Mais je sens que voir mon frère médaillé aux Jeux a débloqué quelque chose en moi. L'année suivante, pour la première fois, je le bats en compétition.

Mes résultats sportifs sont par la suite en dents de scie. Je fais de super temps en entraînement que je ne parviens pas toujours à reproduire quand ça compte. Je continue cependant de croire que je peux réussir à me qualifier aux côtés de Patrice pour les prochains Jeux à Sydney. Notre rêve : y aller ensemble et monter ensemble sur le podium olympique.

C'est notre objectif quand on arrive à La Seu d'Urgell, en Espagne, pour les championnats du monde 1999. Les deux nations les mieux placées à l'issue de la phase de qualification obtiendront chacune deux places pour les prochains Jeux, au lieu d'une seule. Dans ma tête, cette place supplémentaire est un signe du destin et ma seule chance de pouvoir espérer me qualifier pour les Jeux. Si la France ne remporte qu'une place, c'est bien sûr Patrice qui devrait l'obtenir lors des sélections nationales qui auront lieu quelques mois plus tard. On n'en parle pas tous les deux, mais je pense qu'il se dit la même chose.

Le jour de la phase de qualification, je suis plus déterminé que jamais, et les choses se passent encore mieux que ce que j'espérais.

J'arrive premier, Patrice troisième. On s'était conditionnés pour le faire et on a réussi, on a décroché les deux places pour la France ! J'ai le sentiment que tout s'aligne… Il reste à se qualifier, mais ça viendra plus tard. On avait un objectif et on l'a atteint, je m'endors serein. Mais le lendemain, Patrice et moi sortons en demi-finale. Emmanuel Brugvin devient champion du monde. Emmanuel, on l'appelle tous Manou. Depuis le temps qu'on s'entraîne ensemble en Équipe de France, c'est devenu un copain, donc je suis heureux pour lui, mais à la seconde où il passe devant, je me rends compte qu'en devenant champion du monde, il vient de décrocher son ticket pour les Jeux. Ça veut dire qu'il ne reste plus qu'une place sur le quota français. Ça veut dire que Patrice et moi venons de devenir adversaires. Je n'avais pas pensé à ce scénario. Patrice est à côté de moi au bord du bassin. On se regarde et, sur le moment, on fait semblant d'en rire en se disant : « Bon ben… fini la belle vie ! » Mais je vois dans son regard qu'on vient tous les deux de se prendre un énorme coup sur la tête. Ça va être une année terrible.

En rentrant à Toulouse, je rembobine les événements pour comprendre ce qu'il s'est passé, ce que je n'ai pas vu venir. Manou n'était pas un outsider, il a participé aux Jeux de Barcelone et d'Atlanta, mais comme il avait fait sixième aux qualifications, je ne l'avais pas vraiment dans le viseur. Son objectif à lui, ce n'était pas que la France décroche deux places, il était aux championnats du monde pour devenir champion du monde. Alors que Patrice et moi, on s'était conditionnés pour décrocher la place supplémentaire, et on s'est relâchés ensuite.

Quelques semaines après, on part avec les membres de l'Équipe de France de canoë pour un stage de préparation aux JO de Sydney. À cette période-là, comme Patrice est rentré à Pau après avoir obtenu son Capes et que je fais mes études à Toulouse, on ne s'entraîne plus ensemble chaque jour, mais on navigue quasiment tous les week-ends ensemble, quand je rentre à la maison. Pendant le stage, Patrice prend les devants et propose qu'on s'entraîne séparément à partir de maintenant. Il sait que plus ça va aller, plus la pression va monter. Et pour préserver notre relation de frères, il pense que c'est mieux qu'on ne soit pas en concurrence au quotidien. Chacun pour soi et que le meilleur gagne. C'est violent, mais il a raison.

À partir de ce moment-là, on fait attention à ne pas parler de canoë quand on se retrouve ensemble chez nos parents. Cela crée une atmosphère étrange, parce qu'on n'a toujours parlé quasiment que de ça à la maison. Aldric, ma mère et mon père font le maximum pour préserver la bonne ambiance familiale, mais cette période n'est facile pour aucun d'entre nous. L'hiver passe lentement, j'ai hâte que les sélections nationales arrivent et qu'on puisse laisser tout ça derrière nous…

Dans les médias, beaucoup parlent de duel fratricide. C'est vrai qu'on réduit nos interactions, qu'on fait très attention à ne pas se chambrer, mais on ne se déchire pas. On s'est dit avec Patrice qu'on était d'abord des frères, et que la course aux Jeux ne casserait pas ça.

En réalité, le plus difficile, ce n'est pas ce qu'il se passe entre Patrice et moi. Le plus difficile, c'est ce qu'il se passe dans ma tête. Pendant des années, je l'ai suivi, imité, copié. J'ai écouté ses conseils, suivi son exemple. Et aujourd'hui, si je veux accomplir mon rêve, il faut que je brise le sien. Je n'avais jamais pensé qu'on se retrouverait dans cette situation. Je voulais faire les Jeux avec lui, pas à sa place. Mais maintenant qu'on est lancés dans cette compétition, je ne peux plus reculer. Je mets du temps à l'accepter, à comprendre que si je veux vraiment faire les Jeux, il va falloir que je mette mes sentiments de côté et que j'assume mon ambition. Que j'assume de vouloir devenir le meilleur.

Ce qui m'aide, c'est d'échanger avec Isabelle, la psychologue du CREPS de Toulouse, l'antenne régionale du ministère des Sports. Je la vois trois ou quatre fois par an depuis presque deux ans. Je l'ai rencontrée par hasard, au cours d'un bilan médical obligatoire pour tous les athlètes du pôle, à un moment où je pouvais gagner une Coupe du monde senior un jour et arriver dernier le lendemain à une course mineure. Mais on parlait tellement peu de préparation mentale à l'époque que ni mon entraîneur ni moi n'y avions pensé pour améliorer ma régularité.

J'ai tout de suite accroché avec Isabelle. Elle ne connaît rien au canoë mais en me faisant parler de mes entraînements, de mes objectifs, de mes doutes, elle m'aide à arrêter de me cacher derrière une fausse humilité qui me faisait dire des phrases comme : « C'est déjà super de faire partie de l'Équipe de

France ». Elle m'aide aussi à ne plus me voir seulement comme le petit dernier de la famille Estanguet qui suit le chemin déjà tracé, mais comme un athlète qui trace sa propre voie.

Jusqu'à présent, j'ai toujours tout fait comme mon père et mes frères : le même sport, les mêmes gestes, les mêmes entraînements quotidiens, les mêmes compétitions le week-end, les mêmes études pour devenir professeur de sport. Patrice est un céiste hors norme qui a un don sur l'eau, une façon unique de lire la rivière et de savoir toujours exactement quand et comment placer la pale de sa pagaie. Mais Isabelle me fait mettre des mots sur nos points forts respectifs. En échangeant avec elle, je comprends qu'il faut que j'arrête d'essayer de reproduire la technique de mon frère. Je comprends que je ne serai jamais aussi bon que lui – et encore moins meilleur – si j'essaie de l'imiter. C'est dans mes points forts à moi qu'il faut que j'aille puiser pour pouvoir gagner.

Les sélections nationales arrivent enfin. Nous sommes à la fin du mois de mars, à Foix. L'enjeu est immense : les dix meilleurs céistes français vont s'affronter durant quatre jours, au cours de trois courses de deux manches chacune. Six descentes en si peu de temps, c'est un véritable combat physique et mental.

Patrice et moi louons deux logements différents. Aldric, lui, ne vient pas. Il sait qu'il y aura un malheureux et il ne veut pas assister à ça. Nos parents font le déplacement pour être à nos côtés mais ne regardent aucune course.

Compte tenu du palmarès de Patrice, médaillé de bronze aux Jeux d'Atlanta et numéro un mondial, il est le favori.

À l'issue de la première course, je suis devant. Il est deuxième. Pour lui, c'est une première alerte. Pour moi, c'est un point de bascule. Le travail entrepris sur moi-même avec Isabelle commence peut-être à payer. Il sait que j'ai souvent perdu mes moyens dans les grands rendez-vous. Il sait aussi que, cette fois, je n'ai jamais eu autant de pression sur les épaules.

Patrice remporte la deuxième course, je termine deuxième. Nous sommes à égalité après quatre descentes. Pour le public, c'est du grand spectacle. Tout va se jouer sur les deux manches de la dernière course.

Je gagne la première avec une courte avance. Dans l'absolu, c'est bien d'être devant, mais c'est le scénario que je redoutais le plus, car le mieux placé dans le classement part en dernier et prend toute la pression.

Quand Patrice s'élance juste avant moi à la dernière manche, je n'en mène pas large. J'entends le speaker commenter son excellent début de manche et je sens que cette descente est un rendez-vous avec moi-même.

Dans les secondes qui précèdent mon départ, je ne pense ni à la réussite, ni à l'échec, ni aux Jeux, ni à mon frère. Aujourd'hui, je ne suis plus « le petit frère de Patrice ». Ça fait des années que je suis en Équipe de France. J'ai gagné des Coupes du monde, j'ai été champion de France, j'ai décroché le quota olympique pour la France. Je peux le faire. Alors je me concentre. Je veux couper la ligne en me disant : « Je n'ai jamais navigué comme ça. » Partir comme un fou, accélérer au milieu et sprinter à la fin.

C'est dans ces secondes-là, avant même de partir, que je gagne ma place pour les Jeux. Pour la première fois, je m'affranchis de tout : de la hiérarchie, du regard des autres, de mon statut de petit frère. Quand on est le dernier d'une fratrie, il y a un moment où il faut prendre son envol. Pour moi, c'est maintenant.

Le top départ retentit, et tout devient simple : être à l'attaque, prendre de la vitesse, sentir l'eau, rester à l'équilibre entre puissance et relâchement. Je suis dans ma course. Dès que je franchis la ligne, je cherche mon nom sur le tableau d'affichage :

T. ESTANGUET : 239,1
P. ESTANGUET : 239,9

Je suis en haut du tableau, mais nos noms et nos temps sont si proches que je mets du temps à comprendre.

Je suis premier, je suis qualifié, je vais faire les Jeux… Ça s'est joué à moins d'une seconde.

J'ai gagné, mais j'ai tellement eu l'habitude de ne faire qu'un avec mon frère qu'une partie de moi a perdu.

Me qualifier, c'était ce dont je rêvais depuis huit ans, depuis la vision de ces athlètes à Barcelone qui m'avaient subjugué, mais pas comme ça. Je pagaie vers Patrice, le serre dans mes bras et lui dis : « je suis désolé… » Il me répond : « Bravo, tu le mérites, t'as été le plus fort… » La vérité, c'est que ça s'est joué à rien, nous étions au même niveau. Quand on sort de l'eau, on est tous les deux épuisés et tristes. C'était la course la plus difficile de ma carrière, j'ai souffert à chaque seconde.

★

Ce n'est qu'après avoir dormi que je commence à prendre conscience de tout ce que ce combat à Foix change pour moi. Moi qui doutais de ma capacité à pouvoir gérer la pression des grandes échéances et à battre les meilleurs, j'ai réussi à passer devant l'un des plus grands céistes au monde, au moment où ça comptait le plus. Rien ne pourra être plus dur que ces sélections olympiques contre mon propre frère, et ça me donne une force inouïe. À partir de maintenant, je sais que je peux battre n'importe qui. Dans les trois mois qui suivent notre affrontement à Foix, je gagne le championnat d'Europe, la Coupe du monde, puis mon premier titre olympique. À ses dépens, Patrice m'a donné la confiance qui me manquait. Il a aussi rendu la défaite inconcevable, car je ne pouvais pas avoir pris cette place pour rien.

Patrice est d'une élégance absolue. Il fait l'impasse sur certaines compétitions pour me laisser faire mon chemin jusqu'aux Jeux et ne pas prendre le risque de me perturber dans le cas où il aurait de meilleurs résultats que moi. Il veut éviter que je puisse penser que je ne méritais pas ma place à Sydney. Ensuite, c'est lui qui rassemble tous mes proches pour créer un groupe de supporters, lui qui fait installer un écran géant à Pau pour retransmettre mes épreuves, lui qui organise une immense fête à mon retour. Jamais il ne montre le moindre signe de frustration. Et pourtant, j'imagine à quel point cette période doit être douloureuse pour lui.

Sur le moment, je sens déjà que sa réaction est exceptionnelle. Aujourd'hui, je perçois peut-être encore plus clairement la violence de ce qu'il a vécu à ce moment-là. Il avait vingt-sept ans. Le canoë, c'était sa vie. Refaire les Jeux, c'était son rêve. Sydney était peut-être sa dernière chance d'aller chercher le titre olympique qui lui manquait, et non seulement son rêve se brise, mais c'est son petit frère qui vient de le briser. Celui à qui il a tout appris. C'est injuste. Toute ma vie, j'ai mis ma roue dans la sienne, j'ai bénéficié de son effet d'aspiration, j'ai profité de son travail, j'ai utilisé ses bateaux, j'ai écouté ses conseils…

Comme dans toutes les fratries quand il s'agit d'apprendre à marcher, à parler, à jouer à la PlayStation, les derniers brûlent souvent les étapes grâce à leurs aînés. C'est grâce à Aldric et à Patrice que j'ai tout fait plus vite.

★

Après les Jeux de Sydney, on s'entraîne de nouveau ensemble avec Patrice. Si entre nous rien ne change, dans le regard des médias et du public, en revanche, nos statuts sont inversés. Dans la tête des gens, en remportant le titre olympique dans ma catégorie, je suis devenu le leader français. Avant, j'étais le frère de Patrice. Maintenant, c'est lui qui est devenu le frère de Tony. Je me rends compte à quel point ce changement de statut doit être difficile à vivre pour lui, d'autant que les médias se mettent à passer par lui pour me demander une interview. Il aurait pu me dire : « Débrouille-toi, je ne suis pas ton agent ! » Mais Patrice est incroyable. Non seulement il ne s'en plaint pas, mais il reste le grand frère protecteur qu'il a toujours été.

Moi j'ai du mal à m'habituer à ce nouveau positionnement parce qu'en réalité, Emmanuel Brugvin et Patrice sont toujours là et sont toujours très forts. Aux entraînements comme en compétition, nous restons au coude à coude et Patrice continue à être régulièrement devant moi. C'est ce qui me permet de rester humble et de continuer à m'entraîner comme un fou. C'est aussi pour ça que notre relation reste bonne : parce que les compteurs sont remis à zéro à chaque course, on a tous les deux ancré en nous un mélange d'ambition et d'humilité.

Quand arrivent les qualifications pour les Jeux d'Athènes, en 2004, nous participons tous les deux aux épreuves, mais l'écart est moins serré entre nous. J'arrive premier, Patrice troisième. Il décide alors d'arrêter sa carrière sportive. Il va devenir papa, et sa vie prend un nouveau tournant. À Athènes, je remporte mon deuxième titre olympique, et mon duel avec Michal Martikan a remplacé la guerre fratricide avec Patrice dans les titres des médias.

Quatre ans plus tard, au moment des sélections nationales pour les Jeux de Pékin 2008, notre famille a beaucoup changé. Notre père est décédé en 2005. Nous sommes tous les trois devenus papas. Patrice s'épanouit dans son rôle de professeur d'EPS. Il a créé une section canoë dans son lycée pour initier ses élèves à ce sport, comme Aldric, et comme notre père le faisait avant eux, quand il emmenait chaque week-end des débutants découvrir les sports qu'il aimait.

J'ai eu une saison sportive compliquée après le décès de notre père, mais j'ai fini par remonter doucement la pente, moralement et sportivement. Quand arrive le moment des sélections olympiques, c'est la première fois que Patrice n'est pas au départ de l'épreuve de qualification avec moi. Sur le papier, j'ai moins de concurrence. Il y a une grande différence entre mon palmarès et celui des autres Français en lice. C'est pourtant une des sélections les plus difficiles pour moi, car j'ai tout à perdre et beaucoup de pression sur les épaules. Quelques jours plus tôt, le président de la Fédération française de canoë m'a appelé pour me dire qu'il voulait présenter au Comité olympique français ma candidature pour être porte-drapeau à Pékin. Il est hyperenthousiaste à l'idée que la délégation olympique française soit représentée par un athlète issu du canoë. Ce serait la première fois, et ce serait un coup de projecteur extraordinaire pour notre discipline. Mais pour moi, c'est une pression en plus.

Je vise un nouveau titre aux Jeux de Pékin. Ce troisième titre ferait de moi le premier athlète français, tous sports confondus, à remporter trois médailles d'or au cours de trois éditions olympiques différentes. Les médias commencent donc à s'intéresser à moi et semblent penser qu'une troisième victoire olympique consécutive serait logique et naturelle, alors que je ne suis pas encore qualifié pour ces Jeux.

Forcément, j'y pense aussi à ce triplé. J'y pense même trop. Je veux me servir de cette perspective de triplé qui marquerait l'histoire du sport français comme d'un moteur pour continuer à progresser, mais ça ne marche pas parce que je me focalise sur la finalité plutôt que sur la méthode pour y arriver.

Résultat, le jour des sélections, je navigue au frein à main pour éviter la faute. Du coup, je manque de vitesse et me fais surprendre par les mouvements d'eau au lieu de les utiliser. Je sens que je ne suis pas bon. Je remporte quand même mon billet pour les Jeux, mais sans aucune facilité. Normalement, les sélections nationales représentent un tremplin et un shoot de confiance avant les Jeux. Cette fois, c'est l'inverse, je ressors de cette compétition avec plus de questions qu'en y arrivant.

Quelques semaines plus tard, je suis désigné porte-drapeau de la délégation française olympique. C'est une immense fierté. Je n'avais jamais imaginé que je pourrais un jour représenter tous les athlètes olympiques français et défiler dans le stade des Jeux en tenant le drapeau français dans les mains. Je prends ce rôle très à cœur et je veux montrer à mes coéquipiers que je suis là pour les soutenir et pour répondre à leurs questions si besoin, comme un grand frère.

En arrivant en Chine, je ne suis pas serein. J'ai toujours eu des moments de doute lors de mes deux premières préparations olympiques, mais plus les Jeux approchaient, plus ils avaient laissé place à la détermination. Cette fois, c'est l'inverse. Je suis en forme physiquement, j'ai réalisé une saison plutôt correcte, je suis double champion olympique en titre et, pourtant, je doute. J'ai perdu confiance, et je ne comprends pas pourquoi. Je redécouvre au plus mauvais moment que la confiance et la gestion du stress ne sont jamais acquises. C'est un éternel recommencement. Malgré mon expérience, mon palmarès et les années de travail avec ma psy, Isabelle, cette année je n'y arrive plus.

Je multiplie les stages de préparation à Pékin et ne réussis jamais à enchaîner deux descentes correctes. J'ai l'impression d'être confronté aux mêmes problèmes d'irrégularités qu'au tout début de ma carrière. Retour à la case départ. Quand le doute s'installe, c'est très difficile de recréer une dynamique positive. J'essaie de me rassurer en me disant qu'aux Jeux, ce sera différent, que je vais trouver la solution comme à Sydney et à Athènes. Mais l'auto-persuasion ne suffit pas.

À l'approche des Jeux, je sens que le décalage entre les attentes du public et mon ressenti est de plus en plus grand. J'ai beau être double champion olympique en titre et favori, je ne trouve plus ma navigation et j'ai perdu confiance en moi. Je ne veux pas décevoir, alors je décide de ne pas partager mes doutes et je me sens de plus en plus seul pour gérer cette situation inédite pour moi. Malgré le bonheur d'être porte-drapeau, quand arrive la compétition je suis vraiment dans le dur.

J'ai du mal dès la phase de qualification que je termine à la septième place, in extremis pour accéder aux demi-finales. Le lendemain, quand j'arrive à la porte 3, je perds deux secondes en freinant à son approche, et je la touche. Ça fait deux secondes supplémentaires de pénalité. Il me reste encore vingt portes à passer, et je sais que je n'ai quasiment aucune chance de rattraper les quatre secondes que je viens de perdre. J'essaie de me remobiliser mais je suis cinquième quand je franchis la ligne d'arrivée. Six athlètes doivent encore passer. Il n'y a que huit places en finale. Je finis neuvième.

Quand je sors de l'eau, je n'ai jamais vu autant de médias pour une épreuve de canoë. C'est normal, j'étais porte-drapeau, et il y avait un triplé en vue. C'est dur de se dire qu'on se plante ce jour-là… Quand on vient de perdre et qu'on n'a qu'une envie, c'est de se retrouver seul, il faut se faire violence pour aller dans une zone mixte avec une centaine de médias.

Autant évacuer ce moment tout de suite. Je me présente rapidement devant les journalistes et je dis que je suis désolé d'avoir déçu les attentes. J'essaie de rester digne. Les journalistes sentent que c'est un moment particulièrement douloureux pour moi car ils prennent ma déclaration et me relancent à peine. Ils me laissent en finir le plus vite possible.

En regardant les autres athlètes passer, je suis traversé par deux sentiments contradictoires. C'est la première fois de ma vie que je déçois les espoirs qu'on avait placés en moi aux Jeux, et je m'en veux terriblement. Je m'en veux d'avoir été aussi mauvais. Je m'en veux d'être ce capitaine de l'Équipe de France qui se plante complètement. Et en même temps, je sais que cet échec en demi-finale n'est que la confirmation des mauvaises sensations que j'avais depuis des mois, et je ressens bizarrement une forme de soulagement. « Je le savais. »

★

À l'époque, dans le sport, on entend beaucoup dire qu'après trente ans, il faut passer à autre chose, ne pas faire l'Olympiade de trop qui abîmerait son image… On dit que ceux qui s'accrochent le font parce qu'ils n'ont pas d'autre perspective. Certains, dans mon entourage, me déconseillent de continuer, en me disant que ce sera plus difficile de rebondir dans quatre ans. J'hésite. Je n'ai pas envie de m'arrêter sur un échec. En même temps, je n'arrive pas à remonter dans un bateau… Pour la première fois de ma vie, je ne touche pas à mon canoë pendant trois mois. Mais au bout d'un moment, en novembre, l'envie réapparaît. Ça ne vient pas de la tête, ça vient du corps. C'est lui qui a besoin de bouger.

Alors, sans en parler à personne, un jour, je fais une première sortie, et ça me fait du bien. J'ai de bonnes sensations. J'y retourne deux jours plus tard, toujours en cachette, car je n'ai pas envie d'en parler. Je retrouve le plaisir de descendre une rivière, de mobiliser mes muscles, de ne penser à rien d'autre qu'au courant et à la façon dont je vais l'utiliser pour avancer. J'y retourne encore quelques jours plus tard. Peu à peu, je sens monter en moi l'envie de repartir. Pour un an d'abord. Le plaisir de naviguer est intact, mon corps répond bien, et je sens que j'ai besoin de me prouver que je peux me relever après ma chute à Pékin.

Mon retour se passe bien, alors je me fixe un nouvel objectif : les Jeux de Londres. Jusqu'à présent, pour chaque olympiade, un défi s'est imposé à moi et a été une sorte de moteur pour progresser chaque jour. Pour ma première olympiade, c'était de me qualifier pour les Jeux, et ça passait par le fait de battre mon frère. Pour la deuxième, c'était de devenir le premier athlète français à être double champion olympique de canoë slalom. Pour la troisième, c'était de devenir le premier athlète français, tous sports confondus, à remporter trois titres olympiques au cours de trois olympiades différentes. Je n'ai pas réussi à relever ce dernier défi – et il est encore en jeu –, mais ce n'est pas lui qui m'anime pour ma quatrième olympiade. Cette fois, mon moteur, c'est juste de réussir à me relever. Je sens que je dois changer ma façon de m'entraîner si je veux y arriver. Repartir d'une page blanche.

J'appelle Sylvain Curinier, qui a été médaillé d'argent à Barcelone – en passant très près de la première place – et est maintenant entraîneur au sein de la Fédération française de canoë. C'est le premier Français que j'ai vu gagner une médaille olympique et j'ai un profond respect pour lui depuis ce moment-là. Il n'a jamais été mon entraîneur, mais je le croise tous les jours à Toulouse. Je lui parle de mon souhait de repartir pour une dernière olympiade, et je sens tout de suite qu'il serait intéressé pour m'accompagner. Sauf que Sylvain est un kayakiste, pas un céiste : « j'aimerais beaucoup t'entraîner, mais je ne suis pas un expert en canoë donc il faudrait qu'on trouve quelqu'un qui puisse travailler avec toi sur la technique… » Immédiatement, nous pensons à Patrice. Il n'a jamais été entraîneur pour le haut niveau, mais il me paraît évident que c'est lui qui serait l'entraîneur idéal pour moi, pour m'accompagner au quotidien, sur le bord du bassin, en complément de Sylvain qui piloterait la stratégie et la planification de mon entraînement.

Depuis mon échec à Pékin, Patrice, l'éternel grand frère, a été un soutien extrêmement précieux. Il a su trouver les mots pour me rassurer. J'avais certes fait des erreurs mais j'avais aussi réussi plein de choses au cours de cette Olympiade 2004-2008. Il m'a aidé à digérer cette défaite. Avec Patrice, on parle le même langage, j'ai besoin de son regard analytique. Sylvain trouve aussi que ce serait la solution idéale.

Quand je contacte Patrice pour lui proposer d'être mon entraîneur, je ne sais pas du tout ce qu'il va répondre… Je lui raconte mes dernières sorties en canoë, mon échange avec Sylvain et avec la fédé, et j'ai l'impression qu'il accroche au projet. Comme nous sommes tous les deux très pudiques, c'est difficile de savoir ce qu'il pense vraiment quand il me dit : « je vais y réfléchir un peu… » J'imagine que je vais devoir attendre quelques jours, mais il me rappelle deux heures après, et j'entends dans sa voix qu'il sourit. Il me dit qu'il va demander à passer à mi-temps au lycée, qu'il a déjà plein d'idées de ce qu'on pourrait mettre en place… Son enthousiasme m'aide énormément à mettre de l'énergie dans ce projet.

Au fur et à mesure des séances, Sylvain et Patrice m'apportent de nouvelles pistes de travail. Alors que, dans mon entraînement pour Pékin, j'étais devenu un automate qui essayait de reproduire ce qu'il avait déjà réussi à faire, ils me construisent au contraire un programme basé sur la nouveauté et l'adaptation au jour le jour. Le but, c'est que je redécouvre mon sport et que je retrouve du plaisir à naviguer. Sur le papier, après vingt ans de pratique de la même discipline, ce n'est pas évident de me dire que je vais réussir à redécouvrir le canoë. Et pourtant, ils arrivent à mettre de la fraîcheur et du jeu partout. Patrice me fait faire de l'escalade, qui me change de la musculation à laquelle j'étais habitué. Sylvain arrive à me confronter à des situations sur lesquelles je n'avais jamais travaillé auparavant.

Je pensais que reprendre l'entraînement à trente ans serait difficile physiquement, mais ce n'est pas le corps qui me fait défaut, c'est le mental. Quand j'étais plus jeune, je ne me posais pas de questions, je fonçais. Cette fois, je dois mener un combat psychologique permanent contre mes doutes. La question qui revient en boucle dans ma tête : comment je vais réussir à progresser encore ? Car si je veux continuer à être le meilleur, il faut que je continue à évoluer, parce que mes concurrents s'améliorent et qu'une nouvelle génération d'athlètes est en train de monter en puissance. Sauf qu'au bout d'un moment, quand on a optimisé chaque paramètre – la préparation physique et mentale, la technique, le bateau, l'alimentation, le sommeil, la récupération… –, il ne reste plus grand-chose à optimiser. La marge d'amélioration est de plus en réduite. Ça commence à être plus difficile de se surprendre. Et pourtant, Patrice et Sylvain arrivent à en faire mon olympiade la plus riche, celle où j'apprends le plus et où je gagne le plus. C'est excitant, et ça me fait énormément de bien de découvrir de nouvelles choses et de prendre à nouveau des risques.

Avec Patrice, ça nous rapproche encore plus, car on ne se quitte plus. C'est lui qui m'accompagne à chaque entraînement, à chaque stage et sur toutes les compétitions. Il ne devient pas mon entraîneur, il redevient le coach qu'il était pour moi jusqu'à mes dix-huit ans.

Alors le 31 juillet 2012, quand je remporte mon troisième titre olympique, ce n'est pas seulement la blessure de mon échec à Pékin qui se referme, c'est aussi celle de notre affrontement à Foix. À Londres, en un sens, on réalise enfin notre rêve de faire les Jeux ensemble, et de gagner ensemble.

Chapitre XIII

Si, pour moi, Londres 2012 est l'aboutissement d'une quête infatigable de médailles, pour Patrice, c'est le couronnement d'une histoire qui a encore plus de sens. Quand Patrice avait vu son rêve d'aller chercher un titre olympique à Sydney brisé à une seconde près par son petit frère, il aurait pu devenir fou. Mais il a réussi à sublimer sa passion pour la compétition en passion pour la transmission, d'abord auprès de ses élèves, puis auprès de moi. C'est le sens profond que nous donnons à l'Olympisme et que nous voulons donner aux Jeux de Paris 2024 : des Jeux pour transmettre l'amour du sport. C'est pour ça que Michaël, Benjamin et Camille me proposent de raconter, à travers cette histoire de famille singulière, le parcours de Patrice.

Je comprends qu'ils aient envie d'utiliser ce matériau pour mon discours à Lausanne. Ce sera notre dernière chance de marquer les esprits avant de relever les compteurs avec Los Angeles. On ne peut pas se permettre d'empiler des discours classiques. On a besoin de trouver un angle qui capte l'attention et qui nous distingue de nos concurrents. Mais pour eux, c'est juste un discours pour convaincre le CIO. Moi, c'est mon histoire familiale, et je ne sais pas si je suis prêt à l'exposer. Je leur demande de me laisser un peu de temps pour réfléchir.

Le soir, quand je suis enfin seul, je relis le texte. C'est vrai que ça marche bien… Je note certains passages qu'il faudrait retravailler, et j'écris à Michaël pour lui dire que je suis d'accord pour qu'on parte de cette base. Je n'aime pas parler de moi, mais c'est un texte qui parle finalement plus de Patrice et de ce que son parcours incarne comme valeurs. Et puis, je savais qu'accepter la co-présidence de ce projet voulait dire aussi le représenter et accepter d'évoquer certains aspects de mon histoire personnelle.

Quelques jours avant de partir pour Lausanne, nous allons nous mettre au vert au Centre national du football, à Clairefontaine, comme les joueurs avant une grande finale, pour deux journées consacrées aux répétitions de la présentation et à la préparation de la séance de questions-réponses. Nous peaufinons encore et encore mon discours, et je suis maintenant à l'aise avec le fait de clore notre présentation en évoquant la façon dont Patrice revient dans ma vie après mon échec à Pékin en tant qu'entraîneur et incarne l'Olympisme dans ce qu'il a de plus généreux.

★

La présentation finale a lieu mardi 11 juillet. J'arrive à Lausanne dès le vendredi, à la fois pour assister à une réunion de la Fédération internationale de canoë et pour avoir le temps de voir le plus de membres du CIO et de présidents de fédérations internationales possible avant notre grand oral. Le lundi, la venue du président de la République française et de son épouse dans la capitale olympique représente un événement en tant que tel qui éclipse totalement le casting de la délégation américaine qui a, elle, fait le déplacement sans son président. Les quelques centaines de mètres qui séparent le Musée olympique, où Thomas Bach a prévu de recevoir les délégations des deux villes candidates, et l'hôtel d'Emmanuel Macron sont l'occasion d'un bain de foule pour le nouveau président français, qui capte toute l'attention des médias. Deux mois après son élection, sa jeunesse, son dynamisme et l'espoir qu'il incarne face à la montée de l'extrême droite en Europe continuent de faire beaucoup parler de lui.

Dès la fin du rendez-vous officiel avec Thomas Bach commence le marathon d'entretiens du président français avec les membres du CIO. Le système que l'équipe des relations internationales avait rôdé à Rio avec François Hollande est remis en place de façon encore plus perfectionnée. Entre deux rendez-vous avec des membres, nous rejoignons la salle de conférences pour une dernière répétition, sur site cette fois et en présence de toutes celles et tous ceux qui monteront sur scène le lendemain. Chaque intervenant lit son discours, travaille le passage de relais avec les autres et se soumet aux questions que pourraient poser les membres. L'équipe du CIO, qui assiste à la répétition, est impressionnée par la disponibilité et l'humilité d'Emmanuel Macron, qui reste pendant toute la répétition et écoute chaque intervention. Ils ont l'habitude que les intervenants les plus prestigieux ne se déplacent que pour répéter leur discours et s'échappent ensuite.

Nous en sommes maintenant à la version finale de mon discours, et je me rends compte que j'ai complètement oublié de prévenir mon frère que j'allais parler de lui devant toute la presse française et internationale… Il faut que je pense à l'appeler.

Le lendemain matin, je relis une dernière fois mon texte dans ma chambre d'hôtel avant de rejoindre le président de la République, la maire de Paris et les autres personnalités auxquelles nous avons proposé de prendre la parole pour défendre notre candidature. Les équipes du CIO nous conduisent dans la pièce qui fait office d'antichambre avant notre entrée dans la salle. Ça y est, c'est le moment où tout va se jouer. Quand j'ai arrêté ma carrière sportive, je pensais ne jamais pouvoir retrouver l'adrénaline du start avant une course, mais ce sont bien ces sensations que je ressens à ce moment-là. Mon cerveau s'est mis en mode finale olympique.

Je reçois un message de Sophie, notre directrice des relations internationales, qui est dans la salle. Los Angeles vient de monter sur scène. Au fur et à mesure que leur présentation avance, elle me raconte brièvement la teneur des prises de parole des Américains. Nos concurrents semblent avoir strictement respecté les consignes : c'est un brief technique, très propre, très pro, mais sans surprise. Et c'est enfin notre tour.

Comme le veut le protocole, nous rejoignons l'estrade et allons nous asseoir derrière un bureau aménagé sur la scène, avant de nous relayer ensuite au pupitre. C'est le champion olympique Guy Drut qui ouvre le bal. Pendant qu'il s'exprime, je jette régulièrement un œil à la salle pour essayer de voir, malgré les projecteurs qui m'éblouissent, comment les membres réagissent. Ils semblent imperturbables, mais Guy est très bon. Je garde en tête les recommandations de nos consultants pendant la répétition : « à partir du moment où vous serez sur scène, vous serez déjà en représentation, donc écoutez-vous les uns les autres et, surtout, souriez ». Je souris, puis me lève pour prendre le relais de Guy et parler du sens de notre slogan : « Made for sharing ».

Je passe ensuite la parole à notre ministre des Sports et double championne olympique d'escrime, Laura Flessel. Elle incarne la place centrale des athlètes dans le projet et porte l'un des messages les plus importants de notre présentation : nous veillerons à mettre les athlètes dans les meilleures conditions pour performer parce que nous avons conscience que ce sont eux qui feront le succès des Jeux.

On enchaîne sur le film qui présente notre concept, et je reprends la parole à l'issue de la vidéo pour en marteler les points forts. On passe ensuite le film *24 mots pour Paris* dans lequel se succèdent citoyens anonymes et personnalités emblématiques de la France, de Jean Dujardin à Alain Ducasse en passant par Neymar, qui vient d'arriver au PSG.

La vice-championne olympique de boxe Sarah Ourahmoune prend la parole après ce film. Elle parle de sa découverte de la boxe, de son territoire, la Seine-Saint-Denis, et du club qu'elle y a monté pour permettre aux femmes de découvrir ce sport et les aider à se sentir plus puissantes. Elle a une façon de regarder le public droit dans les yeux et de lui transmettre son émotion qui est bouleversante. Pour moi, elle est la révélation de ce casting.

Elle cède ensuite la parole au Professeur Muhammad Yunus. Nos consultants étaient opposés à l'idée de lui donner la parole dans ce moment si décisif, mais dès les premiers mots qu'il prononce, je sais qu'on avait raison. Sa posture de sage au-dessus de la mêlée donne à la salle de conférences aménagée par le CIO des airs d'Assemblée générale de l'ONU et confère une autre dimension à notre présentation.

La maire de Paris, qui est désormais un visage familier pour les membres du CIO, prend la parole après lui et est comme toujours particulièrement juste et convaincante. Elle évoque notamment la façon dont notre projet olympique et paralympique s'inscrit dans les plans de développement de la ville et parle de notre engagement à être les premiers Jeux alignés sur les Accords de Paris. C'est ensuite au tour du président de la République.

Emmanuel Macron commence par lire le texte qui avait été préparé avec ses équipes, puis s'en écarte. Je suis surpris par sa maîtrise du projet alors qu'il n'est en fonction que depuis deux mois et qu'il a un nombre incalculable de sujets à gérer. Il a le bon ton, et je sens que l'audience est conquise. Les membres du CIO pensent sûrement que notre présentation s'arrête là, mais je me lève et reviens devant le pupitre :

« *Dear President, dear friends,*
To conclude, let me share a simple story.

It's about one of those millions of people who carry the Olympic flame in their heart.
It's the story of Patrice, a boy from a passionate sports family…[1] »

Bien sûr, je ne reviens pas sur chaque étape de son parcours et de notre histoire d'amour familiale avec le canoë et avec les Jeux, mais je raconte comment Patrice a incarné depuis son enfance toutes les formes de l'esprit olympique. D'abord le plaisir du gamin qui se construit grâce au sport, puis l'excellence du sportif de haut niveau qui inspire et enfin celui qui fait grandir l'Olympisme en partageant sa passion, en tant que professeur puis en tant qu'entraîneur. Mon discours s'achève sur ces mots: « *This is how Olympism grows: person to person, flame by flame*[2] ».

Dans les couloirs de Lausanne et sur les réseaux sociaux, tout le monde commente le match qui vient de se jouer, et les observateurs semblent unanimes: les Américains étaient très bons, mais la présentation française avait un supplément d'âme. Ça y est, notre candidature semble clairement en tête des intentions de vote. Si les Américains font les mêmes comptes que nous, ils ne devraient pas tarder à ouvrir officiellement la porte à 2028…

Une heure plus tard, le CIO se prononce à l'unanimité pour une double attribution des Jeux de 2024 et 2028 lors de la prochaine Session, le 13 septembre, à Lima. Je confirme dans la foulée au CIO que nous ne sommes candidats que pour 2024 et que nous sommes prêts à jouer le match contre les Américains s'il le faut. La balle est maintenant dans le camp du CIO s'ils veulent finaliser le retrait des Américains de 2024 et leur report sur 2028.

Le lendemain, alors que je m'apprête à quitter Lausanne, Patrice m'appelle. J'avais tellement de choses à gérer que j'ai oublié de lui passer un coup de fil. L'info est déjà dans les médias… Mais il ne semble pas l'avoir vu passer et veut simplement me parler de la compétition de canoë à laquelle il est prévu que nos enfants participent.

---

1. « Cher Président, Chers amis, Pour conclure, je voudrais partager avec vous une histoire. C'est l'histoire de l'un de ces millions de passionnés qui portent la flamme olympique dans leur cœur. C'est l'histoire de Patrice, un garçon né dans une famille d'amoureux du sport. »
2. « C'est ainsi que l'Olympisme grandit : d'une personne à l'autre, d'une flamme à l'autre. »

« Justement, je voulais t'appeler car je suis à Lausanne avec Emmanuel Macron et j'ai parlé de toi hier devant les médias… »

« Oui, je sais que tu es à Lausanne, mais pourquoi tu as parlé de moi ?! »

Notre conversation ne dure pas plus de deux ou trois minutes, mais je crois qu'il comprend le sous-entendu de ce discours : ma reconnaissance, mon admiration et mon amour.

★

Au cours des deux semaines qui suivent, je comprends de mes échanges avec le CIO qu'ils sont en train d'avancer avec Los Angeles. Le 31 juillet, il est presque 22 heures, et je suis seul dans ma chambre d'hôtel à Paris, quand je vois apparaître la notification sur mon téléphone : « Paris seule en lice pour l'organisation des Jeux Olympiques en 2024 ». Los Angeles vient de déclarer officiellement sa candidature pour les Jeux de 2028.

Ça y est… On a les Jeux !

Ça faisait deux ans que je me projetais dans la grande salle de conférences d'un hôtel de Lima, avec le président du CIO qui ouvrirait l'enveloppe contenant le nom du vainqueur et toute l'équipe qui bondirait pour se sauter dans les bras. Au lieu de ça, je suis seul sur mon lit, en train de lire la dépêche de l'Agence France Presse sur mon téléphone, sans personne avec qui sauter de joie, juste Bernard, Étienne et Michaël avec qui on s'envoie des émojis de bouteilles de champagne.

L'issue favorable des tractations entre le CIO et Los Angeles ne faisait plus vraiment de doute depuis qu'Eric Garcetti avait confié à la presse, quelques jours plus tôt : « Les propositions du CIO pour accepter de passer en second sont désormais financièrement tellement avantageuses que nous serions stupides de ne pas prendre 2028. »

Ce qu'il appelle « propositions avantageuses », c'est la contribution financière du CIO à chaque Comité d'organisation des Jeux. Cette enveloppe provient de deux sources : de la vente mondiale des droits de retransmission télévisée et des revenus des partenariats « TOP », les grands sponsors internationaux du CIO. Elle intègre également la prise en charge par le CIO des frais de production TV.

À chaque nouvelle édition des Jeux, cette contribution augmente mécaniquement, portée par la croissance des revenus du CIO. Londres avait perçu 1,374 milliard de dollars, Rio davantage, avec 1,531 milliard de dollars, Tokyo touchera davantage encore. Paris, à son tour, bénéficiera d'une enveloppe supérieure à celle de Tokyo, et Los Angeles, logiquement, touchera plus que Paris[1].

Ce que Garcetti présente comme une victoire de la négociation est en réalité une évolution automatique, liée à la courbe ascendante des recettes du CIO. N'importe quelle ville hôte aurait perçu ce montant. Mais c'est habile : cela permet aux Américains de donner le sentiment qu'ils ont finalement choisi 2028 pour des raisons financières, et non parce qu'ils auraient perdu le match pour 2024.

Au fond, tout le monde savait qu'après la session du CIO à Lausanne, la candidature qui se considérerait avec le moins de chances de l'emporter en cas de match pour 2024 finirait par dire qu'elle « préférait » l'édition suivante. Une façon de transformer une défaite probable en décision stratégique…

Après deux années à convaincre les décideurs français de se lancer dans l'aventure, puis deux années complètement folles à sillonner le monde pour convaincre les membres du CIO en évitant chaque obstacle posé sur la route des villes candidates, j'aurais aimé pouvoir crier sur tous les toits que la France était allée battre les Américains. J'aurais aimé que les Français soient fiers de leur pays et qu'ils prennent conscience qu'on est capable de battre n'importe qui.

J'entends les Français dire qu'on n'a pas vraiment gagné, « car il n'y avait que deux candidats pour deux places », ou qu'on a pris 2024 « alors que l'édition de 2028 était plus intéressante financièrement » et que « comme d'habitude, les Américains ont été meilleurs en business que nous »… C'est frustrant, mais on a eu l'édition des Jeux que l'on voulait. Je sais ce qu'il s'est passé, je sais qu'on a gagné.

Paradoxalement, c'est peut-être le *Los Angeles Times* qui est le plus près de la vérité quand il souligne : « *Make no mistake: L.A.*

---

1. La contribution du CIO pour les Jeux de Paris 2024 sera in fine de 1,991 milliard de dollars.

lost the 2024 bid to Paris and took the 2028 option, rebranding and pivoting to 2028 as a win instead of a last resort[1] ».

Il nous reste maintenant à préparer notre présentation pour la session à Lima. Même si les jeux sont faits, j'ai envie de bien faire les choses. C'est un mélange de superstition et de réflexe sportif : tant qu'on n'a pas franchi la ligne d'arrivée, on ne se relâche pas. C'est aussi l'envie de confirmer notre victoire pour clore définitivement le débat. Je ne veux pas qu'un seul acteur du mouvement sportif international puisse se dire que la présentation des Américains à Lima était meilleure que la nôtre. Je veux qu'ils se disent qu'on a assuré jusqu'au bout.

Dans la mesure où nous n'aurons pas à enchaîner les rendez-vous avec les membres du CIO en amont de notre présentation, nous réduisons, en accord avec l'institution olympique, le nombre de personnes qui composeront la délégation officielle à Lima ainsi que le nombre de salariés du Comité de candidature qui feront le déplacement et la durée de notre séjour. Mis à part ces ajustements, les équipes chargées des présentations et des discours sont de nouveau sur le pont et travaillent avec autant de soin le casting de nos intervenants et le contenu de chaque discours. À part un long week-end autour du 15 août, personne ne prend de vacances, et nous partons pour Lima quelques jours avant la présentation finale.

Le lendemain de mon arrivée, après un dîner à l'Ambassade de France avec Bernard et nos directeurs, on rejoint les équipes de Paris 2024 qui dînent dans un restaurant local. Elles ont commandé des cocktails au pisco et les serveurs reviennent avec des verres pour tous les nouveaux arrivants. L'ambiance est festive, et – le pisco aidant – Bernard se met à entonner un chant bigourdan. Je ne l'avais jamais entendu chanter, je ne savais pas qu'il avait une si belle voix, très grave. Évidemment, je connais cette chanson, on vient presque du même coin, alors – le pisco aidant de plus en plus – je l'accompagne, et toute l'équipe se lève et se met à entonner le refrain avec nous. Ça faisait longtemps

1. « Ne vous y trompez pas : Los Angeles a perdu la candidature pour 2024 au profit de Paris et a choisi l'option 2028, en se repositionnant et en présentant 2028 comme une victoire plutôt que comme un dernier recours. »

que je ne m'étais pas autorisé à relâcher la pression… Je regretterai un peu ces cocktails particulièrement chargés le lendemain matin, quand je devrai me lever à 7 heures, mais pour l'instant je savoure ce moment de complicité avec les équipes.

★

Deux jours plus tard, nous sommes enfin le 13 septembre 2017. Depuis deux ans, un compte à rebours trône dans l'open space du Comité de candidature. Ça y est, nous y sommes !

Je rejoins avec les équipes le centre des congrès de Lima, dans ce décor des présentations finales devenu maintenant presque familier pour nous, mais dans une configuration que je n'aurais pas pu imaginer six mois auparavant : les membres n'ont pas encore voté, mais on a déjà gagné. À l'issue des trente minutes de présentation de Los Angeles et de nos trente minutes sur scène, Thomas Bach appelle comme prévu Eric Garcetti et Anne Hidalgo à venir le rejoindre et procède au vote à mains levées. Les membres du CIO se prononcent à l'unanimité en faveur de l'attribution des Jeux de 2024 à Paris et des Jeux de 2028 à Los Angeles.

Tout avait été planifié en amont, mais quand Thomas Bach brandit les deux pancartes « Paris 2024 » et « Los Angeles 2028 », je suis envahi par l'émotion, d'un coup. Il n'y avait aucun suspense, j'avais déjà commencé à penser à l'après, à l'organisation, aux responsabilités qui allaient être les miennes… Et pourtant, c'est un moment très fort. Pas du tout le moment qu'on avait en tête quand on s'est lancés dans cette aventure, ce moment où la joie explose après l'attente insoutenable de l'ouverture de l'enveloppe. Mais un grand moment de joie collective, de tension qui se relâche après deux années complètement folles. Toute la délégation française s'est levée et applaudit. Je descends de l'estrade pour les rejoindre, on s'embrasse, on se prend en photo, on crie, on chante.

Je ne sais pas combien de temps nous restons dans la salle de conférences, mais j'ai le sentiment que personne n'a envie de partir.

Le soir, nous nous retrouvons au restaurant Astrid & Gaston pour accueillir les membres et les équipes du CIO pour les remercier de leur confiance et toute la délégation française pour fêter ensemble la victoire. Je bois une coupe de champagne avec l'équipe mais je dois rapidement m'esquiver, car, avec le décalage horaire, il est bientôt l'heure des matinales en France, et j'ai beaucoup d'interviews prévues. La musique est trop forte à l'intérieur donc nous nous installons avec le premier journaliste à l'extérieur du restaurant. J'enchaîne une interview toutes les quinze minutes. Quand je termine la dernière, il est 4 heures du matin. Le restaurant s'est vidé, la fête est finie. C'est à ce moment-là que je me rends compte à quel point je suis épuisé. Je fais les quelques centaines de mètres qui me séparent de l'hôtel à pied et je m'écroule sur le lit. On a gagné…

Nous rentrons à Paris le lendemain, dans un avion affrété spécialement par Air France qui est notre partenaire et qui ramène toute la délégation. Tout s'enchaîne très vite ensuite, l'accueil médias sur le tarmac, le 13 heures de Jean-Pierre Pernaut, un passage au Conseil extraordinaire de Paris pour prendre la parole avec la maire, la réception à l'Élysée avec toutes les équipes de Paris 2024 et tous ceux qui ont œuvré au succès de la candidature.

Nous nous éclipsons un peu avant la fin de la réception à l'Élysée avec Michaël et Benjamin, car je dois rejoindre le parvis de l'Hôtel de ville pour répondre à une interview avec Europe 1 puis lancer le concert organisé par la Ville de Paris. On est en train d'échanger sur les messages à porter pendant cette interview quand on se rend compte que le taxi n'avance plus. Les rues sont bouchées. On décide de descendre pour remonter la rue de Rivoli à pied. Il fait beau. Une voiture s'arrête à notre niveau, le conducteur baisse la vitre et crie : « Merci ! » Il a un grand sourire aux lèvres. Une deuxième voiture s'arrête aussi, puis une troisième. On se regarde avec Michaël et Benjamin. C'est la première fois que ça nous arrive… Tout se passe loin des caméras, de façon très rapide. Je sais que c'est le souvenir que je garderai de la victoire à Lima : ces Parisiens qui nous crient merci.

⋆

Une semaine plus tard, changement d'ambiance. Michaël réunit, comme chaque mercredi depuis deux ans, les représentants des membres fondateurs du projet – le Comité olympique, le Comité paralympique, la Ville, l'État, la Région – pour évoquer tous les sujets du moment. Mais pour ce premier comité de pilotage depuis notre victoire à Lima, le représentant de la Ville de Paris prend la parole dès le début pour dire que la Ville estime que nous n'avons plus de mandat pour diriger ces comités de pilotage et qu'en tant que signataire du contrat de ville hôte avec le Comité olympique, elle souhaite reprendre la main et proposer un nouveau format de réunion, qu'elle pilotera.

La fête est finie. Je m'y attendais, mais je ne pensais pas que ça arriverait aussi vite. C'est plus qu'une nouvelle phase, c'est un nouveau projet qui débute.

Chapitre XIV

Deux semaines après le retrait de Los Angeles de la course pour 2024, *Le Monde* avait écrit en une du Journal : « Jeux Olympiques : pour Paris, le plus dur commence ».

Même si je regrette qu'on ne prenne pas davantage le temps de célébrer les victoires, *Le Monde* a raison : on vient de changer de projet, et celui qui débute maintenant sera le plus difficile. Après avoir passé deux années à convaincre les acteurs politiques français de se lancer dans l'aventure, puis deux années à convaincre le CIO de nous confier les Jeux, on a maintenant sept ans pour organiser l'événement le plus complexe au monde.

À la suite de la réunion que la Ville de Paris a bruyamment quittée, ce qui se joue, c'est le pilotage de cette nouvelle étape. Si j'ai été désigné président du futur Comité d'organisation par l'ensemble des parties prenantes de Paris 2024 il y a quatre mois, nous n'avons en revanche défini ni mes prérogatives, ni celles de chacun des acteurs du projet, ni les grands principes de fonctionnement du comité. L'enjeu de cette période : la rédaction des statuts du futur Comité d'organisation.

Les acteurs impliqués dans les Jeux – à commencer par la maire de Paris, dont c'est un projet phare de la mandature – souhaitent s'assurer qu'ils seront une réussite et se demandent si ceux qui ont piloté l'étape de la campagne auprès du CIO ont les épaules pour porter celle de l'organisation. Car Paris 2024 a complètement changé d'échelle. D'une équipe de 60 personnes avec un budget de 60 millions d'euros, on va passer à plus de 4000 salariés et 4 milliards d'euros de budget. Chacune des parties prenantes souhaite par ailleurs profiter de cette période de recomposition pour avoir plus de poids et s'assurer ainsi que le projet réponde à ses propres enjeux.

Ce que j'ai retenu de la phase de candidature, cependant, c'est que tout le monde avait accepté de se ranger derrière Bernard et le duo que nous formions parce que nous incarnions l'intérêt général de Paris 2024. Alors qu'il est difficile pour un acteur politique de se ranger derrière un autre acteur politique, nous représentions un terrain neutre. Chacun pouvait contribuer sans pour autant s'approprier le projet. Si, demain, Paris 2024 devient celui de l'État ou de la Ville de Paris, ce ne sera mécaniquement plus le projet des autres acteurs politiques, qui auront tendance à se désengager. Je dois donc impérativement préserver cet équilibre.

Notre organisation ne fonctionnera pas non plus si l'une ou l'autre des parties prenantes peut bloquer l'avancée du projet à tout moment, car le temps ne sera pas une variable d'ajustement. Peu importe ce qu'il se passera pendant les sept années qui nous séparent de la cérémonie d'ouverture, on devra être prêts à accueillir le monde le 26 juillet 2024.

La bataille concernant la gouvernance de Paris 2024 représente le premier test de ma capacité à diriger ce projet. Si je lâche sur ça, ce sera difficile de tenir la barre jusqu'au bout. Cette négociation va plus particulièrement se jouer avec les signataires du contrat de ville hôte – le Comité olympique français et la Ville de Paris – et l'État, qui est le garant du projet. Ils délèguent chacun un représentant chargé de négocier ces statuts. Côté Ville, ils seront même plusieurs. Côté État, ce sera Jean Castex, le délégué interministériel aux Jeux. De notre côté, on envoie Michaël, parce que c'est lui qui saura le mieux imaginer un modèle de gouvernance qui renforce le projet et trouver les arguments pour convaincre.

Après plusieurs semaines de négociations, il obtient que je devienne président exécutif, c'est-à-dire en capacité de véritablement prendre les décisions qui engagent le Comité d'organisation des Jeux, et avec un mandat qui court jusqu'à la fin des Jeux.

Concernant la répartition des voix au conseil d'administration, je suis attaché à ce que les représentants du mouvement sportif conservent la majorité qu'ils avaient pendant la phase de candidature. L'organisation des Jeux repose d'abord sur des revenus olympiques, issus des droits TV commercialisés par le CIO et des partenaires olympiques, c'est donc légitime que le mouvement sportif reste majoritaire.

Mais je sais aussi que la réussite du projet dépendra de notre capacité à embarquer tous les acteurs publics. Si nous avions appliqué le même principe que dans la gouvernance de la SOLIDEO, chargée de superviser la construction des infrastructures, en attribuant à chaque acteur un poids proportionnel à sa contribution financière, la Ville de Paris et la Région Île-de-France n'auraient chacune représenté que 0,26 % des voix. Leur contribution, en effet, est limitée et dédiée au financement d'une part des Jeux Paralympiques, ce qui ne représente qu'une proportion infime du budget global du Comité d'organisation. Une telle répartition n'aurait pas reflété l'importance de leur rôle dans le projet. Nous avons donc fait un autre choix : attribuer 45 % des voix du conseil d'administration à l'ensemble des acteurs publics, tout en maintenant la majorité du mouvement sportif. Ce n'est pas l'intérêt de Paris 2024 de confier les clés du projet à un seul acteur, mais il est essentiel que tous ceux qui peuvent y contribuer soient pleinement associés à son pilotage.

Concernant les sujets qui seront soumis au vote du conseil d'administration, Michaël obtient de restreindre les droits de veto à certains sujets pour que notre gouvernance soit efficace. Si nous envisageons de retirer de la carte des sites le site du beach volleyball sous la tour Eiffel, il faut évidemment que la Ville de Paris puisse avoir son mot à dire. Le droit de véto des parties prenantes ne peut cependant pas être étendu à tous les sujets. Le risque de paralysie du Comité serait trop grand.

Les acteurs publics poussent par ailleurs pour la mise en place de trois comités consultatifs : un comité d'audit, un comité des rémunérations et un comité d'éthique. Ce sera du travail en plus, des recrutements en plus, des réunions en plus, mais je sais que tous ces contrôles nous obligeront à être encore plus exigeants au quotidien.

Le dernier enjeu, pour nous, c'est la nomination de la direction générale du futur Comité. Même si j'ai la conviction que le trio que nous formons avec Étienne et Michaël est capable de relever les défis immenses qui nous attendent, je peux comprendre que les acteurs publics aient du mal à laisser les rênes du projet à des gens qui n'ont jamais géré une organisation d'une telle envergure. J'imagine aussi qu'ils préféreraient que le directeur général et le directeur général adjoint soient des gens dont ils se sentent plus proches. Choisir mon équipe est pourtant essentiel pour moi. C'est d'abord une question de principe : je ne peux pas me laisser d'entrée de jeu déposséder de mes prérogatives. Mais, au-delà même de la question de principe, c'est une question de performance. Pour qu'une organisation fonctionne, il faut que les personnes qui la dirigent soient alignées.

Michaël est celui qui a construit ce projet avec Bernard. S'il n'a pas déjà l'expérience de l'organisation d'un grand événement sportif, il est le meilleur pour anticiper, le meilleur pour concevoir, le meilleur pour mettre en œuvre, le meilleur pour communiquer, et je n'imagine pas organiser les Jeux sans lui. Comme il est normal qu'un président choisisse son directeur de cabinet, je lui propose ce poste, qui permet aussi qu'il me rapporte directement. Je souhaite pouvoir me nourrir de sa vision sur tous les sujets.

Pour le poste de directeur général, même si je suis convaincu qu'Étienne serait parfait dans ce rôle, je sais que s'il veut pouvoir travailler sereinement, il faut que ce soit dans un climat de confiance avec les acteurs publics.

J'accepte donc leur proposition d'ouvrir le processus de recrutement pour ce poste, à condition que le choix de mon directeur général me revienne in fine. Comme moi, Étienne vient du sport, donc la compétition ne lui fait pas peur. Il sait que la personne qui sera choisie sortira renforcée de ce processus. C'est le même principe que lorsque j'ai dû passer par les sélections nationales alors que j'étais champion olympique en titre. C'était contraignant, mais ensuite, ma sélection pour les Jeux était incontestable.

Nous faisons appel au cabinet de recrutement qui avait sélectionné le directeur général des Jeux de Londres 2012 afin de pouvoir nous appuyer sur les meilleurs experts. Nous mettons par ailleurs en place un jury composé des représentants des parties prenantes de Paris 2024, qui pourront chacun donner leur avis. Le cabinet de recrutement établit une *shortlist* et organise les entretiens le 19 décembre 2017. Étienne est le champion en titre, il va falloir quelqu'un de très bon pour venir le déloger.

Le jour J, nous sommes installés dans la salle de réunion du cabinet de recrutement. Parmi les challengers d'Étienne, Amélie Oudéa-Castéra, ancienne joueuse de tennis devenue dirigeante d'entreprise, se détache du lot. Je la rencontre pour la première fois et suis impressionné par son niveau de préparation et son aisance dans l'exercice. Mais Étienne fait la différence. L'expérience des Jeux qu'il a accumulée au cours des dernières années lui donne une maîtrise parfaite de tous les enjeux opérationnels du projet et une finesse dans les réponses à apporter à chaque problème soulevé. C'est dur pour un challenger, aussi brillant soit-il, de le détrôner. Pour moi, ces entretiens confirment qu'Étienne est le meilleur pour ce poste. Après échange avec le jury, je le nomme directeur général de Paris 2024.

Trois jours plus tard, le 22 décembre 2017, Christophe Delaye, le conseiller du préfet de police, nous informe que la création de l'association a été déclarée à la Préfecture de Paris à 16h30. J'en suis le président exécutif, Bernard le président d'honneur. On avait cinq mois pour créer le Comité d'organisation des Jeux, on l'a fait au bout de trois. On est dans les temps.

Quand on a annoncé en mai 2017 au CIO que je présiderais le futur Comité d'organisation si Paris 2024 remportait les Jeux, certains se disaient peut-être qu'il ne s'agissait pas d'un engagement ferme, que je pourrais soit être remplacé par un autre profil, soit épaulé par un haut fonctionnaire pour former un duo, sur le modèle de Jean-Claude Killy et Michel Barnier pour les Jeux d'Albertville 1992. Quelques mois plus tard, je pense que certains de mes interlocuteurs me voient encore comme un athlète qui n'a connu que les bassins d'eaux vives et doutent de ma capacité à orchestrer le plus grand événement au monde.

Je suis lucide sur la montagne qui nous attend et sur le fait que je ne l'ai encore jamais gravie. J'ai vécu les Jeux en tant qu'athlète, en tant que spectateur, en tant que téléspectateur, en tant que représentant d'une fédération internationale et en tant que membre du CIO. J'ai suivi de près la préparation des Jeux de Rio et de tous ses événements tests, j'ai construit avec Bernard le projet de Paris 2024 et j'ai supervisé les championnats du monde de canoë à Pau… Mais je n'ai encore jamais organisé les Jeux. Je n'avais jamais non plus été champion olympique lorsque je suis arrivé à Sydney.

En 2012, quand Bernard m'a proposé de l'aider à faire revenir les Jeux d'été en France, je venais de mettre fin à ma carrière sportive et j'étais plein de doutes sur ce que je savais faire en dehors des bassins. Mais, petit à petit, j'ai pris conscience que je ne partais pas de zéro. Que je pouvais m'appuyer sur tout ce que j'avais appris au cours de mes différents mandats au sein du mouvement sportif, mais surtout sur tout ce que le sport de haut niveau m'avait enseigné au fil des ans, et notamment la conscience que c'est en faisant différemment qu'on réussit.

Les Jeux représentent l'équivalent de soixante-et-onze championnats du monde ; 1041 sessions de compétitions à organiser dans 41 sites, 15000 athlètes à accueillir, 41000 volontaires à mobiliser puis à coordonner, 261000 personnes à accréditer, plus de 5,2 millions de repas à distribuer, 400000 km de câbles de fibre optique à installer… Partout où on regarde, les chiffres donnent le tourni et tout pousse les organisateurs des Jeux à rester dans le chemin tracé par le CIO. C'est déjà tellement difficile de réussir à reproduire ce qui s'est fait au cours des éditions précédentes qu'il y a peu de place pour l'innovation.

Pendant longtemps, cela m'a paru impossible d'atteindre le niveau des meilleurs de ma discipline, jusqu'à ce que je comprenne que ce n'était pas en reproduisant ce qui avait déjà été fait que j'arriverais à faire aussi bien. Il fallait que je trouve ma propre voie et fasse des choses qui n'avaient encore jamais été faites pour pouvoir marquer l'histoire de mon sport.

C'est en créant l'inédit que l'on réussira à organiser de grands Jeux. La réponse à tous les défis qui s'imposent à moi passe par là, et notamment la réponse au premier d'entre eux : trouver plus d'un milliard d'euros de partenariat. On ne séduit pas les partenaires avec un projet classique. On attire l'attention du public, des médias, et donc l'intérêt des entreprises, avec des choses qui ne se sont jamais faites auparavant.

Que ce soit pour trouver des partenaires privés ou pour garantir le succès de la billetterie des Jeux, il ne faut pas seulement qu'on organise la trente-troisième édition des Jeux, il faut qu'on interroge tous les grands marqueurs olympiques et paralympiques et qu'on se demande comment leur donner une nouvelle dimension. C'est ça qui attirera les partenaires et nous permettra de financer les Jeux.

J'ai conscience que pour relever ce défi, il va falloir s'engager à fond. En phase de candidature, la question ne s'était pas vraiment posée de faire venir Laëtitia et les enfants à Paris pour deux ans. Je voulais que les garçons grandissent près de nos familles. Cette fois, la question se pose, mais nous faisons le même choix : je ferai à nouveau les allers-retours à Pau. C'est un choix familial difficile, mais on pense que ce sera mieux pour Titouan, Gabin et Léandre, même si je mesure la charge que cela va représenter pour elle.

Il reste maintenant à trouver l'équipe dirigeante capable de mettre en œuvre cette ambition. Je viens d'un sport individuel, mais même dans un sport individuel, toutes les performances sont collectives. Il n'y a qu'une seule personne qui monte sur le podium, mais derrière, il y a toujours un coach, un partenaire d'entraînement, un préparateur physique, un préparateur mental, une famille, des amis… Et ce sera d'autant plus vrai pour l'organisation des Jeux. J'ai besoin des meilleurs experts dans chaque domaine pour que l'on réussisse, entre autres, à aller chercher plus d'un milliard de revenus de partenariat, à mettre au point le plus gros système de billetterie jamais organisé en France, à bâtir le système de cybersécurité de ce qui va être l'un des événements les plus attaqués au monde…

Au-delà de leur expertise, j'ai besoin qu'ils partagent mon ambition : faire des Jeux qui marqueront l'Histoire. Qu'ils aient un niveau d'exigence exceptionnel, qu'ils soient animés par l'envie de trouver des solutions et d'ouvrir de nouvelles voies. Qu'ils puissent supporter la pression médiatique hors norme des Jeux, et surtout qu'ils sachent collaborer, car Paris 2024 ne nous appartient pas. C'est leur exigence qui fera l'exigence du projet, leur créativité qui fera sa créativité, leur personnalité qui fera son état d'esprit, leur capacité à trouver des solutions qui fera qu'on arrivera à gérer la complexité opérationnelle de l'événement.

Pour la plupart des Français, à ce moment-là, les Jeux de 2024 sont encore loin. Pourtant, c'est maintenant que tout se joue.

Michaël constitue une équipe resserrée avec ceux qui m'accompagnaient déjà de près ou de loin en phase de candidature : Benjamin devient mon conseiller, Delphine, qui était notre assistante partagée avec Bernard, Étienne et Michaël, sera dédiée à mon activité, Anaïs, qui a orchestré chaque déplacement international pendant toute la candidature, devient ma cheffe de cabinet, et Camille devient officiellement ma plume.

Je peux par ailleurs déjà m'appuyer sur une grande partie de l'équipe dirigeante du Comité de candidature, notamment Jean-Philippe Gatien, qui reste directeur des sports, Marie

Barsacq, qui reste directrice en charge de l'héritage des Jeux, Anthony Piqueras, qui reste directeur des sites, Ludivine Roosebeke, qui était responsable des partenariats et devient directrice des partenariats, Lambis Konstantinidis, qui était responsable de l'intégration paralympique et devient directeur de la planification, Romain Lachens, qui était responsable de la mobilisation des athlètes et devient directeur de l'engagement, et Aurélie Merle, qui était le bras droit de notre directrice des relations internationales et rejoint la direction des sports de Jean-Philippe, en tant que directrice des compétitions sportives.

Pour compléter ce noyau dur, nous missionnons plusieurs cabinets de recrutement. Michaël et Étienne mènent les premiers entretiens et établissent des shortlists pour que je rencontre ensuite les meilleurs profils pour chaque poste de directeur. Je n'ai encore jamais conduit d'entretiens de recrutement, mais le sport m'a appris une chose essentielle : savoir s'entourer de personnes meilleures que soi. Ne jamais craindre qu'elles vous fassent de l'ombre. Quand on est athlète, plus les gens autour sont forts, plus on progresse. Ici, c'est pareil : plus les directeurs seront forts, plus le projet le sera.

Je sais que je ne pourrai pas juger les candidats sur leurs compétences techniques et que ce n'est pas mon rôle. S'ils sont arrivés jusque-là, c'est qu'ils sont excellents. Mon rôle, dans ces entretiens, c'est de sentir leur enthousiasme, leur capacité à fédérer, à trouver des solutions, à évoluer dans un environnement aussi complexe qu'exigeant. De deviner ce qu'ils ont vraiment dans le ventre.

Pour bâtir l'équipe de direction, je sais déjà que je peux compter sur deux piliers. Étienne, d'abord : sur un terrain de football, il serait le libero et le capitaine. Le patron de la défense et de l'équipe. Celui qui en impose, qui voit tout le jeu et commande ses troupes. Et à ses côtés, Michaël : le milieu de terrain stratège. Celui qui lit la partie avant tout le monde, anticipe les mouvements, fait le lien entre les lignes, accélère ou temporise selon les moments. Deux joueurs essentiels pour tenir le collectif et donner le tempo.

Mais au-delà d'eux, pour compléter l'équipe, je cherche trois types de profils différents.

D'abord, des gens qui connaissent les Jeux et leur environnement et qui, grâce à leur expérience, vont nous éviter des pièges et nous faire gagner du temps. En football, ils seraient les milieux récupérateurs : ces joueurs qui interceptent les ballons, colmatent les brèches, courent pour deux et assurent l'équilibre de l'équipe. Pas forcément ceux qui marquent les buts les plus spectaculaires, pas forcément les plus exposés, mais des joueurs indispensables. Je peux déjà compter sur Lambis, qui connaît les Jeux par cœur, et sur Jean-Philippe, qui a démontré à quel point il était brillant dans sa gestion des fédérations sportives françaises et internationales. Nous avons également Ludivine et Aurélie, qui maîtrisent parfaitement les rouages du CIO. Mais il nous faut d'autres experts du sport et des Jeux en interne.

Ensuite, il nous faut une défense solide, capable de faire entendre les intérêts de Paris 2024, d'anticiper les attaques, de les neutraliser, et parfois d'avoir un jeu un peu rugueux. Des profils capables de tenir sous la pression, de montrer les muscles quand il le faut. Parmi eux, il nous faut notamment un directeur administratif et financier capable d'évoluer dans un environnement budgétaire à part, puisque le Comité d'organisation sera financé à 95 % par des revenus privés tout en étant surveillé par toutes les instances de contrôle public françaises qui existent. Nous avions, en phase de candidature, un excellent directeur administratif et financier, mais nous avons besoin désormais d'un profil qui parle le même langage que nos futurs interlocuteurs de Bercy ou de la Cour des comptes. Quelqu'un qui soit également habitué aux procédures de marchés publics, car nous en aurons plus de deux mille à lancer. Pour une entreprise avec laquelle nous signerons, nous en refuserons dix autres. Chaque étape devra donc être respectée à la lettre pour limiter les risques de contentieux.

J'ai donc rendez-vous avec Fabrice Lacroix. Ce n'est pas notre première rencontre : on s'était croisés en phase de candidature, quand il était directeur général de l'AFP. Mais on ne regarde pas les gens de la même manière quand on se demande si on doit les recruter. Il cumule les diplômes – ESCP, Sciences Po, ENA – et les expériences les plus prestigieuses – directeur financier de Radio France, directeur général délégué de France Télévisions, secrétaire général de la Réunion des musées nationaux – tout en étant un joueur de rugby passionné qui a l'habitude de se jeter dans la mêlée et de prolonger les troisièmes mi-temps. Un ovni qui allie la rigueur du financier avec les qualités humaines d'un rugbyman prêt à mourir pour son équipe. On a besoin de profils hors norme pour ce projet hors norme.

Il nous faut également un profil très solide pour gérer la communication, car peu de choses au monde dépassent l'exposition médiatique des Jeux. On va globalement être en situation de crise permanente... Étienne et Michaël ont rencontré trois personnes qu'ils me suggèrent de voir à mon tour. Je suis impressionné par Anne Descamps, qui était la conseillère communication d'Emmanuel Macron lorsqu'il était ministre de l'Économie et qui est devenue directrice de la communication du parti En marche. Je ne voulais pas quelqu'un qui vienne de la politique, mais elle a une finesse d'analyse et de jugement qui me marque à chacun de nos échanges. Elle tape toujours juste. La question de son âge aurait pu se poser – elle n'a que 32 ans –, mais le sport m'a appris à juger sur la performance, pas sur l'année de naissance. On a aussi besoin de quelqu'un de très solide pour la direction des services informatiques car l'infrastructure réseau des Jeux est énorme et les cyberattaques sont l'angoisse de tous les comités d'organisation des Jeux – Rio a fait face à plus de cinquante millions d'attaques et on en anticipe cent fois plus pour nos Jeux du fait de l'évolution des technologies. On a trouvé le profil idéal. Il vient d'un grand groupe bancaire, il a déjà travaillé sur les championnats du monde d'athlétisme 2003 et la Coupe du monde de rugby 2007, il est rompu à tous les dispositifs de cybersécurité et il a une particularité : c'est un ex-recordman du monde du 4x100 mètres et du 200 mètres en salle, médaillé de bronze aux Jeux Olympiques de Séoul 1988 au relais 4x100 mètres. Bruno Marie-Rose.

Enfin, il faut aussi des attaquants. Des profils capables d'inventer, de créer, de surprendre. Ceux qui vont imaginer de nouvelles façons de faire vivre les Jeux, d'embarquer les Français, de marquer les esprits. C'est cette ligne-là qui donnera le ton et fera rêver. Dans cette catégorie, il y a déjà Marie, notre directrice en charge de l'héritage des Jeux. Elle déborde d'idées, toujours prête à ouvrir de nouvelles pistes. Et Romain Lachens, à qui nous avons proposé de devenir directeur de l'engagement. C'est une direction qui n'existait pas dans les précédents comités d'organisation : tout est à inventer pour embarquer les territoires et le grand public. Romain a une capacité rare à fédérer et à créer du lien.

Pour compléter cette ligne d'attaque, il nous faut aussi un joueur capable de plier le match. Quelqu'un qui soit stimulé par l'ambition de repenser tous les grands marqueurs des Jeux : les cérémonies d'ouverture et de clôture, le relais de la flamme, la mascotte… Un profil créatif, qui va emmener les Jeux là où on ne les attend pas. Je ne sais pas encore quel pourrait être l'intitulé de ce poste, mais je pense à Thierry Reboul, le directeur de l'agence Ubi Bene, qui avait déjà travaillé avec nous pendant la candidature. C'est lui qui avait imaginé cette piste d'athlétisme géante sur la Seine lors de la Journée Olympique 2017.

Il m'a tapé dans l'œil parce qu'il nous a toujours proposé des choses qui n'avaient jamais été faites, soit parce que personne n'y avait pensé, soit parce que personne n'avait osé. Ce que j'apprécie chez Thierry, c'est qu'il a à la fois le grain de folie qui lui permet de penser hors du cadre et la rigueur pour mettre en œuvre ses idées. C'est quelqu'un qui ne se sent pas enfermé dans ce qui s'est fait avant et qui n'aura pas peur de bousculer les codes du CIO. Il est important qu'on ait ce type de personnalité en interne pour pouvoir profiter de ses idées sur tous les sujets et pas seulement pour quelques événements spécifiques. Mais je sais que Thierry tient à son indépendance et à son agence qu'il a fait grandir depuis dix-huit ans.

Je rencontre donc plusieurs autres candidats potentiels, mais ils me confortent dans l'idée que c'est vraiment avec Thierry que j'aimerais travailler. Quand, avec Michaël et Étienne, nous évoquons son profil auprès du cabinet de recrutement, ils nous répondent : « Vous êtes sûrs que vous voulez partir avec une personnalité comme la sienne ? »

Thierry a la réputation d'être brillant mais d'avoir une forte personnalité et de n'en faire qu'à sa tête.

« Oui, je suis sûr d'avoir besoin de Thierry et de ses idées. Ce sera notre responsabilité de gérer le vestiaire… » Je ne cherche pas le confort, je cherche la performance.

J'avais déjà un peu sondé Thierry à l'automne, mais sans lui faire de proposition concrète. Je le rappelle, et on se retrouve dans un café. Je sens tout de suite qu'on est parfaitement alignés sur le niveau d'ambition, mais l'offre que je lui fais représente un dilemme pour lui, car elle implique de vendre son agence. Surtout, de la même façon que tout le monde me dit que je serais fou de recruter quelqu'un comme lui, tout le monde lui dit qu'il serait fou d'accepter un job dans un environnement aussi cadré que celui du CIO. On ne les écoute pas. Thierry décide de vendre son agence pour nous rejoindre en tant que directeur de la marque, de l'engagement et de la créativité.

Constituer une équipe, c'est une question d'équilibre. Il faut avoir quelques personnalités qui débordent. Des gens comme Fabrice ou Thierry, exigeants, têtus, obsessionnels. Des natures qui, justement parce qu'elles sont dans l'excès, vont nous permettre de nous dépasser et d'aller dans des directions auxquelles on n'aurait jamais pensé. Et tant pis si elles ne sont pas faciles à manager. L'important, c'est ce qu'elles vont apporter. C'est la première fois que la notion de créativité apparaît dans l'organigramme d'un comité d'organisation des Jeux.

Maintenant que la constitution de l'équipe dirigeante est en bonne voie, on doit enclencher la révision de notre carte des sites de compétition. C'est toujours l'un des premiers chantiers des comités d'organisation en phase de candidature, on n'a ni le temps ni le budget pour expertiser en profondeur les idées. La phase d'organisation est donc le moment de challenger nos intentions, de les préciser et, si besoin, de les faire évoluer. Avec Étienne et Michaël, nous préférons aussi anticiper les problèmes budgétaires en cherchant dès maintenant des solutions moins coûteuses mais qui ont du sens plutôt que d'attendre d'être dos au mur pour faire des coupes en urgence qui risquent de dégrader le projet.

⋆

Le 30 mars 2018, je suis au bureau quand est publié un communiqué de presse des élus de Seine-Saint-Denis qui s'alarment des changements à venir dans la carte des sites et déclarent refuser « un projet au rabais ». L'équipe de communication m'avait prévenu un peu avant du contenu du communiqué. Stéphane Troussel, le président du département, et une dizaine d'autres élus du territoire craignent que les promesses d'héritage en Seine-Saint-Denis ne soient pas tenues.

Ce doit être l'une des premières fois qu'une partie prenante du projet exprime son opposition dans la presse. En phase de candidature, tous les acteurs du projet avaient conscience de la nécessité de prouver au CIO que nous étions capables de rester unis. Maintenant qu'on a gagné, les usages politiques reprennent, notamment celui qui pousse les élus à se mettre mutuellement la pression par voie de presse.

Je ne veux pas ajouter de l'huile sur le feu en répondant par médias interposés. J'appelle donc Stéphane Troussel pour lui expliquer ce qu'on a en tête et le rassurer. Il me fait part de sa crainte que l'héritage en Seine-Saint-Denis n'ait été qu'un argument de campagne et que, maintenant que nous avons obtenu les Jeux, nous ne soyons plus aussi attachés à en faire une opportunité pour son département.

Je commence par souligner le fait qu'on a donné une place centrale à la Seine-Saint-Denis dans le dossier de candidature parce qu'on y tenait, pas parce qu'on en avait besoin pour convaincre le CIO. Je lui explique ensuite que tous les projets olympiques et paralympiques sont amenés à évoluer au cours des sept années de la phase d'organisation. Ne serait-ce que parce que nous aurons bientôt à choisir les sports additionnels que nous devrons intégrer à notre carte des sites, elle sera nécessairement redessinée. Je lui présente aussi ma façon de voir les choses. Je sais que les adaptations apportées en phase d'organisation se font souvent au détriment de l'ambition initiale, mais je veillerai à ce qu'aucun changement n'affaiblisse notre projet ou ne touche à ce qui fait son identité : les sites spectaculaires au cœur de Paris et l'héritage pour la Seine-Saint-Denis. Je lui annonce enfin que je ne m'interdirai pas d'apporter des modifications jusqu'au bout si ça peut renforcer le projet. Il ne s'agit pas de mettre en danger un projet en le modifiant jusqu'au dernier moment, mais tant qu'on peut améliorer quelque chose, il faut le faire. Je sais que je n'ai pas réussi à le rassurer complètement… J'imagine qu'il attend de voir. À sa place, je ne ferais sûrement pas non plus confiance les yeux fermés.

Quand j'étais athlète, je passais des heures avec les équipes de l'usine de construction de canoës en République tchèque pour voir comment perfectionner mon bateau en essayant leur nouveau prototype et en proposant des ajustements. Je faisais ça avec mon matériel comme avec toutes les dimensions de la performance. « Qu'est-ce qu'il se passe si je fais plus de préparation physique ? Si je m'entraîne plus ? Si je m'entraîne moins ? Si je teste cette nouvelle technique de visualisation mentale… » Il y a évidemment un moment où il faut arrêter de chercher à s'améliorer et ne plus rien remettre en question. Mais tant que c'est encore possible, tant que ça ne met pas en risque le projet, il faut essayer de faire mieux, même si ce n'est pas confortable.

En parallèle du lancement de notre révision de la carte des sites, on avance aussi sur notre programme de partenariat. L'équipe commerciale a réalisé un gros travail d'évaluation du marché français et d'étude comparative avec les éditions précédentes des Jeux et les autres grands événements sportifs internationaux afin de déterminer notamment le montant du ticket d'entrée que l'on va demander à chaque partenaire.

Elle nous présente le seuil sous lequel il ne faudrait pas descendre et le montant maximum que les entreprises françaises pourraient être prêtes à payer. Ce sont des sommes énormes. Mon intuition, cependant, c'est qu'il ne faut pas avoir peur de viser encore plus haut, car nos premiers contrats vont conditionner tous les suivants. Si on démarre trop bas, on se condamne d'ores et déjà à ne pas atteindre le montant de 1,088 milliard d'euros que nous nous sommes fixés dans notre budget.

On parle d'enveloppe à huit ou neuf chiffres, sans commune mesure avec ce qui se pratique dans l'événementiel sportif en France, mais il s'agit des Jeux Olympiques et Paralympiques, pas d'un événement sportif parmi d'autres, et on a l'ambition de les emmener plus loin encore qu'ils n'ont jamais été. Il faut qu'on arrive à faire comprendre aux éventuels partenaires que ça ne va ressembler à rien de ce qu'ils ont déjà vécu.

Dans la mesure où nos deux autres sources de revenus – la contribution du CIO et la billetterie – n'évolueront qu'à la marge, le niveau de notre programme de partenariats fixera le niveau d'ambition de nos Jeux. Avec un programme classique, on organisera des Jeux classiques. Ce n'est qu'avec un programme de partenariats hors norme qu'on pourra mettre en œuvre une édition vraiment à part.

Le groupe BPCE, qui comprend notamment la Caisse d'Épargne, Banque Populaire et Natixis, est l'une des premières entreprises à manifester son intérêt. J'ai un premier échange téléphonique avec son président, François Pérol, qui me fait part de son envie d'en être et veut savoir si les partenariats de la phase de candidature, dont celui passé avec la banque BNP Paribas, seront forcément reconduits. Je le rassure sur le fait que les partenariats de la candidature ne concernaient que la candidature, et qu'une nouvelle phase s'ouvre à laquelle ils sont libres de participer. Nous convenons de nous rencontrer rapidement. C'est Étienne qui avait négocié les partenariats en phase de candidature donc ce sera ma première négociation avec un grand patron.

La veille de notre rendez-vous, Delphine m'apporte la note préparée par mon cabinet avec l'équipe commerciale. Le parcours de François Pérol y est mentionné : HEC, Sciences Po Paris, major de sa promotion à l'ENA, inspecteur des Finances, secrétaire général adjoint de l'Élysée au cours du mandat de Nicolas Sarkozy… Je n'ai ni son parcours universitaire ni sa légitimité dans le domaine des affaires et j'aurais aimé que mon premier rendez-vous se fasse avec un profil un peu moins impressionnant. Je sais qu'il est intéressé par un partenariat mais je ne sais pas quel montant il a en tête… Il va sûrement falloir que je parvienne à le convaincre de mettre plus.

J'arrive au pied de la tour BPCE. Le bâtiment est immense, des milliers de personnes vont et viennent, badge autour du cou, café à la main. Jusqu'à présent, ma seule expérience avec une banque, c'était avec mon conseiller bancaire… Et là, je m'apprête à parler au patron d'un des plus grands groupes européens. En montant dans l'ascenseur, je repense au plus gros partenariat que j'aie jamais négocié : 300 000 euros pour les championnats du monde de canoë-kayak que j'ai organisés à Pau. Aujourd'hui, on ne joue plus dans la même catégorie.

François Pérol m'attend dans son bureau, qui est plus grand que mon appartement, avec une vue splendide sur tout Paris. Je suis un peu intimidé, mais il me met tout de suite à l'aise. Il est simple, direct, chaleureux. Il parle de sport, de performance, de sa volonté d'accompagner la réussite du projet. Il a les bons mots. En quelques minutes, je comprends que nous parlons la même langue.

Je lui présente les contours d'un éventuel partenariat. Il m'écoute attentivement, et l'offre qu'il me fait en retour est très belle. Je le remercie, sincèrement, et je lui dis : « C'est une très belle offre. Mais si on veut faire de l'été 2024 un moment à part, un moment dont tous les Français seront fiers, il faut qu'on soit encore plus ambitieux. »

Il me regarde, sourit, et je sens qu'il comprend qu'on veut vraiment écrire l'Histoire.

Le lendemain, je le rappelle, et nos équipes prennent le relais. Elles échangent, ajustent, affinent. Chacun met un peu plus dans la balance. De notre côté, nous leur proposons, en plus des droits associés au partenaire de rang 1 qu'ils visent – être la seule banque à pouvoir communiquer sur Paris 2024 –, les droits marketing du relais de la flamme. En parallèle, nous faisons le tour des grands groupes bancaires français pour sonder leur intérêt éventuel. L'offre de BPCE est la plus ambitieuse et très vite un accord se profile. François Pérol a saisi le potentiel unique du projet et le sens de ma démarche : je ne lui demande pas plus pour Paris 2024, je lui demande plus pour qu'on soit plus ambitieux, ensemble.

Avec Laurent Mignon, qui a entre-temps remplacé François Pérol à la tête du groupe BPCE, nous prévoyons d'annoncer le partenariat le 13 septembre 2018, un an après notre victoire à Lima.

À ce moment-là, Paris 2024, c'est encore une promesse, une idée. Oser y croire, c'est prendre un risque. BPCE est le premier à le prendre, et leur engagement va changer la trajectoire de notre projet. Il va donner le ton pour tout le monde économique, montrer que cette aventure mérite qu'on s'y engage pleinement. Ce partenariat ouvre la voie et prouve qu'on peut rêver grand.

Pour moi, c'était plus qu'un contrat, c'était le premier vrai test sur ma capacité à boucler 1,088 milliard d'euros de partenariats. Un chiffre vertigineux, qui va me suivre comme une ombre jusqu'à la fin.

★

À peu près à la même période, en mai 2018, le Britannique Sebastian Coe, double champion olympique du 1 500 mètres aux Jeux de Moscou 1980 et Los Angeles 1984, devenu président de Londres 2012 puis président de la Fédération internationale d'athlétisme, vient nous rendre visite au siège du Comité d'organisation.

Les Jeux de Londres 2012 représentent l'édition olympique et paralympique de référence donc je suis très intéressé de pouvoir échanger avec lui, même si je sais que ce n'est pas en reproduisant ce qu'a fait Londres qu'on réussira nos Jeux.

Nous nous entretenons d'abord en tête à tête. Il me parle des tempêtes qu'il a traversées, des coups qu'il a pris, et m'encourage à me préparer à en recevoir aussi. À la fin de notre entretien, nous nous dirigeons vers la salle qui nous sert à la fois de hall, de cafétéria et de salle de réunion pour rejoindre les quelques dizaines de salariés qui constituent le Comité d'organisation.

Sebastian Coe s'exprime en anglais, mais, si je devais traduire ses premiers mots, cela donnerait à peu près :

« Vous allez vivre cinq phases très différentes jusqu'à la fin des Jeux :

Première phase, l'indifférence totale. Quand vous parlerez des Jeux, on vous répondra : "les Jeux ? En 2024 ? C'est loin…"

Deuxième phase, le réveil de tous ceux qui ont à y gagner. Vous allez être courtisés – voire harcelés – par tous ceux qui veulent un site de compétition, un site d'entraînement, un billet, intégrer le programme des sports, devenir une ville étape du relais de la flamme… C'est la phase où vous allez devenir le meilleur ami de beaucoup de monde.

Troisième phase, le projet bouc émissaire. Les Jeux vont devenir la justification de tous les problèmes. Vous allez voir, on va vous dire que c'est la faute des Jeux si les trains ne sont pas à l'heure ! Préparez-vous au pire.

Quatrième phase – la meilleure – l'euphorie du moment des Jeux. Ça va être on/off : du jour au lendemain, les Français vont être hyper fiers, et tout votre pays va se mettre à vibrer ensemble. En quelques heures, les gens qui râlaient encore la veille vont s'arracher les derniers billets pour assister aux Jeux.

Et puis viendra la cinquième et dernière phase, celle de l'appropriation générale. Tout d'un coup, plein de gens que vous n'aviez jamais vus auparavant vont venir expliquer sur tous les plateaux de télévision que c'est grâce à eux si tout s'est si bien passé, et ce jour-là vous saurez que vous avez réussi. »

Chapitre XV

3 octobre 2018. Je viens d'arriver à Buenos Aires pour assister aux Jeux Olympiques de la Jeunesse (JOJ) et présenter devant les membres du CIO un point d'avancement de Paris 2024 un an après l'attribution des Jeux. J'ai l'esprit tellement occupé par tout ce qu'il y a à traiter en interne que je suis venu un peu à reculons. L'équipe dirigeante est opérationnelle, et tous les sujets sont lancés : il y a les négociations pour faire aboutir un deuxième partenariat premium, la révision de notre carte des sites qui engendre beaucoup de discussions avec le CIO, les fédérations internationales et les élus locaux, le choix des quatre nouveaux sports que le CIO nous propose d'ajouter au programme de nos Jeux…

Jean-Philippe et Aurélie, notre directeur des sports et sa directrice des compétitions, m'accompagnent dans ce déplacement pour observer les nouveaux sports au programme des Jeux Olympiques de la Jeunesse – le breaking, le karaté, le roller de vitesse, le skateboard et l'escalade – qui sont candidats pour intégrer le programme de Paris 2024. Thierry, notre directeur marque, engagement et créativité, est également présent. Je veux qu'il puisse vivre de l'intérieur la cérémonie d'ouverture qui sera organisée hors d'un stade, au cœur de la capitale argentine.

La cérémonie qui se déroule au pied de l'Obélisque de Buenos Aires a lieu le soir de notre arrivée. Alors que les JOJ restent d'habitude un événement relativement confidentiel, cette fois, impossible qu'un habitant ne soit pas au courant que les meilleurs athlètes de moins de dix-sept ans du monde entier sont là. Les rues du centre-ville sont noires de monde. Dans la tribune réservée aux officiels, nous croisons Thomas Bach, et nous parlons évidemment du projet de faire de Paris 2024 la première édition des Jeux Olympiques à organiser la cérémonie d'ouverture hors d'un stade.

Dès la phase de candidature, le président du CIO et la maire de Paris avaient interrogé cette idée d'une cérémonie d'ouverture au cœur de la ville. Nous n'étions pas en mesure de le faire figurer dans notre dossier de candidature car nous n'avions pas expertisé sa faisabilité technique, mais l'idée était déjà là. Orchestrer la cérémonie hors d'un stade, c'est, en réalité, un fantasme qui a effleuré de nombreux comités de candidature ou d'organisation. Jusqu'à présent, ils se sont cependant toujours heurtés à l'hypercomplexité de l'événement, car tout est plus compliqué à organiser dans un espace ouvert.

Ces quatre heures de show font pourtant partie des grands moments des Jeux sur lesquels j'ai envie qu'on se démarque. Les organiser dans Paris irait dans le sens de notre concept de Jeux au cœur de la ville, et j'aimerais qu'on soit les premiers à avoir cette audace.

Le lendemain, après une réunion avec le CIO, je rejoins Jean-Philippe et Aurélie sur le site du breaking – selon la terminologie officielle du CIO pour parler du breakdance. Le lieu n'est pas dingue, c'est une sorte de parking, mais l'ambiance est folle, et les danseurs captent tout de suite mon attention. Je pensais juste passer rapidement mais je suis happé par le spectacle. Autour de moi, la foule grandit à vue d'œil. Tous les badauds s'arrêtent. Ce que je vois sur ce terrain, c'est une pratique accessible, au sens où elle ne nécessite pas beaucoup de moyens, mais avec une performance athlétique hallucinante et beaucoup de créativité. Je suis attiré aussi par la façon dont les organisateurs de l'épreuve créent une ambiance survoltée et font du public un acteur de la compétition. Jusqu'à présent, le breaking ne faisait pas forcément partie de ma shortlist pour les nouveaux sports, mais les JOJ plantent une graine.

À vingt mètres du breaking, les Argentins ont installé les terrains pour le basket 3x3, le skateboard et l'escalade. Avec l'équipe, on aime beaucoup cette idée de rassembler les sports urbains sur un même site. On repart de Buenos Aires avec plein de nouvelles pistes en tête.

⋆

De retour à Paris, je me plonge dans la formalisation de notre vision pour Paris 2024, qui doit servir de guide à l'ensemble de nos équipes et de nos parties prenantes.

En phase de candidature, on avait rédigé une note d'intention. On doit maintenant la préciser pour avoir une véritable colonne vertébrale capable de nous accompagner durant toute la phase d'organisation. On va vivre les six prochaines années à cent à l'heure, donc prendre le temps maintenant de clarifier notre ambition, c'est du temps gagné pour la suite.

Les équipes du Comité d'organisation vont passer en quelques années d'une vingtaine de salariés à plus de 4000. On va avoir besoin d'un outil de travail précis auquel tout le monde pourra se référer pour prendre des décisions. Au-delà de nos collaborateurs et des acteurs publics engagés dans le projet, nous sommes en train d'embarquer dans l'aventure des entreprises privées qui ont chacune des centaines de milliers de salariés, des équipes d'athlètes et des budgets de communication sans commune mesure avec les nôtres. C'est à eux aussi que ce guide servira.

Pour mener les entretiens et les ateliers avec l'ensemble de notre écosystème et faire émerger une vision commune, nous avons recruté Delphine Moulin, une experte des Jeux qui a travaillé pour le CIO et pour Rio 2016 et nous a déjà accompagnés en phase de candidature. Après plusieurs mois de travaux, nous présentons au conseil d'administration du 8 novembre 2018 une vision qui place la créativité comme première valeur, car c'est elle qui doit nous guider pendant six ans.

Au cours du même conseil d'administration, nous soumettons également au vote notre nouvelle carte des sites, construite autour d'une opportunité inattendue. Au printemps, nous avons eu la confirmation qu'une structure provisoire, le Grand Palais éphémère, serait installée sur le Champ-de-Mars pendant la rénovation du Grand Palais, entre 2020 et 2023. En participant à ses coûts d'exploitation, nous pouvons la conserver quelques mois de plus et l'utiliser pendant les Jeux. Un site supplémentaire, en plein cœur de Paris, face à la tour Eiffel !

Cette opportunité arrive au bon moment : une salle nous pose problème depuis le début, l'Accor Arena de Bercy. Toutes les fédérations internationales veulent y être. On sait qu'on a un sujet.

Le judo y organise chaque année le Grand Slam, l'une des compétitions majeures du calendrier international, et la Fédération française de gymnastique les Internationaux de France. Depuis des décennies, l'Accor Arena accueille également les grands rendez-vous du sport français : les équipes de France de basket, de hand, de volley… Mais l'Accor Arena de Bercy, il n'y en a qu'une.

Il nous faut une alternative crédible pour ceux qui ne l'auront pas. Le Grand Palais éphémère nous offre justement cette solution : une jauge plus restreinte, certes, mais un site iconique, en plein Paris, avec un décor spectaculaire.

Le problème, c'est que le président de la Fédération internationale de judo est vent debout contre ce changement. Lui aussi veut son épreuve à l'Accor Arena de Bercy, d'autant plus que c'est ce qui était prévu à l'origine. Mais de l'autre côté, le CIO nous pousse à la réserver à un sport de catégorie A, ceux qui génèrent les plus fortes audiences mondiales, comme la gymnastique. Le judo, lui, n'en fait pas partie… Il faut le déménager. J'en parle avec Teddy Riner. Il comprend nos contraintes et ne mettra pas d'huile sur le feu.

Une carte des sites, c'est comme un jeu de dominos : ajouter un nouvel équipement, c'est devoir quasiment tout repenser. C'est un énorme boulot, mais cette nouvelle version nous permet d'optimiser notre budget car on regroupe certains sports et on supprime des sites éphémères trop coûteux, comme l'aréna temporaire prévue pour le badminton au Bourget, qui n'aurait laissé aucun héritage local.

★

Trois mois plus tard, le 13 février 2019, je suis en réunion avec Michaël et Étienne dans le bureau que nous partageons quand Jean-Philippe et Aurélie nous rejoignent pour finaliser le choix des sports additionnels. C'est la prochaine grande décision que l'on doit prendre.

Depuis les Jeux de Tokyo, le CIO propose en effet à chaque comité d'organisation de choisir quelques sports qui viendront compléter le programme des sports olympiques le temps d'une Olympiade.

Pour le CIO, il ne s'agit pas de demander aux comités d'organisation de choisir les sports qui figureront durablement au programme des Jeux. D'autres procédures sont prévues en parallèle au cours desquelles le CIO peut ajouter ou retirer de nouveaux sports pour faire évoluer le programme olympique. La fameuse campagne menée par Bernard pour l'intégration du rugby à sept aux Jeux s'inscrivait par exemple dans le cadre d'un appel à candidatures destiné aux sports qui souhaitaient devenir olympiques de manière pérenne. Pour le CIO, l'objectif des sports additionnels est de permettre aux comités d'organisation de personnaliser uniquement leur édition avec des sports qui résonnent avec leur identité.

Tokyo 2020 était la première édition des Jeux à pouvoir proposer des sports additionnels et avait l'opportunité d'en sélectionner cinq maximum. Ils ont choisi le baseball/softball, l'escalade, le karaté, le skateboard et le surf, mais cela a fait grimper le nombre total d'athlètes olympiques à plus de 11 000. Or, plus le nombre d'athlètes augmente, plus les infrastructures liées aux Jeux, notamment le village des athlètes, les sites de compétition, mais aussi les transports, doivent être conséquents. Le CIO nous impose donc l'impératif de rester sous la barre des 10 500 athlètes. Ça veut nécessairement dire moins de sports additionnels et pas de sports collectifs.

Nous avons ouvert un appel à manifestation d'intérêt auquel dix-neuf fédérations sportives internationales ont répondu. Avant même de voir la liste des sports candidats, je savais que ce choix allait être difficile, parce que je sais tout ce qu'il implique.

Depuis le début du projet Paris 2024, on a régulièrement dû faire des déçus : quand on a choisi le site du village des athlètes, quand on a choisi le site pour accueillir les épreuves de voile… Chaque choix entraîne obligatoirement une déception. Sauf que jusqu'à présent, les déçus étaient des territoires dont je savais qu'ils auraient d'autres occasions de s'engager dans le projet et qu'ils pourraient aussi accueillir d'autres événements. Avec les fédérations sportives qui candidatent pour intégrer notre programme des sports additionnels, c'est différent. Elles pourront bien sûr toujours essayer d'intégrer le programme des futurs Jeux, en tant que sports permanents ou additionnels, mais elles n'auront que cette occasion de participer à ceux de Paris 2024. Je sais à quel point être aux Jeux, même si ce n'est que pour une seule édition, va changer la vie de ces sports. Je veux faire le bon choix.

Notre grille d'analyse mêle plusieurs logiques : il s'agit à la fois de ne pas dépasser le plafond de 10 500 athlètes et de choisir des sports à la fois complémentaires de ceux déjà au programme et capables de renforcer l'identité de Paris 2024 en ouvrant les Jeux à de nouvelles expériences, à de nouveaux publics et à davantage de créativité.

Jean-Philippe et Aurélie ont pris plusieurs mois pour étudier en détail tous les dossiers, recevoir chaque fédération candidate et échanger régulièrement avec elles pour avoir des précisions sur certains points. Nous avons par ailleurs réétudié le programme olympique en classant les sports par catégorie – sports collectifs, sports de raquette, sports de combat… – afin d'identifier les types de sports les plus représentés. Ce qui est ressorti de notre analyse, c'est que le programme olympique actuel était pauvre en sports urbains et en sports de nature, deux catégories qui se développent énormément en France et dans le monde. Après avoir retourné le sujet dans tous les sens avec Jean-Philippe, Aurélie, Michaël et Étienne, il faut maintenant que je tranche.

La graine plantée par les JOJ de Buenos Aires a continué à pousser, et je suis maintenant convaincu que le breaking aurait toute sa place dans nos sports additionnels. C'est un sport prisé des nouvelles générations, spectaculaire, créatif, qui nécessite peu de moyens pour le pratiquer comme pour en organiser des épreuves. Surtout, c'est un sport qui fait le pont entre performance sportive et performance artistique, entre le sport et la musique, entre le sport et l'art. Cela aurait beaucoup de sens pour un pays comme la France qui fait partie de ceux qui ont toujours considéré la culture comme une part centrale de leur identité.

Parmi les sports urbains, le skateboard et l'escalade sont les plus évidents car de plus en plus pratiqués par les nouvelles générations. Parmi les sports de nature, la candidature du surf me plaît également beaucoup compte tenu de l'importance de la culture du surf en France. En faire l'un des sports additionnels permettrait par ailleurs à la fois de renforcer le nombre des sports de nature aux Jeux et d'avoir un site de compétition supplémentaire hors d'Île-de-France sans avoir besoin d'un équipement en plus. C'est un point important. J'ai envie qu'on montre aux Français que ces Jeux ne sont pas des Jeux réservés aux Parisiens, qu'ils comprennent que ce sont les Jeux de la France.

On fait un dernier tour de table, et je valide les quatre sports qui seront annoncés une dizaine de jours plus tard. Je sais que les quinze autres candidats vont être extrêmement déçus.

Notamment la pétanque, qui a depuis des mois lancé une grosse campagne de lobbying en France et à l'international, le squash, dont le président de la Fédération internationale, qui est français, était particulièrement mobilisé, et le karaté, qui sera présent comme sport additionnel à Tokyo.

Quand j'étais athlète, les décisions que je prenais n'avaient d'impact sur personne d'autre que moi-même. Maintenant, c'est différent. Je mesure les conséquences de ce choix pour les sports qui seront retenus ou recalés, pour leurs athlètes, pour leurs clubs, pour leurs bénévoles… Et en même temps, je dois faire abstraction de tout ça parce que mon unique grille de lecture doit être de faire le meilleur choix pour Paris 2024.

★

Le 21 février 2019, nous sommes à Paris La Défense Arena pour annoncer nos choix : le breaking, le surf, l'escalade et le skateboard seront les sports additionnels de Paris 2024. L'enceinte, qui doit accueillir nos épreuves de gymnastique, a été inaugurée il y a à peine plus d'un an. C'est une salle magnifique qui fait office à la fois de stade du club de rugby Racing 92 et de plus grande salle de concert d'Europe. L'annonce est réussie. Les communiqués de presse des fédérations non retenues expriment naturellement leur déception, mais les athlètes des quatre sports retenus que nous invitons à s'exprimer sur scène sont très bons, et les reprises dans les médias sont positives.

Le lendemain matin, quand j'allume mon portable en me réveillant, j'ai tellement de notifications qui s'affichent en même temps sur l'écran que je pense que mon portable a un problème. Je l'éteins et le rallume quelques minutes plus tard. Ce n'était pas un bug. J'ai reçu pendant la nuit des dizaines et des dizaines de messages d'insultes sur Facebook et sur Twitter de la part de gens que je ne connais pas et qui écrivent des trucs comme : « J'avais énormément de respect pour le sportif et les 3 médailles d'or olympiques mais depuis sa reconversion, il a vite pris le pli des politiciens véreux sur la corruption et de l'abus de la langue de bois sur les différentes polémiques depuis 2 ans. Bref, c'est devenu une véritable merde. »

C'est la première fois que je suis attaqué personnellement.

Quand on est athlète dans un sport aussi confidentiel que le mien, on intéresse peu les médias, ou alors de façon positive, pour évoquer nos performances. J'avais eu quelques commentaires négatifs après mon échec à Pékin, j'avais lu des choses comme « encore un Français qui ne supporte pas la pression », mais ça n'avait rien à voir avec le torrent de haine qui se déverse sur mes comptes.

Quand j'arrive au bureau, les messages d'insultes continuent d'affluer. Mon portable vibre toutes les deux minutes. Je finis par couper toutes mes notifications sans pour autant pouvoir m'empêcher d'aller régulièrement regarder le contenu des messages. Tout le monde me dit : « mais arrête de lire ça ! » C'est étrangement difficile de ne pas regarder. Je suis curieux de voir jusqu'où les gens peuvent aller. Ce jour-là, en parcourant tous ces messages, je comprends que j'incarne désormais Paris 2024 et que toutes les oppositions contre le projet ou contre les décisions que nous prendrons seront maintenant dirigées personnellement contre moi. Il va falloir que je m'y habitue.

Toute la journée, les médias reprennent les réactions des athlètes et représentants de la fédération qui évoquent « l'exclusion du karaté », sans préciser que le karaté était sport additionnel uniquement pour les Jeux de Tokyo. Ils le savent très bien, et c'est bien joué en termes de communication.

Le soir, je rentre à Pau pour passer une semaine de vacances avec mes enfants. Mes proches, qui sont généralement plutôt déconnectés des actualités de Paris 2024, ne me parlent que de ça. Même ma mère a entendu parler du karaté et me demande pourquoi on les a « exclus »…

La polémique continue d'enfler dans les jours qui suivent. Les quatorze autres fédérations non retenues ont acté notre choix, mais celle de karaté s'est mis en tête que notre décision pouvait changer. Avec le soutien de son agence de communication, elle organise la mobilisation de l'ensemble de ses athlètes, pratiquants amateurs et bénévoles mais aussi des parlementaires. Au-delà de la campagne orchestrée sur les réseaux sociaux, où chacun est appelé à poster une photo avec le même hashtag de ralliement, nous recevons au siège du Comité d'organisation des dizaines de courriers de parlementaires. Plusieurs questions au Gouvernement sont par ailleurs posées sur le sujet lors des débats à l'Assemblée nationale. La puissance de la Fédération française de karaté, qui a des clubs partout sur le territoire, fait naître la première polémique grand public de Paris 2024.

Certains propos peuvent être violents sur les réseaux sociaux, mais je mesure trop la déception des athlètes pour entrer en combat avec eux par médias interposés. La question de la place du karaté au programme permanent des Jeux, ce n'est pas à moi d'y répondre, c'est au CIO. Il y a une procédure pour cela, à laquelle le karaté a déjà candidaté trois fois. Pour l'instant, il n'a pas été retenu, mais le prochain vote aura lieu en 2020. La question à laquelle je dois répondre pour ma part, c'est celle des sports additionnels de Paris 2024.

Peu à peu, la polémique finit par perdre en intensité, mais je sais qu'on n'en est qu'à la mi-temps. Les Jeux de Tokyo, où le karaté a été choisi comme sport additionnel, vont mécaniquement remettre le sujet sur la table.

★

Le 29 mai 2019, je suis en réunion quand le nom de Patrick Pouyanné, le P.-D.G. du groupe TotalEnergies, s'affiche sur l'écran de mon téléphone. Je comprends tout de suite en voyant les premiers mots du SMS. Après plusieurs mois de négociation, le groupe renonce à nous rejoindre comme partenaire de rang 1. C'est un coup dur pour le budget des Jeux.

Cela faisait des semaines que les équipes de Paris 2024 travaillaient avec celles de TotalEnergies pour préparer l'annonce du partenariat. Tout semblait réglé. Quelques mois plus tôt, en janvier 2019, j'avais eu l'occasion d'en parler directement avec Anne Hidalgo, dans son bureau à l'Hôtel de Ville. Son directeur de cabinet m'avait expliqué qu'au sein de la majorité municipale, le sujet TotalEnergies était sensible : la Ville avait accepté un financement de la fondation TotalEnergies pour les travaux du Théâtre du Châtelet, et cela avait provoqué des tensions avec les écologistes. Nous étions donc convenus que nos équipes travaillent ensemble pour préparer la communication autour du partenariat et éviter toute polémique.

Mais au printemps, le climat politique s'est durci. En avril, la maire m'a adressé un courrier rappelant la vocation écologique des Jeux et la nécessité d'être exemplaires dans le choix de nos partenaires. Quelques jours plus tard, le courrier s'est retrouvé dans la presse… Et j'ai compris que le terrain devenait glissant.

Puis, fin mai, les élections européennes ont rebattu les cartes : les Verts ont fait un score historique, loin devant le Parti socialiste. Deux jours avant le rendez-vous entre la maire et Patrick Pouyanné, j'avais eu au téléphone le premier adjoint de la maire, qui m'avait dit qu'elle ne remettrait pas en cause le partenariat. Mais je ne le sentais pas.

Ce SMS me le confirme. En politique, les choses bougent, les équilibres changent vite.

Je peux comprendre que, pour la maire, les gages à donner à ses soutiens écologistes à deux ans des municipales pèsent davantage que le financement des Jeux à cinq ans de l'événement. J'aurais préféré qu'elle m'appelle, qu'on en discute. Mais notre relation s'est distendue ces derniers mois. Les débats sur les statuts du Comité d'organisation et sur le maintien d'Étienne au poste de directeur général ont laissé des traces.

Je commence à comprendre le fonctionnement du jeu politique, fait de rapports de force, de calculs et d'équilibres mouvants. Il faut l'accepter, sans s'y perdre. Je sais que ce n'est pas personnel. Anne défend les intérêts de la Ville de Paris. Moi, je défends ceux du projet. Chacun joue sa partition.

J'avais bien sûr conscience de la sensibilité d'un partenariat avec un groupe comme TotalEnergies. Mais pour moi, au-delà des postures politiques, l'enjeu était ailleurs. Je suis persuadé qu'on ne fera pas la transition écologique sans les acteurs du secteur. On la fera avec eux, en les embarquant dans le mouvement, en les poussant à changer plus vite. On ne construira pas des voitures plus propres sans les constructeurs automobiles, ni une énergie plus verte sans les énergéticiens. Il faut avancer avec les acteurs concernés, pas contre eux.

Et c'est là que les Jeux peuvent jouer un rôle utile. Parce qu'ils mettent la pression. Quand une entreprise s'associe aux anneaux olympiques, elle prend la lumière, pour le meilleur et pour le pire. Elle sait qu'elle sera scrutée, questionnée, observée, par les médias comme par le public. Et ce regard exigeant l'obligera à faire mieux.

Avec TotalEnergies, les choses s'étaient faites dans cet esprit. Ils se reconnaissaient dans notre ambition de diviser par deux l'empreinte carbone des Jeux, en cohérence avec leur plan de transformation à horizon 2050. Cette exigence commune rendait le partenariat cohérent. Je reste convaincu que les Jeux obligent, et que c'est justement leur force.

Après cet épisode, les médias cherchent à m'opposer à la maire. Mais avant de répondre, je me pose la même question que lorsque j'étais athlète : Est-ce que ça va m'aider à être meilleur ?

Est-ce que m'opposer à la maire servirait le projet ? Ça plairait aux médias, certes, mais ça ne rendrait pas Paris 2024 plus fort. Par ailleurs, pour l'avoir beaucoup côtoyée pendant les deux années de candidature, je sais que nous partageons la même ambition de Jeux exemplaires et ouverts, et que le projet sera plus fort avec elle.

Comme dans le sport, ce n'est pas en s'épanchant dans les médias que l'on renforce une équipe. C'est en réglant les problèmes dans le vestiaire.

Chapitre XVI

Deux semaines plus tard, le 16 juin 2019, Anaïs, ma cheffe de cabinet, vient me voir entre deux réunions avec une feuille à la main : c'est un courrier du président du Comité international paralympique, Andrew Parsons, qui commence par : « Cher Tony, samedi, le conseil d'administration a discuté longuement de l'emblème de Paris 2024 et a décidé unanimement de ne pas soutenir la proposition d'un emblème unique pour les Jeux Olympiques et Paralympiques. »

Le CIO nous a donné son accord, mais le Comité international paralympique ne semble pas aussi enthousiaste. On est coincés si l'idée ne leur plaît pas, car le choix définitif de l'emblème – la désignation officielle de ce que l'on appelle tous « logo » – doit être validé par les deux instances.

L'équipe de Julie Matikhine, notre directrice de la marque, a travaillé pendant des mois avec nos agences sur des propositions et on en tient enfin un qui fonctionne. Mais la vraie bonne idée de ce logo, c'est que l'on aimerait qu'il soit celui des Jeux Olympiques ET des Jeux Paralympiques. Nous serions les premiers Jeux à avoir un emblème unique.

Prendre des décisions sur les sujets de création artistique n'a pas été tout de suite évident pour moi. La première fois que les équipes de Julie m'ont présenté leurs propositions de logo, je ne me sentais aucune légitimité dans ce domaine et je ne voulais pas me limiter au simple « j'aime / j'aime pas ». Je les ai donc fait parler pour comprendre leurs grilles de lecture, ce à quoi ils étaient sensibles, ce qui les animait, en quoi ces propositions étaient différentes de ce qui se faisait d'habitude…

En les écoutant, j'ai réussi à mettre des mots sur mon intuition. Je me suis rendu compte que ce qui me plaisait, c'étaient les propositions qui interpellent parce qu'elles sont inédites et qui, quand on y regarde de plus près, portent un message fort. Pendant quelques mois, aucune des propositions ne réunissait ces critères puis, un jour, ils sont arrivés avec un logo en forme de médaille dans lequel la flamme olympique esquisse les contours du visage d'une femme. Il n'y avait jamais eu de logo avec un visage auparavant. Cela avait particulièrement du sens pour nos Jeux, dont on dit depuis le début qu'ils ont vocation à s'ouvrir aux gens, à les faire participer. Ce visage de femme, c'était aussi à la fois une représentation de la Marianne de la République française et une référence à notre engagement à organiser les premiers Jeux paritaires de l'histoire. Mais surtout, l'innovation, c'était donc de proposer pour la première fois le même logo pour les Jeux Olympiques et Paralympiques.

Si, depuis les Jeux de Séoul 1988, les Jeux Olympiques et les Jeux Paralympiques sont organisés tous les quatre ans dans la même ville pour que les Jeux Paralympiques bénéficient des infrastructures et de la locomotive médiatique olympiques, ce sont deux événements distincts avec, jusqu'à présent, chacun son propre logo. L'IPC, le Comité international paralympique, a toujours tenu à conserver son identité et son moment. Il a en effet toujours clamé que si l'on fusionnait les deux événements, les athlètes paralympiques seraient condamnés à évoluer dans l'ombre des athlètes olympiques. L'objectif était qu'ils puissent être les stars de leur propre événement. Chaque comité d'organisation a donc toujours créé deux logos.

Je comprends l'enjeu pour les athlètes paralympiques d'avoir un moment qui leur est entièrement dédié, et je n'entends pas remettre ce principe en question. Organiser les deux événements en même temps impliquerait de toute façon un nombre d'infrastructures beaucoup trop important et des coûts beaucoup trop élevés. En revanche, on a construit depuis le début notre projet olympique et paralympique comme un tout, avec la même ambition, le même concept de Jeux au cœur de la ville, les mêmes sites iconiques pour accueillir les compétitions : l'escrime fauteuil et le para taekwondo qui succéderont à l'escrime et au taekwondo dans le Grand Palais, le cécifoot qui remplacera le beach volleyball sous la tour Eiffel, le para tir à l'arc sur l'esplanade des Invalides à la suite du tir à l'arc… On a donc proposé que les deux événements aient le même emblème : pour nous, Olympiques ou Paralympiques, ce seront les Jeux de Paris 2024 donc c'est important qu'ils aient la même identité visuelle.

Le jour même, avec Étienne, Michaël et Lambis, qui est désormais notre directeur de la planification mais reste notre meilleur expert des Jeux Paralympiques, nous nous réunissons pour trouver une solution au plus vite. Michaël, qui a toujours été le plus têtu d'entre nous, ne se résout pas à abandonner cette piste : « Au-delà des échanges au niveau des équipes, est-ce que toi, tu as déjà fait une présentation officielle du projet devant le président de l'IPC ou son board ? »

J'ai eu l'occasion d'évoquer ce projet de façon informelle avec Andrew Parsons, mais les présentations ont effectivement été faites au niveau des équipes.

« Demande-leur de t'accorder une demi-heure pour leur présenter toi-même l'emblème avant de clore définitivement le sujet, ils ne pourront pas te refuser de leur parler. »

Le président du Comité international paralympique accepte effectivement que je vienne présenter notre idée devant son bureau exécutif le 22 juillet. Ça nous laisse un mois pour affiner nos arguments.

Avant ça, j'ai rendez-vous avec Marc-Antoine Jamet, le secrétaire général de LVMH. Les équipes m'ont fait remonter que le groupe n'était pas intéressé par un partenariat sur les Jeux. Un mariage entre l'une des entreprises qui représente le mieux l'excellence à la française et l'événement qui doit mettre en lumière le meilleur de la France me paraît pourtant tellement évident que j'ai besoin d'essayer quand même.

Marc-Antoine Jamet me confirme qu'ils avaient certes accepté de nous soutenir en phase de candidature et que certaines Maisons du groupe peuvent avoir des collaborations dans le monde du sport, comme la coupe de l'America devenue la Coupe Louis Vuitton ou les malles créées pour présenter la Coupe du monde de football, mais que ce n'est pas dans leur ADN de s'associer à un grand événement sportif.

Je comprends que ce soit difficile d'imaginer le retentissement que des Jeux à domicile peuvent avoir sans l'avoir jamais vécu. Si je veux avoir une chance de les faire changer d'avis, il va falloir que j'arrive à leur montrer à quel point l'impact de cet événement dans un pays dépasse tout ce qu'ils connaissent, et à quel point on a l'ambition de faire des choses inédites qui correspondent à leur culture de l'exceptionnel. Rien n'est gagné.

À ce stade, c'est même une nouvelle porte qui se referme, et il n'en reste pas beaucoup auxquelles on peut encore aller frapper. Pour trouver le 1,088 milliard d'euros de revenus de partenariat, on ne peut en effet s'adresser qu'à des entreprises qui ne sont pas en concurrence avec les partenaires premium du CIO : Coca-Cola, Airbnb, Alibaba, Atos, Bridgestone, Dow, General Electric, Intel, Omega, Panasonic, Procter & Gamble (P&G), Samsung, Toyota, Visa – et bientôt Allianz.

Les clauses d'exclusivité signées avec le CIO sont très étendues. Nous ne pouvons passer un accord avec aucune entreprise du secteur automobile, aucune entreprise du secteur de la grande distribution, aucune entreprise du secteur des cosmétiques et aucune entreprise du secteur des assurances… Concrètement, on ne peut aller voir ni Axa, concurrent d'Allianz, ni L'Oréal, concurrent de Procter & Gamble, ni Renault, PSA et Michelin, concurrents de Toyota. Par ailleurs, étant donné le niveau d'engagement du groupe BPCE dans le projet, nous avons un partenariat exclusif qui élimine tous les autres groupes bancaires.

De retour au bureau, j'ouvre mon carnet de notes pour parcourir la liste des groupes français que nous pouvons encore démarcher. J'hésite à rayer LVMH. La réponse du secrétaire général du groupe était très claire, mais je n'arrive pas à faire le deuil de cette idée…

Cela va bientôt faire un an que nous avons signé notre premier contrat. Au fond, le véritable enjeu est d'atteindre in fine le montant que l'on s'est fixé, pas de signer le plus vite possible, mais plus le temps passe et plus l'inquiétude de savoir si on va arriver à faire cette levée de fonds inédite grandit. La recherche de partenaires relève pleinement de ma responsabilité, et je sais que je suis attendu au tournant. Mais je sais aussi qu'il ne faut pas céder à la panique. Baisser nos exigences serait une erreur. Il faut tenir, résister à la pression extérieure, se donner le temps de créer de la valeur. Plus notre projet avance, plus il s'enrichit, et plus il devient désirable.

Je demande donc à réunir les équipes commerciales début juillet pour faire le point sur tous nos prospects et affiner notre stratégie. Il s'agit également de créer un nouvel élan car il y a eu des changements dans l'équipe depuis trois mois avec le départ de Frédéric Longuépée, notre directeur exécutif commercial, qui s'est vu proposer le poste de Président des Girondins de Bordeaux. Nous l'avons remplacé par Marlène Masure et avons également recruté François-Xavier Bonnaillie en tant que directeur commercial. On se retrouve donc hors du bureau pendant une journée pour voir comment réussir à aider nos interlocuteurs à mieux se projeter dans les Jeux et à les faire rêver. On a encore près d'un milliard à aller chercher.

★

Le 18 juillet 2019, nous nous retrouvons avec Étienne, Michaël, Thierry et quelques membres de son équipe pour la réunion la plus confidentielle depuis que nous avons gagné les Jeux. Thierry va nous présenter son idée pour la première des quatre cérémonies que nous avons à organiser : la cérémonie d'ouverture olympique.

On est encore à cinq ans de la date fatidique, mais j'ai demandé à Thierry de commencer à y réfléchir dès maintenant, car la cérémonie d'ouverture olympique sera notre porte d'entrée dans les Jeux. C'est elle qui donnera le ton de Paris 2024 et lancera toute la dynamique des quatre semaines de compétition qui suivront. Le 26 juillet 2024, les athlètes du monde entier défileront en présence d'une centaine de chefs d'État et de gouvernement sous le regard d'un milliard de téléspectateurs. Ce sera la plus grosse audience des Jeux. Jamais notre pays n'aura eu une telle fenêtre d'exposition.

Bien avant de regarder mon frère défiler dans le stade olympique d'Atlanta 1996, je me souviens des cérémonies d'ouverture de Séoul 1988 et de Barcelone 1992. Le lendemain, tout le monde ne parlait que de ça, les copains, les parents, les adultes dans les magasins…

Quand je suis arrivé en Australie pour mes premiers Jeux, tout m'incitait à me concentrer sur ma course et à ne pas participer à la cérémonie d'ouverture dans le stade olympique de Sydney 2000. J'étais jeune, je n'avais aucune expérience des Jeux, mon épreuve commençait deux jours seulement après l'ouverture, et je visais l'or. Au moment précis où j'étais censé me reposer, j'allais y laisser de l'énergie en piétinant pendant des heures et en veillant tard. Pourtant, il était inenvisageable pour moi de rater ce moment. Je savais aussi que j'allais me nourrir de l'euphorie qui se dégagerait du stade.

Je n'ai pas été déçu. Si je devais le refaire, je le referais dix fois. Je les revivrais toutes. Celle de Sydney, ma première, la plus forte, la plus intense, les yeux écarquillés pendant toute la soirée. Celle d'Athènes, qui rend hommage aux Jeux Olympiques antiques et au cours de laquelle je ressens cette émotion unique de marcher dans leurs pas. Celle de Pékin, quand j'ai l'honneur de tenir le drapeau de la délégation française, d'être le capitaine de l'Équipe de France olympique. Celle de Londres, quand on part du village olympique à pied avec les athlètes d'autres délégations pour rejoindre le stade et que notre défilé commence sans spectateurs, entre nous, dans la joie.

Avec le village des athlètes, la cérémonie d'ouverture est ce qui fait des Jeux un événement complètement à part. C'est l'humanité qui se rassemble et qui défile ensemble. Il nous faut une idée à la hauteur de ce moment.

Notre réunion a lieu dans la salle qui accueille d'habitude nos comités de direction. On est si peu nombreux ce jour-là autour de la table que la pièce me paraît immense.

Ça fait plusieurs semaines que Thierry me dit qu'il a une piste mais il n'a pas voulu m'en dire beaucoup plus. Il voulait attendre d'avoir approfondi un minimum son idée avant de nous la présenter, pour pouvoir répondre aux questions qu'on ne manquerait pas de lui poser et, surtout, pour avoir une image à nous montrer. C'est son point fort, ne jamais présenter une idée avant d'avoir une image qui l'incarne, qui capte l'attention et permet aux gens de se projeter.

Il m'avait juste demandé il y a quelques mois : « est-ce que ça pourrait être ailleurs que sur les Champs-Élysées ? »

« Évidemment ! »

Depuis que l'on a évoqué la possibilité d'une cérémonie en plein Paris, dans la tête de tout le monde, ce sera sur les Champs-Élysées. C'est là que se rejoignent spontanément les Français pour fêter une grande victoire sportive et que sont organisées les grandes cérémonies que la capitale française accueille – que ce soit le défilé militaire du 14 juillet ou la parade pour le bicentenaire de la Révolution française. Mais Thierry est quelqu'un qui aime aller là où on ne l'attend pas, et c'est justement pour ça qu'on a besoin de lui.

Il commence sa présentation et dévoile enfin l'image qui résume son concept: des dizaines de bateaux défilent sur la Seine avec à leur bord des athlètes brandissant des drapeaux et saluant la foule qui les acclame depuis les quais. Il lui a même donné un nom de code «l'armada olympique» et nous explique que les délégations d'athlètes pourraient remonter le fleuve depuis la Bibliothèque nationale de France avant de débarquer pour un show final place du Trocadéro, en face de la tour Eiffel. Tous les ponts et les monuments qui rythment les six kilomètres de cette traversée seraient autant d'éléments de décor, et les quais de la Seine pourraient accueillir des centaines de milliers de spectateurs. Tout Paris deviendrait notre stade olympique.

À part le nom de code trop militaire, j'aime instantanément l'idée. J'aime l'idée qu'on prenne possession de Paris en la traversant littéralement d'est en ouest. J'aime l'idée que l'on puisse avoir des spectateurs tout le long des quais, bien plus nombreux que dans un stade. Jusqu'à présent, le défilé des athlètes a toujours eu lieu en fin de cérémonie, et les athlètes passaient généralement toute la durée du spectacle parqués dans les coursives du stade, à attendre que ce soit leur tour. Ce serait fort que l'on soit la première édition des Jeux à permettre aux athlètes d'ouvrir la cérémonie.

Intérieurement, je me dis: «waouh, bien joué». C'est exactement pour ce genre d'idée complètement dingue qu'on l'a recruté. Le genre d'idée qui change complètement la donne. Mais je ne veux pas lui dire tout de suite à quel point je suis enthousiaste, car l'image a beau être magnifique, ce n'est encore qu'un fantasme.

Je sais à quel point il est difficile de trouver des idées qui pourront faire la différence, mais je sais aussi qu'il est encore plus difficile de transformer une idée en projet réussi. Après lui avoir dit que le concept me plaisait – sans trop en faire –, je le bombarde de questions. Est-ce que ça ne va pas être trop monotone?

Comment mettre du rythme dans un défilé sur un fleuve? Combien de temps les athlètes seront-ils immobilisés? Comment se passera la captation télé? Et comment sécuriser six kilomètres de cérémonie à ciel ouvert? Et s'il pleut?

Je vois tout le potentiel d'une cérémonie sur la Seine mais aussi tous les défis qu'elle comporte. J'ai besoin qu'on me montre que ça peut marcher techniquement et financièrement avant de la considérer officiellement. Je demande donc à Thierry et sa petite équipe commando de ne parler à personne d'autre de cette option. On tient une piste, mais il faut la creuser avant qu'elle ne s'ébruite. Ce serait la première cérémonie d'ouverture des Jeux en dehors d'un stade, mais les difficultés que pose son organisation sur les six kilomètres de fleuve peuvent faire très peur. Si nous n'avons pas tous les éléments de réponse le jour où nous en parlerons à nos parties prenantes, l'idée partira directement à la poubelle.

★

Le 22 juillet, je pars comme prévu pour Bonn, où siège le Comité international paralympique, pour présenter au bureau exécutif de l'institution notre projet d'emblème unique. J'y vais avec Lambis car l'équipe du Comité international paralympique le connaît bien et a confiance en son jugement.

Quelques jours plus tard, le courrier que nous recevons à Paris confirme que l'intuition de Michaël était la bonne: le bureau exécutif a été convaincu par notre présentation et accepte le principe d'un emblème unique. Paris 2024 sera la première édition à avoir un seul logo pour les Jeux Olympiques et Paralympiques. C'est le genre de décision qui semble évidente une fois qu'on l'a prise, et j'imagine que la plupart des gens ne comprendront même pas que ça n'ait pas toujours été comme ça. Dans tous les cas, ça valait le coup de se battre un peu.

Le dévoilement de notre logo est prévu le 21 octobre 2019 dans la plus grande salle du cinéma Le Grand Rex, à Paris. J'appréhende la façon dont il sera accueilli par le public, car les logos des Jeux ont toujours été très critiqués. Je me souviens des polémiques qui avaient accompagné la présentation de celui de Londres 2012. Un parlementaire avait même lancé une pétition en ligne pour réclamer son remplacement et avait recueilli plusieurs dizaines de milliers de signatures. 65 % des Britanniques déclaraient ne pas l'aimer, voire le détester. Certains y voyaient une croix gammée déstructurée, et un même évoquant la ressemblance entre le logo et le personnage de Lisa Simpson en plein acte sexuel avait aussi envahi la toile…

Le lendemain du lancement, je suis dans mon bureau quand je vois s'afficher un mail d'Anne, notre directrice de la communication, avec pour titre : « sondage logo ». Je sens une décharge de stress monter en moi qui redescend immédiatement en lisant le message : notre logo cartonne. Comme tous, il suscite quelques détournements, certains assez drôles, mais 83 % des Français et 90 % des 15-25 ans en sont satisfaits. C'est un immense soulagement. L'identité de Paris 2024 est comme un puzzle qui va prendre progressivement forme avec le logo, la mascotte, l'affiche, la médaille, la torche, la vasque, le parcours du relais de la flamme, les cérémonies… Et la première pièce du puzzle vient d'être adoptée par la majorité des Français.

★

Un mois plus tard, le 19 novembre 2019, on peut enfin annoncer la signature de notre deuxième partenaire de rang 1 : EDF devient notre fournisseur officiel d'électricité et de gaz, en s'engageant à fournir tous les sites de compétition en énergie verte. Le groupe, qui avait été l'un des premiers partenaires des Jeux de Londres 2012, est un soutien important du sport français. J'en ai bénéficié quand j'étais athlète et je suis content qu'ils aient envie de faire partie de l'aventure Paris 2024. Leur arrivée est un énorme soulagement. Trois semaines plus tard, le 10 décembre, les discussions se débloquent également avec le groupe FDJ, qui était déjà notre partenaire en phase de candidature et tient à continuer à promouvoir le sport, notamment le sport féminin et le handisport. Après des mois de traversée du désert, on sent que la machine est relancée.

Le 12 décembre a lieu notre dernier conseil d'administration de l'année, au cours duquel nous devons faire voter les sites des épreuves des quatre sports additionnels : le surf, l'escalade, le breaking et le skateboard. Pour le surf, cinq territoires, parfois des regroupements de plusieurs territoires, étaient candidats : « Biarritz – Pays basque », « Hossegor – Seignosse – Capbreton », « Lacanau – Bordeaux Métropole », La Torche et Tahiti.

Sachant que la Fédération internationale de surf définit comme idéale une vague comprise entre 1,50 mètre et 2,50 mètres, dès confirmation des cinq candidatures, nous avions demandé à Météo France les relevés de la hauteur des vagues dans ces cinq territoires depuis dix ans, aux dates précises de nos Jeux, pour pouvoir calculer la probabilité d'avoir cette vague idéale. Les résultats ont été sans appel : les trois sites du Sud-Ouest avaient entre 11,6 et 12,7 % de chances de présenter une telle vague, le site de La Torche, en Bretagne, 24,8 %, le site de Tahiti 76,6 %.

Pour la période qui va du 27 juillet au 6 août, les météorologues sont formels : les plus belles vagues de France sont à Tahiti. Nous avons plusieurs autres critères pour évaluer les candidatures, notamment le savoir-faire local en matière d'accueil de compétition internationale, les hébergements disponibles sur place et le coût, mais c'est le critère le plus important, car une compétition de surf réussie, c'est d'abord une compétition avec une belle vague.

Les territoires hexagonaux sont hypermotivés, mais ils offrent moins de garanties que les épreuves pourront se tenir dans les meilleures conditions, ou même se tenir tout court, aux dates des épreuves olympiques. Ce n'est pas un choix confortable pour moi qui passe depuis toujours tous mes étés dans les Landes, mais je suis convaincu que c'est la bonne décision. C'est aussi sûrement notre seule opportunité d'intégrer les outre-mer dans notre concept. Ça nous permettrait d'embarquer vraiment toute la France dans l'aventure des Jeux.

Pour les trois autres sports additionnels, nous n'avons pas lancé d'appel à candidature, car nous avions déjà en tête de les rassembler place de la Concorde en créant un cluster dédié aux sports urbains. Accueillir plusieurs sports sur un même site nous permettrait de mutualiser les coûts et, surtout, de créer un nouveau site spectaculaire au cœur de Paris, dans le prolongement de sa plus belle avenue. On gagne toujours sur ses points forts – et notre point fort à nous, c'est de pouvoir transformer les plus beaux sites de la capitale en terrains de sport. C'est ce qui fera que nos Jeux ne ressembleront à aucune autre compétition sportive.

J'ai présenté le projet à la maire de Paris qui est très emballée. Le président de la Seine-Saint-Denis l'est moins puisqu'il souhaitait accueillir a minima l'un des trois sports urbains dans son territoire. Je comprends sa volonté, mais mon choix est avant tout de trouver ce qui a le maximum de valeur pour le projet, et avoir un nouveau site emblématique au cœur de Paris rend notre projet encore plus attractif auprès des partenaires potentiels et des futurs spectateurs.

Après les polémiques liées à la non-sélection du karaté et au renoncement de TotalEnergies, l'année se termine bien. En plus d'avoir signé deux nouveaux partenariats, on a un logo dont le lancement a été réussi et on a intégré à notre carte des sites non seulement la plus belle vague mais aussi la plus belle avenue du monde, avec un cluster urbain au pied des Champs-Élysées. Avec Anne Hidalgo, on a retrouvé, notamment avec le nouveau site emblématique de la place de la Concorde, des projets ambitieux qui nous réunissent. Les dix-huit mois un peu tendus que nous avons connus sont désormais derrière nous.

Chapitre XVII

Lundi 16 mars 2020, comme tous les Français, je suis devant ma télévision quand l'allocution du président de la République débute à 20 heures. Les restaurants, les bars et les commerces non essentiels sont fermés depuis la veille. Les écoles n'ont pas ouvert ce matin. Nous avons mis toutes les équipes de Paris 2024 en télétravail, et je suis donc resté à Pau.

Cela fait plusieurs semaines que l'on entend parler de l'épidémie de Covid-19. Certains services de réanimation commencent à saturer dans le Grand Est et en Île-de-France. Plusieurs pays ont déjà mis en place le confinement de leur population. La scène me semble pourtant irréelle. Emmanuel Macron ne cesse de répéter « nous sommes en guerre ». Il ne prononce pas le mot « confinement » mais en décrit chaque aspect tout au long de son discours. L'obligation de cesser tout déplacement, mis à part pour effectuer des achats de première nécessité et se rendre chez le médecin en cas d'urgence, est prévue « dès demain midi, et pour quinze jours au moins ».

Je suis d'une génération qui n'a pas connu la guerre et a grandi avec un sentiment d'immunité. Ce genre de situation, je ne l'ai vu que dans des films hollywoodiens, avec des paysages apocalyptiques de villes désertées, des zombies, et Will Smith pour nous sauver.

Il y a des sujets plus graves que la tenue des Jeux Olympiques et Paralympiques à ce moment-là, mais je suis le président de Paris 2024 et, en tant que patron des Jeux, ce soir-là, je pense aux Jeux. Le confinement vient de débuter en France pour une période indéterminée, et au fur et à mesure que les confinements nationaux se mettent en place à travers le monde, une question de plus en plus pressante se pose : est-ce que les Jeux de Tokyo pourront effectivement se tenir dans quatre mois ?

La réponse arrive le 24 mars 2020, une semaine seulement après le confinement de la France : le CIO annonce le report des Jeux de Tokyo d'un an. En cent vingt-quatre ans d'existence, seules les deux guerres mondiales avaient conduit à l'annulation des Jeux Olympiques d'été : ceux de 1916, prévus à Berlin, ceux de 1940, prévus à Tokyo, et ceux de 1944, prévus à Londres.

C'est donc la seconde fois que la capitale japonaise doit renoncer à accueillir les Jeux. Cette fois, il ne s'agit pas d'une annulation, mais un report est sûrement aussi compliqué à gérer et implique des coûts énormes. Il faut non seulement étendre l'immobilisation de tous les sites, renégocier tous les contrats, mais aussi garder toutes les équipes un an de plus.

Je demande à Christophe Dubi, le directeur des Jeux du CIO, un créneau pour qu'on échange rapidement par téléphone. Il me rassure : le report des Jeux de Tokyo n'implique pas de report des éditions suivantes. Il faut cependant repenser quasiment toute notre activité pour cette année 2020 qui était organisée autour d'eux. Ce décalage ouvre aussi de nombreuses questions pour nos services juridiques et commerciaux. La question d'un éventuel report ou d'une éventuelle annulation, qui n'était jamais évoquée dans le cadre des négociations de contrat avec nos potentiels partenaires, devient maintenant un sujet de crispation, chacun voulant légitimement se couvrir.

De mon côté, je convoque deux réunions exceptionnelles : une de notre Comité stratégique, qui rassemble Étienne, Michaël et nos directeurs exécutifs, et une de notre Bureau, qui réunit les principales parties prenantes du projet : la maire de Paris, la ministre des Sports, la présidente de la Région Île-de-France, le président du département de Seine-Saint-Denis, le président de la Métropole du Grand Paris, le délégué interministériel aux Jeux Olympiques et Paralympiques, les présidents des Comités olympique et paralympique français et les membres français du CIO. Je demande également aux équipes des ressources humaines de prévoir un forum virtuel avec l'ensemble des salariés, et j'appelle tous les patrons engagés à nos côtés.

Dans une telle situation de crise, je dois absolument rassurer tout notre écosystème sur le fait que le report des Jeux de Tokyo n'implique pas le report de notre événement, et réaffirmer le sens de notre projet collectif pour ne laisser aucun doute s'installer sur l'utilité des Jeux. Je dois rappeler qu'on va plus que jamais avoir besoin d'un horizon positif à l'issue de cette crise mondiale.

Je ne mesure pas encore à quel point nous allons être impactés, mais je sais qu'on avait déjà deux immenses défis à relever : le temps et l'argent. Cette épidémie vient d'en faire deux bombes à retardement. Aucun comité d'organisation n'a jamais réussi à être prêt plus de quelques jours avant le début des Jeux, certains finissant l'installation des sites de compétition la veille de la cérémonie d'ouverture. L'urgence est donc d'adapter nos modes de fonctionnement pour continuer à avancer au rythme prévu, car notre *deadline* ne change pas. Chaque journée de travail perdue aujourd'hui est une journée qu'on ne pourra pas rattraper.

On n'aura pas plus de temps, et l'argent va être plus difficile à trouver maintenant que l'économie mondiale est à l'arrêt. Pour beaucoup d'entreprises, la crise est très violente, et celles avec lesquelles nous étions en pourparlers risquent de remettre en question tous leurs investissements. Nous avions notamment des échanges avec les groupes Accor, Air France et Carrefour, qui ont évidemment désormais des sujets plus essentiels à gérer.

L'année 2020 devait par ailleurs être clé pour donner envie à de nouveaux partenaires de nous rejoindre parce que les Jeux de Tokyo allaient être une immense campagne de promotion. On avait prévu plein d'annonces et de lancements pour profiter de cet été où la France allait vibrer au rythme des épreuves olympiques et paralympiques. Dans le cycle de vie d'un comité d'organisation, les Jeux qui se tiennent à mi-parcours sont toujours la meilleure carte à jouer pour convaincre les entreprises d'investir, et on vient de la perdre.

Devant les équipes, je cherche le bon ton : reconnaître la gravité du moment – certains ont perdu des proches – sans l'édulcorer, tout en maintenant l'élan et l'ambition. La direction des ressources humaines est pleinement mobilisée, elle suit de près les situations individuelles les plus délicates. Elle prévoit aussi de multiplier les temps collectifs – forums d'équipe, points réguliers, espaces d'échange – pour préserver le sens, l'horizon et l'envie, même à distance. On tient le fil. Mais c'est difficile pour tout le monde.

Quelques semaines après le début du confinement, une réunion avec Fabrice, notre directeur administratif et financier, et son équipe est à mon agenda. Elle avait été calée bien en amont de la crise… Le planning fourni par le CIO à tous les comités d'organisation prévoit en effet une révision budgétaire quatre ans avant les Jeux. L'objectif est d'intégrer le budget lié aux sports additionnels et de préciser les orientations budgétaires esquissées en phase de candidature où l'on n'a ni le temps ni les moyens pour déterminer précisément le budget de chaque direction. Nous avions donc demandé en début d'année à tous les directeurs de faire remonter à la direction financière une nouvelle version de leur budget prévisionnel en identifiant tous les besoins et tous les risques jusqu'en 2024.

Au cours de la réunion en visioconférence, Fabrice nous annonce que la somme des budgets prévisionnels des directions est 500 millions d'euros au-dessus de notre budget prévisionnel global. 500 millions ! J'écarquille les yeux devant mon écran. 500 millions d'euros, ça représente 13 % de notre budget. Je marque un temps d'arrêt. Même en visio, Fabrice se rend compte que je ne m'attendais pas à un écart aussi important… Il va falloir que l'on fasse le tri dans les demandes des directions pour déterminer ce qui est absolument nécessaire et ce qui l'est moins. Mais cela ne sera pas suffisant. On va être obligés, en parallèle, d'effectuer une nouvelle révision de la carte des sites, car ce n'est que sur ce volet que l'on pourra faire des économies substantielles.

À partir de ce moment-là, on se voit chaque semaine pour arbitrer sur les différentes pistes d'économies. Le réflexe normal, dans une situation comme celle-ci, c'est de chercher la solution la plus simple à mettre en œuvre immédiatement. Mais j'ai conscience qu'on doit chercher la solution qui sera la plus performante dans quatre ans. Trouver 500 millions d'euros d'économies, mais sans perdre de vue la question la plus importante : qu'est-ce que les gens vont retenir de nos Jeux ?

Renoncer au projet de cluster place de la Concorde ou diminuer le budget des cérémonies d'ouverture seraient par exemple des sources d'économies faciles, mais ce sont justement ces images et ces expériences que les gens retiendront.

Sous la houlette d'Étienne, le tandem formé par la direction des sites et la direction des sports cherche toutes les pistes d'économies potentielles. Ils échangent notamment avec le CIO et la Fédération internationale de football et obtiennent de réduire le nombre de stades prévus pour accueillir les épreuves de football de huit à sept, ce qui représente près de 10 millions d'euros d'économies. Ils nous proposent également d'organiser les épreuves de natation dans un autre site : Paris La Défense Arena. Cela permettrait une économie de près de 60 millions sans diminuer l'héritage en Seine-Saint-Denis puisque la natation était prévue dans un stade aquatique éphémère à côté du centre aquatique pérenne, à Saint-Denis. Ça vaut le coup. Le jeu de chaises musicales reprend donc, puisqu'il faut maintenant recaser la gymnastique ailleurs…

Au-delà de la carte des sites, on passe au peigne fin chaque ligne budgétaire en ciblant les coulisses des Jeux et en restant vigilant sur deux choses : identifier le seuil en dessous duquel on ne doit pas dégrader la qualité de service et être attentif à tout ce qui pourrait avoir un impact sur les athlètes. En creusant chaque sujet, on se rend compte que le modèle des Jeux a été construit pour sécuriser les organisateurs et que de nombreuses dépenses peuvent être réduites. Par exemple, tous les sites d'entraînement des athlètes sont censés ouvrir sept jours avant les Jeux alors que certaines épreuves, comme le taekwondo, sont programmées à la fin de la quinzaine olympique et que leurs sites d'entraînement ne sont jamais utilisés dès la première semaine. Ce travail est long et minutieux mais il est la seule voie possible si l'on veut maintenir tous les grands marqueurs de nos Jeux.

Plus le confinement se prolonge, plus le débat s'installe sur ce qui est essentiel à nos vies et ce qui ne l'est pas. De la même façon que je m'étais adressé aux membres de notre bureau exécutif et aux salariés, j'adresse une lettre à l'ensemble des acteurs impliqués dans le projet – athlètes, clubs sportifs, fédérations, acteurs publics, entreprises partenaires, prestataires, associations avec lesquelles nous travaillons, partenaires sociaux, personnalités engagées à nos côtés – pour réaffirmer à quel point on aura plus que jamais besoin des Jeux pour se réunir à nouveau et partager des moments de joie. Je ne veux pas laisser le doute s'installer.

À partir du 2 juin, la France se déconfine enfin. Une forme de légèreté s'empare du pays. À ce moment-là, cela fait des mois qu'on travaille au lancement du Club Paris 2024, qui devait avoir lieu en marge des Jeux de Tokyo. Le Club a vocation à rassembler tous ceux qui ont envie de vivre les Jeux en leur proposant des défis sportifs, des rencontres avec des athlètes et un accès privilégié à nos événements. On se rend compte qu'il faut que l'on accompagne l'envie des gens de se retrouver et l'on décide donc d'organiser un événement pour lancer officiellement ce Club dès cet été, même si les Jeux de Tokyo n'ont pas lieu. Le lancement aura lieu le 26 juillet 2020 à Paris, en présence de Tony Parker, Teddy Riner et d'équipes sélectionnées parmi les premiers membres du Club qui viendront les défier sur un terrain de basket.

Cet événement, qui coïncide avec le J – 4 ans avant le début des Jeux, fait du bien aux équipes de Paris 2024. Depuis le début de l'aventure, on avait tout le temps des événements, des présentations officielles, des conférences de presse, les dévoilements de notre logo, de notre slogan… C'est à chaque fois des occasions de célébrer des victoires, d'entretenir une dynamique, de valoriser les équipes. Je me rends compte à quel point ça nous a manqué depuis quelques mois.

★

Avant de retrouver Laëtitia et les garçons pour les vacances d'été, je fais un détour par le cap Nègre. Nicolas Sarkozy, qui est un soutien inconditionnel du projet depuis la première heure, m'a proposé de passer le voir dans la maison de famille de Carla Bruni pour échanger avec lui sur l'avancement du projet. Ça tombe bien, car j'aimerais avoir son avis sur notre programme de partenariats. Je l'ai vu à plusieurs reprises depuis le début, et il a toujours un regard extérieur pertinent.

J'ai loué une voiture en arrivant à la gare et, quand je passe le portail du Château Faraghi, je me rends compte que je suis peut-être le premier invité à arriver en Twingo. L'allée qui mène au château traverse un parc magnifique. J'ai l'impression d'être dans une pub décalée pour les petits modèles de voitures. Mais l'ancien président de la République et son épouse me mettent tout de suite à l'aise. On échange beaucoup sur les Jeux, le niveau d'ambition du projet, mes relations avec les différents acteurs politiques et la recherche de sponsors. Nicolas Sarkozy mesure le défi que représente la nécessité d'aller chercher plus d'un milliard d'euros de partenariats et propose de me mettre en contact avec plusieurs patrons qui pourraient être intéressés. On parle aussi beaucoup de sport, car c'est un vrai passionné. À la fin du dîner, il me propose de rester dormir chez eux pour aller faire une sortie vélo ensemble le lendemain matin. Je n'avais prévu aucune affaire de sport, mais son officier de sécurité me prête une tenue et je me retrouve donc le lendemain à grimper un col avec l'ancien président de la République. On continue toute la matinée à échanger sur le projet, et je repars du cap Nègre avec de nouvelles pistes pour nos partenariats.

★

La rentrée après les vacances d'été est une période particulièrement difficile pour moi. À la fin d'une réunion, une fois que les derniers ont quitté le bureau et que l'on se retrouve tous les deux, Michaël me demande :

« Qu'est-ce qu'il se passe ? Je te trouve anormalement tendu… »

Je lui explique que nous sommes en train de nous séparer avec Laëtitia. C'est une décision que nous avons prise ensemble et nous continuons à bien nous entendre, à faire passer les enfants en premier, mais c'est dur. Je le vis comme un échec. Nous étions ensemble depuis vingt-deux ans.

★

Le 1er octobre 2020, nous signons enfin un deal qui était dans les tuyaux depuis longtemps : le groupe Orange devient notre troisième partenaire de rang 1. Avec les partenaires de rang 2 et 3 que nous avons également signés, nous atteignons 502 millions d'euros de revenus de partenariat, soit 46 % de notre objectif. C'est la plus grosse levée de fonds jamais réalisée en France pour un grand événement, mais nous sommes encore loin du compte, et je sais que ce seront les dernières dizaines de millions d'euros qui seront les plus difficiles à aller chercher. Plus on avance, moins on a de candidats potentiels.

À la fin du mois d'octobre, une nouvelle vague de Covid oblige le président de la République à décréter un nouveau confinement qui nous plonge dans l'incertitude.

On pensait avoir tourné la page du printemps et que cette parenthèse ne se rouvrirait jamais. Mais le virus continue de circuler, et rien ne permet encore d'en prévoir la fin. L'incertitude s'installe, et c'est le pire ennemi d'un projet comme le nôtre.

C'est dans ce contexte que l'on soumet un budget pluriannuel révisé à notre conseil d'administration de fin d'année. L'optimisation de la carte des sites associée aux efforts conjoints de toutes les directions pour traquer les économies a permis de ramener le surcoût initial de 500 millions d'euros à moins de 100 millions d'euros. En valeur absolue, ça peut sembler encore beaucoup, mais cela ne représente que 2,5 % d'augmentation de notre budget total. C'est peu, d'autant qu'il a fallu intégrer quatre nouveaux sports et budgéter beaucoup plus finement des aspects de la livraison qui n'avaient été évalués que dans les grandes lignes au moment de la candidature.

L'enjeu principal, c'est moins le montant de l'augmentation que notre capacité à la financer avec des recettes complémentaires. De ce côté-là, nous avons eu de bonnes nouvelles. La révision de la carte des sites devrait nous permettre d'augmenter le nombre total de billets à vendre, donc les revenus associés. Côté partenariats, nous venons de finaliser un nouvel accord majeur avec Sanofi, qui partage notre ambition de promouvoir les bienfaits du sport en matière de santé et qui deviendra officiellement partenaire de rang 1 dans quelques mois. Le CIO va par ailleurs accroître sa contribution financière au projet de 71 millions d'euros, ce qui la porte à 1,219 milliard. C'est un très gros effort de leur part. Pierre-Olivier Beckers-Vieujant, le président de la Commission de coordination chargée de superviser la bonne avancée de Paris 2024 pour le compte du CIO, et Christophe Dubi ont poussé en ce sens. Ils veulent nous donner les moyens de faire de notre ambition de Jeux créatifs et audacieux une réalité. Ce soutien additionnel nous permet de présenter un budget à l'équilibre au conseil d'administration, qui l'adopte à l'unanimité.

Chapitre XVIII

Le lundi 25 janvier 2021, le second confinement national est derrière nous. Après une semaine de télétravail imposée aux 400 salariés de Paris 2024 pour laisser aux services généraux le temps de déménager les cartons de chaque direction, nous emménageons dans nos nouveaux locaux à Saint-Denis. En temps normal, certains collaborateurs auraient sûrement râlé de devoir déménager, mais les équipes sont tellement heureuses de se retrouver après les deux confinements successifs que quasiment personne ne se plaint.

Dès la phase de candidature, on avait promis qu'on implanterait notre siège en Seine-Saint-Denis. Le département va être au cœur des Jeux avec le village des athlètes, le stade olympique et paralympique et le centre aquatique. On trouvait que c'était un beau symbole que nos bureaux y soient aussi.

J'avais évidemment déjà visité le bâtiment avant qu'on ne le choisisse définitivement comme siège de Paris 2024, mais le voir investi par les équipes me fait mesurer le chemin parcouru depuis 2013. On a commencé à six dans deux pièces prêtées par le Comité olympique français au sein de son siège. Aujourd'hui, on a notre propre immeuble. 28000 mètres carrés à la pointe des dernières normes de construction durable, tout en verre et en bois. Les sept étages du bâtiment ne sont pas encore tous occupés mais devraient l'être d'ici deux ans, quand on aura atteint 1900 salariés. C'est fou de se dire que ce lieu si vaste ne pourra pas accueillir tous nos salariés à terme et qu'il faudra qu'on loue des bureaux annexes dans la dernière ligne droite.

Deux jours après notre emménagement, je donne mon interview de rentrée au journal *Le Monde*, qui vient m'interroger dans nos nouveaux locaux. À trois ans et demi des Jeux, on a envie de montrer qu'on a changé de dimension. J'ai aussi besoin de commencer à planter les graines de notre projet pour la cérémonie d'ouverture olympique qui se précise dans le plus grand secret.

Après un an et demi de travail des équipes de Thierry pour transformer son idée de cérémonie sur la Seine en concept et mettre à plat toutes les questions qu'il implique, j'ai senti il y a quelques semaines que le projet était suffisamment mûr pour être testé auprès du président de la République et de la maire de Paris. Les deux se sont montrés extrêmement enthousiastes.

Pour nous, c'est une nouvelle phase qui s'ouvre. L'objectif est maintenant de passer du concept au projet en approfondissant toutes les questions de faisabilité technique et sécuritaire. Pour cela, on doit lancer les groupes de travail techniques avec notamment les équipes de la préfecture de Police de Paris, de la préfecture de région, de la Ville de Paris, mais aussi avec les bateliers… À partir du moment où l'on va élargir le cercle des personnes dans la confidence, le risque que notre projet se retrouve dans la presse augmente chaque heure, et je veux garder la main sur cette annonce pour pouvoir en maîtriser les contours.

Au cours de l'interview, je déclare donc que l'on réfléchit à la place que pourrait avoir la Seine dans la cérémonie d'ouverture. Chacun de mes mots est soigneusement pesé. Il faut en effet à la fois que j'évoque le fait qu'il pourrait se passer quelque chose sur la Seine, puisque le bruit risque de circuler, sans pour autant dévoiler tout le concept, et sans tuer non plus l'option du Stade de France, car rien ne garantit encore l'hypothèse d'une cérémonie d'ouverture au cœur de Paris.

La sécurisation de l'ensemble du parcours va être l'un des sujets majeurs de ce projet. Nous avons la chance de pouvoir nous appuyer sur l'expertise du général Bruno Le Ray, qui a été gouverneur militaire de Paris de 2015 à 2020 et dirigeait notamment l'opération Sentinelle. Il nous a rejoints il y a quelques mois en tant que conseiller d'Étienne pour coordonner, entre autres, les sujets liés à la sécurité. Nous avions déjà un directeur délégué en charge de ces questions, Thomas Collomb, qui est issu des rangs de la police et connaît extrêmement bien son sujet pour avoir été responsable adjoint de la sécurité des sites du championnat d'Europe de football, en 2016, puis directeur de la sécurité de la Ryder Cup, en 2018. À moins de quatre ans des Jeux, c'est-à-dire à l'heure d'entrer dans une phase plus opérationnelle du projet, c'est bien que l'on puisse compléter cette équipe avec un profil comme celui du Général qui a travaillé en lien étroit avec les préfets de police de Paris successifs. C'est un homme rompu aux opérations complexes et au partage de responsabilité entre forces civiles et militaires. Même si le ministre de l'Intérieur ne veut pas entendre parler de l'armée pour la sécurisation des abords des sites de compétition pendant les Jeux, tous les précédents comités d'organisation ont eu besoin de s'appuyer sur une mobilisation globale des forces de sécurité intérieures et de l'armée pour sécuriser leurs Jeux.

J'avais croisé Bruno quand il était gouverneur militaire de Paris et avais apprécié son côté humble et humain. Depuis qu'il nous a rejoints, je suis impressionné par sa faculté d'adaptation. Il est passé en quelques mois d'un bureau aux Invalides où il ne croisait que des gens en uniforme qui le saluaient en l'appelant « Mon Général » à un *open space* bruyant où de jeunes stagiaires en baskets l'appellent Bruno et le tutoient sans avoir conscience de son parcours. Il semble tout à fait à l'aise dans ce nouvel environnement.

Bruno n'est pas le seul nouveau membre de l'équipe. Les recrutements s'accélèrent de plus en plus et nous avoisinons les trois cents salariés. Je me rends compte que je ne pourrai plus connaître tout le monde et que le contact plus ou moins direct que l'on avait jusqu'à présent avec l'ensemble des membres du comité va se perdre petit à petit. C'est une nouvelle étape, mais elle ne m'inquiète pas parce que ce qui était l'état d'esprit des premiers membres de l'équipe, cette forme d'ambition et d'exigence absolues, sans arrogance pour autant, est devenu l'état d'esprit du projet.

★

Moins de deux mois plus tard, le 20 mars, Anne, notre directrice de la communication, me prévient que les autorités japonaises s'apprêtent à confirmer la rumeur qui se propageait depuis quelques semaines : les Jeux de Tokyo se tiendront sans spectateurs venant de l'étranger. Le Japon précise qu'une autre décision devrait être prise dans les semaines ou les mois à venir concernant le public résidant au Japon. On se dirige vers des Jeux sans spectateurs, ou presque, alors que le principe même des Jeux est de rassembler le monde entier sur les terrains de sport et dans les tribunes, et qu'un tiers des revenus des Jeux repose sur la billetterie. J'imagine que les médias, qui m'avaient déjà demandé en janvier dernier si nous étudiions le scénario de Jeux sans spectateurs en 2024, ne vont pas tarder à me reposer la même question.

Nous avons effectivement commencé à évaluer à combien s'élèveraient les pertes de revenus si nous ne pouvions pas vendre ni billets ni restauration ou produits sous licence Paris 2024 dans les stades, et à combien s'élèveraient en contrepartie les économies engendrées par l'absence de public dans les sites de compétition. Il est cependant capital de ne pas nourrir ce scénario, car les entreprises ne vont pas avoir envie de s'engager avec nous si la probabilité de ne pas avoir de spectateurs existe aussi pour Paris 2024. Il faut au contraire qu'on continue d'alimenter régulièrement le public et les médias avec des annonces et des événements positifs. On prépare donc la cérémonie de passation entre Tokyo et Paris, qui aura lieu le 8 août. En parallèle, on finalise également le dessin de nos mascottes.

Depuis les Jeux de Grenoble 1968, qui ont été les premiers à avoir une mascotte, c'est l'un des objets les plus marquants des Jeux, peut-être plus visible encore que le logo dans la mesure où la mascotte est un personnage qui vit et qui peut s'animer dans les stades et devant les caméras. Aux Jeux comme dans les autres grands événements sportifs, les mascottes sont généralement soit des animaux, soit des enfants. Ce serait bien qu'on ait une idée qui sorte un peu des sentiers battus.

Julie, notre directrice de la marque, et Joachim Roncin, notre directeur du design, nous ont présenté plusieurs ébauches de mascottes : l'une représentait une chaussette de sport, l'autre une gargouille… Il y avait toujours une idée sympa derrière chacune de leurs propositions, mais aucune ne fonctionnait parfaitement avec ce que l'on voulait dire de nos Jeux. Puis, un jour, ils sont arrivés avec un nouveau concept proposé par une agence : « plutôt que de représenter un animal, la mascotte de Paris 2024 pourrait représenter un idéal ». La *slide* suivante de leur présentation montrait un personnage en forme de bonnet phrygien dessiné par l'illustrateur américain Peter de Sève, qui est à l'origine de nombreux personnages de dessins animés, notamment ceux de *L'Âge de glace*.

L'idée me plaît tout de suite. La référence à la Révolution française fait écho à notre ambition et de réinventer les grands marqueurs des Jeux. Cette nouvelle pièce du puzzle s'imbrique par ailleurs bien avec la Marianne de notre logo et permet d'avoir une mascotte qui ne pourrait pas être celle d'un autre pays.

En revanche, l'agence n'a proposé qu'une seule mascotte. Ce serait cohérent de n'en avoir qu'une, comme pour notre logo, mais l'intérêt d'avoir une mascotte olympique et une mascotte paralympique est de pouvoir les faire interagir et créer de l'ambiance dans les stades. Michaël suggère d'en faire une occasion de rendre le handicap visible en gardant exactement les mêmes traits pour les deux mascottes et en remplaçant l'une des jambes de la mascotte paralympique par une lame. Les Phryges sont nées.

En interne, certains nous font la remarque que notre bonnet phrygien ressemble plus à un clitoris qu'à un bonnet, mais nos mascottes seront de toute façon moquées et détournées, quels que soient leurs traits. L'important, c'est qu'elles fassent parler d'elles.

★

Le 8 juin 2021, les Parisiens qui lèvent la tête du côté de la tour Eiffel sont très étonnés d'y voir flotter un immense drapeau sur lequel ont été imprimés des symboles obscurs : nous sommes en train de réaliser un test grandeur nature pour notre cérémonie de passation avec Tokyo.

Traditionnellement, la cérémonie de passation entre la ville hôte des Jeux et la ville qui lui succède se fait pendant la cérémonie de clôture olympique, dans l'enceinte du stade. Lors de la cérémonie de clôture des Jeux Olympiques de Londres, par exemple, des danseurs brésiliens avaient défilé dans le stade après la transmission du drapeau olympique du maire de Londres à celui de Rio. Dès nos premières discussions sur le sujet, nous avions souhaité réinventer ce moment en l'organisant également en France, avec les athlètes qui reviendraient de Tokyo et tous ceux qui allaient accueillir les Jeux chez eux, à Paris. Les dernières dispositions prises par le Japon, notamment celle d'interdire la présence de tout spectateur venu de l'étranger, n'avaient fait que renforcer ce choix.

L'idée que proposent Thierry et ses équipes, c'est qu'au moment où le drapeau passe des mains de la gouverneure de Tokyo à celles de la maire de Paris dans le stade olympique japonais, nous hissions le drapeau de Paris 2024 sur le plus haut mât parisien : la tour Eiffel. Quand ils m'avaient parlé pour la première fois de cette idée, j'aimais bien le principe mais j'avais été un peu sceptique sur sa faisabilité technique. Avec Thierry et ses idées hors norme, la première question qu'on se pose, c'est toujours : « attends, mais est-ce que ça va marcher ? » Une autre solution aurait été de projeter ce drapeau grâce à des jeux de lumières, plutôt que de le hisser. Mais du fait du décalage horaire avec Tokyo, notre cérémonie de passation aura lieu en plein jour. L'option de la projection ne fonctionnera pas.

Quand je rejoins l'équipe sur le Champs de Mars le jour du test, on s'arrête tous de parler au moment où le drapeau se déploie. Les gens autour de nous lèvent la tête vers le ciel. C'est un moment suspendu, et je suis totalement convaincu. J'adore l'idée du drapeau planté au sommet de Paris pour dire qu'elle devient la capitale des Jeux Olympiques et Paralympiques d'été pour les quatre prochaines années. Ma seule crainte, c'est qu'il n'y ait pas assez de vent, car il en faut un minimum pour que cette toile de la taille d'un terrain de football puisse se lever.

Un mois plus tard, le 8 juillet, les autorités japonaises annoncent que les Jeux se tiendront finalement à huis clos. Aucun spectateur ne pourra assister aux épreuves organisées à Tokyo, qu'il vienne de l'étranger ou pas. Seule une minorité de sites se déroulant dans d'autres territoires, comme le site d'Izu, prévu pour le VTT et le cyclisme sur piste, accepteront des spectateurs. Depuis un an, chaque annonce de Tokyo 2020 vient dégrader un peu plus le format des Jeux. Après le report, le format sans spectateurs venant de l'étranger et le format sans spectateurs tout court, tout le monde craint que la prochaine étape soit l'annulation.

C'est dur pour les athlètes qui se préparent depuis quatre ans pour la compétition de leur vie et dont c'était peut-être la seule chance de performer devant un public aussi nombreux. Le Comité d'organisation japonais va par ailleurs devoir rembourser quasiment l'intégralité des billets vendus, et je me demande à quoi vont ressembler des Jeux sans public à la télévision.

Extérieurement, je dois continuer à me montrer confiant mais, au fond de moi, je me dis que tant que la ligne d'arrivée ne sera pas franchie, il pourra encore se passer n'importe quoi pour nous aussi, y compris des choses qu'on pensait inimaginables. Jusqu'à la cérémonie de clôture de nos Jeux Paralympiques le 8 septembre 2024, je ne serai pas tranquille.

*

23 juillet 2021. Nous arrivons aux abords du stade national de Tokyo avec Anaïs, ma cheffe de cabinet. Les rues alentour sont désertes, il est impossible de s'imaginer que les Jeux Olympiques vont débuter dans moins d'une demi-heure à quelques mètres de là.

Une fois arrivés dans le stade, nous prenons place aux côtés des quelques centaines de personnes autorisées à assister à la cérémonie : des représentants des autorités japonaises, quelques dizaines de chefs d'État et de gouvernement étrangers qui ont tenu à être présents malgré la pandémie, dont le président de la République française, et les membres du CIO.

J'ai vécu cinq cérémonies d'ouverture olympique, et c'est la première fois que je n'ai pas la chair de poule au moment où les premiers athlètes entrent dans le stade. Plusieurs personnes me disent que les jeux de lumière et les clameurs préenregistrées par les organisateurs marchent bien à la télévision, mais dans le stade de 68 000 places quasiment vide, l'ambiance est étrange. Très vite, je me fais une autre réflexion : le défilé s'étire pendant deux heures, trop long, trop monotone. J'envoie des messages à Thierry : « On ne peut pas passer deux heures avec seulement le défilé des athlètes… » Entre deux délégations, je quitte les tribunes pour rejoindre le centre de pilotage installé dans les bureaux de commandement du stade, aux côtés des équipes du CIO. Je regarde les écrans, les chronos, la coordination technique. J'observe et je me dis que pour nos Jeux, il faudra inventer nos propres solutions pour que chaque minute compte.

Le lendemain de la cérémonie d'ouverture, je me rends avec le président de la République sur le site du basket 3x3 pour soutenir l'Équipe de France féminine pour son match contre les États-Unis. Nous allons ensuite visiter ensemble le village des athlètes. C'est l'occasion d'échanger sur l'avancement du projet et de passer en revue tous les défis qui se posent. Nous parlons évidemment beaucoup de la cérémonie d'ouverture olympique, et je lui demande son aide pour mobiliser tous les acteurs étatiques. Il m'assure qu'il va faire passer le message en interne. Dès le lendemain, dans le cadre de l'interview croisée que nous donnons depuis le Club France au journal L'Équipe, il affirme: «je peux vous confirmer que cette cérémonie aura lieu sur la Seine». C'est exactement ce dont on avait besoin! Un message clair de la bouche même du président sur notre ambition pour cette cérémonie qui invite tous les acteurs à se concentrer sur la recherche de solutions.

À Tokyo, j'ai accès à tous les sites et toutes les réunions. J'en profite pour tout observer, avec une double grille de lecture: identifier ce qui coûte de l'argent mais n'est pas nécessaire, et identifier tout ce qui fait la différence dans l'expérience des Jeux. La complexité de l'événement fait qu'on sursécurise la gestion opérationnelle des sites en oubliant parfois de se demander: qu'est-ce que les gens vont retenir?

Chaque jour, j'assiste aux réunions de coordination entre le Comité d'organisation et le CIO pour résoudre tous les problèmes d'envergure. Je visite le centre de commandement des Jeux, le centre opérationnel pour tout ce qui est lié à la technologie – cybersécurité, chronométrage, résultats des compétitions, flux vidéo, etc. – et le centre opérationnel pour le transport des personnes accréditées. Je visite un maximum de sites de compétition et en profite pour échanger avec les présidents de fédérations internationales dans leur lieu de compétition pour repasser en revue in situ leurs besoins et leurs attentes.

Le «*back of house*» – c'est-à-dire les espaces réservés aux athlètes, au staff des fédérations sportives, du diffuseur des Jeux et des médias pour le stockage du matériel et les espaces de travail – me paraît surdimensionné dans tous les sites que je visite. Ce n'est pas lié à l'absence de spectateurs, car ce sont des zones auxquelles ils n'auraient de toute façon pas accès. Je suis convaincu que, dans tous nos sites de compétition éphémères, nous pourrions réduire la taille de ces espaces pour diminuer le coût de ces infrastructures.

Je prends également le temps d'assister à quelques épreuves. Comme à Rio, à partir du moment où elles ont commencé, le sport a pris le dessus, et malgré la crise sanitaire, la magie opère.

Le 1er août 2021, je suis dans le stade d'athlétisme pour l'épreuve de saut en hauteur. Après que les athlètes italien et qatari Gianmarco Tamberi et Mutaz Barshim ont franchi 2,37 mètres puis échoué trois fois à 2,39 mètres, le juge leur propose de procéder à un barrage pour déterminer lequel des deux sera champion olympique. Barshim lui demande s'ils peuvent tous les deux avoir la médaille d'or, et l'arbitre lui répond que c'est à eux de décider. Barshim tend alors la main à Tamberi, et ils tombent dans les bras l'un de l'autre.

Quelques minutes plus tard, pour la finale du 100 mètres hommes, l'Italien Marcell Jacobs coupe la ligne d'arrivée en tête. Personne n'avait misé sur lui, mais c'est bien lui qui devient champion olympique, et Gianmarco Tamberi est encore au bord de la piste avec son drapeau italien autour du cou. Marcell Jacobs l'aperçoit et se jette dans ses bras, puis ils se mettent à faire le tour du stade ensemble, avec leur drapeau vert blanc rouge. C'est comme s'ils avaient oublié que le stade était vide. En l'espace d'un quart d'heure, l'Italie vient de remporter deux médailles d'or dans la session d'athlétisme la plus suivie des Jeux. Je croise l'un des membres italiens du CIO qui me dit que c'est la plus grande soirée du sport italien. C'est ça la magie des Jeux. Alors que la Squadra azzurra a remporté quatre Coupes du monde, cette double médaille d'or à huis clos a un retentissement sans précédent en Italie, un pays où le football est roi.

⋆

J'arrive à Paris dans la soirée du 7 août. Alors que le bilan de la délégation française était jusqu'ici resté en demi-teinte, les sports collectifs sont en train de casser la baraque. Les handballeurs viennent de remporter à nouveau l'or, les basketteuses le bronze, les basketteurs ont raflé l'argent en perdant de cinq points seulement contre l'équipe américaine, et les volleyeurs ont gagné leur premier titre olympique. Et demain, les handballeuses joueront la finale contre la Russie…

Le lendemain matin à 6 heures, je suis en route pour les studios de Radio France pour intervenir dans les matinales de France Inter et RFi quand Thierry m'appelle et me dit : « on a un problème pour le drapeau… Ça va pas le faire ».

Quand je retrouve les équipes sur le site, je comprends en apercevant le visage fermé de Thierry que notre projet est vraiment tombé à l'eau. Je ne l'ai jamais vu aussi dépité. On ne le sent pas quand on est au sol, mais là-haut, là où le drapeau devait être déployé, le vent souffle trop fort pour qu'il puisse être hissé et attaché de façon sécurisée. On ne peut évidemment prendre aucun risque. On annule l'opération. Et moi qui craignais qu'il n'y ait pas assez de vent… La probabilité qu'il y en ait autant en août à Paris était de 4 %.

À ce moment-là, le premier réflexe, c'est de se demander pourquoi ça n'a pas marché, ce qu'on aurait dû faire autrement… Ce n'est pas facile, mais il faut que j'arrive à me reconcentrer sur tout ce qu'on a prévu en dehors du drapeau pour cette cérémonie de passation. C'est ce que j'essaie de transmettre aux équipes en leur rappelant que le public ne savait pas vraiment qu'un drapeau devait être déployé au sommet de la tour Eiffel, et qu'on a plein d'autres choses en stock pour ce moment symbolique d'entrée dans notre Olympiade. C'est notre séquence la plus visible depuis le début de la phase d'organisation, en France comme à l'international. Des centaines de millions de gens dans le monde entier vont découvrir Paris 2024 aujourd'hui. Alors on s'adapte et on reste pleinement mobilisés.

Dans la matinée, j'ai une autre interview au cours de laquelle je donne l'information qu'il n'y aura pas de drapeau géant en enchaînant tout de suite sur tous les autres temps forts de la cérémonie, pour que les médias ne se focalisent pas sur cet échec, pendant que Michaël et Anne diffusent le même message à tous les journalistes avec lesquels ils échangent.

On évoque notamment les deux films qui vont être diffusés dans le stade de Tokyo et retransmis dans le monde entier. D'abord, une *Marseillaise* revisitée par le compositeur français Victor Le Masne et jouée notamment sur le toit du Stade de France, sur les quais de la Seine et depuis la Station spatiale internationale par Thomas Pesquet au saxophone. Puis un film qui suit l'une des athlètes de l'Équipe de France de BMX, Estelle Majal, sur les toits du Grand Palais et de l'Opéra de Paris, pour symboliser notre ambition d'emmener les Jeux au cœur des monuments les plus emblématiques de la capitale. Surtout, la plupart des athlètes présents à Tokyo sont en train d'arriver place du Trocadéro où on a installé un podium pour leur permettre de défiler au milieu de la foule.

Côté athlètes comme côté spectateurs, une énergie particulière s'est emparée de tout le monde, comme si l'on venait de sortir du confinement. Les athlètes savourent les retrouvailles avec leur public après ces Jeux à huis clos, et les Parisiens sont galvanisés par les résultats des sports collectifs qui ont enflammé les derniers jours des Jeux.

Quand les premières notes de la *Marseillaise* se font entendre place du Trocadéro et que la patrouille de France salue le retour des Jeux d'été en France, l'émotion déborde partout : dans le public, chez les athlètes, dans les équipes de Paris 2024. Les premiers arrivés dans l'aventure sont là depuis presque six ans ; notre projet prend enfin corps. Je crois qu'à ce moment-là, on se dit tous : « ces Jeux vont être dingues ».

Chapitre XIX

Avec 33 médailles dont 10 en or, la France termine 8e au classement des Jeux de Tokyo, juste devant l'Allemagne et l'Italie, mais derrière des pays comme l'Australie ou les Pays-Bas. Si le bilan global est en dessous des attentes, le succès des sports collectifs écrase cependant tout le reste. Dans les dernières quarante-huit heures des Jeux, la France était en finale de tous les sports, et les émotions du hand, du volley et du basket ont galvanisé tous les fans des Jeux. Pour Paris 2024, c'est un scénario idéal, car on avait besoin de cet engouement populaire pour projeter les Français dans leurs Jeux. En même temps, les résultats en demi-teinte des sports individuels agissent comme la piqûre de rappel nécessaire à tout sportif avant d'entamer la préparation pour la plus grande compétition de sa vie.

Parmi les dix médailles d'or remportées par la France, il y a celle du karatéka Steven Da Costa. On savait que les Jeux de Tokyo, en accueillant le karaté comme sport additionnel, allaient ouvrir la seconde mi-temps de la polémique sur le choix de nos propres sports. On ne pouvait juste pas en mesurer l'intensité. Avec le titre de Steven Da Costa, elle est totale.

Bien évidemment, les messages d'insultes reprennent sur les réseaux sociaux. « Estanguet, plus grand connard de tous les temps ! » ; « Estanguet, un bourgeois qui ne connaît plus rien au sport. Cette bourgeoisie qui se goinfre de nos impôts et qui ne voit pas la passion de gens qui font un sport noble comme le karaté » ; « Pauvre tache !!! Vous n'avez plus l'esprit du sport… Vous êtes devenu un bureaucrate… Le karaté français vous dit merde !!! Crétin !! » ; « Blaireau ».

Ils ne me font plus le même effet, je m'y suis habitué. Le problème, c'est plutôt que la ministre des Sports, Roxana Maracineanu, prend position en faveur de l'intégration du karaté dans le programme de nos Jeux et que la Fédération française de karaté ainsi qu'une cinquantaine de députés m'adressent deux lettres ouvertes en ce sens.

En tant qu'ancien athlète, je sais à quel point Steven Da Costa a dû travailler dur pour en arriver là. Je mesure la valeur de cette médaille, qui vient récompenser des années d'entraînement, et toute la détermination qu'il faut pour devenir le meilleur athlète de son sport dans le monde entier.

Je comprends le combat de Steven Da Costa et celui de sa fédération, à leur place j'aurais d'ailleurs sûrement fait la même chose. Je comprends beaucoup moins celui de la ministre qui connaît les règles du jeu et ne rend service ni à l'athlète, en lui donnant de faux espoirs, ni à Paris 2024, en le fragilisant dans les médias. C'est populaire d'aller dans le sens de l'opinion, mais la ministre sait que la porte est fermée pour modifier la liste de nos sports additionnels.

J'entends aussi beaucoup que ne pas avoir choisi le karaté va nous faire perdre un titre pour la France. D'une part, on espère des médailles dans les quatre sports additionnels choisis, et d'autre part, conserver son titre d'une édition à l'autre est un défi. En soixante ans, moins de dix Français y sont parvenus en individuel lors des Jeux d'été.

Le CIO clôt le sujet en rappelant que le programme des sports additionnels est définitivement adopté, et qu'il ne pourra pas y avoir de cinquième sport additionnel à Paris 2024.

Je mesure que pour les athlètes du karaté et pour beaucoup de fans de ce sport, c'est une déchirure. J'ai choisi le breaking, le surf, l'escalade et le skate pour ce qu'ils étaient, et pour ce qu'ils apportaient à nos Jeux par rapport au programme existant, jamais contre le karaté. C'est la fin d'une polémique, mais ce n'est pas une victoire.

★

Le 5 septembre, à la fin des Jeux Paralympiques de Tokyo, il y a évidemment un goût d'inachevé. Les stades étaient vides, et le village olympique et paralympique était rempli de parois en plexiglass pour isoler les athlètes les uns des autres. Mais l'événement a pu se tenir malgré tout, et je suis impressionné par sa résilience. Les audiences ont même dépassé celles de Rio. C'est le pouvoir unique des Jeux, qui ont réussi à nous réunir même quand on ne pouvait pas se réunir.

Nous sommes les prochains, et il nous reste trois ans pour être prêts. Si nous sommes dans les temps sur tous les principaux aspects de l'organisation des Jeux, on n'a en revanche aucune certitude sur l'état de la crise sanitaire en 2024. La maîtrise de l'épidémie était censée durer quelques semaines, puis quelques mois, et ça fait maintenant un an et demi que l'on avance à tâtons, sans être tout à fait certains de ce que l'on pourra faire ou pas le mois suivant. C'est d'autant plus déstabilisant pour nous qu'on a construit une part de notre identité sur la rencontre physique avec le sport : le sport qui sort des stades pour être à la portée des gens, la cérémonie d'ouverture qui accueille des centaines de milliers de spectateurs… La crise liée au Covid a aussi montré que tout pouvait basculer du jour au lendemain. J'ai maintenant le sentiment qu'il peut encore se passer n'importe quoi dans les trois années qui viennent.

★

Le 31 octobre 2021, nous serons à 1 000 jours du début de nos Jeux. Nous avons décidé de profiter de cette date symbolique pour faire la promotion de notre Marathon pour tous, qui sera la première épreuve ouverte à la participation du grand public de l'histoire des Jeux. C'est un des marqueurs forts de l'identité de Paris 2024 : permettre à des milliers de coureurs de faire les Jeux dans la peau des athlètes en foulant le même parcours qu'eux sur cette épreuve olympique mythique.

Cette course sera entièrement gratuite, mais pour y participer, il faut décrocher son dossard. Depuis deux ans, le Club Paris 2024, la plateforme que nous avons créée pour rassembler toute la communauté des fans des Jeux, en distribue régulièrement dans le cadre des défis sportifs qu'il organise.

Pour fêter les 1 000 derniers jours, nous avons décidé d'organiser une course-poursuite de 5 kilomètres sur l'avenue des Champs-Élysées avec le recordman du monde et double champion olympique de la discipline, le Kényan Eliud Kipchoge.

Nous sommes partis du principe que les coureurs amateurs ne croisent jamais les champions de fond ou de demi-fond qui participent aux mêmes courses qu'eux puisque les sportifs de haut niveau s'engagent toujours bien avant la foule. Cette fois, ce sont les coureurs amateurs qui s'élanceront en premier. En fonction de leur niveau, ils partiront avec plus ou moins d'avance sur le double champion olympique et gagneront un dossard s'ils parviennent à franchir la ligne d'arrivée sans s'être fait rattraper. L'objectif: quel que soit son niveau, chaque coureur a une chance de décrocher son dossard pour les Jeux. L'engouement est dingue; les 2000 dossards pour participer à la course trouvent immédiatement preneur.

Le jour J, l'équipe en charge de l'organisation de l'événement m'a proposé de me glisser au milieu des participants, et j'ai évidemment accepté de jouer le jeu. Il y a beaucoup d'excitation, l'ambiance est très sympa. Les participants viennent de toute la France et d'une vingtaine de pays étrangers. On sent qu'ils sont tous à fond. Eliud Kipchoge s'échauffe dans le couloir qui lui est dédié et accepte de faire des selfies entre deux foulées. Les premiers sas s'élancent, puis c'est au tour du mien. On part tout de suite assez vite, et dans la dernière ligne droite, tout le monde se met à sprinter. J'entends des gens crier: « il arrive ! Il arrive ! » C'est à la fois drôle et assez stressant de se sentir pourchassé. Quand je franchis la ligne d'arrivée, Eliud Kipchoge ne l'a pas encore passée, et les gens autour de moi sautent tous de joie, l'ambiance est folle. En les voyant, je comprends que même si beaucoup d'entre eux ont déjà participé à de nombreux marathons, ils ont conscience que ce marathon-là, le marathon de Paris 2024, ils ne pourront le courir qu'une seule fois dans leur vie.

Dans les médias, quand les Jeux sont évoqués, c'est soit pour pointer des risques, soit pour dire que la mayonnaise n'a pas encore pris. Mais ce matin-là, je me rends compte à quel point certains ont déjà tissé un lien émotionnel très fort avec Paris 2024.

Après l'arrivée des derniers coureurs, on comprend rapidement que le concept n'a pas fonctionné aussi bien que prévu pour tout le monde. On a fait partir les premiers sas trop tôt et le dernier un peu trop tard, et certains participants ont couru à une allure bien plus rapide que celle pour laquelle ils s'étaient inscrits, ce qui a pénalisé les coureurs les plus rapides qui ont respecté les consignes. Cela crée une vague de mécontentement, et l'on décide dès le lendemain de leur accorder un dossard, pour ne pas gâcher leur souvenir de cette course et couper court à la polémique naissante.

On s'était effectivement beaucoup interrogés sur le fonctionnement du concept. On avait même fait intervenir plusieurs experts de l'organisation de courses à pied pour affiner le système. Tout n'a pas marché parfaitement, c'est le risque quand on tente des choses qui n'ont pas encore été faites… Mais c'est un bon moyen pour se rappeler que, pendant les Jeux, on n'aura pas de seconde chance. On ne pourra pas s'améliorer d'une édition à l'autre : on ne les organisera qu'une fois. Pour moi, ça veut dire qu'il faut qu'on continue à entretenir parmi les équipes l'état d'esprit qui pousse à innover, à inventer de nouveaux concepts, mais qu'on soit encore plus exigeants dans leur mise en œuvre.

★

Le 2 décembre 2021, j'arrive au centre des congrès de Bourg-en-Bresse pour les assises annuelles de l'association Départements de France. Je viens leur présenter notre projet pour le relais de la flamme, qui doit parcourir la France avant le début des Jeux.

La plupart des Français ne le savent pas encore, mais ce relais va être l'un de nos plus beaux projets. Pendant quelques semaines, 10000 citoyens engagés pour le sport, pour les autres ou pour leur territoire, des personnalités publiques autant que des anonymes, vont se transmettre la flamme olympique en formant une longue chaîne humaine qui va parcourir nos plus beaux paysages. Ce sera notre plus belle photo de famille.

Pour des raisons de calendrier et de budget, on ne pourra cependant pas aller partout, et c'est pour ça que je viens présenter le projet à tous les départements. Je ne veux pas qu'on choisisse tout seuls, dans nos bureaux de Saint-Denis, les territoires auxquels on va proposer de faire partie de l'aventure. Je veux que chaque département ait la possibilité de s'engager et qu'on aille là où les Jeux sont le plus attendus. Là où les élus sont prêts à mettre des moyens financiers et humains pour faire du passage de la flamme un véritable événement pour leur territoire et pour leur population. Je viens donc à ce congrès pour présenter à la fois notre projet, le rôle qu'y joueront les départements intéressés et les règles que nous avons fixées pour y participer.

La première question qui s'est posée à nous au moment de définir ces règles, c'est quel échelon territorial devait être notre interlocuteur principal pour construire le parcours de chaque étape. Il nous est rapidement apparu que le département était l'échelon le plus pertinent, car sa superficie correspondait à une journée de relais. Nous avons donc échangé avec Départements de France, qui était très enthousiaste à l'idée que ses membres soient les acteurs principaux du relais de la flamme. Il restait à déterminer le modèle économique.

Nous ne sommes pas une organisation commerciale qui a vocation à gagner de l'argent avec ce projet. Notre enjeu, c'est de pouvoir organiser un relais de la flamme qui va mettre en valeur tous les territoires traversés et rendra fiers tous les Français. Nous sommes donc convenus avec Départements de France que Paris 2024 apporterait les deux tiers du budget, les départements y contribuant à hauteur d'un tiers, soit 150000 euros étalés sur trois ans. Le budget annuel des départements français varie énormément d'un territoire à l'autre – de 300 millions à plus de 3,5 milliards –, mais l'association représentative des départements estimait que la somme de 50000 euros par an représentait un forfait accessible à tous.

Nous voulions aussi prévoir un modèle qui laisserait aux autres échelons territoriaux la possibilité de contribuer au projet. En plus des villes traversées, choisies par le département, il est donc prévu que la ville qui accueille la soirée de célébration à la fin de chaque journée du relais participe en nature – en fournissant, par exemple, des barrières pour sécuriser le parcours du relais – et que la région puisse choisir trois sites touristiques et financer des animations autour de ces lieux emblématiques.

Quand je monte sur scène, le public n'est pas particulièrement attentif, mais dès que le film que les équipes de Paris 2024 ont préparé avec les images des précédents relais de la flamme démarre, je sens que j'ai leur attention. Quand je redescends de l'estrade, plusieurs présidents viennent me voir pour me dire leur intérêt et me poser des questions. Si tous les départements veulent en être, il faudra qu'on fasse un choix. Leur contribution ne couvre qu'un tiers du coût global du relais, le reste étant à la charge de Paris 2024. Autrement dit, plus on ajoute des étapes, plus cela nous coûte. Et nos moyens, eux, ne sont pas extensibles.

Pour ceux qui ne souhaitent pas accueillir d'étape, je rappelle qu'on a mis en place depuis 2019 le programme « Terre de Jeux 2024 », avec plein de possibilités de s'engager dans les Jeux, par exemple en organisant chaque année la Semaine Olympique et Paralympique dans les écoles, en participant à l'Olympiade culturelle, au programme des Volontaires… Ceux qui sont intéressés ont quant à eux jusqu'au 11 mars pour se manifester. On aura en effet besoin de temps avec chacun d'entre eux pour construire ensuite le parcours idéal.

★

Le 13 décembre 2021, après un an et demi de travail confidentiel d'abord au sein de Paris 2024, puis avec tous les acteurs publics et privés concernés, notre conseil d'administration vient de valider le déroulement de la cérémonie d'ouverture olympique sur la Seine. Nous sommes prêts à présenter tout le concept à la presse, et cette annonce va changer la face de nos Jeux.

Je rejoins la salle que nous avons réservée au bord de la Seine. C'est sûrement la conférence de presse la plus importante de nos Jeux. Nous avions besoin d'un lieu symbolique pour marquer son caractère unique et mieux projeter les journalistes dans ce qu'on allait vivre le 26 juillet 2024. En présence de la maire de Paris, Anne Hidalgo, de la ministre des Sports, Roxana Maracineanu et de la présidente du Comité olympique français, Brigitte Henriques, qui a succédé à Denis Masseglia quelques mois auparavant, je présente donc ce concept inédit.

Tout le centre de Paris sera notre stade olympique, avec un parcours de six kilomètres qui se terminera face à la tour Eiffel. Le long de ce parcours, la Seine, les ponts et les monuments seront autant de scènes pour nos séquences artistiques. Les quais bas seront aménagés comme des tribunes, dont les places seront payantes, et les quais hauts seront ouverts au public, qui y accédera gratuitement. Ce sera une première dans l'histoire des Jeux. Ce sera aussi la première fois que la cérémonie débutera avec le défilé des athlètes, qui ouvriront symboliquement les Jeux. Tout sera inédit.

Le lendemain matin, la couverture presse est dingue. Le visuel que nous avons dévoilé est en une de tous les grands quotidiens :

Le Parisien, L'Équipe, Le Figaro, Le Dauphiné… On n'a jamais eu de retombées aussi positives et aussi unanimes. Ça fait du bien aux équipes !

Il y aura toujours des polémiques et des articles négatifs sur les Jeux ; notre équipe en charge de la communication aura beau tout faire pour les anticiper et les limiter, on ne pourra pas les éviter. L'important, c'est qu'on réussisse à avoir des moments comme celui-ci. Des moments forts qui viennent rappeler notre ambition et faire rêver les gens.

Maintenant qu'on a réussi cette première étape, le défi va être triple : trouver un directeur artistique capable de révéler tout le potentiel de cette idée, sécuriser les financements de cette cérémonie hors norme et, surtout, parvenir à la mettre en œuvre.

Chapitre XX

7 janvier 2022. Mon frère Aldric aura cinquante ans lundi et nous avons prévu pour l'occasion un week-end au ski tous ensemble : ma mère, mes deux frangins, mes belles-sœurs et les sept enfants. Comme souvent, c'est Aldric qui nous rassemble. Il tient de ma mère pour ça. C'est grâce à eux deux que nous sommes restés si proches et que nous continuons à nous créer des souvenirs communs.

Ce week-end, ce sera un moment particulier car je vais leur présenter Aurélie. Aurélie, notre responsable des relations internationales en phase de candidature et notre directrice des compétitions depuis 2018, qui est devenue ma compagne.

J'ai toujours admiré son parcours hors norme : avant de rejoindre le Comité d'organisation des Jeux de Londres 2012 et de se spécialiser dans le sport, elle a travaillé pendant dix ans auprès de différentes organisations de l'ONU dans le domaine de la justice pénale internationale, du terrorisme et des droits de l'homme, notamment en ex-Yougoslavie, au Liban et en République démocratique du Congo. Elle a vécu des situations de tensions extrêmes, souvent dans des zones de guerre, mais elle n'en est pas sortie abîmée, au contraire. Elle en a gardé une ouverture, une humanité et une soif d'apprendre sur le monde qui m'impressionnent et me touchent. Nos caractères sont différents et son tempérament direct m'a parfois un peu pris de court, mais nous nous sommes rapprochés au fil du temps et je suis tombé sous son charme. Notre complicité me donne envie de me projeter loin et de construire une nouvelle histoire où Aurélie, Titouan, Gabin et Léandre trouveront chacun leur place.

À l'issue de ce week-end dans les Pyrénées, c'est plutôt bien parti… Elle est une passionnée de sports de nature et ça marche tout de suite avec les enfants.

⋆

Mercredi 12 janvier 2022, je retrouve Michaël, Anaïs et Benjamin pour passer en revue les priorités de l'année. Pour aider chaque comité d'organisation à naviguer dans l'immense complexité des Jeux, le CIO met à disposition un outil de planification recensant 2486 jalons : de la création de l'emblème au plan de transport, du recrutement des volontaires à la finalisation du tracé du relais de la flamme, de la livraison de chaque site temporaire au système d'accréditation.

Je ne peux évidemment pas suivre chacun de ces sujets. Pendant la phase de candidature, je connaissais le projet en détail. C'était encore possible et cela correspondait à ma nature : vouloir tout maîtriser. C'est comme ça que j'ai construit ma carrière d'athlète. Mais plus le projet avançait, plus j'ai dû accepter de lâcher prise. Renoncer à tout maîtriser pour me concentrer sur ce qui allait vraiment faire la différence. Un véritable apprentissage pour moi, habitué à vouloir tout suivre, tout comprendre, tout contrôler.

Être président de Paris 2024, ce n'est plus comme être athlète : ce n'est plus moi qui fais la performance, c'est à moi de créer les conditions pour que d'autres la réussissent. C'est une autre forme d'engagement.

J'ai fini par comprendre que mon rôle n'était pas de tout faire, mais de tenir trois lignes : porter la vision et le niveau d'ambition, garantir que le projet tienne debout – dans les temps, dans le budget, avec le niveau d'exigence que réclament les Jeux, en aidant les équipes à franchir les obstacles quand ils surgissent – et fédérer l'ensemble des acteurs impliqués dans la réussite des Jeux.

Mon premier réflexe reste de vouloir tout contrôler, mais j'ai compris qu'on ne dirige pas un projet comme celui-ci en étant partout. J'ai appris à faire confiance, à déléguer, à encadrer sans étouffer. Et j'essaie désormais d'être là où je suis utile pour trancher quand il faut, et surtout donner confiance à ceux qui agissent.

Aujourd'hui, certains sujets sont totalement entre les mains d'Étienne ou de Michaël. Nous avons mis en place des outils efficaces – tableaux de bord, indicateurs, réunions régulières, mécanismes d'alerte – qui me permettent de garder une vision d'ensemble, de valider les étapes clés et d'intervenir quand c'est nécessaire, sans me perdre dans les détails. C'est la seule manière d'assumer pleinement ma responsabilité de président : être garant de tout, sans chercher à tout faire.

Mais il y a aussi des sujets où je garde les mains sur le volant : ceux ont le plus d'impact pour le projet, soit parce qu'ils comportent des risques majeurs – la sécurité, les révisions de concept, le budget, l'engagement des acteurs politiques – soit parce qu'ils créent une valeur décisive : les partenariats, les cérémonies, le design des médailles ou de la vasque, la présentation sportive, le marathon pour tous, les projets emblématiques de notre stratégie d'héritage et de durabilité… Depuis le départ, je suis convaincu qu'on doit créer de l'inédit sur les grands marqueurs des Jeux. C'est à moi de porter cette ambition, d'en garantir la cohérence et d'entretenir cette dynamique dans les équipes. Je m'y engage à fond, car c'est ce supplément d'âme qui distinguera nos Jeux de tous les autres.

Chaque début d'année, on hiérarchise donc mes priorités : ce qui peut dérailler, ce qui doit créer le plus de valeur, ce qui est déjà sécurisé, ce qui peut attendre. Mon agenda doit refléter ces choix. C'est la seule façon d'éviter d'être happé par la machine. Tous les trimestres, on refait ce travail de tri et d'ajustement, pour garder le cap sans se laisser emporter par la complexité du projet.

Dans l'outil de planification du CIO, une grande révision budgétaire est prévue à deux ans des Jeux : c'est l'un de mes sujets clés. Au-delà des ajustements rendus nécessaires par la connaissance de plus en plus fine de chaque projet, l'inflation mondiale pèse sur tout. Elle nous oblige à revoir certains postes, à trouver de nouvelles économies, sans jamais baisser le niveau d'ambition.

Fabrice, notre directeur administratif et financier, pilote ce travail avec une rigueur et un engagement total. En parallèle, je demande à Jacques Lambert, président de notre Comité d'audit, d'évaluer les risques budgétaires et opérationnels qui pèsent sur la livraison des Jeux et de tester la solidité de nos projections. Ses recommandations nous seront précieuses. J'ai confiance dans la rigueur de Jacques Lambert – préfet de Savoie à l'époque des Jeux d'Albertville, directeur général de la Coupe du monde 1998, président de l'Euro 2016. Peu de gens connaissent aussi bien la mécanique des grands événements que lui. Son analyse permettra aussi de rassurer l'État. Le délégué interministériel aux Jeux, le préfet Michel Cadot, m'a confié récemment son inquiétude sur notre capacité à tenir le budget dans ce contexte. Ancien préfet de police de Paris, il coordonne, pour le gouvernement, les sujets liés aux Jeux. C'est un haut fonctionnaire avec une expérience unique, extrêmement respecté de tous. Il joue un rôle décisif dans l'avancement du projet.

Parmi les sujets qui arrivent cette année et représentent un enjeu majeur, figure aussi celui de notre billetterie. C'est un des dossiers les plus sensibles qu'on aura à traiter, car il représente à la fois notre principale source de revenus et le premier lien des futurs spectateurs avec les Jeux. En effet, la première question que les Français et les fans des Jeux dans le monde se posent quand ils entendent parler des Jeux, c'est: « Est-ce que je vais pouvoir y assister ? » La billetterie olympique et paralympique est par ailleurs d'une extrême complexité à organiser car elle représente plus de 12 millions de billets pour 4 cérémonies et 1041 sessions sportives différentes dans 41 sites distincts, avec d'énormes enjeux de sécurité pour parer à toutes les tentatives de fraudes.

Traditionnellement, la demande de billets pour les Jeux est toujours beaucoup plus importante que l'offre. Les comités d'organisation qui nous ont précédés ont généralement tenté de résoudre ce problème en organisant de grands tirages au sort à l'échelle du pays hôte. C'est effectivement le mode opératoire le plus juste, mais il s'est jusqu'à présent toujours déroulé de façon un peu chaotique. Il y avait d'abord une journée où tous ceux qui souhaitaient acheter un billet devaient se connecter, ce qui faisait immanquablement planter le site Web compte tenu de l'affluence. C'était encore le cas pour la dernière édition des Jeux. Ensuite, quand les personnes intéressées parvenaient enfin à se connecter au site, elles pouvaient formuler leurs vœux d'achat de billets sans savoir si elles seraient tirées au sort pour certains, aucun ou tous. Ce n'est que plusieurs semaines plus tard qu'elles savaient combien de billets elles avaient pu acheter, et lesquels. On programme donc une réunion pour faire le point avec Damien Rajot, notre directeur en charge de la billetterie, des hospitalités et de l'expérience spectateurs.

La réunion a lieu le 19 janvier. Damien Rajot a géré pendant dix ans la billetterie du Stade de France et a dirigé Paris La Défense Arena pendant quatre ans avant de nous rejoindre: c'est un expert en la matière. Après avoir travaillé pendant plusieurs mois avec son équipe sur les différents scénarios à mettre en œuvre pour que le site Internet de la billetterie de Paris 2024 ne plante pas et que le système soit à la fois moins chronophage et moins frustrant pour l'acheteur, il nous soumet différentes mesures.

Comme c'est traditionnellement le cas pour la billetterie des Jeux, il propose d'organiser plusieurs phases de vente, avec une première où les billets seront vendus par packs, ce qui permet de promouvoir les sports qui sont spontanément les moins demandés ou pour lesquels on a le plus de billets, puis plusieurs phases de vente de billets à l'unité.

Avec son équipe, ils présentent ensuite deux pistes qui n'ont jamais été mises en œuvre à l'échelle des Jeux. La première, c'est d'organiser un tirage au sort qui déterminera un créneau d'achat sur le site. Les premiers tirés au sort auront accès à l'ensemble des billets mis en vente et pourront en acheter au maximum 30 pour eux et pour leurs proches. Pour ces chanceux, la boutique en ligne ressemblera à une sorte de caverne d'Ali Baba, avec les billets les moins chers pour les sports les plus convoités. Ceux qui seront tirés au sort pour le deuxième créneau d'achat auront un tout petit peu moins de choix, les suivants encore un peu moins, et ainsi de suite. Ceux qui feront partie des derniers à entrer dans notre boutique de billetterie virtuelle auront très peu de choix, mais le tirage au sort reste malgré tout le système le plus juste. J'aime le fait que ce soit plus simple pour les gens : ça ne leur prendra que deux minutes pour s'inscrire au tirage au sort et, quand ils seront tirés au sort, ils auront un créneau d'achat de quarante-huit heures. L'idée c'est que tout le monde ait accès à la plateforme d'achat. Je leur dis banco pour ce principe.

La seconde innovation qu'il propose est de mettre en place un nouveau modèle de vente par packs. Ce qui se fait généralement dans le cadre des Jeux, ce sont des ventes par packs dit « fermés », au sens où l'acheteur a la possibilité d'acheter des billets pour trois sessions sportives différentes, sans pouvoir modifier la liste des sports proposés. Par exemple : une session d'athlétisme, une session de lutte et une session de water-polo.

C'est un système fondamental dans le cadre de la billetterie des Jeux, car trois choses peuvent faire la valeur d'un billet : certains sites exceptionnels, comme notre site du Champs-de-Mars, sous la tour Eiffel, les sports emblématiques, comme l'athlétisme ou la gymnastique, et les sports où l'on a des chances de médailles, comme le judo, l'escrime ou le handball. Mais il y a des sports qui n'entrent dans aucune de ces catégories-là – et qui cependant vont faire vivre aux spectateurs des émotions dingues. Les packs de billets sont donc essentiels pour les inciter à aller voir des sports pour lesquels ils n'ont pas d'intérêt a priori, mais qui vont les faire vibrer.

Ce que Damien propose pour y mettre un peu plus de souplesse, c'est d'avoir des packs ouverts. L'acheteur choisit un premier sport, par exemple la natation, et a ensuite le choix entre deux sports pour sa deuxième session, par exemple la gymnastique ou la lutte, puis encore entre deux autres sports pour sa troisième session, par exemple entre le water-polo et le rugby à sept. Comme ça, on oriente les acheteurs tout en leur laissant le choix. C'est un super compromis et je félicite l'équipe. On aborde également le sujet de la grille tarifaire, qui est clé, et pour laquelle on prévoit de se revoir rapidement. Nous avons en effet l'intention de faire valider à la fois notre système de vente et notre grille tarifaire lors de notre conseil d'administration du 21 mars.

★

Trois semaines plus tard, le 10 février, Anne, notre directrice communication, me fait remonter un nouveau problème : le département de la Creuse, qui nous a fait part fin janvier de sa volonté de ne pas accueillir le relais de la flamme, compte tenu du coût de l'organisation d'une étape, a décidé d'en faire un sujet dans la presse. Sa vice-présidente en charge des Sports a accordé une interview à France Bleu, et de nombreux médias reprennent l'information selon laquelle « le département de la Creuse dit non à la flamme olympique », « la Creuse refuse de voir la flamme olympique passer par son département », « le passage olympique trop cher pour la Creuse ». Vu l'emballement médiatique sur le sujet, Anne craint l'effet boule de neige qui pourrait conduire d'autres départements à changer d'avis en se disant que le refus d'accueillir la flamme olympique est devenu plus populaire que l'inverse.

La Creuse fait partie des départements avec le budget le plus faible, et je peux comprendre que 50 000 euros par an pendant trois ans représentent un investissement trop lourd pour animer et faire rayonner leur territoire. C'est aussi le sens du programme « Terre de Jeux 2024 » qui propose aux territoires toute une palette d'actions qu'ils peuvent mettre en œuvre en fonction de leurs envies, de leurs attentes et de leurs moyens. L'un des premiers territoires labellisés était celui de Bellefosse, une commune de 160 habitants.

Ma ligne de conduite depuis le départ, c'est de ne pas alimenter les polémiques en y répondant publiquement, mais plutôt de les gérer en coulisses. Avec le soutien de Départements de France, nous organisons donc un maximum de rendez-vous avec les présidents des départements intéressés et des échanges avec les équipes. Si certains ne souhaitent pas participer à ce projet, c'est tout à fait leur droit et leur responsabilité, mais je ne veux pas que d'autres se retirent parce que la dynamique est telle qu'il devient difficile d'assumer de contribuer financièrement à un événement qui va permettre de faire rayonner leur territoire.

La prise de position de la Creuse fait effectivement des émules. Le 22 février, huit départements affirment dans les médias leur refus d'accueillir le relais de la flamme dans le cadre que nous avons fixé. Je trouve bien sûr dommage de priver la population de ce moment de fête et de cette occasion unique de mettre à l'honneur tous ceux qui s'engagent dans leur territoire, mais c'est un choix politique qui leur appartient. Il est peut-être plus difficile pour certains élus que pour d'autres de se projeter dans un événement qu'ils n'ont pas connu, d'imaginer trois ans avant l'élan qui va se créer autour des Jeux.

Les premiers échanges que j'ai avec les présidents de départements qui avaient manifesté leur intérêt, sont cependant très positifs. Ils sont conscients de l'impact que ce relais peut avoir pour leur territoire, en matière de rayonnement et d'engagement de leur population, et sont volontaires pour prendre leur part dans sa réussite.

★

Jeudi 24 février 2022, j'allume la radio en me réveillant : la Russie a envahi l'Ukraine dans la nuit. Une guerre aux portes de l'Europe. Je suis sous le choc.

Alors que les Jeux Olympiques d'hiver de Pékin se sont achevés quatre jours avant cette agression de l'Ukraine par la Russie, une question se pose très vite pour le Mouvement paralympique : les athlètes russes et biélorusses peuvent-ils participer aux Jeux Paralympiques d'hiver, qui doivent débuter une semaine plus tard ? Une réunion de crise est organisée par le Comité international paralympique. Son président se demande comment il pourrait décemment laisser participer des athlètes russes quand leurs homologues ukrainiens sont empêchés de le faire en raison de l'attaque contre leur pays. Aucune décision n'est prise lors de cette première réunion.

Quatre jours plus tard, le lundi 28 février, le CIO, considérant que la Russie viole la trêve olympique, appelle les instances du sport à l'exclure de leurs compétitions. Le mercredi 2 mars, le Comité international paralympique annonce cependant que les athlètes russes et biélorusses pourront concourir aux épreuves sous bannière neutre. Avec cette annonce, l'institution paralympique décide de respecter le principe qui a toujours été celui du mouvement sportif : ne pas pénaliser les athlètes qui ne sont pour rien dans les décisions de leurs dirigeants et les autoriser à participer aux Jeux à titre individuel, c'est-à-dire sous bannière neutre, sans représenter officiellement la Russie ou la Biélorussie.

Mais le choc de l'invasion russe est si fort que de nombreuses délégations remettent en question ce principe qui a toujours guidé les Jeux, et menacent de boycotter les Jeux Paralympiques de Pékin si les athlètes russes et biélorusses n'en sont pas exclus.

Le vendredi 4 mars, j'arrive en Chine quelques heures avant la cérémonie d'ouverture. Quand je retrouve Lambis à l'hôtel, il me raconte que le président du Comité international paralympique s'apprête à annoncer qu'il entend la colère de la communauté internationale et accepte de les exclure.

Je comprends cette décision. À terme, cependant, je suis convaincu qu'il faudra revenir à ce qui a toujours fait la force des Jeux : être le dernier lieu de rassemblement de l'humanité. Si l'on commence à exclure les athlètes de la Russie et de la Biélorussie, on devra être cohérents et exclure aussi ceux de tous les autres pays en guerre.

Le lendemain de la cérémonie d'ouverture, je me rends sur le site du para biathlon pour soutenir le porte-drapeau de la délégation française paralympique, Benjamin Daviet, et c'est l'Ukrainien Grygorii Vovchynskyi qui rafle l'or. J'ai déjà assisté à des centaines de compétitions dans ma vie, mais j'ai rarement ressenti une telle émotion dans le public et sur le terrain. Tout le monde a eu conscience qu'il se battait pour bien plus qu'une médaille.

★

Quand je reviens en France, je comprends que cette guerre risque de renforcer l'inflation au moment où nous devons lancer plus de 50 % de nos marchés de fournitures et de services. Fabrice, notre directeur administratif et financier, décide donc d'affecter un membre de sa direction à chaque équipe de Paris 2024 pour les aider à identifier encore de nouvelles sources d'économies. Pour la première fois, je sens que les directeurs et directrices de Paris 2024 commencent à fatiguer. Ils avaient leur budget et leur plan de recrutement finalisés et devoir à nouveau les challenger leur demande beaucoup d'énergie alors même que, à deux ans des Jeux, tout s'accélère et tout se tend.

C'est dur quand on a travaillé pendant des mois sur un projet de s'entendre dire : « On ne pourra pas le financer, on va devoir le supprimer. » L'enjeu pour Étienne, Michaël et moi, à ce moment-là, c'est de prendre le temps d'expliquer à toutes les équipes nos contraintes pour que personne n'ait l'impression que ce qu'il fait n'est pas important, et perde son enthousiasme. À deux ans des Jeux, nous entrons dans la dernière phase de l'organisation, la phase dite de préparation opérationnelle. Plus que jamais, nous devons entretenir la dynamique positive qui nous anime depuis le début. Ce n'est pas un moment facile, mais on essaie de faire en sorte que les équipes s'approprient cette révision financière en les responsabilisant sur les propositions d'économies à réaliser.

Le 16 mars, une nouvelle polémique éclate quand plusieurs athlètes phares du basket français prennent tout à coup la parole sur les réseaux sociaux et dans les médias pour dénoncer la salle proposée pour accueillir leurs matchs de poules, au sein du parc des expositions de la porte de Versailles, à Paris : « Comment peut-on accepter de voir le basket, le sport co le plus populaire aux JO, être envoyé dans le parc expo ? Plafond trop bas, salle pas adaptée. @Jpsiutat, on ne peut pas laisser passer ça !!! Je crois rêver ! » ; « Je sais pas qui s'occupe de sélectionner les salles pour les JO 2024 mais frérot, va falloir se réveiller parce que tu nous fou [sic] la honte aux yeux du monde, là. » ; « C'est de la grosse merde ! Cela n'a aucun sens ! […] Si c'est le cas, ce sont des pipes et ils se foutent de nous. Ils pensent vraiment faire jouer *Team USA*, ces stars qui pèsent des dizaines de millions et jouent dans des Arena géantes tous les soirs, dans ces conditions ? »

Ça fait déjà un an et demi que nous avons proposé que la phase de poules se déroule dans le hall 6 du parc des expositions de Versailles, les matchs à partir des quarts de finale restant, eux, prévus à l'Accor Arena de Bercy. La Fédération Internationale de Basket (FiBA), qui est l'instance qui doit valider in fine le site de compétition proposé par le Comité d'organisation, n'a jusqu'à présent validé cette option que si certaines réserves techniques, liées notamment à la hauteur de plafond de la salle, sont levées. Depuis un an et demi, Jean-Philippe, notre directeur des sports, échange donc régulièrement avec la Fédération pour lui proposer des solutions. Si les basketteurs prennent tout à coup la parole publiquement, ce ne doit pas être un hasard…

Deux jours plus tard, le 18 mars, Jean-Philippe reçoit un courrier de la FiBA indiquant qu'ils refusent l'organisation des compétitions dans le hall 6 du parc des expositions de la porte de Versailles. J'imagine que ses dirigeants espéraient obtenir la nouvelle Arena qui est en construction porte de la Chapelle pour leurs matchs préliminaires. Quand ils ont compris que nous n'avions pas prévu de leur proposer un autre lieu à la faveur de notre nouvelle révision de la carte des sites, ils ont décidé de nous mettre la pression par la voix de leurs athlètes.

Il va donc falloir que l'on trouve une autre solution, mais rien n'est simple quand on ne veut pas construire d'équipements spécifiquement pour les Jeux et que l'on doit jongler entre les cahiers des charges de chaque fédération internationale qui ont toutes des exigences très spécifiques, certaines pour la hauteur sous plafond, d'autres pour la dimension du terrain ou la température dans la salle. On ne dispose pas d'un nombre illimité d'équipements sportifs existants, et la mise en place de sites temporaires coûte cher. Mais le fait que la FiBA ait rejeté le hall 6 du parc des expositions nous donne aussi une nouvelle carte à jouer pour les sports collectifs, notamment pour le handball.

Jusqu'à présent, le handball, qui est le sport collectif le plus titré de l'histoire du sport français aux Jeux, était le seul sport collectif olympique à ne disputer aucun match à Paris, toutes ses épreuves étant prévues au stade Pierre-Mauroy, à Lille. Les handballeurs l'avaient regretté mais avaient compris que l'on n'avait pas d'autre solution et avaient été très fair-play. Ils connaissaient par ailleurs le stade de Lille, pour y avoir joué quelques matchs lors des championnats du monde de 2017, et savaient qu'ils pourraient y battre des records de fréquentation, la salle, avec ses 27000 places, étant bien plus grande que toutes les salles parisiennes. Mais maintenant que le hall 6 est disponible pour la première semaine des Jeux, le hand pourrait jouer ses phases finales dans la grande salle de Lille et venir jouer ses phases préliminaires à Paris.

Il faudrait par conséquent que l'on trouve un autre sport capable, comme le handball, de remplir le stade de Lille pendant la première semaine de compétition, et je ne vois que le basket. L'échange entre basket et hand paraît d'autant plus évident que le stade de Lille a accueilli l'Euro de basket en 2015 qui avait été un immense succès et avait suscité l'enthousiasme des joueurs.

Je me doute que ça ne va pas plaire au basketteur Evan Fournier, qui vient de publier un tweet dans lequel il juge le stade de Lille indigne de l'Équipe de France de handball et appelle ses joueurs à ne pas se laisser faire : « Sérieusement je suis handballeur, on me dit que je vais vivre les Jeux Olympiques @Paris2024 à Lille. JE PÈTE UN PLOMB. C'est une honte. Faut pas vous laissez faire. Combien de médailles d'or vous avez ramenées à la France ? Quel manque de respect. »

C'est l'une des contradictions classiques auxquelles on doit se confronter : tout le monde veut en théorie des Jeux plus durables, des Jeux qui s'appuient sur les infrastructures existantes, des Jeux qui ne nécessitent pas de construire de nouveaux équipements… jusqu'au jour où ces principes remettent en question notre propre confort. La réalité, c'est que nous n'avons pas quatre salles comme l'Accor Arena de Bercy à Paris et que les basketteurs ont déjà la chance de pouvoir y jouer tous leurs matchs à partir des quarts de finale.

★

Le 21 mars 2022, j'ouvre la réunion de notre conseil d'administration, que l'on organise cette fois dans nos locaux, à Saint-Denis. C'est une séance particulière car elle précède l'élection présidentielle qui va déterminer qui sera l'homme ou la femme politique qui, le 26 juillet 2024, déclarera les Jeux de la 33e Olympiade ouverts. Trois candidats – Anne Hidalgo, Valérie Pécresse et Emmanuel Macron – sont directement impliqués dans le projet. Mais ils ont su préserver Paris 2024 des tensions inhérentes à une campagne pour la plus haute fonction de l'État.

La maire de Paris et la présidente de la Région Île-de-France ont même pu se libérer pour être présentes malgré leurs agendas particulièrement chargés en ce moment. C'est bien qu'elles soient là, car nous devons valider un sujet dont la réussite va conditionner celle de nos Jeux: les principes de la grille tarifaire de notre billetterie. Dans la mesure où les revenus générés par les billets pèsent pour un tiers de nos ressources, notre équilibre budgétaire dépend de notre capacité à générer 1,1 milliard d'euros.

Les conseils d'administration de Paris 2024 rassemblent autour de la même table des acteurs très différents: l'État, le mouvement sportif, les collectivités, les athlètes… Chacun vient avec sa culture, son calendrier et ses priorités. Autant de logiques que d'acteurs. Le risque, c'est que chacun regarde les sujets à travers le prisme de la famille qu'il représente, plutôt que celui du projet commun. Le risque, c'est que chaque organisation défende avant tout son propre intérêt.

Alors, sur chaque grande décision, j'installe un cadre qui nous ramène à l'essentiel. Avant de parler de chiffres ou de calendrier, je pose des questions simples: quels sont les principes qui doivent nous rassembler? Est-ce qu'on est alignés sur ce qui doit vraiment guider nos choix? Quels sont les objectifs que personne ne peut contester?

Une fois ces fondations posées, elles deviennent notre boussole commune. Et, quand certains cherchent à pousser un peu trop les intérêts de leur camp, elles permettent de ramener tout le monde à ces points d'accord, à ce qui nous unit.

La billetterie est justement le genre de sujet où cette méthode prend tout son sens. Je leur présente d'abord les trois grands enjeux qui doivent servir de grille de lecture à chacun.

Premier enjeu : générer suffisamment de revenus pour garantir l'équilibre budgétaire des Jeux. Ça doit rester notre priorité absolue.

Deuxième enjeu : avoir une part significative de billets à des prix abordables ; pour qu'assister aux Jeux soit accessible au plus grand nombre.

Troisième enjeu : remplir les stades. Car des tribunes pleines, c'est l'âme même des Jeux. Et la barre est haute : plus de 12 millions de billets à vendre, soit près de cinq fois plus que pour la Coupe du monde de rugby qui se déroulera en France l'an prochain.

Une fois ces trois principes validés ensemble, ils deviennent notre cadre de référence. Et si les discussions s'animent et que certains réclament plus de billets à bas prix pour leur propre organisation, je ramène le débat à notre premier enjeu : générer suffisamment de revenus pour garantir l'équilibre budgétaire.

Tout le monde peut défendre ses priorités, mais à l'intérieur d'un cadre que nous avons fixé collectivement. Cela change tout : on ne parle plus de ce que chacun veut, mais de ce qui sert les Jeux.

À partir de là, nous présentons notre proposition de grille tarifaire et la méthode qui l'a guidée. Nous avons étudié les prix de presque tous les grands événements comparables – Londres 2012, Tokyo 2020, l'Euro 2016, les matchs NBA à Paris – avant de tester plusieurs hypothèses de tarification. Le résultat, c'est un prix d'entrée à 24 euros pour tous les sports olympiques.

Un choix fort. Peu d'événements sportifs commencent aussi bas, et quand c'est le cas, les billets à ces prix sont rares. Nous, nous avons voulu faire l'inverse : rendre la promesse accessible à grande échelle. Un million de billets seront à 24 euros et quatre millions de billets seront proposés à 50 euros ou moins – c'est plus que le nombre total de billets vendus pour la Coupe du monde de football. À l'autre extrémité, seuls 4 % des billets dépasseront les 400 euros et 12 % les 200 euros : ce sont eux qui financeront tous les billets accessibles. Nous avons aussi prévu de réserver une partie de nos billets les moins chers à l'État et aux collectivités pour qu'ils puissent inviter des écoles, des clubs et des associations.

La période d'inscription au tirage au sort s'étendra du 1er décembre 2022 au 31 janvier 2023. Les premiers packs seront mis en vente en février, puis une seconde vague de billets à l'unité suivra en mai.

Pour les billets paralympiques, les prix doivent être différents, car la cible est beaucoup plus française, locale et familiale. On a donc besoin d'une billetterie encore plus accessible si l'on veut pouvoir remplir l'ensemble des stades pour toutes les sessions. Nous proposons donc de fixer le billet d'entrée à 15 euros, avec un pass à 24 euros permettant de découvrir plusieurs sports. La moitié des billets sera à 25 euros ou moins.

Jusqu'à présent, la demande de billets a toujours été inférieure à l'offre et relativement tardive. Nous n'aurons donc pas besoin d'organiser de tirage au sort et ouvrirons la billetterie paralympique bien plus tard, a priori à l'automne 2023. Dans les faits, la plupart des billets paralympiques se vendront même plutôt pendant et juste après les Jeux Olympiques, car c'est généralement le succès des Jeux Olympiques qui fait le succès de la billetterie paralympique. Pour les Jeux de Londres, près de 40 % des ventes de billets paralympiques ont eu lieu en marge de la quinzaine olympique, soit parce que les spectateurs ont adoré leur expérience et n'ont pas eu envie que la fête se termine, soit parce qu'ils ont regretté d'avoir fui Londres pendant les JO et n'ont pas voulu manquer la version paralympique.

Pour autant, je ne me vois pas attendre les bras croisés que le succès olympique opère. La billetterie paralympique ne pèse pas le même poids financier que son pendant olympique puisqu'elle représente environ 8 % de l'objectif total des recettes de billetterie. Mais son enjeu reste immense pour nous : les athlètes paralympiques méritent de vivre leurs Jeux devant des stades pleins. Paris 2024 est aussi une opportunité unique pour les Français de voir le handicap dans toute sa diversité associé à la performance et aux émotions sportives. Plus ils seront nombreux à y assister, plus le regard de notre pays sur le handicap aura changé à l'issue des Jeux.

Avec Marie-Amélie Le Fur et les équipes du Comité paralympique français, on a en tête la programmation d'une Journée Paralympique à l'automne 2022 : un événement sur le modèle de la Journée Olympique – avec des démonstrations et des initiations sportives – mais cette fois entièrement dédié aux sports et aux athlètes paralympiques. On décide en plus d'organiser le

31 mars, une journée de sensibilisation auprès des médias, car ce sont avant tout eux qui vont pouvoir créer un lien entre les Français et leurs athlètes paralympiques en racontant leurs histoires et en rendant leurs visages familiers.

*

En mai, j'ai rendez-vous avec Bernard Arnault.

Le président de la République lui a glissé un mot sur l'importance que ce partenariat pourrait avoir pour la France. Cela a sans doute aidé à rendre possible cette rencontre. Depuis ma rencontre avec Marc-Antoine Jamet, le secrétaire général du groupe LVMH en 2019, je garde l'idée d'un partenariat en tête. Avec la guerre en Ukraine et l'inflation qui continue, je sais que l'on n'arrivera pas à maintenir notre ambition sans eux. LVMH et Paris 2024, pour moi, c'est toujours une évidence. Les Jeux doivent montrer le meilleur de notre pays et les Maisons du groupe sont une expression de l'excellence française : Louis Vuitton, Dior, Moët Hennessy, Berluti, Chaumet... Leur créativité, leur savoir-faire, leur capacité à faire rayonner la France dans le monde, tout converge.

J'ai donc demandé à l'équipe commerciale de garder le contact et de rendre nos idées plus concrètes. De montrer comment ces savoir-faire pourraient s'exprimer à travers les grands moments des Jeux : les cérémonies, les médailles, les célébrations.

Le groupe est longtemps resté réservé mais, depuis que nous avons annoncé notre concept pour la cérémonie d'ouverture, quelque chose a changé. Ils ont compris que cette cérémonie allait être le plus grand défilé jamais organisé et que les Jeux n'avaient pas d'équivalent.

À partir de ce moment-là, les discussions se sont intensifiées entre François-Xavier Bonnaillie, notre directeur commercial, et les équipes de LVMH. Puis Bernard Arnault a accepté de me recevoir. C'est un signal positif mais je sais que je n'aurai qu'une seule chance de le convaincre. Si je ne suis pas assez bon, tout pourrait s'arrêter là. Alors je me prépare comme avant une compétition. Même tension, même concentration. Je revois mes notes, les arguments, les visuels. Je me répète les phrases clés, celles qui doivent toucher juste.

Quand j'entre dans la salle de réunion, Bernard Arnault est déjà là. Il est accompagné de son fils Antoine Arnault et de la directrice de la communication du groupe, Hélène Freyss, qui ont coordonné les discussions sur un éventuel partenariat jusqu'à présent. Il me salue avec courtoisie, et nous commençons.

Je lui présente nos idées concrètes : Chaumet pour dessiner les médailles, Louis Vuitton pour créer la malle qui les transportera, Dior pour habiller l'artiste qui chantera sur le toit du Grand Palais…

Il écoute, observe, questionne peu, ne laisse rien paraître.

Je sors de son bureau sans promesse, sans garantie, mais j'ai le sentiment qu'un verrou a sauté. Il a compris l'esprit du projet, son potentiel, son ambition. Il a vu la France qu'on veut montrer. La porte est entrouverte.

★

Samedi 28 mai 2022. Je suis à Pau pour le week-end. Le soir, mon téléphone se met à vibrer.

Des alertes précisent que le coup d'envoi de la finale de la Ligue des champions entre Liverpool et le Real Madrid est retardé de plus d'une demi-heure. Elle se tient au Stade de France.

Très vite, les témoignages affluent. Des fans parlent de points de contrôle saturés, de supporters bloqués à l'extérieur dans des files d'attente interminables, d'individus cherchant à forcer les grilles. Des vols et des agressions sont signalés dans les zones périphériques, tandis que les forces de l'ordre utilisent du gaz lacrymogène pour disperser la foule.

Je suis ça à distance, sidéré. C'est le Stade de France. Là où, dans deux ans, nous organisons les Jeux. Sur toutes les chaînes télé, le lien avec Paris 2024 s'installe : « Si la France ne sait pas sécuriser un match… comment vont se dérouler les Jeux ? »

Le lendemain, la presse britannique est sans pitié, les médias internationaux unanimes sur ce fiasco. En France, l'interrogation est massive. La soirée a effacé des mois d'efforts pour démontrer notre capacité à organiser de grands Jeux en toute sécurité, alors que ce n'est ni la même équipe, ni les mêmes conditions d'organisation. À deux ans de l'événement, nous avons encore besoin de convaincre de nombreux sponsors, et cet incident ne va pas nous aider. L'État réagit vite. Une mission d'enquête est confiée à Michel Cadot, en sa qualité de délégué interministériel aux grands événements sportifs.

Quelques semaines plus tard, son rapport est publié. Le constat est clair : les incidents du Stade de France ne sont pas dus à un manque de moyens, mais à un manque de coordination. Trop d'acteurs, trop de chaînes de commandement, pas de pilotage unifié. Ce qui a manqué ce soir-là, c'est précisément ce que nous mettons en place pour les Jeux.

Cette soirée a fait mal à l'image de la France et, par ricochet, à celle de Paris 2024. Mais elle a aussi provoqué une réaction forte de l'État. Désormais la mobilisation est générale. Un rappel brutal, mais utile.

Pour nous, c'est une polémique de plus à gérer mais, paradoxalement, c'est aussi une forme de garantie. On n'aura pas droit à l'erreur. Pour réussir les Jeux, il faudra que tout le monde, l'État, les collectivités, Paris 2024 et les opérateurs de transport tirent dans le même sens. Désormais, tout le monde le sait.

★

On approche de l'été 2022. C'est le moment de finaliser nos deux derniers recrutements les plus importants. Il faut que l'on trouve un directeur artistique des cérémonies capable d'imaginer un spectacle à la hauteur du cadre hors norme que nous avons choisi et un directeur des opérations qui, sous l'autorité d'Étienne, supervisera toute la livraison opérationnelle des Jeux. Concrètement : tous les sujets liés aux sites, aux infrastructures, à l'hébergement, à la restauration, à la logistique… Ce sont deux recrutements qui pèseront directement sur le succès des Jeux et pour lesquels on n'a pas droit à l'erreur.

La fiche de poste du directeur des opérations est publiée sur notre site dédié aux recrutements. On reçoit beaucoup de candidatures mais, à chaque fois que j'évoque le sujet de ce recrutement avec un expert de l'écosystème sportif français, le même nom revient : Édouard Donnelly.

Il réunirait effectivement toutes les qualités nécessaires : expertise olympique, expérience des grands événements, parfaite connaissance du projet Paris 2024 et du paysage sportif et institutionnel français. Polytechnicien passionné de sport, il a été directeur de cabinet d'Étienne Thobois pendant la Coupe du monde de rugby 2007, puis a cofondé avec lui l'agence Keneo, avec laquelle il a développé une expertise olympique rare. Il a ensuite dirigé le championnat du monde de handball 2017, avant de prendre la tête d'une start-up dans le sport. Quand la direction générale de la Coupe du monde de rugby 2023 est devenue vacante récemment, beaucoup ont pensé à lui.

Édouard est candidat et semble avoir le profil idéal. Je saisis donc notre Comité d'éthique pour savoir si nous pouvons le recruter et, si oui, à quelles conditions car son frère vient de monter une agence dans laquelle Édouard est associé et qui vient de nous faire une offre pour le marché de l'organisation opérationnelle du relais de la flamme.

Si nous avons mis en place un Comité d'éthique dès les premiers mois du Comité d'organisation, en 2018, c'était en anticipant que des dizaines de questions de ce type pourraient se poser et que nous aurions besoin d'avis éclairés et sûrs.

Nous avons voulu que sa composition soit absolument incontestable. Ce comité rassemble donc des représentants de la Cour de cassation, de la Cour des comptes, de l'Agence française anticorruption, du Défenseur des droits, de l'OCDE, ainsi que deux parlementaires. Pour le présider, nous avons sollicité Jean-Marc Sauvé, référence absolue en matière de probité et de discernement qui a été à la tête du Conseil d'État de 2006 à 2018. Officiellement, ses avis sont consultatifs mais, quand Jean-Marc Sauvé rend un avis, je le considère comme une décision.

*

Pour le poste de directeur artistique des cérémonies, le temps presse et on n'a toujours pas de piste sérieuse.

Deux ans, c'est peu pour construire le récit des cérémonies, finaliser le projet artistique de chacune d'elles, trouver les artistes, les chorégraphes, les compositeurs, les costumiers, les danseurs… et répéter tout le spectacle. Il faut absolument que l'on trouve rapidement.

Thierry multiplie les rencontres avec des metteurs en scène, des réalisateurs, des chorégraphes, des stylistes, et je libère du temps pour rencontrer tous ceux que Thierry présélectionne. Je découvre des personnalités fascinantes, audacieuses, avant-gardistes mais, à ce stade, je ne vois aucune évidence. Beaucoup sont déjà engagées ailleurs et nous avons besoin de quelqu'un qui puisse se consacrer entièrement aux Jeux.

Le 1er juin, Thierry me propose de l'accompagner à l'Opéra pour voir *Le Lac des cygnes* du chorégraphe suédois Alexander Ekman. J'ai beaucoup entendu parler de *Play*, son spectacle monté à l'Opéra de Paris, et Thierry insiste pour que je découvre son travail et pour me le présenter.

Je suis vraiment touché par son *Lac des cygnes* et j'accroche énormément avec lui lors de nos échanges. J'aime son humilité et le trouve incroyablement serein malgré la pression du moment. Je suis séduit, mais je ne m'imagine pas confier la direction des cérémonies à un artiste étranger. Il pourra évidemment y avoir des personnalités internationales dans l'équipe des cérémonies mais, pour moi, le chef d'orchestre doit être français.

La cérémonie du 26 juillet 2024 sera, d'une certaine manière, un portrait de notre pays. Je veux qu'elle parle au monde avec un regard venu d'ici et qu'elle soit aussi une vitrine pour la scène artistique française.

C'est la même conviction qui m'a guidé pour constituer l'équipe dirigeante de Paris 2024. Autant, en phase de candidature, on cherchait des profils internationaux, parce que notre mission était de convaincre des internationaux, autant maintenant, on doit organiser des Jeux « à la française ». Avec plus d'une cinquantaine de nationalités différentes, l'équipe de Paris 2024 reste éminemment internationale, mais elle est principalement dirigée par des talents nourris de culture, d'histoire et de créativité françaises et je crois profondément que c'est ainsi que nos Jeux pourront avoir une âme singulière.

Quelques semaines plus tard, Thierry m'appelle : « J'ai trouvé quelqu'un que tu dois absolument rencontrer. Thomas Jolly. » Je ne connais pas son nom, mais je sens l'enthousiasme de Thierry.

Nous nous retrouvons dans un café parisien, le jour de la Fête de la musique. Thierry et Thomas sont déjà attablés quand j'arrive, et des musiciens sont en train d'installer leurs enceintes et d'ajuster leurs micros. On passe deux heures ensemble et je sens que les planètes s'alignent enfin.

Thomas semble tout combiner. Il est aussi à l'aise dans le registre classique – il a reçu un Molière pour sa mise en scène d'une pièce de Shakespeare – que dans le registre populaire, puisqu'il travaille actuellement sur un remake de la comédie musicale *Starmania*. Il prône des valeurs d'ouverture, de tolérance et d'inclusion alignées avec celles du Mouvement olympique et paralympique et de Paris 2024. Surtout, il a l'audace de faire des choses qui n'ont jamais été faites auparavant, comme cette représentation théâtrale de vingt-quatre heures qu'il a créée pour le festival d'Avignon.

Je le sens aussi à l'écoute. C'est important car je ne peux pas laisser les clés des cérémonies à une star qui va considérer qu'elles lui appartiennent. Je veux engager quelqu'un avec qui je pourrai trouver un point d'équilibre entre la liberté de création que je dois laisser à l'équipe artistique, et la responsabilité qui m'incombe. Il s'agit de l'ouverture et de la clôture des Jeux, et les enjeux budgétaires, culturels et politiques de ces cérémonies, et notamment de la première, dépassent ceux de n'importe quel autre spectacle. Je cherche un artiste visionnaire, avant-gardiste, créatif, audacieux, mais qui a bien conscience qu'il met en scène les cérémonies des Jeux de Paris 2024, non son propre spectacle. Je ressens chez Thomas cette intelligence et cette capacité d'adaptation qui lui permettent de comprendre qu'il s'inscrit dans une histoire qui a déjà commencé à s'écrire avant lui.

Thomas a conscience qu'il ne connaît pas du tout l'univers des Jeux mais il a déjà des idées. Au milieu des Parisiens et des touristes qui prennent l'apéritif, on commence à évoquer ce à quoi pourrait ressembler le plus grand spectacle qui n'ait jamais été organisé en France. Il peut se libérer : il dirige le Centre dramatique national d'Angers mais pourrait être remplacé à la tête de l'institution. Mis à part la promotion du spectacle *Starmania*, il pourrait s'engager complètement dans les Jeux d'ici la fin d'année. J'aime l'idée que les Jeux fassent grandir de jeunes talents français.

Thierry m'avait raconté qu'il avait passé avec Thomas une première soirée qui avait fini à 2 heures du matin – je comprends pourquoi. Ils ont en commun l'audace et la créativité, une vraie complicité artistique. Thierry sait créer des images fortes ; Thomas sait construire un récit. Leur duo, j'en suis sûr, peut faire naître quelque chose d'unique.

Je sors du café soulagé : on tient enfin une piste solide.

Même si le choix final m'appartient, je veux qu'il soit partagé. Je prévois donc d'en parler avec la maire de Paris et le président de la République. Pas par protocole, mais parce que le spectacle que nous allons confier à Thomas Jolly appartiendra à tout un pays.

Thomas n'a officiellement pas encore commencé à travailler sur les cérémonies mais il est déjà habité par le projet. Il peut en parler pendant des heures, comme si tout prenait déjà forme dans sa tête. Il a une capacité incroyable à embarquer les gens dans son univers. Sa première mission va être de composer un comité chargé de l'accompagner dans l'écriture du récit de la cérémonie d'ouverture olympique.

★

Le 9 juin, je retrouve Jean-Philippe, notre directeur des sports, et Boris Diaw, le manager de l'Équipe de France de basket, pour dîner.

Je connais bien Boris. Il a commencé sa carrière professionnelle à Pau-Orthez et est resté profondément attaché au Sud-Ouest. On a aussi vécu les Jeux de Londres 2012 ensemble. C'est quelqu'un de posé, réfléchi et, surtout, respecté par tous les joueurs. À la suite des coups de gueule de plusieurs basketteurs emblématiques à propos des lieux qui pourraient accueillir les épreuves préliminaires de basket, et notamment ceux d'Evan Fournier et de Rudy Gobert, qui ont beaucoup fait parler, j'ai demandé à Boris de m'aider à organiser un échange avec eux pour que je puisse leur expliquer les contraintes du dossier. J'aimerais qu'ils entendent de ma bouche nos options, nos marges de manœuvre et les raisons pour lesquelles le choix de Lille avance. Il faut qu'ils comprennent que ce n'est pas une décision contre eux mais un choix d'équilibre entre les sports et de responsabilité budgétaire.

Evan Fournier a finalement un empêchement, mais on peut comme convenu faire une visio avec Rudy Gobert au cours de laquelle on reprend tout, point par point : les contraintes logistiques, les enjeux d'équité entre disciplines – comment permettre aux handballeurs, par exemple, de jouer leurs phases de poules à Paris –, la maîtrise des coûts, nos engagements pour des Jeux sobres et durables…

Boris et Rudy écoutent, questionnent, cherchent à comprendre. Jamais dans la confrontation. Je sens qu'ils mesurent l'équilibre fragile qu'on essaie de préserver, qu'ils voient que Lille est une nécessité. Ils auraient évidemment préféré jouer tous leurs matchs à Paris, mais je sens qu'on a rétabli un lien de confiance.

Les 20 et 22 juin, j'ai un échange par téléphone avec Mark Tatum, le numéro deux de la NBA, puis un autre avec Pau Gasol, l'ancienne star espagnole devenue membre de la Commission des athlètes du CIO. L'objectif est le même qu'avec les basketteurs français : expliquer, apaiser.

Jean-Philippe fait la même chose avec d'autres joueurs et dirigeants de l'écosystème basket. Certaines discussions sont constructives, d'autres ressemblent davantage à un dialogue de sourds. Même si le sujet est loin d'être réglé, ces échanges directs contribuent à faire redescendre un peu la tension.

⋆

22 juin 2022. Aujourd'hui, j'ai rendez-vous dans l'un des plus grands magasins Carrefour de France, à Drancy. Pour annoncer notre partenariat et dévoiler sa team d'athlètes, le groupe Carrefour a décidé de faire passer les champions qu'il soutient pour des collaborateurs de l'enseigne le temps d'une journée. Charge aux clients de les démasquer… Marie-José Pérec est au rayon fruits et légumes, Laura Flessel à l'accueil, Arnaud Assoumani à la poissonnerie, Teddy Riner en caisse ! L'idée est géniale, les athlètes se marrent bien et les clients sont ravis.

Pour nous, ce partenariat, c'est une immense victoire. Carrefour devient notre cinquième partenaire de rang 1 et fournira en produits frais et bio le village olympique et paralympique pour la préparation des repas des athlètes pendant toute la durée des Jeux. Il développera également toute une gamme de produits sous licence Paris 2024. S'associer à Carrefour, qui est présent partout avec 6000 magasins dans toute la France, ça nous permet de nous rapprocher d'un maximum de Français.

Alexandre Bompard, le président-directeur général de Carrefour, est un vrai passionné de sport, mais il a dès le début choisi de mettre de côté sa passion personnelle pour se demander si ce partenariat était objectivement dans l'intérêt de son groupe. On s'est retrouvé sur l'ambition de proposer une alimentation saine et durable aux publics des Jeux, avec des engagements forts, comme celui d'avoir 80 % des produits d'origine française.

⋆

Pour le poste de directeur des opérations, nous avons reçu plusieurs candidatures solides mais, à l'issue du processus de recrutement, la candidature d'Édouard s'impose largement.

Le Comité d'éthique, après l'avoir auditionné et examiné sa situation attentivement, rend un avis favorable à sa nomination, sous conditions. Il devra céder les parts qu'il détient dans la société fondée par son frère, qui a candidaté au marché que nous avons publié pour l'organisation du relais de la flamme. Ces parts devront être revendues à parts égales à son frère et à son associé. Par ailleurs, Édouard devra se déporter de toute réunion liée à ce marché, ce qui ne pose pas de difficulté : ce dossier relève du périmètre de Michaël et non de celui d'Étienne, dont dépendra le futur directeur des opérations. Quant à sa précédente aventure avec Keneo, le Comité d'éthique considère qu'elle n'entre plus en ligne de compte car il a revendu l'ensemble de ses parts depuis plusieurs années. Son arrivée est prévue pour le mois de novembre.

Chapitre XXI

En France, on part de loin.

Tout le monde connaît Laure Manaudou ou Teddy Riner mais, si on demande à un Français de citer un athlète paralympique, il sèche. Le sport paralympique reste méconnu, presque invisible. Notre défi, c'est de changer ça.

Le 8 octobre, nous organisons la première Journée Paralympique : 160 athlètes venus de toute la France, pour des démonstrations et des initiations de basket fauteuil, cécifoot, escrime, para athlétisme, para aviron, para judo, volley assis, tennis fauteuil…

Depuis 2017, nous célébrons chaque année la Journée Olympique, organisée partout dans le monde le 23 juin à l'initiative du CIO. Dès le départ, nous avons choisi d'y associer les sports et les athlètes paralympiques. Nous n'avons pas pu en changer le nom – « Journée Olympique » est une marque déposée du CIO – mais l'esprit, lui, était déjà là : rassembler tous les athlètes, tous les sports.

Mais nous voulions aller plus loin. Donner au sport paralympique une double dose de visibilité. Garder cette journée commune, mais organiser aussi une autre journée entièrement dédiée aux athlètes paralympiques : leurs disciplines, leurs performances, leurs visages. Parce qu'en France, on part de plus loin sur le sujet et qu'il faut rattraper le temps perdu.

Michaël Jérémiasz, champion paralympique de tennis fauteuil à Pékin 2008, en a été le moteur. Il se bat depuis des années pour donner de la visibilité au handicap et il savait que cette journée pouvait être un tournant.

Avec Marie-Amélie Le Fur, la présidente du Comité paralympique français, nous avons choisi de l'organiser place de la Bastille parce qu'elle porte en elle un symbole : celui des révolutions. Cette journée doit en être une : la révolution paralympique, ce moment où le regard change.

Je l'ai vécu pour mes premiers Jeux Paralympiques à Rio. Au début, on voit le fauteuil, la lame, le corps différent. Et puis, en quelques minutes, le filtre tombe. On ne voit plus que la performance, la puissance, la beauté du geste. Le handicap s'efface. Et ce changement-là, aucun slogan, aucune campagne d'affichage ne peut le provoquer. Une initiation avec un athlète paralympique vaut plus que des années de communication. En quelques minutes, le regard se transforme durablement.

Chez les plus jeunes, c'est encore plus fort : ils ne voient pas la différence, ils voient le talent, la joie, le courage. Et une fois ce regard changé, il ne revient jamais en arrière.

La journée est un succès total.

Quelques jours plus tard, nous franchissons une nouvelle étape. Le 20 octobre, nous présentons à la presse le format de la cérémonie d'ouverture des Jeux Paralympiques, prévue le 28 août 2024.

Notre ambition est d'offrir aux athlètes paralympiques une cérémonie aussi ambitieuse que celle des Jeux Olympiques, avec la même exigence, la même beauté, la même intensité, mais avec sa propre personnalité.

Thierry propose de faire défiler les athlètes sur les Champs-Élysées, avant un grand final place de la Concorde. Quand il m'en parle, je suis conquis. Parce que le concept est très différent de celui du 26 juillet, mais tout aussi fort symboliquement. Les athlètes paralympiques au cœur de la plus belle avenue du monde : une image d'égalité, de dignité, d'émotion.

Pour concevoir ce moment, il faut un regard artistique singulier. Thomas Jolly et Thierry Reboul vont être de plus en plus absorbés par la préparation de la cérémonie olympique. Nous craignons que la cérémonie paralympique ne soit pas suffisamment accompagnée, faute de temps. Il faut quelqu'un pour s'y consacrer pleinement, sous leur direction.

Thierry me reparle alors du chorégraphe du *Lac des cygnes* que nous sommes allés voir ensemble : Alexander Ekman.

À l'époque, il me l'avait proposé comme directeur artistique général, avant qu'il ne rencontre Thomas Jolly. J'avais décliné, car je tenais à ce que la cérémonie olympique soit portée par un créateur français, enraciné dans notre culture. Mais ici, la situation est différente. Pour la cérémonie paralympique, il ne s'agit pas de promouvoir la France : il s'agit de promouvoir un regard nouveau sur la diversité, le handicap, la beauté du mouvement humain sous toutes ses formes. Sur ce terrain, Ekman est idéal. Chorégraphe avant tout, il a ce talent rare : celui de révéler la grâce dans les corps. Il ne cherchera pas à masquer la différence, mais à la sublimer.

Quand on lui en parle, Alexander accepte immédiatement et devient directeur de la chorégraphie et metteur en scène de la cérémonie d'ouverture paralympique, sous la supervision de Thomas et Thierry.

Après l'annonce de la cérémonie d'ouverture place de la Concorde, on enchaîne avec une nouvelle annonce, moins d'un mois plus tard. Le 14 novembre, on dévoile enfin nos mascottes : les « Phryges ». Le dessin, inspiré du bonnet phrygien, est validé depuis plus d'un an et demi, mais nous voulions faire coïncider le dévoilement des mascottes avec l'ouverture de notre première boutique officielle, prévu deux jours plus tard dans le quartier des Halles, à Paris, à quelques semaines des fêtes de Noël.

Nous avons choisi de faire l'annonce dans nos locaux. Pendant que les journalistes arrivent dans le hall, accueillis par l'équipe de communication, je revois une dernière fois la présentation avec Julie, notre directrice de la marque, et Joachim Roncin, notre directeur du design.

Dans le plus grand secret, ils ont travaillé avec notre agence pendant des mois sur ce projet, et miracle, il n'y a eu aucune fuite. Pas un visuel n'est sorti dans la presse. C'est presque un exploit à une époque où tout se retrouve dans la presse ou sur les réseaux sociaux avant l'annonce officielle.

Au-delà du design, ce projet a aussi mobilisé toute l'équipe chargée des produits sous licence. L'appel d'offres a abouti à la sélection de deux entreprises françaises dont l'une, Doudou et Compagnie, a décidé de profiter des volumes hors norme des Jeux pour renforcer ses capacités productives en France en agrandissant son atelier – de 1000 à 3500 mètres carrés – et en passant de 15 à 60 couturiers et couturières. 15 % des peluches produites par Doudou et Compagnie seront ainsi assemblées localement.

Les mascottes rencontrent un immense succès. Elles plaisent à 75 % des Français et 83 % des enfants et adolescents âgés de six à dix-sept ans, qui étaient notre cible prioritaire. Elles déclenchent aussi un flot de réactions, certaines très drôles, notamment quand elles sont comparées à un clitoris. *Libération* s'en amuse dans un éditorial titré : « Vive les Phryges, les mascottes clitoris qui en mettent plein la vulve ». Joachim réagit d'ailleurs avec humour à cette comparaison. Invité sur le plateau de *Quotidien*, il répond sans détour : « Si les gens y voient un clitoris, c'est bien, non ? Et si ça peut permettre à certains de savoir à quoi ça ressemble, tant mieux. » Sa répartie a fait sourire tout le monde sur le plateau.

Les Phryges font sourire. Elles font parler. Elles existent.

Mais dès le lendemain matin, tout bascule. Invité de la matinale de France Info, le ministre de la Transition écologique est interrogé sur le fait qu'au total, seules 8 % des mascottes sont fabriquées en France. Sans hésiter, il répond : « Il y a un problème. J'espère qu'on aura encore quelques mois pour corriger le sujet. » La phrase se met à tourner en boucle, Anne m'appelle aussitôt.

Plusieurs dizaines d'années après le début de la désindustrialisation, un ministre vient de découvrir que 99 % des peluches que l'on achète pour Noël sont produites en Chine. Je suis consterné. Nous n'avons plus depuis longtemps l'appareil productif capable de fabriquer tout ce que nous vendons, et certainement pas les moyens de le reconstruire en quelques mois. Nous avons fait le choix de prestataires français pour produire nos mascottes, mais ces prestataires ont des sous-traitants en Chine pour absorber l'essentiel de la fabrication, parce que la filière fonctionne comme cela. En France, on commente plus vite qu'on ne produit.

Les propos du ministre sont repris partout, amplifiés, commentés. En une matinée, on passe d'une mascotte populaire à un débat sur le *made in France*. À la faveur de la mascotte des Jeux, un pays tout entier découvre qu'il ne fabrique plus ses jouets de Noël. C'est un *bad buzz* dont on se serait bien passé…

Nous aurions évidemment préféré que 100 % des mascottes soient produites en France, mais les Jeux n'ont pas de baguette magique. Ils ne peuvent pas effacer plusieurs décennies de désindustrialisation. S'il reste quelques ateliers de fabrication dans l'Hexagone, aucun ne peut absorber le volume des trois millions de peluches à produire pour les Jeux. C'est la réalité et, dans ce débat, elle pèse moins lourd qu'une phrase lâchée trop vite à la radio.

⋆

Le 28 novembre, deux jours avant l'ouverture des inscriptions au tirage au sort de la billetterie, nous avons donné rendez-vous aux journalistes dans le salon du premier étage de la tour Eiffel.

Au cœur des plus beaux sites de Paris 2024, je leur présente les grands principes de la billetterie : l'idée du tirage au sort pour un créneau d'achat, la vente par packs de billets puis la vente à l'unité, la possibilité d'acheter jusqu'à 30 billets…

La billetterie doit générer plus d'un milliard d'euros de revenus si l'on veut avoir une chance d'équilibrer notre budget, alors ce lancement est vital. Je me doute que l'ouverture des inscriptions va susciter de l'intérêt, mais j'ignore à quel point.

Le soir de l'ouverture des inscriptions coïncide avec la soirée de Noël des équipes de Paris 2024. En arrivant, je croise Capucine Bernet, notre directrice en charge de la billetterie dans l'équipe de Damien, à la fois épuisée et fière. Toute la journée, elle m'a tenu informé des chiffres. Et là, elle me dit : « On a déjà plus de 375 000 inscrits, en une seule journée ».

C'est canon comme départ. Pourtant, on avait répété partout qu'il n'y avait aucune urgence, qu'il était possible de s'inscrire jusqu'au 31 janvier et que le moment où l'on s'inscrivait n'aurait aucun impact sur le résultat du tirage au sort.

Capucine sourit et me dit avec beaucoup d'émotion dans la voix : « Malgré tout ce qu'on a pu lire ou entendre contre les Jeux, les fans sont là, ils nous attendaient ! »

★

Mi-décembre, on arrive enfin au bout de notre révision budgétaire.

Un exercice de plusieurs mois, mené comme un marathon collectif, où chaque direction a dû revisiter ses priorités, ligne après ligne, chiffre après chiffre. Réviser un budget, ce n'est jamais juste une affaire de chiffres ; c'est toujours aussi une affaire de discernement. Ça peut sembler évident, mais c'est ce qu'il y a de plus difficile. Savoir où couper sans abîmer ce qui fera, plusieurs années après, la valeur des Jeux.

Le risque, dans ces exercices, c'est d'aller au plus simple : couper ce qui coûte cher ou ce qui n'est pas encore lancé. Mais certaines dépenses, même si elles pèsent dans un budget, créeront une émotion, une fierté, qui changeront la face de nos Jeux.

Le jour J, ce sont elles qui feront la différence entre des Jeux réussis et des Jeux historiques.

Notre rôle, c'est donc de distinguer ce dont on pourrait se passer sans mettre en péril l'organisation de ce qui relève de l'essentiel. Réduire les niveaux de service jusqu'à la limite acceptable mais sans jamais la franchir.

On doit sans cesse se demander : « Est-ce qu'on va perdre quelque chose de nécessaire ou simplement quelque chose d'utile ? Est-ce qu'on va perdre quelque chose dont les gens parleront encore après les Jeux ? »

Et puis, au-delà du montant réellement économisé et son impact sur la qualité des Jeux, il y a l'effet que cela produira sur les équipes. Parce que couper des budgets, c'est aussi couper des projets dans lesquels des gens ont mis tout leur cœur. Annoncer à une équipe qu'un travail de plusieurs mois ne verra jamais le jour, c'est dur. Je le sais à chaque fois que je raye une ligne dans un fichier Excel : ce ne sont pas que des chiffres, ce sont des idées, du temps, de l'énergie. Et il faut que ces équipes reviennent le lendemain avec la même envie, la même détermination. C'est sans doute l'un des défis les plus exigeants de notre management : trouver comment continuer à mobiliser alors qu'on demande de renoncer à ce que tout soit parfait. C'est un exercice d'équilibriste permanent.

Sur ce que l'on appelle le « look des Jeux », qui est l'habillage visuel des sites, on a gardé tout ce qui aurait le plus d'impact visuel et symbolique, ce qui serait le plus visible pour les téléspectateurs et les spectateurs, et on a dégradé le reste. D'autres décisions ont été plus douloureuses encore, quand il a fallu abandonner des projets entiers.

Je sais que ce n'est pas fini. On devra encore trouver des marges, encore faire des choix, encore trancher. Jusqu'au bout.

Chapitre XXII

Janvier 2023. Plus que dix-huit mois avant les Jeux. Sebastian Coe m'avait prévenu : c'est le moment où tout s'accélère.

Les Jeux vont entrer dans la lumière et, avec elle, dans le bruit. À partir de maintenant, chaque sujet deviendra un débat, chaque difficulté un scandale. Les Jeux vont progressivement être sur toutes les chaînes, dans tous les journaux et dans toutes les conversations. Forcément, on va entendre que la France n'est pas prête, que rien ne fonctionne, que tout déraille.

Je sais que c'est inévitable, mais je ne veux pas laisser ce bruit recouvrir la réalité. Plutôt que de subir, je décide de créer un nouveau rendez-vous avec les journalistes. Un point d'étape factuel pour remettre des faits et des indicateurs là où, trop souvent, l'émotion et le commentaire prennent toute la place. La préparation de cette conférence de presse me donne aussi l'occasion de prendre de la hauteur sur nos différents projets, et de mesurer tout le chemin parcouru avec les équipes.

Le 25 janvier, nous organisons le premier de ces rendez-vous dans nos locaux. Deux heures et demie d'échanges, presque trois. On passe tout en revue : nos revenus commerciaux, nos marchés, l'avancement de nos sujets transports, sécurité, sites…

Nos indicateurs sont excellents. Je sais que cela ne fera pas la une. On ne vend pas de journaux avec : « Tout va bien chez Paris 2024 ». Mais l'essentiel, c'est de tenir la ligne, de ne pas déserter le terrain.

Pour rappeler, faits à l'appui, que malgré les polémiques, le projet avance, je souhaite faire de cette conférence de presse un rendez-vous régulier jusqu'aux Jeux.

Six jours plus tard, le 31 janvier à 18 heures, la phase d'inscription pour le tirage au sort de la vente de billets par packs s'achève avec 2,5 millions de personnes inscrites. C'est déjà un succès.

Les premiers tirés au sort pourront accéder à la billetterie le 15 février à 10 heures. On sait qu'il y aura des déçus : il y a 10 millions de places olympiques au total, mais seuls 3 millions sont concernées par cette première phase…

Le jour J, l'équipe billetterie s'installe avec les équipes en charge de la technologie et de la communication dans une salle dédiée. Tout est prêt pour réagir au moindre incident. À Tokyo, pour les Jeux précédents, la plateforme avait planté. Cette fois, tout doit tenir.

À 10 heures précises, les premiers tirés au sort se connectent. Je jette un œil à la boucle dédiée à la billetterie sur notre messagerie : les ventes démarrent, le système tient bon. Minute après minute, aucun signal d'alerte. C'est une victoire silencieuse. La première, sans doute, pour un événement mondial de cette ampleur.

Pour ces premiers tirés au sort, c'est le jackpot. Des centaines de sessions, tous les sports, tous les tarifs. Du beach volleyball au pied de la tour Eiffel, de l'équitation à Versailles, du judo avec Teddy Riner… Plusieurs centaines de milliers de billets à 24 euros…

La demande est telle que ces billets partent en quelques minutes. Alors, quand ceux qui ont été tirés au sort pour un créneau plus tardif entrent dans la boutique, les billets à 24 ou 50 euros sont déjà partis. Il reste des places, bien sûr, mais dans les catégories supérieures. Ces billets-là partent plus lentement. Plus on avance, plus la boutique semble ne proposer que les billets les plus chers.

C'est le paradoxe de notre modèle. Un nombre réduit de billets à tarifs élevés permet de proposer des millions de places plus accessibles, et très vite on ne voit plus que ces billets les plus chers.

Les médias, les réseaux sociaux, les conversations ne parlent que des prix les plus élevés. Les billets à 24 euros ? Invisibles. Les plus de deux millions de billets mis en vente pour cette phase à moins de 100 euros ? Passés sous silence. L'attention se focalise uniquement sur les tarifs les plus hauts, comme si c'était l'ensemble.

C'est notre plus grosse polémique grand public. Et elle fait mal.

Les équipes doivent se justifier sans arrêt. À table, entre amis, en famille. « Oui, mais tu sais, 24 euros pour voir Teddy Riner, ça existe vraiment. » C'est comme si tous nos billets à moins de 50 euros étaient devenus des billets fantômes. Ils existent pourtant bien : ils ont simplement déjà trouvé preneur, parmi les plus chanceux du tirage au sort. On aimerait que les médias parlent davantage de ceux qui, justement, ont pu acheter ces billets accessibles. Cette majorité silencieuse et heureuse. On aimerait aussi qu'ils comparent nos tarifs à ceux d'autres grands événements : une journée dans un grand parc d'attractions, c'est plus de 100 euros ; certains concerts atteignent plusieurs centaines d'euros ; et pourtant, personne ne parle de scandale.

Mais cette réalité ne passe pas.

C'est pourtant cet équilibre entre billets à tarifs élevés et billets accessibles qui garantit la solidité économique des Jeux. Paris 2024 n'a pas vocation à faire des bénéfices, simplement à financer ces Jeux.

Fin février, nous décidons de maintenir la boutique ouverte malgré la polémique. Parce qu'au fond, les ventes continuent, les stades se remplissent et le modèle fonctionne. Grâce à la vente par packs, des sports traditionnellement moins demandés sont boostés : le hockey, le rugby féminin… C'est aussi ça, notre mission : permettre à tous les sports d'avoir leur public.

Début mars, nous clôturons la première phase. 3,25 millions de billets vendus ! Plus de billets vendus en seulement trois semaines que l'ensemble des billets de la Coupe du monde de football France 1998. Dans le détail : 13 % à 24 euros, 70 % à moins de 100 euros, et seulement 4,5 % à plus de 200 euros. Ces chiffres-là ne font pas la une.

Si, demain, on faisait un micro-trottoir pour demander aux Français combien coûte un billet pour les Jeux, je suis sûr qu'ils répondraient tous : « 400 euros ».

La perception a gagné sur la réalité.

★

Le 20 avril, le verdict tombe : 3,5 millions d'inscrits au second tirage au sort pour accéder à la phase de vente de billets à l'unité. Malgré les polémiques, les fans sont toujours là et les équipes partent toutes en congés sur ces bons résultats.

On a en effet décidé de fermer les bureaux du 30 avril au 8 mai pour s'assurer que tous les collaborateurs prennent le temps de se reposer. On a des salariés qui ont un rapport tellement passionné à leur mission que beaucoup ont du mal à poser leurs congés, comme des entrepreneurs qui ont du mal à abandonner leur entreprise.

Mais ce que j'ai retenu de ma carrière sportive, c'est que les temps de récupération sont aussi importants que les temps d'entraînement. Je ne veux pas que les équipes arrivent épuisées aux Jeux.

On a donc pris l'habitude depuis quelques années, d'imposer régulièrement des coupures collectives en fin d'année ou l'été. Cette année, on doit le faire plus tôt car de nombreuses épreuves tests auront lieu en juillet et en août.

★

Le mercredi 3 mai, je suis à Pau quand Delphine m'appelle.

Je profite de ces quelques jours de coupure pour faire du sport le matin, travailler l'après-midi pendant que les enfants sont à l'école et passer du temps avec eux le soir, après avoir fait la navette entre leurs différents clubs de sport.

Je décroche en pensant qu'il y a une urgence qui ne peut pas attendre le mardi suivant. Je comprends tout de suite à sa façon de me demander si elle ne me dérange pas, qu'il s'agit d'autre chose. Elle a des larmes dans la voix alors que Delphine est l'une des collaboratrices les plus solides que je connaisse. Elle me dit: «C'est Bernard. Je viens d'avoir sa femme au téléphone. C'est fini…»

Il était déjà affaibli la dernière fois que je l'avais vu, chez lui, un an plus tôt. Avec Denis Masseglia, l'ancien président du Comité olympique français, nous étions venus pour lui remettre la médaille de l'Ordre olympique, la plus haute distinction décernée par le CIO. Le président du CIO avait souhaité rendre hommage au rôle qui avait été le sien dans le retour du rugby aux Jeux et dans la construction des bases du projet Paris 2024.

On savait qu'il était malade et, lors de nos derniers échanges téléphoniques, je le sentais de plus en plus faible. Mais on n'est jamais préparé à ce que les gens partent. Beaucoup de souvenirs me remontent. J'aurais tellement aimé qu'il puisse être présent à ces Jeux qui n'auraient pas existé sans lui. J'appelle Jackie, la femme de Bernard. On pleure ensemble au téléphone.

Les jours suivants, je reçois des dizaines et des dizaines de messages de dirigeants sportifs, d'athlètes, d'entraîneurs, d'élus politiques, de journalistes et de passionnés de sport, qui me disent tous à peu près la même chose: à quel point ils sont touchés par sa disparition, à quel point ils mesurent la chance qu'ils ont eue de croiser sa route, à quel point le sport français a eu de la chance d'avoir un dirigeant comme Bernard Lapasset.

Bernard était un immense champion, pas de ceux qui accumulent les titres individuels, mais de ceux qui font grandir leur sport, en accompagnant la professionnalisation du rugby français, en orchestrant l'immense succès de la Coupe du monde 2007, en faisant revenir le rugby au programme olympique. De ceux qui font grandir le sport français et, on pourra l'ajouter dans un an, au soir de la cérémonie d'ouverture des Jeux, de ceux qui font grandir la France.

Dans le sport, on a l'habitude de célébrer les victoires, mais aussi d'encaisser les défaites, parce qu'elles font partie de la vie d'un athlète. Bernard, lui, était un champion à part : il ne perdait quasiment jamais. Il a pourtant choisi des combats qui étaient à chaque fois des immenses challenges et, à chaque fois, il a su gagner. Il avait cet instinct et ce sens du timing qui font les grands dirigeants. Ceux qui voient avant les autres, ceux qui y croient avant les autres, ceux qui rendent les victoires possibles. Il faisait partie de ceux qui ont toujours un coup d'avance. Sous ses airs spontanés, il savait exactement où il vous emmenait. Il avait ce mélange de détermination et de sérénité qui permet d'affronter tous les défis.

Mais surtout, il aimait les gens, et c'était comme ça qu'il parvenait à les convaincre et à les embarquer dans tous ses projets, parce qu'il savait les écouter et instaurait naturellement une relation de confiance.

Quand la plupart des gens ne viennent vous parler que pour vous vendre leur soupe, Bernard, lui, venait vous parler parce qu'il était profondément humain : du chauffeur de taxi à la personne qui gérait l'accueil de nos bureaux, de son stagiaire à ses directeurs, il accordait à chacun la même importance.

Même quand il devait annoncer une mauvaise nouvelle, son interlocuteur ressortait de leur entretien avec le sourire. La question qui était devenue un refrain, c'était : « Bernard, mais qu'est-ce que tu leur as dit ? » C'était ça, la magie Bernard. C'est comme ça qu'il a réussi à convaincre tout un pays d'être candidat à l'organisation des Jeux, et c'est comme ça qu'il a réussi à convaincre le CIO de nous les confier.

Il aimait les gens et il aimait les faire grandir. Quand je suis arrivé dans le projet Paris 2024, j'avais beau être triple champion olympique, je me sentais petit…

Mais Bernard ne laissait jamais personne se sentir petit.

Il faisait confiance, il transmettait.

Et puis, un jour, il m'a confié les rênes de son projet. Avec l'élégance de ceux qui ont déjà tout gagné.

Aujourd'hui, ce n'est pas pour rien si la direction générale de Paris 2024 est formée de trois bébés Lapasset : Étienne, Michaël et moi. Nous savons ce que nous lui devons. Plus que nos parcours individuels, nous lui devons l'âme du projet et l'identité de Paris 2024. Celle qu'on a dès le début résumée par le mot « partage ».

Bernard rappelait souvent : « Le rugby se partage. On ne garde pas le ballon, on le passe. » Ce n'était pas seulement une façon de résumer son sport préféré, c'était sa façon de voir la vie.

Il va terriblement nous manquer.

★

Le 11 mai débute la vente des billets à l'unité. C'est un moment décisif. Depuis l'ouverture de la phase de vente par packs quelques mois plus tôt, la pression ne retombe pas. Les polémiques sur les prix refont surface, l'atmosphère est tendue.

Deux semaines plus tard, la visite de Teddy Riner au siège de Paris 2024 tombe à pic pour soutenir le moral des troupes. En six ans, les directions des sports et des ressources humaines ont déjà fait venir une cinquantaine de grands athlètes français et internationaux dans nos locaux. Ils sont venus raconter leurs parcours, leurs souvenirs des Jeux, leurs ambitions pour les prochains… À chaque fois, ça a fait du bien aux équipes. Dans le contexte actuel, la venue de Teddy est particulièrement bienvenue.

Quand il monte sur la scène installée dans le hall, les conversations s'interrompent. Il est accueilli comme une rock star.

Ce qui fait un champion, c'est un titre, et Teddy est devenu champion du monde en septembre 2007, quand il n'avait que dix-huit ans. Ce qui fait un *grand* champion, c'est la capacité à durer, et Teddy fait partie des rares athlètes qui réussissent à maintenir aussi longtemps ce niveau d'excellence. Ils ne sont que quelques-uns dans le monde, tous sports confondus. Mais ce qui fait de Teddy un champion *hors norme*, c'est sa capacité à inspirer les autres. Par son charisme et son engagement sur les tatamis et en dehors, Teddy est devenu un modèle. Ce n'est jamais simple de gérer le succès si jeune, sans qu'il ne vous monte à la tête. Mais il a réussi sur ce terrain-là aussi, en restant quelqu'un d'accessible, drôle, attentif aux autres. Quelqu'un qui gagne avec classe.

Sur scène, il parle de rigueur, de doutes, d'efforts, d'humilité, de tout ce qu'il faut pour rester au sommet sans perdre pied. Dans la salle, on sent nos équipes captivées, suspendues à ses mots. Ce jour-là, en écoutant Teddy, je les vois fières de ce qu'elles construisent. Fières d'appartenir à cette aventure qui les dépasse, mais dont elles sont le moteur. Fières de pouvoir rentrer chez elles le soir et de raconter à leurs proches ce moment privilégié avec l'un des plus grands champions français.

Teddy évoque les échecs qui forgent et les victoires qui n'appartiennent jamais à un seul homme. Quand il conclut, il dit simplement : « Si je gagne une médaille, je vous la dédicacerai. Ce sera la vôtre. » Après un premier silence ému, les applaudissements durent longtemps.

Teddy entre dans la dernière ligne droite de sa préparation pour la compétition la plus importante de sa vie. Et malgré ça, il a pris le temps de venir motiver les équipes. Ce jour-là, il ne nous a pas seulement parlé de sport, il nous a rappelé pourquoi on fait ce qu'on fait.

★

Vendredi 2 juin, il est 14 heures quand je me présente devant l'école primaire de Gelos, juste à côté de Pau. C'est l'école de mon plus jeune fils, Léandre.

Chaque année depuis 2017, à l'initiative de Marie, notre directrice Impact & Héritage, on organise avec le ministère de l'Éducation nationale la Semaine Olympique et Paralympique – la SOP – dans les écoles. L'objectif est de faire faire plus de sport aux enfants pour lutter contre la sédentarité, mais aussi de donner des outils aux enseignants pour aborder différemment certaines matières et certains thèmes par le biais du sport et des Jeux. Depuis la visite surprise de Teddy Riner dans un collège de Saint-Denis pour sa première édition, on a chaque année plus d'enseignants et d'athlètes mobilisés. Cette année, un million d'élèves et d'étudiants participent à la SOP. Pour moi, il est de plus en plus difficile de trouver le temps d'intervenir dans des établissements mais, cette année, Léandre m'a demandé de venir pour une fois dans le sien… Je n'avais pas pu le faire pendant la semaine officielle de la SOP, en avril, alors on a décidé avec la professeure de Léandre que je me rattraperais aujourd'hui.

Elle me conduit dans sa classe où m'attendent Léandre et ses copains de CM1. Quand je passe la porte, je me revois trente-cinq ans en arrière. À leur âge, j'étais plus intéressé par le sport que par l'école, et Léandre me ressemble beaucoup. Je commence à leur raconter mon parcours. Ils ont préparé plein de questions sur ma carrière d'athlète, sur les Jeux et sur Paris 2024. On parle beaucoup de dépassement de soi, de performance, et des Phryges, notamment de la Phryge paralympique, l'inclusion étant le thème de cette édition. L'institutrice rebondit sur certaines discussions pour créer des liens avec les sujets qu'ils ont travaillés pendant l'année. C'était bien, cet après-midi avec eux. Une façon de revenir aux fondamentaux du projet.

Le lundi suivant, nous recevons la visite de la Commission de coordination du CIO, l'instance présidée par Pierre-Olivier Beckers-Vieujant qui supervise la bonne avancée de notre projet. C'est une étape importante, presque solennelle. Plusieurs jours de travail, enfermés dans nos bureaux, où l'on passe tout au crible : budget, chantiers, transports, etc.

Et le matin du 6 juin, alors que nous entamons notre deuxième jour de réunion, tout à coup, un brouhaha. On entend des cris, des sifflets.

Notre salle au rez-de-chaussée donne sur l'atrium et, par les grandes vitres, on voit une marée de gilets rouges envahir le hall. Des dizaines de militants de la CGT viennent de forcer les portiques de sécurité. Ils scandent : « Pas de retrait, pas de JO ! », agitent leurs drapeaux et craquent des fumigènes. La fumée rouge envahit l'atrium.

C'est la section CGT de la RATP. Ils protestent contre la réforme des retraites et menacent de se mettre en grève. Rien à voir avec nous, mais le symbole est fort. Les Jeux sont désormais une tribune.

Certains membres de la délégation suisse se lèvent, stupéfaits, pour filmer la scène. Je vois leurs visages : l'incrédulité, puis l'inquiétude.

Quelques secondes plus tard, Anaïs, qui sait que nous sommes aux premières loges de la scène, m'écrit : « Situation sous contrôle : ils veulent juste filmer, aucune violence, vous pouvez poursuivre. »

Mais difficile de rester concentré. Je devine ce que tout le monde pense dans la pièce : et si ça arrivait pendant les Jeux ?

J'explique à Pierre-Olivier Beckers-Vieujant et à sa Commission de coordination que nos équipes appliquent les protocoles prévus : tant qu'il n'y a pas de violence, on reste calmes, on gère la sortie en douceur. Je les rassure aussi en racontant qu'il y a quelques semaines, nous avons organisé une simulation interne précisément sur ce cas d'un envahissement des locaux. Mais je sens l'inquiétude dans leurs regards. La France, vue depuis Lausanne, peut parfois sembler imprévisible. Dans la pièce, le malaise est palpable.

Au bout d'une demi-heure, le calme revient. Les équipes ont géré cette intrusion avec beaucoup de sang-froid. Pas de blessés, juste la fumée des fumigènes et une odeur persistante de brûlé dans l'air.

Je suis confiant sur le fait qu'on trouvera des solutions pour éviter les blocages pendant les Jeux, mais il est difficile de parler aux Français de la fête qu'ils vont vivre dans un an quand ils ont du mal à boucler leurs fins de mois et qu'ils sont inquiets pour leur avenir.

À partir de maintenant, il ne s'agit plus seulement de sport : les Jeux deviennent un terrain d'expression politique et sociale. Chaque cause, chaque colère, chaque mouvement cherchera à s'inviter dans les Jeux. Parce que les Jeux doivent avoir lieu et qu'ils représentent la France aux yeux du monde entier, menacer leur bon déroulement devient une arme redoutable.

Nous décidons de renforcer la sécurité du siège. Personne n'a été blessé, mais c'était impressionnant. Et, d'une certaine manière, révélateur de ce qui nous attend : un pays où tout le monde, à sa façon, va vouloir peser sur les Jeux.

Le compte à rebours s'accélère et, désormais, il se fera sous tension.

Moins de dix jours plus tard, je me rends à Roland-Garros pour le troisième match de la finale du championnat de France de basket. Dans un contexte compliqué, je veux montrer à la Fédération toute l'attention que je porte à son sport.

C'est aussi l'occasion d'observer comment le stade se transforme pour accueillir un autre sport que le tennis, en prévision des Jeux où il accueillera le tennis et le tennis fauteuil, mais aussi la boxe.

La finale oppose Levallois à Monaco. L'ambiance est incroyable, le court central plein à craquer. Malgré 22 points de Victor Wembanyama, qui dispute ses dernières minutes en France avant de rejoindre la NBA, Monaco l'emporte et gagne la finale 3 matchs à 0.

À l'issue de la rencontre, on m'invite à descendre sur le terrain pour remettre le trophée MVP des finales à Jordan Loyd. Je traverse le parquet et là, les sifflets éclatent. Un grondement, d'abord diffus, puis massif. Des milliers de gens qui sifflent en même temps.

Le choix du lieu des phases de poules du tournoi olympique de basket est derrière nous : après la validation par notre conseil d'administration l'année dernière, la Fédération internationale de basket et le CIO ont également entériné le site de Lille au printemps, après des études et visites techniques concluantes. Pourtant la polémique est encore dans toutes les têtes. Dans l'esprit du public, je suis « celui qui veut envoyer le basket à Lille ». Ce soir-là, je deviens le visage de cette décision.

C'est la première fois que je me fais siffler. Je ne suis pas encore habitué à être reconnu, encore moins à être pris pour cible. Ça ne dure peut-être qu'une minute mais quand vous êtes seul, au milieu du terrain, sous les projecteurs, face à 15 000 personnes qui vous sifflent, une minute, c'est très long.

Je remets son trophée au joueur, je le félicite, je lui serre la main, mais, à l'intérieur, je sens le choc.

Après coup, on peut se raisonner. Se dire que ce n'est pas vous qu'on siffle, mais la fonction, le symbole, la décision qu'on incarne. Sur le moment, c'est autre chose. Sur le moment, c'est violent et on a juste envie d'être ailleurs.

*

« URGENT. Perquisitions PNF au bureau, rappelle-moi. »

Le 20 juin 2023, à 8 h 20, on est en train d'attacher nos vélos devant les bureaux de la délégation interministérielle aux Jeux avec Michaël quand on reçoit le même SMS d'Anaïs. On la rappelle immédiatement et elle nous dit : « Des flics ont débarqué ce matin à l'accueil, ils étaient une trentaine, chacun une arme visible à la ceinture et un brassard orange. C'était hyper impressionnant… Ils ont demandé à voir un responsable. Il n'était pas encore 8 heures, j'étais quasiment seule à l'étage donc j'ai prévenu Fabrice et Romain qui ont pris les choses en main. On ne sait pas encore ce qu'ils cherchent exactement, mais la presse est déjà là… »

La voiture de la ministre des Sports arrive à ce moment-là. Nous avions un petit déjeuner de travail prévu à 8 h 30 avec elle et le délégué interministériel aux Jeux, Michel Cadot. Le temps d'expliquer l'urgence de la situation à Amélie Oudéa-Castéra et de reporter la réunion à plus tard, nous rappelons Anaïs.

Entre-temps, elle a déjà activé la cellule de crise. Anne, notre directrice de la com, Fabrice, notre directeur administratif et financier, et Lambis, notre directeur de la planification, sont avec elle dans la salle N134. C'est la salle dans laquelle on a fait tous nos entraînements de gestion de crise. Sauf qu'aujourd'hui, ce n'est pas un exercice.

Romain Voillemot, notre directeur juridique, a prévenu nos cabinets d'avocats qui sont en chemin pour rejoindre nos bureaux. En revanche, personne n'a de nouvelles d'Étienne et Édouard, qui devaient participer à la même réunion que nous ce matin, avec la ministre et le délégué interministériel. Avant de raccrocher, elle ajoute : « Si vous avez vos vélos, venez avec et rentrez directement par le garage, car des journalistes sont postés devant l'entrée principale… »

On appelle Romain. Il nous explique qu'il a installé les enquêteurs au septième étage, où il n'y a aucune équipe, pour éviter le vent de panique parmi les salariés. Le septième, c'est l'étage avec une terrasse et un panorama sur toute la Seine-Saint-Denis où l'on ne va que quand on reçoit des invités. J'ai du mal à imaginer la salle remplie de policiers. Romain nous raconte que l'un des enquêteurs a lu les chefs d'accusation à Fabrice : le Parquet national financier (PNF) a ouvert deux enquêtes préliminaires sur des soupçons de « prise illégale d'intérêts, détournement de fonds publics, favoritisme et recel de favoritisme » dans le cadre de marchés passés en phase de candidature et en phase d'organisation. L'une a été confiée à l'Office central de lutte contre la corruption et les infractions financières et fiscales, l'autre à la Brigade financière de la police judiciaire parisienne. Ils ont une liste d'une dizaine de personnes dont ils veulent perquisitionner les bureaux. Romain est en train d'affecter à chaque policier un juriste de son équipe qui puisse les guider vers les personnes concernées. Des perquisitions ont également lieu au siège de la SOLIDEO, l'établissement public chargé de la construction des équipements olympiques et paralympiques. Romain me dit qu'ils souhaitent accéder à notre serveur. Je lui confirme qu'il peut leur donner accès à tout, on n'a rien à cacher.

Quand on arrive au siège de Paris 2024, on dépose donc nos vélos dans le local situé à l'arrière du bâtiment, ce qui nous permet de ne pas croiser de journalistes. Les images de la perquisition dans nos locaux tournent en boucle sur les chaînes d'information. On rejoint la salle N134.

Les policiers sont allés voir, un à un, la dizaine de salariés concernés par la passation des marchés suspectés et leur ont demandé de les suivre, de leur désigner l'armoire où ils entreposaient leurs affaires et de leur remettre leurs ordinateurs et téléphones portables. Les équipes doivent être sous le choc, il faut rapidement qu'on rédige un mail à tous les salariés pour leur expliquer ce qu'il se passe…

Le PNF a pour mission de lutter « contre la grande délinquance économique et financière ». J'ai le sentiment d'un immense décalage entre qui l'on est, ce que l'on fait depuis dix ans, l'énergie que l'on a investie pour être irréprochables, et cette descente de policiers qui débarquent armés et viennent chercher nos salariés comme s'il s'agissait de dangereux narcotrafiquants…

Romain nous raconte ses échanges absurdes avec les enquêteurs : « Ils m'ont demandé de leur montrer mon bureau, et ils ne me croyaient pas quand je leur disais que je n'en avais pas. Ils me disaient : "Comment ça, vous n'avez pas de bureau ? Vous travaillez debout peut-être ?" Je leur ai expliqué qu'avec mon équipe, on avait une zone dédiée dans l'*open space* mais pas de place attitrée. Il fallait voir leurs têtes… »

Compte tenu des pièces demandées et de la liste des salariés que les policiers ont interrogés, l'enquête semble notamment concerner les marchés passés par Paris 2024 avec Keneo, l'agence de conseil cofondée par Étienne et Édouard. Pendant que Fabrice et Romain essaient de comprendre précisément quels marchés sont visés, Michaël prépare avec Anne un communiqué de presse et, avec l'équipe des ressources humaines, un mail destiné aux salariés pour leur expliquer la situation et les rassurer.

Édouard finit par arriver en début d'après-midi. Il est très calme, mais je sens qu'il a été secoué. Il nous raconte la matinée surréaliste qu'il a vécue : « Il est 6 heures ce matin quand on sonne à ma porte. Je pense que c'est un voisin qui a un problème, une fuite d'eau ou quelque chose comme ça. Je me lève, je mets un t-shirt et me dirige vers l'entrée. En regardant dans le judas, je vois deux femmes et quatre hommes avec des brassards orange. Avec l'effet d'optique, ils apparaissent déformés, comme dans les films. C'est impressionnant. Je leur ouvre, ils me disent qu'ils appartiennent à l'Office central de lutte contre la corruption et les infractions financières et fiscales et qu'ils agissent dans le cadre d'une enquête préliminaire ouverte par le PNF. Ils sont armés. Ma compagne arrive à ce moment-là. Ils me demandent mon portable et mon ordinateur, tout en précisant que nous n'avons pas le droit de communiquer avec l'extérieur pendant toute la durée de la fouille. Je me rends compte que je ne vais pas pouvoir être à 8 h 30 dans le 7e arrondissement pour le petit déjeuner avec la ministre et le délégué interministériel, donc je leur demande si je peux envoyer un message pour prévenir de mon absence. J'écris à Grégoire Koenig, qui gère nos relations institutionnelles et coordonne ces petits déjeuners, en lui disant que j'ai un problème personnel et ne pourrai pas y participer. Je leur montre le message avant de l'envoyer, puis leur rends mon portable. Ils ont déjà commencé à fouiller tout l'appartement mais ne nous demandent pas d'accéder à la chambre des enfants, qui dorment encore. C'est déjà ça… À l'heure de leur réveil, les policiers sont toujours là, donc on va leur apporter leur petit déjeuner au lit en essayant de les rassurer. Les policiers me laissent les amener à l'école et finissent par partir au bout de six heures… Ils ne m'ont toujours pas rendu mon téléphone, j'ai dû en acheter un avant de venir au bureau. »

Étienne arrive et nous raconte à peu près le même scénario.

Étienne a fondé en 2008 avec plusieurs associés, dont Édouard, l'agence de conseils Keneo. Très vite, elle est devenue l'une des agences de référence de l'olympisme dans le monde, au point que les Japonais l'ont choisie pour accompagner le Comité de candidature de Tokyo 2020. Lorsque Bernard a proposé à Étienne de devenir le directeur général du Comité de candidature de Paris 2024, Étienne a revendu l'intégralité des parts qu'il avait dans la société, qui a continué à être dirigée par Édouard. Keneo est restée la référence en France sur les sujets olympiques et a donc logiquement remporté certains marchés lancés par notre Comité de candidature, parce qu'elle présentait la meilleure offre. Nous étions bien conscients du risque de conflit d'intérêts. Étienne s'était donc déporté de la procédure d'attribution de ces marchés. Nous avions par ailleurs renforcé le caractère collectif de la décision en allant jusqu'à associer des experts extérieurs à Paris 2024. Mais le sujet revient régulièrement dans les médias depuis 2015. Je n'ai pourtant aucun doute sur l'honnêteté et la probité d'Étienne et Édouard. J'ai seulement hâte pour eux qu'ils puissent laisser cette histoire derrière eux.

Une heure après la diffusion d'une dépêche de l'AFP portant sur la perquisition, mon fils aîné m'appelle et me demande : « Papa, tu as des problèmes avec la police… ? » Il me dit que tout le monde en parle au lycée. Pour qu'il me contacte dans la journée entre deux cours, c'est qu'il est vraiment inquiet. J'essaie de le rassurer et lui propose que l'on se rappelle le soir quand il sera avec ses frères pour en parler tous les quatre. Je m'étais préparé à beaucoup de choses en prenant ce poste. Je m'étais préparé au fait de ne pas pouvoir voir mes enfants tous les jours. Je m'étais préparé à être épuisé en rentrant le week-end quand j'avais enfin du temps pour eux. Mais je ne m'étais pas préparé à l'angoisse que ce projet pourrait engendrer chez eux. C'est dur parce que Titouan n'a rien demandé.

Si je peux comprendre que le PNF puisse s'intéresser à nos marchés compte tenu de l'historique des précédents Jeux, dont les organisateurs n'ont pas toujours été exemplaires, la presse est arrivée très vite après eux. Ça donne le sentiment qu'ils ont décidé de se payer les Jeux.

Le risque existe et c'est pour s'en prémunir que nous avons mis en place toutes nos procédures de contrôle. Au-delà de nos trois comités d'audit, d'éthique et des rémunérations, nous avons recruté une magistrate de la Cour des comptes qui a été rattachée aux présidents des trois comités consultatifs pour agir en toute indépendance et mener des missions de contrôle en interne.

L'État a par ailleurs nommé une autorité chargée du contrôle économique et financier du Comité d'organisation. Elle a accès à toutes les séances de nos organes délibérants, notamment en matière de passation de marchés, et a pour mission d'analyser les risques et de veiller aux intérêts financiers de l'État. Nous avons aussi été contrôlés à plusieurs reprises par l'Agence française anticorruption et la Cour des comptes.

Nous sommes sans aucun doute l'organisation la plus contrôlée de France, et je n'ai aucun problème avec cette nouvelle inspection. Mais les dégâts créés par la médiatisation de cette enquête sont irréparables. Un doute vient de s'insinuer dans la tête de nos proches, de nos salariés, de nos partenaires, de nos prospects potentiels et de tous les Français. Quelle que soit l'issue de l'enquête, nous venons d'entrer dans la catégorie des corrompus.

À la fin de la journée, les policiers repartent sans avoir perquisitionné mon bureau ni m'avoir sollicité, mais j'imagine que l'enquête n'est pas finie.

★

Trois jours plus tard, l'ambiance est radicalement différente. Nous sommes dans le grand amphithéâtre de la Sorbonne pour dévoiler à la presse le parcours du relais de la flamme dans le lieu même où Pierre de Coubertin a fait adopter, cent trente ans auparavant, sa proposition de relancer les Jeux Olympiques. Jamel Debbouze, qui est l'un des ambassadeurs du relais, fait rire toute l'assemblée quand il déclare : « Je voulais d'abord dire merci aux organisateurs des Jeux sans qui je n'aurais jamais pu rentrer à la Sorbonne. »

Mona Francis, para triathlète, Florent et Laure Manaudou, Thomas Pesquet et Marine Lorphelin, tous ambassadeurs du relais, sont aussi présents, ainsi que les représentants de toutes nos parties prenantes. Nous dévoilons le parcours de la flamme dans l'Hexagone et dans les Outre-mer. Le mont Saint-Michel, les châteaux de la Loire, les grottes de Lascaux, la cité médiévale de Carcassonne, le château de Versailles, le mont Blanc, les marches du Palais des Festivals à Cannes, les plages du Débarquement, le mémorial de Verdun, le Centre spatial guyanais à Kourou : le relais va durer soixante-neuf jours et mettre en lumière le meilleur de la France, ses plus beaux paysages, son patrimoine architectural unique, ses lieux de mémoire…

Je sais que cela ne va pas effacer, dans l'esprit des gens, les traces laissées par les perquisitions dans nos locaux mais une actualité en chassant une autre, ça va au moins nous permettre d'éviter que le sujet de l'enquête du PNF tourne en boucle pendant quinze jours.

J'aurais aimé rentrer à Pau le soir pour voir les garçons. Malheureusement, avec le rythme de la préparation qui s'accélère, j'ai de plus en plus d'obligations le samedi et le dimanche. Quand j'étais athlète, les stages d'entraînement à l'étranger et les compétitions m'éloignaient d'eux une centaine de jours par an, mais quand j'étais là, j'étais vraiment là. Je pouvais leur préparer le petit déjeuner, les emmener à l'école et à leurs activités… Depuis que je me suis engagé dans Paris 2024, c'est de moins en moins possible. Ils ne me l'ont jamais reproché et leur capacité d'adaptation face à ce changement de rythme m'impressionne. Petit à petit, on a retrouvé une forme d'équilibre qui s'est maintenu même après notre séparation avec Laëtitia. On s'appelle pendant la semaine et le week-end leur est normalement dédié. Mais j'ai raté beaucoup de moments avec eux et, après cette semaine compliquée, c'est vraiment difficile de ne pas pouvoir être plus présent pour eux. Gabin fête ses douze ans lundi et je ne serai pas là.

La semaine suivante, Delphine m'informe qu'Alexander Ekman souhaite me voir rapidement avec Thierry pour faire un point sur la cérémonie d'ouverture paralympique. Alexander y travaille déjà depuis plusieurs mois. L'idée initiale était de réutiliser les quatre terrains installés sur la place de la Concorde pour les épreuves olympiques de basket 3x3, de breaking, de skateboard et de BMX Freestyle. Maintenant qu'il a une vision plus claire de ce qu'il veut raconter, Alexander est convaincu qu'il faut tout repenser. Plutôt que d'utiliser les quatre espaces, il imagine désormais une immense arène centrale, construite au milieu de la place. Une seule scène, monumentale, ouverte sur la ville.

Pour la mettre en place, il faudrait réaménager la Concorde entre la fin des Jeux Olympiques et la cérémonie d'ouverture paralympique. En prenant en compte le temps nécessaire aux répétitions, on a treize jours et treize nuits. Les équipes techniques disent que ce n'est pas faisable.

Je les écoute et je me dis qu'on ne peut pas renoncer trop vite. Cette cérémonie, on n'aura qu'une seule chance de la réussir. Il n'y aura pas de rattrapage, pas d'édition suivante. C'est la première cérémonie d'ouverture paralympique organisée en France pour les Jeux d'été, et elle doit marquer les esprits.

Je demande alors à Delphine d'organiser une réunion élargie avec Étienne, Édouard, Thierry et Michaël pour qu'on évalue précisément ce qui est faisable ou non. Je ne veux pas qu'on prenne de risques inconsidérés, mais je veux comprendre : est-ce vraiment impossible, ou seulement très inconfortable ? Parce que c'est souvent dans la capacité à distinguer les deux que se joue la grandeur d'un projet. Si c'est une question de temps, je veux connaître précisément le calendrier et nos marges de manœuvre. Si c'est une question de coûts supplémentaires, je veux savoir de combien. Si c'est une question de risque technique, je veux que l'on m'explique lequel. Pour pouvoir décider si l'enjeu mérite d'en demander encore plus à des équipes qui donnent déjà tout, j'ai besoin de comprendre.

Quelques jours plus tard, on se retrouve donc autour de la table. J'ouvre la réunion en rappelant l'enjeu : « On n'aura pas deux fois la chance d'organiser les premiers Jeux Paralympiques d'été en France. On doit tout donner… » Je vois des visages fatigués, mais je sais aussi qu'au fond, chacun est prêt à se dépasser. Ici, personne ne travaille pour cocher des cases. Ils veulent être fiers, le jour J, d'avoir accompli des choses dingues.

Rapidement, on comprend que le projet de scène monumentale est hors d'atteinte. Trop coûteux. Mais l'idée d'une grande arène centrale, elle, reste possible. Elle demande encore des efforts supplémentaires, mais pas l'impossible.

Étienne et Édouard saisissent bien notre enjeu et vont se charger de trouver des voies de passage. De mon côté, je débriefe Alexander dans la foulée : il peut avancer sur son idée de scène centrale, mais nous ne pourrons pas financer une scène monumentale comme il l'espérait. Il ne se plaint pas, il me dit qu'il va trouver une solution.

Nos équipes composent avec les contraintes. Elles travaillent à la limite de tout : du temps, de l'argent, de l'énergie. Et c'est là, justement, sur cette ligne de crête que naissent les projets les plus fous.

★

Le 9 juillet, je me rends à Marseille pour le lancement officiel de notre programme de tests.

C'est une étape symbolique : la première fois qu'on voit des athlètes concourir sur un site olympique de Paris 2024. Mais ce déplacement marque surtout le début d'une séquence essentielle : celle où l'on doit tout vérifier, tout éprouver, tout anticiper.

Aux Jeux, on n'a pas le droit à l'erreur. Il n'y aura pas de deuxième chance, pas de saison 2 en 2025… Tout doit fonctionner dès le premier jour. Alors, traditionnellement, les comités d'organisation planifient un événement test pour chacun des sports au programme. Une quarantaine de compétitions grandeur nature, un coût colossal et, parfois, un intérêt limité. Dès le départ, on s'est demandé s'il n'était pas possible de faire autrement : tester moins, mais mieux.

On a donc demandé à Lambis, Aurélie, Édouard et leurs équipes d'imaginer un modèle sur mesure. Ils ont cartographié chaque enjeu et chaque risque. Certains sites, comme Marseille ou la Seine, nécessitaient des tests complets, avec public et compétition. D'autres, comme le Grand Palais, pouvaient se limiter à un exercice précis – par exemple, s'entraîner à la transition pour reconfigurer la salle entre les épreuves d'escrime et de taekwondo. En complément, ils nous ont proposé d'organiser de grands tests transversaux, allant bien au-delà du fonctionnement d'un site et mobilisant toutes les directions de Paris 2024 autour de scénarios de crise. Ces tests, qui dureront plusieurs jours parfois, doivent nous permettre de nous entraîner tous ensemble à gérer les incidents qui s'accumulent : une panne d'énergie, un incident de transport, une alerte météo. Un programme à la carte, moins coûteux, mais tout aussi rigoureux.

La régate de Marseille donne le coup d'envoi de cette série. Les athlètes français brillent et l'émotion est palpable : pour les équipes, voir les Jeux prendre forme sur le terrain, c'est une récompense en soi.

Le 17 juillet, nous organisons notre premier test opérationnel pour la cérémonie d'ouverture olympique. Rien de spectaculaire : il s'agit de mesurer les temps de navigation et la synchronisation entre les bateaux. Mais, même ce test, pourtant purement technique, attire tous les médias. La cérémonie d'ouverture va être au cœur de toutes les attentions. Pour certains journalistes, ce test est une prise de conscience, c'est la première fois qu'ils comprennent que ce projet fou va devenir réalité.

Chapitre XXIII

Quelques jours plus tard, on arrive au J-1 an avant les Jeux. C'est l'occasion de faire de nouvelles annonces.

Le 24 juillet, on commence par la présentation de notre dispositif de célébrations: le Parc des Champions, le Club France, les *fan-zones* dans toute la France. L'après-midi, on officialise notre partenariat avec LVMH, conclu après de longues négociations. On vient de dépasser 1,1 milliard de revenus de partenariats, plus que notre objectif initial à 1,088 milliard d'euros. Entre-temps, on a rehaussé notre objectif pour s'assurer de couvrir tous les dépassements de budgets. Avec cette hausse de l'objectif, il nous reste donc encore 4 % de nos revenus de partenariat à aller chercher. Mais la signature avec le groupe LVMH est un immense soulagement.

Le lendemain matin, 25 juillet, on dévoile les premières images de la torche olympique. C'est l'un des grands symboles des Jeux et le designer que nous avons choisi, Mathieu Lehanneur, en parle avec passion. Pendant que je l'écoute décrire aux journalistes le processus créatif qui l'a amené à faire ce dessin et le sens qu'il met dans chacun de ses détails, je pense à l'autre projet sur lequel il travaille en secret: la vasque. Une vasque d'un genre nouveau, portée par un ballon. Si tout fonctionne, ce sera la première vasque olympique à s'envoler dans le ciel. Mais pour l'instant, on garde la surprise…

Pour l'après-midi, on cherchait une image simple capable de faire rêver à un an des Jeux et de capter l'attention des médias. On a eu une idée: faire venir celui qui incarne le mieux les Jeux: Usain Bolt. Il a accepté immédiatement. Le 25 juillet 2023, il embarque sur le bateau qui sera celui de la délégation française pour la cérémonie d'ouverture, la torche en main, entouré d'une centaine d'athlètes français pour aller à la rencontre de centaines de supporters. L'une des plus grandes stars olympiques entourée d'athlètes français. L'image est reprise partout.

Quelques jours plus tard, deux des tests les plus importants vont avoir lieu: la nage en eau libre et le triathlon dans la Seine.

Rendre la Seine baignable d'ici 2024 est l'un des engagements phares pris par Anne Hidalgo en phase de candidature. Pour le mettre en œuvre, d'énormes travaux ont été entrepris depuis six ans par les services de l'État et de la Ville de Paris pour assainir la Seine.

Mais notre plus grand adversaire pour préserver la qualité de l'eau, c'est la pluie. Elle favorise le déversement d'eaux non traitées dans le fleuve et, avec l'augmentation du débit, remue la vase dans laquelle sont présentes des bactéries.

Un gigantesque bassin de rétention d'eau au niveau d'Austerlitz est bien en construction pour réduire le déversement des eaux polluées dans la Seine, mais il ne sera opérationnel qu'au printemps prochain. Pour l'instant, nous sommes donc relativement dépendants de la météo.

L'été dernier, il a fait beau et, lorsque nous avons procédé à des prélèvements sur la période où les Jeux auraient lieu, on observait quasiment 100 % de jours baignables.

Mais depuis quelques jours, il pleut beaucoup, ce qui altère la qualité de l'eau au point que la compétition pourrait être annulée pour éviter que des athlètes ne tombent malades.

À ce moment-là, certains me demandent pourquoi on s'entête à vouloir organiser les épreuves de nage en l'eau libre et de triathlon dans la Seine. Ils pensent que l'objectif est de rendre la Seine baignable uniquement dans la perspective des Jeux. En réalité, la Seine n'était pas dans les normes en matière de pollution de l'eau et l'État a décidé d'investir largement pour en améliorer la qualité. Les Jeux ont simplement servi de catalyseur en mettant un coup de projecteur qui a incité les acteurs concernés à avancer.

Pour Paris 2024, organiser les épreuves de nage en eau libre dans la Seine correspondait à l'ambition que nous nous étions fixée d'offrir aux athlètes un site de compétition unique – entre le pont Alexandre III et la tour Eiffel – et un héritage pour la population : pouvoir s'y baigner. On aurait pu envisager d'autres options, mais on était fiers que les Jeux contribuent à écrire l'histoire, même si le défi à relever est l'un des plus complexes à mettre en œuvre.

Le premier événement test a lieu dans le cadre de la Coupe du monde de natation en eau libre. Malheureusement, la compétition est annulée : les résultats des prélèvements effectués la veille ne permettent pas à la Fédération internationale de maintenir la course au jour prévu et elle ne dispose pas de jour de contingence pour reporter la compétition. Pas de course, première alerte.

Le 17 août a lieu notre second événement test dans le cadre de la compétition internationale de triathlon et de para triathlon. Paris n'a pas connu une goutte de pluie les jours précédents donc nous sommes plutôt confiants quant aux résultats des prélèvements d'eau qui sont effectués la veille. Ils reviennent bons et les compétitions peuvent être lancées. Les deux premiers jours, les épreuves individuelles femmes et hommes se tiennent et les retours des athlètes sont excellents. Mais le lendemain, alors que la météo n'a pourtant pas changé, les seuils bactériologiques sont dépassés. C'est l'incompréhension. Les épreuves de para triathlon et de relais mixte se transforment en duathlon. Pour les athlètes particulièrement forts en natation, c'est extrêmement pénalisant. Ce test est un signal d'alarme. Tout le monde se met en ordre de marche pour comprendre ce qui a pu se passer. D'où vient la pollution ? Après enquête, on comprend qu'une vanne défaillante du réseau d'assainissement parisien est à l'origine du problème.

Ces épreuves test agissent comme un détonateur. Même si le bassin de rétention d'eau d'Austerlitz sera opérationnel l'été prochain et que nous disposerons aux Jeux de deux jours de contingence pour décaler les épreuves en cas de mauvaise météo, nous n'aurons pas le droit à l'erreur. On doit encore renforcer les dispositifs de contrôle et perfectionner nos outils. Tous les acteurs en sont conscients.

Ce mois d'août a été riche d'enseignements. Les autorités responsables de la « baignabilité » se rapprochent et redoublent d'efforts pour trouver des solutions et assurer la réussite des épreuves prévues dans la Seine.

★

27 septembre, 21 heures. Je suis assis dans un petit studio du nord de Paris, entouré de boutons, de manettes, de câbles et d'écrans. J'ai l'impression d'être dans la cabine de pilotage d'une navette spatiale.

Victor me tend un casque : « Mets-le, Tony. On va commencer. »

Victor, c'est Victor Le Masne, notre directeur musical. Ce soir, il me fait écouter ses premières compositions pour la cérémonie d'ouverture olympique.

J'ai toujours eu un rapport particulier à la musique. Je n'ai jamais appris à jouer d'un instrument, je ne lis pas une note, je n'écoute même pas tant de musique que ça au quotidien. Et pourtant, je sais à quel point elle peut tout changer.

Depuis la phase de candidature, on a produit des dizaines de films. À chaque fois, ceux qui me touchent le plus sont ceux dont la musique me donne la chair de poule: *Le Boléro* de Ravel, « Quand on n'a que l'amour » de Jacques Brel, « *Run Boy Run* » de Woodkid… C'est comme si la musique transformait une image en émotion. Elle sera l'un des ingrédients essentiels du succès des Jeux, et c'est pour ça que le rôle de Victor est si important.

Je ne le connaissais pas vraiment avant de travailler avec lui, même si son parcours parle pour lui. Il est l'un des représentants de la French Touch et a signé *La Marseillaise* réorchestrée que l'on avait utilisée pour la cérémonie de passation avec Tokyo 2020 – une version que j'avais adorée. Il a également collaboré avec Thomas Jolly, en tant que directeur musical de *Starmania.*

Alors, forcément, ce soir-là, je suis excité et impatient. J'attends beaucoup de ce moment.

Victor m'explique qu'il va me faire écouter les différents morceaux qui vont accompagner les 12 tableaux de la cérémonie d'ouverture. Pour chaque tableau, il cherche, comme un sommelier, l'accord parfait entre l'image et la musique. C'est un travail colossal.

Avant de lancer la première piste, il me rappelle notre premier échange autour d'un café. Je lui avais dit que j'aimerais qu'il réfléchisse à une musique qui fasse le lien entre les cérémonies et les compétitions. Dans tous les Jeux que j'ai connus, il y a toujours eu d'un côté le sport, de l'autre les cérémonies – comme deux mondes séparés. Je voulais un trait d'union, un thème capable d'unir les deux univers, d'accompagner les athlètes et le public tout au long des Jeux. Victor n'a pas oublié. Il me raconte son idée: un rythme simple, presque instinctif, qui entre dans la tête et se décline dans tous les styles – rock, pop, électro, symphonique. Un morceau pour la cérémonie, mais qu'on pourrait aussi entendre sur les sites de compétition, pour les remises de médailles… Le morceau s'appelle *Parade*.

Dès les premières secondes, quelque chose se passe. Je sens que c'est juste, que ça sonne vrai. Le morceau s'arrête. Silence. Je retire mon casque. Je sais déjà qu'on tient quelque chose de fort. Une musique qui, d'une certaine façon, racontera les Jeux mieux que n'importe quel discours.

Victor m'explique alors son intention. Il joue sur les changements d'accords, de rythme et d'orchestration pour traduire toutes les émotions du sport : la tension avant le départ, la montée d'adrénaline, la délivrance, la joie. Il voulait une mélodie simple et reconnaissable, qui puisse se fredonner, s'approprier, se transformer. Un thème qui rassemble, qui devienne un hymne sans paroles. Je l'écoute, fasciné. C'est un génie. Il parle de musique avec précision, passion et humilité. Je me dis qu'on tient un bijou.

★

« Hi guys, I'm making this video because I need your help[1]. » Le 18 octobre 2023, je suis au bureau quand je découvre la vidéo postée sur Instagram par un surfeur de Teahupo'o. Barbara Martins-Nio, notre référente à Tahiti, vient de nous transmettre le lien. On le voit appeler à la mobilisation de la communauté internationale des surfeurs et des défenseurs de l'environnement, qu'il encourage à signer une pétition contre le projet de construction de la nouvelle tour des juges prévue dans le cadre de l'organisation de l'épreuve de surf de Paris 2024 à Teahupo'o. Dès que je vois la vidéo, je comprends que c'est une grenade dégoupillée qui va nous exploser à la figure.

Tout dans cette vidéo donne envie de se battre aux côtés du surfeur. C'est un appel à l'aide incarné par un habitant sur un sujet de plus en plus sensible, celui de l'environnement, et amplifié par l'opposition entre, dans le rôle de la victime, un territoire naturel fragile et jusqu'à présent préservé, et, dans le rôle du bourreau, les JO.

« Afin d'accueillir les Jeux Olympiques à Teahupo'o, Paris 2024 souhaite remplacer la tour habituelle par une nouvelle tour en aluminium dotée de fondations en béton. Juste parce qu'ils

1. « Salut les gars, je publie cette vidéo car j'ai besoin de votre aide. »

veulent la climatisation et des toilettes. Cette nouvelle construction va détruire une grande partie du récif. Les risques sont simples et graves : destruction du récif et impact très néfaste sur l'écosystème marin, ce qui pourrait perturber toute la vie marine et propager ce qu'on appelle la ciguatera. La ciguatera est une maladie qui empoisonne tous les poissons. Teahupo'o est une ville de pêcheurs qui mangent leurs propres poissons et vivent de leur vente. Enfin, cela pourrait modifier ou changer notre vague et, dans le pire des cas, la faire disparaître en quelques années… »

Si je ne connaissais pas le projet, j'irais signer la pétition. Mais la réalité est très éloignée de ce qu'il décrit. Si un projet de nouvelle tour sur pilotis pour les juges des compétitions de surf est prévu, ce n'est pas pour y installer la climatisation ou les toilettes, mais parce que la tour actuelle n'est pas aux normes de sécurité et pourrait s'écrouler. On ne va pas mettre en danger la vie des juges et des équipes de secours qui utilisent cette tour ; on n'a donc pas d'autre choix que d'en construire une nouvelle. Pour ce qui est de l'impact sur la barrière de corail, les autorités locales ont travaillé avec un cabinet d'études spécialisé pour prendre toutes les mesures nécessaires afin de préserver l'environnement naturel exceptionnel de Teahupo'o.

La diffusion de cette vidéo fait suite à une manifestation qui a réuni, deux jours plus tôt à Teahupo'o, plusieurs centaines de personnes pour protester contre le projet de nouvelle tour des juges. À cet endroit de la Terre, plusieurs centaines de personnes, c'est beaucoup. Teahupo'o est un village qui ne compte pas plus de 1 500 habitants et se situe au point kilométrique zéro de l'île, là où la route s'arrête. En septembre, une réunion publique sur le projet organisée avec les autorités locales et les cabinets d'études, n'a pas su répondre à certaines inquiétudes de la population. Peut-être aussi que certains opposants locaux à l'accueil des Jeux ont profité de ces inquiétudes pour initier un mouvement de contestation contre le projet.

La vidéo a déjà fait plus d'un million de vues et je me rends compte à quel point ça va être difficile, pour tous ceux qui entendent pour la première fois parler de ce projet de nouvelle tour des juges, de ne pas penser qu'il est inacceptable.

Dès le lendemain, grâce au relais de plusieurs surfeurs professionnels ayant énormément d'abonnés sur Instagram, la vidéo a déjà été vue plus de deux millions de fois et la pétition compte plusieurs dizaines de milliers de signatures.

En voyant les réactions, je me dis qu'aujourd'hui, tout va trop vite. On réagit avant de comprendre, on s'indigne avant d'écouter. On vit dans un monde où la vitesse a pris le pas sur la nuance. Il suffit d'une phrase, d'une image, pour que chacun se forge une conviction. Et une fois que la vague est partie, on ne peut plus l'arrêter. C'est encore plus vrai avec les Jeux.

Quand Tahiti a candidaté pour accueillir notre épreuve olympique de surf, on était ravis de pouvoir s'appuyer sur les infrastructures utilisées tous les ans pour la Tahiti Pro, l'étape du circuit professionnel de surf organisé par la Ligue mondiale de surf – une organisation distincte de la Fédération internationale. On pensait notamment pouvoir utiliser la tour en bois montée et démontée chaque année dans le lagon pour permettre aux juges de bien voir chaque surfeur, car la vague de Teahupo'o n'est pas une vague de plage mais une vague formée à 750 mètres du rivage par la barrière de corail. Cette tour montée sur pilotis permet aux juges de se placer non seulement à proximité mais aussi au-dessus de la vague, pour avoir une vision parfaite de chaque figure et garantir ainsi l'équité de la compétition.

Après l'attribution de l'épreuve de surf à Tahiti, quand les équipes de Paris 2024 ont commencé à préparer plus précisément chaque détail de la compétition, elles se sont rendu compte que la tour en bois qui était installée chaque année pour la Tahiti Pro ne répondait pas aux normes de sécurité en vigueur : le bureau de contrôle technique en Polynésie était dans l'impossibilité de délivrer un avis favorable pour son utilisation. En tant qu'organisateur, c'est notre responsabilité de garantir la sécurité sur tous nos sites. On ne transigera pas avec ce sujet. Utiliser la tour alors qu'elle n'est pas certifiée par un bureau de contrôle, ce serait mettre en danger la vie de ceux qui vont l'utiliser pendant les Jeux. Par ailleurs, aucun cabinet d'ingénierie ne se disait en mesure d'y apporter des modifications pour la mettre aux normes. La tour en bois était potentiellement dangereuse, donc inutilisable.

Nous avons d'abord sondé la Fédération internationale de surf, qui est notre interlocutrice pour organiser la compétition de surf olympique. Au début du projet, elle souhaitait même une tour plus grande que celle en bois, pour y installer par exemple le bureau de son président. Nous avions alors dû ramener leurs exigences au strict nécessaire. Nous avions également interrogé la nécessité réelle d'une tour et envisagé d'autres solutions : juger depuis la plage ? Juger depuis un bateau ? Filmer les surfeurs au moyen de drones ? La Fédération a rejeté toutes ces options, en considérant que la seule solution permettant de garantir l'équité de la compétition était une tour sur pilotis au plus près de la vague de Teahupo'o.

Barbara et son équipe se sont donc mis à échanger avec le gouvernement polynésien. Ensemble, ils ont décidé de construire une nouvelle tour des juges qui remplirait toutes les normes de sécurité et ne mettrait personne en danger. Nous avons donc accepté de cofinancer cette tour qui resterait en héritage pour l'organisation de l'étape du circuit professionnel de surf organisée chaque année à Teahupo'o.

Les autorités locales, en concertation avec notre équipe sur place, ont fait appel à un cabinet d'architecture qui a travaillé avec un cabinet d'études environnementales pour concevoir les plans de la nouvelle tour en prenant en compte les exigences d'un écosystème aussi fragile que celui de Teahupo'o. Pour le choix du matériau principal de la tour, compte tenu de son immersion dans l'eau, les études environnementales ont démontré que l'aluminium était la solution la plus durable. Pour ce qui est de la climatisation que dénonce le surfeur dans sa vidéo, un système a bien été prévu, mais uniquement pour la salle servant à abriter les serveurs utilisés pour la diffusion des épreuves, en aucun cas pour le confort des juges. Concernant les toilettes, celles de l'ancienne tour se déversaient directement dans le lagon. C'est pour éviter cette aberration que les plans d'aménagement prévoient un raccordement au réseau des eaux usées…

Dès que la polémique éclate, nous échangeons de nouveau avec la Fédération. Sa position reste la même : la tour est nécessaire. Quelques jours plus tard, le nouveau président de Polynésie, Moetai Brotherson, élu quelques mois plus tôt, accorde une interview au journal *L'Équipe* au cours de laquelle il prend ses distances avec un projet qui n'est pas le sien : « Ce dossier des

JO, j'en ai hérité. Tout avait été négocié, signé et ficelé avant que j'arrive à la présidence. Ce que je peux dire, c'est que si j'avais été au gouvernement au moment où ce dossier s'est constitué, la démarche aurait été complètement différente. »

C'est l'ingrédient qui manquait pour faire un cocktail vraiment explosif : une nouvelle équipe au pouvoir qui ne connaît pas encore bien le projet et qui est par nature plus ou moins opposée à ce qui a été entrepris par ses prédécesseurs.

Sous la pression des médias, le président polynésien réagit trop vite, sans avoir connaissance de toutes les études qui ont déjà été menées sur ce sujet. Comme à chaque fois que l'on se retrouve dans ce genre de situation où Paris 2024 est attaqué, je sais qu'il faut que je me focalise sur notre performance sur le long terme : sécuriser notre compétition sur la vague mythique de Teahupo'o. Chaque fois que l'on résiste à la tentation du combat médiatique, on se donne une chance de reconstruire la confiance. Alors, on va à nouveau appeler, expliquer, écouter. On va refaire le chemin depuis le début. La victoire ne se jouera pas dans les médias. Elle se gagnera en coulisses, dans le calme, le respect, la constance.

Je demande une réunion d'urgence avec le président et son équipe le 26 octobre 2023 pour reprendre tout depuis le début. Expliquer la nature du problème, évoquer toutes les questions que l'on s'est posées avec le gouvernement précédent et tout ce qui l'a amené à décider de construire cette nouvelle tour en aluminium. Nous montrons aussi que nous sommes prêts à réétudier toutes les options.

À l'issue de cette réunion, j'échange plusieurs fois avec Moetai Brotherson. Rapidement, il comprend que l'ancienne tour n'est effectivement plus utilisable et que son territoire ne peut se passer de tour pour les juges s'ils veulent continuer à pouvoir accueillir chaque année la Tahiti Pro, qui est une compétition importante pour l'économie locale et le rayonnement de l'île. En concertation avec notre équipe, les autorités locales demandent par conséquent aux cabinets d'architecture et d'études environnementales de retravailler les plans de la nouvelle tour pour l'améliorer encore, notamment en l'allégeant. Il est désormais prêt à défendre le projet dans les médias locaux et auprès de la population. Il est devenu un allié.

Nous évoquons même ensemble la possibilité que je vienne sur place pour rencontrer la population et les associations, mais il me le déconseille. Il craint que l'attention médiatique qui accompagnerait ma venue envenime la situation. Je demande donc à Édouard de se rendre sur place pour montrer aux Tahitiens que nous prenons le sujet au sérieux et remettre tout à plat. Avec le nouveau gouvernement, il étudie à nouveau toutes les options.

En parallèle, j'appelle de nombreux acteurs locaux que j'avais rencontrés lors de mon déplacement en Polynésie en 2022, notamment Raimana van Bastolaer, qui est une figure emblématique du surf en Polynésie, considéré comme l'un des maîtres de la vague de Teahupo'o, qu'il pratique depuis l'adolescence. Je veux prendre le pouls auprès d'eux et comprendre si oui ou non il y a un véritable rejet de la population vis-à-vis de l'accueil des Jeux. Tahiti a décidé de candidater en 2019 et la population semblait favorable au projet. Si elle a changé d'avis entre-temps, on ne s'obstinera pas. Je veux qu'on emmène les Jeux là où ils sont les bienvenus.

Il ressort de ces échanges que s'ils ont pu être inquiets, les habitants de Teahupo'o sont maintenant largement rassurés. Ils n'osent pas forcément le dire publiquement, certains opposants menaçant les surfeurs de les empêcher d'accéder à Teahupo'o s'ils ne s'engagent pas à leurs côtés, mais ils restent en grande majorité favorables à l'accueil des Jeux.

Mi-novembre, on publie un communiqué de presse commun pour annoncer un projet de tour optimisée et réduite en taille.

★

Dimanche 19 novembre, alors que la situation semble enfin se calmer à Tahiti, je suis à Pau quand j'apprends que mon train pour Paris est annulé. Tous les autres sont complets, mais impossible de décaler mon voyage : mardi, je dois prendre la parole à la tribune de l'ONU pour présenter, au nom de la France, la résolution en faveur de la Trêve olympique. Je cherche toutes les options possibles avant de me résoudre à prendre la voiture. Il est 18 h 30, j'en ai au moins pour huit heures, et mon avion décolle le lendemain à 10 h 30 pour New York.

Je suis fatigué, tendu. Depuis des mois, tout s'enchaîne sans pause. Les journées sont pleines, les nuits courtes et mon esprit ne s'arrête plus. Quand j'étais athlète, la veille d'une course, j'étais prêt. Aujourd'hui, ça ne s'arrête jamais.

Ce déplacement tombe au mauvais moment. Je sais qu'il est symboliquement important, mais il m'éloigne du concret, de la préparation, des problèmes à résoudre. Ces jours loin du bureau me paraissent impossibles à rattraper.

Le vol passe vite. J'essaie de récupérer un peu et, à peine arrivé, je file à un rendez-vous avec Spotify pour évoquer un éventuel partenariat. L'entretien est cordial, mais je sens qu'on n'ira pas plus loin.

Le lendemain matin, direction le plateau de NBC. Je suis l'invité du *Today Show*, l'une des plus grandes matinales américaines. Quand je leur parle de notre concept de Jeux au cœur de la ville, des athlètes qui défileront sur la Seine, des images qu'on veut partager avec le monde, les présentateurs s'enthousiasment : « *These Games will be A-MA-ZING*[1] *!* »

C'est une différence culturelle frappante : les Anglo-Saxons se projettent d'abord dans ce que les choses peuvent avoir d'extraordinaire. En France, on a parfois trop tendance à commencer par en mesurer tous les risques, les limites, les obstacles. Les deux sont nécessaires, mais ce matin-là, ça me fait un bien fou de voir les Jeux à travers leurs yeux.

Je quitte le plateau quelques minutes plus tard, et file directement vers le siège des Nations unies.

Je suis accueilli par l'ambassadeur de France, et l'un de ses collaborateurs me propose une visite rapide. Les couloirs sont interminables, les salles immenses, les plafonds démesurés. Je découvre la salle du G7, puis l'hémicycle de l'Assemblée générale. Depuis le début de ce projet, j'ai vécu plein de choses dingues, plein de choses à des années-lumière de la vie assez simple dans laquelle j'ai grandi et que je continue de mener à Pau. Aujourd'hui, l'hémicycle de l'ONU, c'est impressionnant.

Quelques minutes plus tard, je me retrouve assis à la place attribuée à la France dans l'hémicycle. Au moment de prononcer mon discours, je ne me fais aucune illusion sur la capacité de la Trêve olympique à mettre fin aux différents conflits. Mais cette tribune est l'occasion de rappeler au monde que les Jeux sont l'un

1. « Ces jeux vont être IN-CRO-YABLES ! »

des derniers espaces de paix et d'universalité. C'est pour ça que je suis là, pour redire à quel point les Jeux rassemblent. À quel point ils donnent à voir ce que nous avons en commun plutôt que ce qui nous divise.

Thomas Bach, le président du CIO, s'exprime après moi. À l'issue de nos deux allocutions, le vote est lancé : 118 pays votent pour, deux s'abstiennent – la Russie et la Syrie. Pour la première fois depuis 1992, la résolution n'est pas adoptée à l'unanimité. Après la guerre en Ukraine, après les attentats du 7 octobre et la riposte d'Israël, le monde est fracturé. Organiser les Jeux dans ce contexte a d'autant plus de sens.

★

Quelques jours après mon retour en France, le 26 novembre, le surfeur à l'initiative de la première vidéo d'opposition au projet de nouvelle tour récidive avec une nouvelle vidéo. Je comprends qu'au-delà de la question de la tour des juges, il est opposé à l'accueil des Jeux. On n'arrivera jamais à le convaincre. Si l'on pouvait considérer les inquiétudes qu'il exprimait dans sa première vidéo comme légitimes, maintenant je regrette qu'il utilise des images de la barrière de corail qui ne sont pas celles du site pour illustrer son propos. La zone pour construire les fondations de la nouvelle tour des juges est un endroit du lagon où le corail est beaucoup moins développé.

À nouveau, cette vidéo est relayée par de nombreux surfeurs, notamment par la légende Kelly Slater, et continue à faire grossir le nombre de signataires de la pétition. On est obligés de publier un démenti pour préciser que les images n'ont pas été filmées à l'endroit où sera implantée la future tour des juges.

Le 1er décembre, alors que la situation commençait enfin à s'apaiser, le test pour faire passer la barge qui transportera les équipements de chantier jusqu'à la zone des fondations tourne au fiasco : l'embarcation brise des coraux. Le lendemain, le président polynésien suspend les travaux pour étudier la possibilité d'utiliser des barges plus petites et à plus faible tirant d'eau, afin de ne plus abîmer le corail lors de l'acheminement du matériel.

De son côté, la Fédération internationale de surf salue la décision du gouvernement polynésien en rappelant qu'elle a « toujours insisté sur le fait que la protection du site naturel de Teahupo'o était une priorité » et que « les installations et infrastructures relèvent de la responsabilité du Comité d'organisation de Paris 2024, en coordination avec le gouvernement polynésien ». Le retentissement de cette crise au sein de la communauté mondiale des surfeurs et activistes environnementaux rend la Fédération de plus en plus fébrile. Elle craint pour son image.

L'organisation des épreuves de surf à Tahiti semble tellement compromise que certains des territoires qui s'étaient portés candidats pour l'accueillir se manifestent à nouveau auprès de nous et dans les médias pour renouveler leur candidature. Ce serait effectivement peut-être plus facile d'organiser ces épreuves dans l'Hexagone, mais je ne veux pas lâcher Tahiti. Ils ont candidaté, on les a choisis et je reste convaincu que les épreuves là-bas seront dingues. D'autant plus que nos échanges sur le terrain, loin des réseaux sociaux, ont montré qu'ils sont toujours mobilisés pour accueillir les Jeux. Ce sera un projet unique pour le territoire et on veut rester à leurs côtés pour le faire aboutir.

Au bout de quelques jours, la piste permettant d'utiliser une barge plus petite se confirme. L'organisateur de la Tahiti Pro, qui travaille pour Paris 2024, et le propriétaire de l'ancienne tour des juges, qui l'a installée tous les ans pendant quinze ans, vont s'assurer de définir un tracé vierge de coraux pour le cheminement de la barge.

Nous organisons, le 10 décembre 2023, une nouvelle réunion publique en présence du président polynésien qui trouve les mots pour apaiser et rassurer. Le projet de nouvelle tour des juges, même amendé, compte toujours une poignée d'opposants, dont le fameux surfeur, mais ils ne sont pas représentatifs de l'état d'esprit des Tahitiens dont la majorité est maintenant favorable au projet.

Le 15 décembre, le test effectué avec la barge ayant un plus faible tirant d'eau se passe bien. On semble enfin sortir de cette crise. Mais l'écho médiatique international et la mobilisation sur les réseaux sociaux se poursuivent. La Fédération internationale de surf décide de se désolidariser complètement. Alors que c'est elle qui a toujours exigé une tour pour les juges, elle annonce finalement qu'elle peut s'en passer et accepte que les juges soient positionnés sur le rivage…

Le problème, c'est que la Ligue mondiale de surf, qui supervise l'étape Tahiti Pro, nous confirme officieusement qu'ils ne maintiendront pas leur compétition annuelle de surf à Teahupo'o sans tour, qui est selon eux essentielle autant pour le jugement que pour la diffusion des images et la sécurité. En d'autres termes, maintenant qu'on a pointé du doigt les problèmes de sécurité que posait l'ancienne tour, si on n'en construit pas une nouvelle, le seul héritage qu'on aura laissé à Teahupo'o, c'est de lui faire perdre la Tahiti Pro. Je ne peux pas prendre ce risque pour Tahiti. Ce serait un énorme coup dur pour l'île et sa population.

Le 20 décembre, en accord avec le président polynésien, je profite de notre conférence de presse générale dédiée à l'avancée globale de Paris 2024 pour faire une annonce : malgré le revirement de la Fédération internationale, l'actuelle tour des juges sera remplacée par une nouvelle afin de garantir la sécurité des personnes et la pérennité des compétitions de surf à Teahupo'o. Le calendrier de travaux doit aboutir à une tour fonctionnelle en mai 2024, quelques jours avant l'étape du circuit professionnel de la Ligue mondiale de surf qui fera office de test avant l'épreuve olympique, fin juillet.

La crise de la tour des juges de Teahupo'o se calme peu à peu.

Chapitre XXIV

Janvier 2024. Cette fois, on y est.

Pendant des années, j'ai mis mon énergie au service d'une idée : que Paris 2024 ne soit pas seulement la 33e édition des Jeux, mais une création originale qui marque l'histoire de notre pays et du mouvement olympique et paralympique. Très vite, j'ai compris que le plus grand combat serait de préserver cette ambition dans le temps. Les problèmes de budget, le calendrier qui défile trop vite, les crises nationales et internationales qui complexifient la préparation… C'est mécanique, entre les promesses de la phase de candidature et l'ouverture des Jeux, l'ambition se dégrade. Mon obsession pendant ces années a donc été de la faire grandir, et de tenir, de refuser cette pente. À chaque obstacle, on a inventé des voies de passages pour garder le cap et pousser plus loin.

Nous avons fait de l'audace et de la culture de l'inédit notre ADN pour que nos Jeux soient ceux des premières fois. Premières cérémonies d'ouverture en ville, première carte des sites pensée autour des lieux les plus iconiques, premier marathon ouvert au grand public, premiers Jeux paritaires, premier Parc des Champions, premiers Jeux à réduire de moitié leur empreinte carbone… Une édition pensée pour ne ressembler à aucune autre.

À partir de maintenant, on change de registre. L'heure est moins aux idées nouvelles, qu'aux opérations. Logistique, sécurité, transports, accréditations : ce que nous avons promis, nous devons le livrer.

Autour de la table, l'échéance rapproche les positions. L'atmosphère change dans nos réunions avec les services de l'État, les ministères, les collectivités, les opérateurs de transport… Je n'entends plus : « On n'aurait pas dû faire comme ça » ou « Ce n'est pas à nous de faire ça » ; j'entends : « OK, on s'en occupe ». Quand une difficulté apparaît, on ne cherche plus un coupable, on cherche une solution.

On n'a plus le temps de ne pas être d'accord : il faut faire.

Sebastian Coe ne m'avait pas parlé de cette phase, quand tout à coup toutes les parties prenantes se serrent les coudes…

La priorité absolue, désormais, c'est la livraison opérationnelle : que les sites temporaires soient montés, que le système de transport soit fonctionnel, que tous les agents de sécurité soient à leurs postes, que chaque cafétéria soit approvisionnée… La priorité absolue, c'est d'organiser 1 041 sessions de compétition, quatre cérémonies et un relais de la flamme dans toute la France.

Il nous reste 207 jours pour être prêts à accueillir 15000 athlètes, 20000 journalistes, 261 000 accrédités et des millions de spectateurs.

Grâce au travail exceptionnel d'Étienne, d'Édouard et de toutes les équipes opérationnelles, on aborde cette dernière ligne droite avec confiance, même s'il reste beaucoup à faire.

On sait aussi ce qui nous attend : une période où les Jeux ne quitteront pas l'actualité, où les polémiques seront permanentes. Les risques seront grossis, les crises exagérées. La petite musique « La France ne sera pas prête » va continuer. À nous de tenir la ligne. Cette défiance est tellement présente ces derniers temps que *Libération* en a pris le contrepied dès la rentrée avec, en une : « Et si tout se passait bien ? ».

Pour éviter que les Français voient les Jeux uniquement à travers le prisme du *bashing*, on s'est gardé des annonces en réserve : dévoilement de la tenue de l'Équipe de France, des médailles, de l'affiche officielle des Jeux et inauguration du village olympique et paralympique… De quoi occuper le terrain avec des symboles et de la fierté.

Quelques jours après la rentrée, Fabrice envoie un message dans notre boucle avec Étienne et Michaël pour nous demander une réunion en urgence.

On imagine qu'il veut nous parler budget mais on est surpris car nous venons d'adopter un budget pluriannuel révisé au dernier conseil d'administration de décembre. C'est un budget à l'équilibre avec une augmentation de moins de 0,4 % pour conserver une réserve pour aléas conséquente et faire face aux imprévus de la dernière ligne droite. Cette augmentation de budget est notamment permise par la contribution complémentaire de certains de nos partenaires privés, à commencer par le groupe Accor. Accor a décidé de rehausser son engagement à nos côtés, en passant de partenaire de rang 2 à partenaire de rang 1. Son président-directeur général, Sébastien Bazin, est un soutien de la première heure du projet qui, en plus d'avoir impliqué son groupe dans l'aventure Paris 2024 depuis la phase de candidature, m'apporte ses précieux conseils.

Après le message de Fabrice, on se retrouve tous les quatre quelques heures plus tard, dans mon bureau. Fabrice nous explique que, depuis la dernière révision budgétaire, plusieurs directions ont fait remonter à leurs équipes des coûts supplémentaires qui n'avaient pas pu être anticipés : une étude a, par exemple, révélé qu'une plaque de répartition était nécessaire place de la Concorde pour soutenir les tribunes qui vont y être installées ; la Commission de sécurité de la préfecture de police vient d'imposer pour un autre site un système de refroidissement pour la salle des serveurs installés pour assurer la retransmission télévisée des épreuves… Certains prestataires ont par ailleurs augmenté leurs prix en considérant qu'à six mois des Jeux, on n'avait plus le temps de les remettre en concurrence…

Au début, Fabrice a pensé pouvoir compenser une partie de ces surcoûts avec les revenus supplémentaires que François-Xavier, notre directeur commercial, est en train de tirer de la cérémonie d'ouverture, en commercialisant certains des objets emblématiques du spectacle à nos partenaires, qui pourront garder un souvenir physique du 26 juillet 2024. Mais la liste s'allonge chaque jour.

Je demande à Delphine de reporter toutes les autres réunions possibles et de les remplacer par du temps sur ce sujet. On doit étudier toutes les pistes pour augmenter encore les recettes et se prémunir d'un dérapage massif sur les dépenses.

On va trouver des solutions.

Malgré ces nouvelles contraintes budgétaires, je maintiens ma réunion du 22 janvier avec Thierry et Thomas sur les cérémonies. Ils ont besoin d'avancer et, à ce stade du projet, chaque jour compte. Avec le budget et les partenariats, c'est en ce moment le sujet auquel je consacre le plus de temps. On se parle chaque semaine.

Beaucoup de grandes décisions sont déjà derrière nous – la structure du spectacle en 12 tableaux, le contenu de chacun d'entre eux, les grandes références culturelles et historiques qui seront évoquées –, mais il reste encore des choses à trancher, des choix à faire, notamment celui des artistes. C'est le principal point à l'ordre du jour.

On évoque la chanteuse Juliette Armanet accompagnée au piano par Sofiane Pamart, la chanteuse lyrique Axelle Saint-Cirel, le groupe de métal Gojira et un duo de la chanteuse Aya Nakamura avec la Garde républicaine qui pourrait mêler un titre du répertoire de la chanson française avec l'un des tubes d'Aya. Quatre genres musicaux complètement différents : c'est exactement ce que je veux pour cette cérémonie dans laquelle chacun doit trouver des choses qui lui parlent. J'ai conscience que nous ne sommes pas là pour choisir mais pour montrer la France telle qu'elle est aujourd'hui, avec ses sensibilités, ses goûts, ses idoles. Parmi toutes leurs propositions, certaines me touchent moins, mais je sais qu'elles en toucheront d'autres.

Thierry et Thomas veulent aussi me parler de deux idées qu'ils ont pour des stars internationales. Ils savent que je veux avant tout mettre à l'honneur les artistes et la langue de notre pays et que je suis réticent à l'idée de faire venir des stars qui pourraient faire exactement le même show partout ailleurs. Leur première idée, c'est de proposer à Lady Gaga d'interpréter *Mon truc en plumes* de Zizi Jeanmaire, un titre emblématique du music-hall et qui fait partie de notre culture. Lady Gaga qui rend hommage au répertoire français, je leur donne mon feu vert.

Leur deuxième, c'est de proposer à Céline Dion de chanter l'*Hymne à l'amour* d'Édith Piaf lors du final sur la tour Eiffel. L'artiste francophone la plus connue au monde, une des chansons les plus emblématiques de notre patrimoine : c'est fort, c'est juste. Mais c'est un pari car Céline Dion n'a plus fait de concert depuis des années pour raisons de santé. Si elle faisait son grand retour pour Paris 2024, ce serait un moment inoubliable. Tout le monde n'aimera pas tout dans cette cérémonie qui va refléter la France dans toute sa diversité, mais ce final avec Céline Dion et Édith Piaf pourrait mettre tout le monde d'accord.

J'ai choisi Thomas Jolly et Thierry Reboul parce que leur créativité et leur audace sont absolues. Mon rôle est de m'assurer qu'elles servent le projet. Devant un milliard de téléspectateurs, notre pays doit briller.

Je savais qu'il y aurait des résistances techniques, politiques, réglementaires et financières. Mais si on les avait enfermés d'emblée dans les contraintes, on aurait étouffé leur créativité. Alors, dès le départ, je leur ai dit : « Vous avez carte blanche pour rêver grand.» Notre mode opératoire: ils proposent, puis on voit jusqu'où on peut aller. Certaines idées sont trop coûteuses ou trop complexes, d'autres butent sur la réglementation fluviale… C'est un travail d'équilibriste permanent.

Mon rôle, c'est d'aider à transformer les «non» en «oui». En allant chercher les appuis nécessaires, en parlant avec le préfet de région, la maire de Paris, le président de la République, nos sponsors. Chacun, à son niveau, essaie de rendre possible ce qui ne l'était pas.

Et c'est comme ça, pas à pas, que cette cérémonie prend vie.

★

Mardi 6 février 2024, comme chaque matin, je me réveille en écoutant la radio. Je suis en train de me faire un café quand j'entends: «Le Parquet national financier vient d'ouvrir une enquête préliminaire concernant la rémunération du patron de Paris 2024, Tony Estanguet…» Je lâche ma tasse, attrape mon portable et parcours tous les articles que je trouve: «Le salaire de Tony Estanguet dans le viseur de la justice», «L'ancien champion de canoë est soupçonné d'avoir perçu jusqu'en 2020 une rémunération annuelle de 270000 euros bruts, supérieure à ce que la loi autorise pour les associations de type loi 1901».

Je suis sonné.

J'ai l'impression de m'être fait réveiller avec les caméras de toutes les chaînes de télévision braquées sur moi. Depuis près de dix ans, on en a eu des crises et des polémiques à répétition. Depuis la polémique sur le choix de nos sports additionnels, j'ai aussi pris l'habitude d'être régulièrement insulté sur les réseaux sociaux. Mais mon intégrité n'avait jamais été remise en cause.

Après la création du Comité d'organisation des Jeux, en décembre 2017, une des premières choses que l'on fait, c'est de mettre en place un Comité des rémunérations. On a en effet besoin d'avoir tout de suite une grille de salaires pertinente pour nous permettre de débaucher les meilleurs, ceux qui seront à la hauteur de cet immense défi. On sait aussi que les rémunérations des dirigeants sont potentiellement un sujet de polémique, donc on veut pouvoir s'appuyer sur les meilleures expertises et prendre des décisions fondées sur une réflexion collective. Ce comité est donc composé de cinq experts indépendants, spécialistes des ressources humaines et des politiques salariales. Pour compléter sa composition, on propose au Comité olympique français, à la Ville de Paris, à l'État, à l'Assemblée nationale et au Sénat, de désigner chacun un représentant.

Jean-Paul Bailly, ancien P.-D.G. de la RATP et ancien président du conseil d'administration de La Poste, accepte de prendre la tête de ce Comité des rémunérations. Son expérience au sein de ces entreprises, où logiques économiques et enjeux des acteurs publics se mêlent, ainsi que sa réputation font de lui le candidat idéal.

Le premier travail du Comité des rémunérations, au-delà de construire cette grille de salaires globale, est de statuer sur la rémunération d'Étienne et la mienne. Pour nourrir les échanges du Comité des rémunérations, Jean-Paul Bailly commande auprès d'un cabinet spécialisé une étude comparative des rémunérations des dirigeants de grands événements sportifs, d'organisations sportives nationales et internationales ou d'entreprises de tailles comparables. Ils proposent finalement la somme de 270 000 euros bruts annuels, avec une prime annuelle de performance pouvant aller jusqu'à 20 % de ma rémunération et une prime de rétention de 10 %, que je toucherais uniquement si je vais jusqu'au bout de cette mission, en septembre 2024.

C'est un salaire très élevé comparé à la moyenne des salaires en France, j'en suis pleinement conscient. Mes frères sont professeurs d'EPS et ma mère est infirmière ; je mesure la valeur de ce salaire. Le Comité des rémunérations considère qu'il correspond au niveau de responsabilités du poste : organiser l'événement le plus complexe au monde, gérer plus de 4 milliards d'euros de budget et plus de 4 000 salariés, faire rayonner la France à l'international devant plusieurs milliards de téléspectateurs, générer plus d'un milliard d'euros de partenariats privés et plus d'un milliard de revenus de billetterie... Ce ne sera pas l'argent public qui financera ces salaires mais bien les revenus que nous devrons générer.

Certains me suggèrent de négocier davantage en me faisant remarquer que mon homologue des Jeux de Londres 2012 avait été payé deux fois plus et que certains dirigeants du sport français sont rémunérés plus de 400 000 euros. Je suis bien évidemment conscient que si un grand patron avait été choisi pour diriger Paris 2024, plutôt qu'un ancien champion de canoë-kayak, il aurait certainement exigé plus, mais je n'ai pas souhaité intervenir dans ce débat.

Le 2 mars 2018, ma rémunération est validée à l'unanimité par le conseil d'administration et, dans un souci de transparence, elle fait l'objet d'un communiqué de presse de la part du Comité des rémunérations.

Il a fallu ensuite établir la nature du lien contractuel qui me lie au Comité d'organisation. J'aurais préféré être salarié, mais l'Urssaf indique à notre direction administrative que je ne peux pas être salarié car, même si je rapporte à un conseil d'administration, le lien de subordination n'est pas suffisant. L'Urssaf recommande donc que j'établisse chaque mois une facturation dans le cadre « du régime des bénéfices non commerciaux ». La taxation étant différente selon que l'on perçoive un salaire ou que l'on facture pour une prestation, le Comité des rémunérations recalcule par conséquent ma rémunération pour que je perçoive l'équivalent des 270 000 euros bruts annuels votés en conseil d'administration. Ma rémunération est ensuite validée par le contrôleur général économique et financier du ministère de l'Économie et des Finances.

Ce matin du 6 février 2024, les articles dans la presse laissent entendre que les rémunérations dans les associations sont plafonnées, que ma rémunération est au-dessus de ce plafond et qu'on a imaginé un dispositif pour que je contourne cette règle. En réalité, le Comité d'organisation, qui a bien le statut d'association loi 1901, poursuit un but d'intérêt général mais n'a pas une gestion désintéressée au sens fiscal du terme, notamment parce qu'il est financé en quasi-totalité par des revenus commerciaux. À l'inverse des associations dites non lucratives selon le Code général des impôts, il n'y a donc pas de plafond de rémunération.

Cette fois, j'anticipe les dégâts potentiels pour les enfants et appelle tout de suite Titouan. J'essaie de lui expliquer la situation en détail pour qu'il comprenne précisément ce qu'il se passe et qu'il puisse répondre aux commentaires qu'on pourrait lui faire mais, à seize ans, ce n'est pas évident de saisir toutes les subtilités juridiques du sujet. Titouan me coupe : « Papa, j'ai confiance en toi, ne t'inquiète pas ! » Je suis bouleversé par sa réaction. Je l'appelais pour le rassurer et c'est lui qui me soutient. J'avais peur qu'il soit triste et c'est moi qui ai les larmes aux yeux…

J'appelle aussi ma mère quelques minutes. Je sais qu'elle va se faire du souci en écoutant les infos ce matin et je veux essayer de la rassurer.

Je me refais un café mais je n'arrive rien à avaler avant de partir. Je descends rejoindre le taxi qui m'attend pour m'emmener à un rendez-vous. Je me dis qu'en arrivant là-bas, l'ambiance va être étrange car tout le monde aura entendu l'information quand j'arriverai…

La radio est allumée dans le taxi. J'écoute distraitement les informations. Ça fait longtemps que je ne lis plus les messages que je reçois sur les réseaux sociaux. Ce matin, c'est le grand défouloir : « Une HONTE votre salaire ! Qui plus est, vous êtes devenu imbuvable, d'une prétention qui transpire par chacun de vos pores [sic]. Vous êtes bien loin de l'esprit sportif… très loin… Votre cupidité vous perdra » ; « 270 000 € par an pour ça ? Rends l'argent ». À côté des insultes anonymes, j'ai reçu beaucoup de messages de soutien.

Le journal de 8 heures débute. Le journaliste égrène les titres et finit par évoquer l'enquête ouverte par le PNF. Je suis attentif à chaque mot utilisé, quand j'entends le chauffeur du taxi marmonner : « Encore un pourri qui magouille… » Il ne m'a pas reconnu et a certainement eu la même réaction que les millions de Français qui ont écouté les informations ce matin. À leurs yeux, je suis devenu un magouilleur qui veut s'en mettre plein les poches.

Je ressens un profond sentiment d'injustice. Le montant de ma rémunération a été proposé par un comité d'experts indépendants, à un niveau deux fois moins élevé que celui de mon homologue de Londres 2012, validé à l'unanimité par le conseil d'administration de Paris 2024, puis par le contrôleur économique et financier de Bercy. Quant aux modalités de facturation, elles sont issues d'une recommandation de l'Urssaf. Dans tout ce sujet, je ne suis jamais intervenu, j'ai juste pris acte et mis en œuvre chacune de ces décisions. Pourtant, pour des millions de Français, je ne suis maintenant qu'un pourri de plus.

Pour le PNF comme pour les médias, c'est juste une enquête de plus, juste une actualité parmi d'autres. Pour moi, c'est le parcours de toute une vie qui vient d'être balayé en quelques secondes. Les enquêtes de ce type font toujours énormément de bruit quand elles sont ouvertes. Mais le jour où elles sont classées, personne n'en parle. Deux lignes dans les journaux. Pas intéressant.

*

Deux jours plus tard, les journalistes arrivent dans nos bureaux. Aujourd'hui, on dévoile le design des médailles de Paris 2024.

Elles ont été dessinées par Chaumet et fabriquées par la Monnaie de Paris. Elles sont prêtes depuis longtemps, mais on avait volontairement gardé ce dévoilement en réserve. On savait qu'on allait avoir besoin d'annonces positives dans la dernière ligne droite pour ne pas laisser le champ libre aux polémiques. J'étais loin de m'imaginer que ce dévoilement tomberait au milieu d'une polémique qui me viserait personnellement…

En pleines turbulences, les médailles nous ramènent à l'essentiel – les performances sportives, les athlètes – et à ce que les Jeux ont de plus universel : les émotions du sport.

Quand on a créé la direction Marque, Engagement et Créativité, la « MEC », dirigée par Thierry, j'ai demandé de nous trouver des idées originales pour chaque grand marqueur des Jeux. Il ne fallait pas seulement de bonnes idées, mais des idées qu'on serait les seuls à pouvoir porter. Des idées qui racontent quelque chose de la France.

Les médailles sont sans doute l'objet le plus difficile à réinventer. Toutes les éditions ont la leur et, au fond, elles se ressemblent toutes un peu. Pour les nôtres, ils ont travaillé avec Martin Fourcade et la Commission des athlètes de Paris 2024 et il en est ressorti une idée brillante : aller chercher des fragments de la tour Eiffel conservés après ses rénovations et en incruster un morceau en forme d'hexagone au cœur de chaque médaille, avec un sertissage issu de la haute joaillerie. Résultat : chacune est un bijou qui contient un morceau de Paris.

Les images font le tour du monde et leur retentissement est incroyable. Les télévisions, les journaux, les réseaux sociaux s'en emparent. Les gens sont fascinés par l'idée qu'une médaille puisse contenir un morceau du monument emblématique de Paris et de la France. La séquence écrase tout, on parle désormais de la médaille des Jeux.

*

Je rentre à Pau le vendredi soir. Depuis que je me suis fait voler mon vélo que je laissais à la gare, ma mère vient me chercher. J'aurais pu m'en racheter un depuis, mais en fait on tient tous les deux à ce moment en tête à tête. Quand je m'assois dans sa voiture, à chaque fois, j'ai la sensation de retrouver un cocon protecteur. La plupart du temps, on ne parle pas du boulot. Elle me demande comment ça va, me donne des nouvelles des uns et des autres. En quelques minutes, sa présence me rappelle que le plus important c'est ça, la famille. Et tout à coup, tout le reste, les polémiques, le PNF, tout ça paraît beaucoup moins important…

Ma mère a toujours joué pour moi ce rôle de sas de décompression. Dès que j'ai commencé à faire du canoë en compétition, elle s'intéressait moins à mes résultats qu'à savoir comment j'allais et si je trouvais le temps de voir suffisamment mes copains. Le plus important à ses yeux, c'était que je dorme bien, que je mange bien, que je sois heureux. Que je sois quelqu'un de bien.

★

29 février 2024. Il est près de midi quand Nicolas Ferrand, le directeur général de la SOLIDEO, me remet officiellement les clés du village des athlètes, cent cinquante jours avant le début des Jeux.

À la tête de l'établissement public chargé de la construction des équipements olympiques et paralympiques, Nicolas Ferrand a réussi un exploit : non seulement le village est livré en avance, mais c'est un quartier de ville à la pointe de tous les plus hauts standards de construction durable. Là où beaucoup de comités d'organisation se sont cassé les dents, Nicolas a su donner vie – dans les temps et dans le budget – à un démonstrateur de la ville de demain. La conception et les matériaux utilisés dans les bâtiments ont en effet permis de réduire de 47 % leur bilan carbone et d'assurer le confort thermique de leurs futurs habitants à l'horizon 2050, sans climatisation. Paris 2024 a eu de la chance de l'avoir.

Des milliers de visites ont déjà été organisées pour des délégations d'entreprises et d'élus étrangers venus découvrir toutes les innovations environnementales mises en œuvre.

La présence du président de la République pour l'inauguration du village permet de mettre un coup de projecteur sur la fin de ce chantier complètement hors norme mais, sur le fond, j'ai l'impression que le sujet intéresse peu et que ce succès ne sera pas considéré à la hauteur de ce qu'il devrait. Je regrette que la France ne sache pas mieux célébrer ses victoires, parce que la confiance d'un pays se nourrit de sa capacité à être lucide sur ce qu'il fait de bien.

À terme, 6000 habitants, 6000 salariés et deux groupes scolaires prendront possession du village de manière pérenne. Pour tous les élus qui participent à la visite, le village des athlètes, c'est un nouveau quartier qui prendra bientôt vie. Pour moi, ce village, c'est l'olympisme. Parce que c'est dans le village des athlètes de Sydney que j'ai eu l'impression d'intégrer l'Équipe de France olympique, en vivant avec les athlètes des autres sports, en échangeant avec eux, en nous soutenant mutuellement lors de nos épreuves, en célébrant nos médailles. C'est là que l'Équipe de France olympique est devenue peu à peu beaucoup plus qu'un uniforme.

C'est aussi dans le village des athlètes que j'ai vécu l'universalité des Jeux. Il n'y a pas d'autre endroit au monde où des femmes et des hommes de tous les pays, de toutes les cultures et de toutes les religions vivent ensemble.

Dans le village, l'effervescence est permanente, comme si on cumulait tous les fuseaux horaires. Certains athlètes finissent leur compétition à minuit, puis enchaînent avec les soins et ne vont dîner que vers 2 ou 3 heures du matin. D'autres prennent leur petit déjeuner à 4 heures pour pouvoir digérer avant leur entraînement. Il y a du monde tout le temps.

Dans le plus grand restaurant du monde, j'ai vu les uniformes des délégations des pays du monde entier se mélanger ; j'ai vu des stars internationales du basket jouant en NBA échanger avec les athlètes anonymes d'un petit pays et d'un sport peu médiatisé.

Dans le village des athlètes de mes premiers Jeux, à Sydney, j'ai eu le sentiment d'intégrer l'Équipe de France olympique, mais aussi d'ouvrir les yeux bien au-delà de la France, et bien au-delà du canoë.

Dans l'après-midi, un article du magazine *L'Express* éclipse rapidement l'inauguration du village des athlètes. Il évoque un rendez-vous de la chanteuse Aya Nakamura à l'Élysée, au cours duquel les journalistes pensent savoir que sa participation à la cérémonie d'ouverture olympique aurait été évoquée.

Depuis le début, je me suis imposé une règle très simple : ne jamais commenter le nom d'un artiste cité par la presse comme faisant partie de notre casting. D'abord parce que rien n'est jamais totalement figé jusqu'au dernier moment, mais surtout parce que je tiens à préserver des surprises. Une cérémonie, c'est un moment d'émotion, de découverte, de magie. Je veux que les Français la vivent sans en connaître chaque détail à l'avance.

Mais cette fois, je suis plus agacé que d'habitude. D'abord parce que la confidentialité est un combat quotidien depuis des mois, et qu'à cinq mois des Jeux, chaque fuite fragilise un peu plus ce que nous voulons protéger. Mais surtout parce que je sais ce que nous préparons avec Aya et la Garde républicaine. Cette rencontre entre deux univers que tout semble opposer est d'une puissance incroyable. C'est français, c'est inattendu, c'est fort. Je suis convaincu que ce sera l'un des moments marquants de la cérémonie, une séquence capable de rassembler, justement parce qu'elle ose mêler des symboles qui ne se croisent jamais.

Alors, quand la polémique enfle, l'agacement laisse place à la colère. En quelques heures, les débats s'enveniment et les commentaires tournent au dérapage. On peut ne pas aimer une chanson, un style, une artiste, mais rien ne justifie les attaques racistes dont Aya Nakamura fait l'objet. À ce moment-là, le sujet n'a plus rien à voir avec la culture ou les goûts personnels.

Le 11 mars, nous décidons de réagir publiquement. Paris 2024 affirme son soutien à Aya Nakamura, artiste française la plus écoutée dans le monde, et notre indignation face à la violence des propos. Parce que nos Jeux doivent incarner autre chose : l'ouverture, la fierté d'une France multiple, le respect.

⋆

Samedi 23 mars, il est 13 h 58, j'ai pris la rampe d'accès à la scène de la salle Paris La Défense Arena et me suis arrêté à mi-chemin. Mes yeux arrivent juste au-dessus du niveau de l'estrade. La fosse est pleine à craquer. Ça doit ressembler à ce que vit un chanteur avant de monter sur scène, c'est intimidant. Quand les deux animateurs m'invitent à les rejoindre, mon cœur s'accélère.

Ils sont plus de 20 000 dans la salle, presque autant connectés en ligne ; je n'ai jamais parlé devant autant de monde. Je respire un grand coup et me lance en parlant fort pour évacuer le stress le plus vite possible.

« Bonjour à tous ! Vous êtes tellement nombreux, c'est impressionnant vu d'ici ! Merci d'être là. Je suis très heureux de déclarer ouverte la Convention des volontaires de Paris 2024 ! »

Cette convention, on la prépare depuis des mois. C'est la première fois que l'on réunit tous nos volontaires et ils sont tellement nombreux qu'on a dû louer une Arena pour les accueillir.

Au départ, on n'était pas certains de réussir à trouver plus de 40 000 personnes pour une mission bénévole. Mais, dès l'ouverture des candidatures, les compteurs ont explosé, loin de l'impression que peuvent laisser certains articles critiques sur la préparation des Jeux. 313 000 personnes ont postulé. On en a finalement retenu 41 000 : des retraités, des étudiants, des salariés qui ont posé des congés… ; 80 % de Français de tous les territoires, 20 % d'étrangers venus de 150 pays ; de seize à quatre-vingt-quatorze ans, autant de femmes que d'hommes.

Parmi eux, on a voulu donner une place particulière à ceux qui font vivre le sport au quotidien : les bénévoles du sport. Ceux qui tiennent les clubs, montent les filets, accueillent les enfants… Sans eux, pas de sport, pas d'événements, pas de champions. C'était une évidence que les Jeux devaient leur dire merci. Grâce au travail des fédérations sportives nationales pour les identifier, un volontaire sur trois vient du mouvement sportif.

On a aussi travaillé avec nos partenaires pour que leurs collaborateurs puissent vivre les Jeux de l'intérieur.

Les volontaires, ce sont les visages des Jeux. Quand on arrive sur un site, avant même de voir une épreuve, c'est leur sourire qu'on croise. Ils doivent représenter ce qu'on souhaite que ces Jeux soient : ouverts, accueillants, chaleureux. C'est pour ça qu'on voulait les réunir, pour leur dire qu'ils ne sont pas juste un renfort logistique. Ils font partie de l'équipe.

L'objectif du jour, c'est de leur faire vivre Paris 2024 avant l'heure. Ils ont bien sûr des formations en ligne, mais aujourd'hui, c'est différent : c'est notre seule vraie occasion de créer du lien, de ressentir l'énergie collective. Alors on ne veut pas se louper. On ne va pas passer l'après-midi à enchaîner les discours, il faut qu'on leur donne envie. On leur présente la torche, les mascottes, les médailles. On leur fait rencontrer les responsables des sites, ceux avec qui ils partageront leur quotidien pendant les Jeux. Le moment fort, c'est le dévoilement de leur uniforme Decathlon. Ce n'est pas juste une tenue : c'est un signe d'appartenance. Quand ils l'enfileront, ils deviendront acteurs des Jeux.

Réunir autant de monde, c'était un casse-tête logistique. Des trains affrétés, des milliers de connexions en ligne pour les étrangers, une organisation millimétrée. Mais c'était aussi un shoot d'énergie incroyable. À la fin, je descends dans la fosse. Certains ont traversé toute la France pour venir, je veux leur parler, les écouter, les remercier. Tous sont émus, heureux, gonflés à bloc. Je pensais qu'on était là pour leur transmettre notre énergie, mais ce sont eux qui nous rechargent. Le soir, on rentre tous chez nous avec leurs sourires.

⋆

La cérémonie d'ouverture continue de concentrer les fantasmes et les craintes.

Quelques semaines après la polémique autour d'Aya Nakamura, elle refait la une quand le président de la République évoque, dans une interview à deux jours du J-100, l'hypothèse d'un plan B si la cérémonie ne pouvait pas se tenir sur la Seine.

Depuis des mois, la sécurité de la cérémonie est devenue un sujet récurrent dans les médias. Certains experts, plus ou moins autoproclamés, y interviennent pour dire tout le mal qu'ils pensent du projet. L'un d'eux a même parlé de « folie criminelle ». Les mots sont lourds. Je suis surpris du crédit qu'on leur accorde, alors qu'ils ne connaissent absolument pas le projet, qu'ils n'ont jamais participé à une seule des centaines de réunions menées depuis plus de trois ans entre nos équipes et les autorités publiques…

Heureusement, nous pouvons compter sur le soutien constant du président de la République et de la maire de Paris. Ils tiennent à cette ambition que nous nous sommes fixée et ne cèdent pas à la panique. L'engagement est total du côté du ministre de l'Intérieur, Gérald Darmanin, et du préfet de police, Laurent Nuñez, qui ont fait de la sécurité des Jeux leur priorité absolue. Leur mobilisation me rassure.

Sur le fond, il n'y a pas de « plan B » tel que certains l'imaginent. Les équipes de Thomas Jolly ne travaillent pas sur une alternative au Stade de France, par exemple. Des adaptations seront bien évidemment possibles mais dans le cadre du lieu du concept initial : la Seine et le Trocadéro. Dans le pire des cas, tout pourrait se recentrer autour du Trocadéro, mais j'espère sincèrement qu'on n'aura pas à en arriver là. C'est probablement à cela que le Président faisait référence lorsqu'il a parlé d'un plan B. Côté Paris 2024, on évite à tout prix d'utiliser cette expression parce qu'elle a le don de concentrer toute l'attention des médias et de générer immédiatement des dizaines de papiers anxiogènes.

Quelques jours après, je participe avec Étienne à une réunion du Conseil de défense et de sécurité nationale dirigée par le président de la République, en présence du ministre de l'Intérieur, du secrétaire général de l'Élysée, des patrons de la DGSE et de la DGSI et des chefs d'état-major des armées. Nous faisons régulièrement le point sur les menaces et les mesures de protection. Pour l'instant, les conclusions sont toujours les mêmes : « À date, pas de menace terroriste avérée. » Les services étrangers partagent ce constat. La priorité absolue, pour tous, reste la même : qu'il n'y ait aucun incident.

Chapitre XXV

À J-101 jours de la cérémonie d'ouverture, le 16 avril, je pars pour Olympie, en Grèce, où doit avoir lieu l'allumage de la flamme. C'est la première fois que je me rends sur le site historique des Jeux antiques et, malgré mes trois titres olympiques, je me sens tout petit dans ce lieu qui raconte d'où viennent les Jeux.

Comme le veut la tradition, une fois la flamme allumée par les prêtresses d'Olympie, elle est transmise à un athlète grec qui la passe ensuite au premier relayeur du pays hôte. J'ai choisi Laure Manaudou parce qu'elle est une légende du sport français née aux Jeux d'Athènes 2004. À seulement dix-sept ans, en remportant l'or dans l'épreuve de 400 mètres nage libre, elle avait offert à notre pays son premier titre olympique dans une épreuve de natation depuis 1952. En décrochant quelques jours plus tard l'argent sur le 800 mètres nage libre et le bronze sur le 100 mètres dos, elle était définitivement entrée dans le cœur des Français. C'était il y a exactement vingt ans et tout le monde s'en souvient.

La flamme poursuit ensuite son parcours en Grèce pendant onze jours et m'est remise officiellement le 27 avril à Athènes. Les organisateurs des Jeux reviennent d'habitude en avion avec la flamme et sont attendus sur le tarmac de l'aéroport de la ville hôte par les médias. Le relais monte ensuite progressivement en intensité jusqu'à l'allumage de la vasque olympique, le soir de la cérémonie d'ouverture. Mais, pour commencer tout de suite par quelque chose de très fort, les équipes ont eu l'idée de faire revenir la flamme sur le *Belem*, le voilier de la Fondation Caisse d'Épargne, et de faire de son arrivée en France un événement populaire qui marque le début de nos Jeux.

Très vite, Benoît Payan et Samia Ghali, le maire de Marseille et son adjointe, ont proposé que cet événement soit organisé dans leur ville. Dès que l'on a eu la confirmation qu'ils étaient prêts à travailler avec les autres élus de la métropole, du département et de la région pour en faire quelque chose de grandiose, le projet a été lancé, avec notamment l'idée d'une parade nautique pour que les Marseillais puissent aller accueillir le *Belem* dès qu'il approcherait de la côte. Le 27 avril, je confie donc la flamme à l'équipage, accompagné de quatorze jeunes choisis par la Caisse d'Épargne. Ensemble, ils vont lui faire traverser la Méditerranée et devront arriver dans le port de Marseille mercredi 8 mai.

Le jour J, les Marseillais sont au rendez-vous. La foule afflue sur les plages et la corniche pour admirer la parade nautique. Mille embarcations de toutes tailles – des voiliers, des catamarans, des canoës... – escortent le *Belem*. Depuis plusieurs jours, la question que tout le monde se pose, ici, c'est : qui sera le premier relayeur ?

Pour moi, ce qui est important, c'est que ce soit un athlète qui ramène symboliquement les Jeux en France. Florent Manaudou a le profil idéal car, au-delà de son palmarès olympique unique dans le sport français, il participera aux Jeux de Paris 2024. Il est aussi un Marseillais d'adoption depuis qu'il s'entraîne au Cercle des nageurs de Marseille et j'aime beaucoup le lien que l'on crée entre lui et sa sœur, qui a été la première relayeuse française en Grèce. L'histoire est belle.

Ensuite, même s'il ne s'agit pas du relais paralympique, qui débutera après les JO, je souhaite que Florent Manaudou forme un duo avec un athlète paralympique. Ce sera Nantenin Keita, championne paralympique du 400 mètres aux Jeux de Rio, qui avait contribué à ramener les Jeux en France en s'exprimant à la tribune du CIO pour notre présentation finale, en septembre 2017. Enfin, il fallait trouver une personnalité qui incarne l'identité marseillaise pour allumer le chaudron olympique installé dans le Vieux-Port de la cité phocéenne.

À Marseille, la personnalité la plus attendue, c'est évidemment Zinédine Zidane, qui y est né et y a grandi, mais je l'ai toujours imaginé dans la cérémonie d'ouverture, donc je n'ai pas voulu le solliciter pour cette séquence. Je sais que cela fera des déçus mais il faudra juste qu'ils soient patients...

À part Zidane, la plus grande star à Marseille, c'est le rappeur JuL : un gamin du coin devenu non seulement le rappeur français le plus écouté sur les plateformes d'écoute depuis 2021 mais, surtout, l'artiste français vivant ayant vendu le plus de disques en France. En créant son propre label et en produisant de nombreux artistes, il a aussi contribué à faire émerger à nouveau la scène marseillaise dans le rap français. C'est donc lui qui allumera le chaudron installé dans le Vieux-Port, pour que le relais ressemble aux territoires qu'il traverse, pas à ses organisateurs.

Quasiment personne n'est au courant qu'il sera présent ce soir. Même au sein de Paris 2024, seule une poignée de collaborateurs ont été mis dans la confidence pour organiser sa venue sur scène. J'ai prévenu le président de la République avant-hier et lui ai demandé comment il souhaitait procéder pour préserver la confidentialité de l'arrivée du rappeur, tout en assurant la sécurité de l'événement. Il m'a répondu qu'il préviendrait le ministre de l'Intérieur quand ils se retrouveraient dans l'avion présidentiel pour Marseille.

La parade nautique bat son plein quand je monte à bord d'un petit bateau pour rejoindre le *Belem* et briefer une dernière fois Florent. Je retrouve ensuite le président de la République et les élus locaux pour laisser notre premier relayeur avec l'équipage. C'est lui la star de ce moment, on ne doit voir que lui quand le *Belem* fera son entrée spectaculaire dans le Vieux-Port.

Quand Florent arrive la torche à la main, les feux d'artifice de jour explosent, la patrouille de France survole la foule et *Parade*, l'hymne des Jeux, retentit pour la première fois hors des studios de Victor Le Masne. La scène est tellement belle que j'en ai la chair de poule. Quelques minutes plus tard, JuL relève sa capuche et laisse apparaître son visage ; les jeunes derrière moi deviennent hystériques. On nous avait prévenus qu'il déchaînait les foules mais je ne mesurais pas à quel point, avant de les entendre hurler son nom.

Le lendemain matin, la couverture médiatique de l'événement est exceptionnelle : « Historique ! », « Grandiose ! », « Flamboyant », « Souffle olympique », « Jeux Olympiques : la flamme est arrivée ! ». Les images du *Belem* faisant son entrée majestueuse dans le Vieux-Port de Marseille, s'étalent en une de tous les quotidiens, jusqu'à celle du *Wall Street Journal*. Aucun de nos événements n'avait jamais suscité une telle couverture. Cette fois, on sent que c'est parti.

Seule l'apparition surprise du rappeur JuL pour allumer le chaudron fait débat. Certains sont déçus que ce ne soit pas Zidane qui l'ait allumé, d'autres que ce soit un rappeur plutôt qu'un athlète. Sa musique ne fait pas l'unanimité, mais la question que l'on doit se poser, ce n'est pas : « Est-ce que ses chansons me plaisent à moi ? » La question que l'on doit se poser, c'est : « Est-ce que c'est un artiste qui parle à des millions de gens ? » Si c'est le cas et qu'en plus, il est marseillais, alors il a toute sa place dans le relais de la flamme olympique à Marseille. Le sens de ce relais, ce n'est pas seulement de montrer ce qui fait consensus, c'est de donner de la visibilité à toute la diversité de la création française pour que chacun puisse se reconnaître dans Paris 2024.

À 9 heures, je rejoins la basilique Notre-Dame de la Garde, l'emblème de Marseille, pour le départ du relais de la ville. Le footballeur Basile Boli est le premier porteur de la flamme. C'est son coup de tête qui a offert à l'Olympique de Marseille, en 1993, sa victoire en Ligue des champions, la première d'un club français, et Basile Boli a depuis une place à part dans le cœur des Marseillais. Il passe ensuite le relais à Colette, quatre-vingt-trois ans, plus vieille supportrice du club, puis la flamme continue de sillonner la ville. Mis à part quelques interviews avec des médias et une séquence organisée à l'hôtel de ville autour de Didier Drogba, je suis toute la journée le parcours de la flamme et, partout, je sens la même ferveur, la même fierté. Je retrouve la même ambiance que celle de la place du Trocadéro, le jour de la passation entre les Jeux de Tokyo et les Jeux de Paris, mais à l'échelle de toute une ville.

Je sens aussi un point de bascule dans l'état d'esprit des journalistes qui nous suivent depuis le début. Jusqu'à présent, ils traitaient beaucoup des risques qui pesaient sur l'organisation des Jeux. Pour la première fois, le sujet de leurs papiers, c'est la beauté du moment qu'on a vécu ensemble la veille et la ferveur populaire qui s'est emparée de la ville. Au-delà des centaines de milliers de gens présents pour l'arrivée de la flamme, la journée que France Télévisions lui a consacrée a permis de partager ce moment avec des millions de Français. On sent qu'il y a eu un déclic. Avec l'arrivée de la flamme en France, les Français sont nombreux à avoir basculé dans les Jeux.

10000 relayeurs, qui incarnent le sport, le rayonnement de leur territoire ou l'engagement citoyen vont se succéder jusqu'au soir de la cérémonie d'ouverture. Saint-Raphaël, Hyères, Toulon, Manosque, Sisteron, Digne-les-Bains, Arles, Cassis, Aix-en-Provence… dans les jours qui suivent, la flamme poursuit son parcours. Le directeur du relais, Grégory Murac, m'envoie chaque jour des photos de la foule immense qui accompagne son passage. Partout, ils sont des milliers de gens rassemblés dans une ambiance de liesse presque irréelle. Ça regonfle à bloc toutes les équipes de Paris 2024.

★

Vendredi 24 mai, J-63. À Tahiti, ce n'est pas encore du relais de la flamme dont on parle, mais de surf. La Tahiti Pro, étape du circuit professionnel mondial, a lieu du 22 au 31 mai. Elle réunit les meilleurs surfeurs et surfeuses de la planète. Pour nous, c'est une répétition générale avant les Jeux. La nouvelle tour des juges doit être utilisée pour la première fois. Après la polémique qu'elle a suscitée, je voulais absolument être sur place. Je sais aussi que je ne pourrai pas venir pendant les Jeux, alors ce déplacement est précieux pour tout finaliser.

Depuis des mois, je suis le dossier de près. Les retours de nos équipes sont désormais bons : on poursuit le dialogue avec les habitants et les autorités locales et les échanges sont apaisés. L'épreuve test est maintenant l'occasion de créer une dynamique positive autour des Jeux.

J'enchaîne les réunions et les rencontres avec les acteurs locaux : on va dans les écoles et les clubs, je visite le musée sur l'histoire du surf avec les parties prenantes locales, on offre des planches de surf pour les jeunes avec notre partenaire Decathlon, je participe à une initiation de surf avec des lycéens… Je découvre également les sports traditionnels tahitiens. L'objectif, c'est d'engager le plus possible la population, bien au-delà des athlètes, pour permettre au plus grand nombre de s'approprier ces Jeux qui arrivent.

Entre deux rencontres, je prends le temps de suivre les compétitions et de visiter la tour des juges. Il n'y a plus de méfiance ou de doute, je ne vois que de la fierté et l'envie collective de réussir les Jeux. Le site est toujours aussi exceptionnel.

Lors de mon premier déplacement ici, à l'été 2022, les Tahitiens m'ont invité à monter dans un *va'a*, le canoë polynésien traditionnel. Ils m'ont expliqué que, pour avancer, chacun doit remplir un rôle bien précis : certains donnent la cadence, d'autres la puissance, d'autres le cap. Quand tout le monde rame ensemble, le bateau file droit, puissant, harmonieux. Deux ans plus tard, c'est exactement ce que je ressens.

Quand je repars de Tahiti, je suis serein. L'épreuve test est une réussite : une organisation fluide, une atmosphère apaisée, une victoire symbolique avec la surfeuse locale Vahiné Fierro qui s'impose chez les femmes. Les habitants et les associations ont compris que l'accueil des Jeux serait une chance pour l'île. Organiser les Jeux à Tahiti, c'était un pari. Je crois qu'on est en train de le gagner.

★

Dimanche 9 juin, J-47. En pleine édition spéciale à la suite des élections européennes, l'annonce tombe : dissolution de l'Assemblée nationale. À quelques semaines des Jeux, au moment où les Français commençaient à peine à s'y projeter, on n'avait pas besoin de ça.

Les six semaines qui nous séparent des Jeux devaient être le moment où les médias allaient commencer à s'intéresser à tous les sports et toute la délégation olympique et paralympique, à raconter leurs parcours, leurs histoires, à créer un lien entre les Français et toute la délégation olympique. Au lieu de ça, l'espace médiatique français va être saturé par l'annonce surprise d'Emmanuel Macron, les raisons de son choix, les réactions des partis politiques… Ces six semaines, c'était le moment où tout le pays devait se laisser embarquer dans les Jeux, pas se déchirer autour des enjeux politiques d'une nouvelle élection.

Pour notre projet, cela signifie aussi l'arrivée probable d'un ou d'une nouvelle ministre des Sports. Depuis près de dix ans, Paris 2024 s'est construit en enjambant les élections et les clivages politiques et, à si peu de jours de l'événement, les grandes décisions sont désormais prises. Mais il y a une forme d'injustice. Depuis deux ans, Amélie Oudéa-Castéra a mis toute son énergie, sa passion et sa force de travail au service de Paris 2024. Elle a défendu nos choix, aidé à dénouer des situations complexes, soutenu notre équipe sans faille. Qu'elle ne puisse peut-être pas vivre, en tant que ministre, les Jeux qu'elle a contribué à préparer, c'est dur.

Le vrai risque, désormais, serait un bouleversement de l'ossature opérationnelle. Si, à la suite des législatives du 6 juillet, un gouvernement remplaçait l'un des trois préfets clés – le délégué interministériel aux Jeux, le préfet de police de Paris ou le préfet de la région Île-de-France –, nous nous retrouverions, à moins de trois semaines de l'ouverture, avec des interlocuteurs qui ne maîtriseraient pas les dispositifs de sécurité patiemment construits. C'est ce qui m'inquiète vraiment.

Le lendemain après-midi a lieu notre dernier conseil d'administration avant les Jeux. Tous nos administrateurs sont évidemment encore sous le choc de l'annonce de la veille mais le président du CIO, présent à Paris pour quelques jours et qui a tenu à prendre la parole en ouverture de la réunion, déclare : « Je ne me souviens pas d'un comité d'organisation qui était si prêt que vous à quarante-six jours de l'ouverture des Jeux. » C'est l'essentiel. Malgré les crises qui nous sont tombées dessus, malgré les polémiques qui ont rythmé ces dernières années, jamais un comité d'organisation des Jeux n'a été aussi prêt.

Au bout de quelques jours, l'État informe que le préfet de police de Paris et le préfet de la région ne changeront pas avant la fin des Jeux. C'est rassurant pour nous. En revanche, le climat social est de plus en plus tendu et personne ne sait comment il peut évoluer en fonction du résultat des élections et des réactions des acteurs politiques. Dans l'élan du relais de la flamme, la France aurait dû se préparer à accueillir le monde. Au lieu de ça, la France se déchire.

Je ne peux pas faire grand-chose, à part continuer ce que l'on a commencé.

★

13 juin, J-43. En fin d'après-midi, je prends le TGV avec Thierry. Direction Nantes, où la vasque est en cours de fabrication dans le plus grand des secrets. Arrivés à la gare, une voiture nous emmène au bout d'une zone industrielle, loin de tout. Il est 20 h 30 quand on s'arrête devant un immense hangar gris. Le designer Mathieu Lehanneur, qui a dessiné la torche et la vasque, nous attend. À ses côtés, trois équipes techniques : une dédiée au ballon, une à l'anneau et une à la technologie d'allumage.

En sortant de la voiture, je vois le ballon en train de s'élever lentement à l'arrière du bâtiment. Il est grand et imposant, je suis tout de suite séduit. Le ciel est encore clair, la flamme à peine visible. « Attendez ce soir, quand il fera nuit, ce sera beaucoup plus beau », me glissent les équipes avec un sourire.

En attendant, Thierry m'emmène à l'intérieur. Le hangar regorge de décors pour des spectacles vivants en tout genre. Il ouvre une porte au fond de la salle et me dit : « Les équipes de la vasque ne le savent pas, mais c'est aussi ici qu'on fabrique *Zeus.*» *Zeus*, c'est le cheval métallique qui fendra la Seine, le soir de la cérémonie. Il est articulé pour reproduire la foulée d'un vrai cheval. Il reste encore quelques réglages à effectuer pour que la foulée soit plus fluide mais c'est déjà très impressionnant. On m'explique que le cheval sera posé sur une barge au ras de l'eau pour donner l'impression qu'il galope sur la Seine. Beaucoup de questions sur la faisabilité me viennent, mais je préfère les garder pour Thierry au retour. Les techniciens, eux, semblent très confiants.

Quand on ressort, la nuit est tombée, le test nocturne va pouvoir commencer. Les équipes s'affairent, concentrées. Le but: tester différentes vitesses d'élévation et ajuster l'allumage, la puissance, la luminosité et la couleur de notre «flamme électrique».

Traditionnellement, la flamme de la vasque, qui brûle pendant toute la durée des Jeux, est un vrai feu, alimenté par des hydrocarbures. Mais, en 2024, sa mise en œuvre opérationnelle est une hérésie écologique et budgétaire. Notre partenaire EDF, qui contribue largement à notre ambition de réduire de moitié l'empreinte carbone des Jeux, notamment en alimentant 100 % de nos sites en électricité d'origine renouvelable, suggère une alternative innovante: une flamme électrique. Le principe est relativement simple: créer une flamme de lumière, en éclairant avec des LEDs un nuage de vapeur d'eau. Une flamme sans feu.

Cette technologie a d'abord été pensée pour la torche, mais les prototypes n'étaient pas encore assez aboutis. Depuis, les équipes d'EDF ont bossé sans relâche pour l'utiliser pour la vasque. Ce soir, je vais découvrir le résultat. Forcément, après l'échec du projet de torche électrique, je doute un peu. J'aime l'idée que notre ambition environnementale s'incarne dans l'un des symboles les plus emblématiques des Jeux. Mais justement, la vasque est un symbole tellement important qu'on ne peut pas se permettre un rendu en demi-teinte; il nous faut un visuel spectaculaire.

Quand la vasque s'éclaire, je suis immédiatement rassuré. Ces gouttelettes d'eau éclairées par les LEDs, on dirait vraiment une flamme qui se consume lentement et enveloppe la vasque. C'est beau. C'est hypnotique. Le rendu visuel est tellement réussi qu'à la quatrième ou cinquième élévation, des lumières bleues clignotantes viennent s'ajouter à la lumière de la flamme. On entend des sirènes. Les pompiers.

Thierry se tourne vers moi : « Tony, cache-toi, il ne faut pas qu'ils te voient ! S'ils te reconnaissent, ils feront le lien avec Paris 2024 et, pour la confidentialité, c'est mort ! Tout le monde sera au courant ! »

Je cours dans le hangar pendant que l'équipe rassure les pompiers. « Non, il n'y a pas d'incendie, ce sont simplement des tests de lumière pour un futur spectacle… » Les pompiers repartent sans demander plus de précisions. Ils n'ont pas l'air d'avoir fait le lien avec les Jeux…

Quand je ressors, tout le monde éclate de rire. Cette fausse alerte, c'est presque un bon signe : si les pompiers y ont cru, c'est que la flamme est crédible.

Je regarde encore la vasque s'élever. L'effet est saisissant. On tient quelque chose d'unique.

★

Moins de vingt-quatre heures plus tard, je suis sur un ponton flottant dans le port de Pointe-à-Pitre, pour le relais des océans, debout sur un ponton flottant. À quelques centaines de mètres du bord, j'aperçois de plus en plus distinctement le Maxi Banque Populaire XI, le trimaran hydroptère classe Ultime d'Armel Le Cléac'h et Sébastien Josse, qui approche avec son cortège de bateaux suiveurs, comme à l'arrivée d'une course au large.

À bord, Armel et Sébastien, accompagnés de Marie-José Pérec, de l'ancienne Miss France Marine Lorphelin, du metteur en scène Alexis Michalik et du chef Hugo Roellinger, terminent une traversée de l'Atlantique de sept jours.

Ils se connaissaient à peine au départ de Brest et, à présent, ils s'enlacent, les larmes aux yeux. Je devine la force de ce qu'ils viennent de vivre.

Marie-Jo brandit la torche olympique. C'est bien sûr elle, la Guadeloupéenne star du sport français, qui aura l'honneur d'assurer le premier relais dans les Antilles. Elle salue l'équipage, m'attrape la main pour sauter sur le ponton et s'élance. Et là, le port explose. Des milliers de voix scandent son nom : « Marie-Jo ! Marie-Jo ! » Son dernier titre olympique remonte à près de trente ans, mais sa légende est intacte. C'est une véritable icône ici.

Marie-Jo est déjà émue quand, au milieu de la foule, elle aperçoit une femme très âgée. Sa grand-mère. Cent un ans. Elle voulait absolument être là pour sa petite-fille. Marie-Jo la rejoint, la serre contre elle et fond en larmes. Voir Marie-José Pérec aussi émue me touche profondément.

Je suis le cortège à pied. Les Guadeloupéens sont massés le long des routes, drapeaux à la main. L'ambiance est dingue. Au bout d'un moment, je m'éloigne un peu pour passer un appel.

« Allô Rafa ? Hello, Tony Estanguet calling, the President of Paris 2024.

– *Hello Tony, how are you ?*[1] »

Notre échange a été calé entre Romain, notre directeur de l'engagement, et l'agent de Rafael Nadal, pour que je puisse lui faire part d'une idée que j'ai en tête. J'aimerais offrir à Rafa, nom de code « Richard » dans nos discussions internes, un rôle fort lors du dernier segment du relais, pendant la cérémonie d'ouverture.

Le problème, c'est qu'il doit jouer son premier match dès le lendemain. Dans ces cas-là, les athlètes préfèrent souvent manquer la cérémonie pour se préserver. Mais la mise à l'honneur que je veux lui proposer est assez unique, surtout pour un athlète étranger. Alors je tente ma chance. Je veux le convaincre mais je ne peux pas trop lui en dire, je reste obsédé par les risques de fuite autour de la cérémonie…

L'échange est facile en fin de compte. Je suis presque dérouté par la simplicité de cette immense star internationale, le meilleur joueur sur terre battue de l'histoire du tennis. Il me remercie et me dit que participer à notre cérémonie serait un honneur immense. Paris, pour lui, c'est la ville qui a changé sa carrière. Il n'a pas besoin de savoir qui lui transmettrait la flamme ou à qui il la passerait, il nous fait confiance. Une classe folle. Je raccroche et reprends ma marche, le sourire aux lèvres.

★

Pendant trois jours, la flamme parcourt la Guadeloupe, puis la Martinique. Partout, le même enthousiasme. Des anonymes, des sportifs, des personnalités locales se succèdent fièrement pour porter le flambeau – de Pointe-à-Pitre au Gosier, de Baie-Mahault

1. « Allô Rafa ? C'est Tony Estanguet à l'appareil, le président de Paris 2024. – Bonjour Tony, comment ça va ? »

à la pointe des Châteaux, de Fort-de-France au Diamant. On la fait même grimper jusqu'au sommet de la montagne Pelée.

Grâce au soutien de l'État, et notamment à l'engagement de Michel Cadot, la flamme visite trois autres territoires ultramarins: la Guyane, La Réunion et la Polynésie française[1]. Marie-José Pérec, Roger Bambuck, Jean-Marc Mormeck, Jackson Richardson, Lilian Thuram, Christine Arron, Coralie Balmy, Laura Flessel, Malia Metella, Mehdy Metella, Teddy Riner... Le sport tricolore doit énormément à ses territoires ultramarins et le relais de la flamme nous permet de leur dire merci.

★

Vendredi 12 juillet, J-14. Je visite les sites temporaires installés dans Paris. Faire du centre de la capitale un stade olympique au format XXL représente un immense défi car il faut monter l'équivalent de trois Stades de France de tribunes temporaires.

Je termine ma visite par la place de la Concorde. Les premiers schémas de sa transformation en terrain de sport datent de 2019 et les voir prendre vie a quelque chose d'irréel. Le responsable du site me fait monter au sommet des tribunes du bowl du skatepark. C'est encore plus fou que ce qu'on imaginait. De là, je vois l'obélisque, les Champs-Élysées, l'Arc de Triomphe, le Grand Palais, l'Assemblée nationale, la Seine et l'enfilade de ponts avec la tour Eiffel qui se dessine au loin.

On est dans les temps, et ce sont déjà des problèmes en moins. On parle évidemment beaucoup de la cérémonie d'ouverture olympique, du design des médailles, de la torche... Mais le succès des Jeux reposait avant tout sur notre capacité à avoir un village des athlètes, un village des médias, 41 sites de compétitions et 43 sites d'entraînement opérationnels avant le début des Jeux, et c'est le cas. En quelques semaines, Paris s'est transformée sur le Champ-de-Mars, au Grand Palais, au Trocadéro, aux Invalides ou ici, place de la Concorde, je suis subjugué par la beauté des sites. Les équipes ont fait un boulot dingue sous l'autorité d'Étienne. Grâce à eux, le calendrier est tenu et chaque pièce du puzzle des Jeux se met progressivement en place.

---

1. Une étape en Nouvelle-Calédonie était également prévue mais a dû être annulée en raison des émeutes.

Chapitre XXVI

13 juillet 2024, J-13

Dernier jour de pause avant les deux mois les plus intenses de ma vie.

14 juillet 2024, J-12

Le relais de la flamme arrive à Paris pour deux jours. Pour la porter dans la capitale, on a choisi quelques-uns des plus grands sportifs français : le footballeur Thierry Henry – champion du monde en 1998 et sélectionneur de l'Équipe de France olympique de football pour Paris 2024 –, le basketteur Rudy Gobert, la judoka Romane Dicko, le joueur de tennis Yannick Noah, mais aussi des citoyens engagés dans leur ville, des représentants des victimes des attentats de novembre 2015, et des artistes, comme le photographe JR et la danseuse Marie-Claude Pietragalla. Comme dans toute la France lors du passage de la flamme, la foule est au rendez-vous.

Le soir, je suis invité sur le plateau de France Télévisions, délocalisé pour la soirée à proximité du chaudron qui vient d'être allumé par Yannick Noah, place de l'Hôtel de Ville. Après les semaines compliquées que le pays vient de vivre, je veux dire aux Français que notre été olympique s'ouvre enfin.

15 juillet 2024, J-11

Quand j'arrive au siège de Paris 2024, tous les salariés sont en bleu. Les RH leur ont demandé de porter leur uniforme à partir d'aujourd'hui et jusqu'à la fin des Jeux : l'armée bleue vient de naître. Ils sont 4200. Certains sont arrivés il y a quelques mois, d'autres sont là depuis près de dix ans mais tout le monde ressent la même excitation ce matin. Ça y est, ce qu'on appelle le « *Games Time* » a commencé. On vient d'entrer dans nos Jeux.

À 11 heures, j'ai donné rendez-vous à nos partenaires les plus engagés place du Trocadéro, où doit passer la flamme. À quelques jours des Jeux, je veux leur montrer en avant-première le site qui est en train d'être configuré pour accueillir le spectacle final de la cérémonie d'ouverture et leur faire vivre la frénésie des derniers instants de préparation de ce projet qui prend vie grâce à eux.

En fin d'après-midi, je me rends à l'INSEP pour assister au relais collectif des porte-drapeaux français des Jeux d'été. David Douillet, Marie-José Pérec, Jean-François Lamour, Christine Caron, Jackson Richardson, Assia El Hannouni, Michaël Jérémiasz, Samir Aït Saïd… Ils ont écrit l'histoire des Jeux en France et on a souhaité leur rendre hommage.

Le soir, je rejoins la place de la République pour assister à l'allumage du chaudron par Nikola Karabatic et donner une interview en duplex dans le journal télévisé de France 2. Je vais répéter les mêmes messages que la veille : il reste des places pour les Jeux, ne partez pas !

16 juillet 2024, J-10

J'appelle les athlètes que nous avons sélectionnés pour faire partie des 24 derniers relayeurs de la flamme le soir de la cérémonie d'ouverture olympique, sans leur dire qui allumera la vasque.

À midi, on a un point sur la billetterie. Il nous reste encore trois millions de billets à vendre : 1,5 million pour les Jeux Paralympiques, 1 million pour les épreuves de football et 500 000 pour le reste des épreuves olympiques… Tous les experts nous disent qu'il va y avoir un effet d'entraînement à partir du moment où les Jeux vont commencer. Ça veut dire qu'il faut que l'on concentre nos efforts sur les sports de la première semaine. Il faut notamment que les stades soient remplis pour les premiers matchs de rugby et de football, qui débuteront le 24 juillet, car ce seront les premières images de nos Jeux. Il faut qu'elles donnent envie.

Romain, notre directeur de l'engagement, a déjà prévu de faire du premier match de l'Équipe de France masculine de football, qui aura lieu le 24 juillet au Vélodrome de Marseille et sera particulièrement scruté par les médias, le premier test grandeur nature de ses carrés de supporters. Il sera sur place avec son équipe et 60 000 drapeaux bleu-blanc-rouge pour que tout le stade soit aux couleurs de l'Équipe de France. On décide aussi de continuer les campagnes médias ciblées et de demander aux villes qui accueillent les épreuves de football de communiquer à fond sur les places qui restent.

Au-delà des sports de la première semaine, il faut qu'on concentre nos efforts sur les places pour l'athlétisme, car il en reste beaucoup. C'est le sport roi des Jeux, mais avec 65 000 places par session, ça fait un stock énorme. On décide pour ça de monter une séquence média avec trois légendes de l'athlétisme : Carl Lewis, l'athlète masculin le plus titré, Allyson Felix, l'athlète féminine la plus titrée, et Marie-José Pérec, la légende française.

Dans deux jours, comme chaque semaine depuis un mois et demi, de nouveaux billets seront mis en vente à 10 heures sur la plateforme. Pour ce dernier « jeudi billetterie », on a gardé des places dans trente sports différents et pour les sessions les plus demandées. On décide d'intensifier encore notre communication sur cette dernière opération.

À 13 heures, j'ai une réunion avec Michaël, Benjamin et Camille, ma plume pour le discours que je dois prononcer dans le cadre de la cérémonie d'ouverture olympique. Cela fait partie du protocole : le président du Comité d'organisation, puis le président du CIO s'expriment à la tribune avant que le chef d'État ne déclare les Jeux ouverts. On travaille sur le projet de discours et on l'affine encore. Je veux commencer par m'adresser aux athlètes, pour les accueillir, et finir aussi par eux, pour les encourager. Parce que c'est d'eux maintenant dont dépend le succès des Jeux. Je veux aussi m'adresser aux Français pour leur dire à quel point ils peuvent être fiers d'eux, de leur pays, de leur créativité, de leur patrimoine, de leurs athlètes, de leurs artistes… Fiers aussi de cette capacité qu'on a en France à ne jamais être d'accord sur rien mais à savoir se rassembler dans les moments qui comptent.

J'aimerais aussi avoir un mot pour Bernard, parce que Paris 2024 était son projet et que je crois qu'il aurait été immensément fier de voir ce qu'il est devenu.

17 juillet 2024, J-9

J'ai rendez-vous quai des Célestins, à Paris, pour l'inauguration de la baignade dans la Seine avec la maire de Paris et le préfet de la Région Île-de-France, Marc Guillaume. Je laisse la maire descendre l'échelle en premier, puis la suis avec son adjoint aux Sports, Pierre Rabadan, et le préfet. Je me marre quand ils me disent qu'elle est quand même fraîche – évidemment, pour un kayakiste qui a passé la moitié de sa vie à s'entraîner dans les rivières gelées des Pyrénées, elle est très bonne !

C'est un moment important pour nous trois. La maire a donné l'impulsion politique et fait de ce sujet un marqueur fort de son mandat. L'État, par le biais du préfet d'Île-de-France, a orchestré et financé une part très importante du projet. Pour moi, c'est un exemple du pouvoir des Jeux, car le fait d'avoir une compétition à organiser dans la Seine a permis de faire aboutir un projet vieux de plus de trente ans : améliorer la qualité de l'eau du fleuve parisien et offrir des zones de baignade qui resteront pour la population.

À midi, je déjeune avec Édouard pour faire un point sur les sujets opérations. Sur presque tous les sites, on est en retard sur le volet énergie. C'est classique car l'installation électrique doit être effectuée après tous les autres gros travaux donc tous les retards se répercutent sur l'énergie. Et on ne s'est pas facilité la tâche en raccordant tous les sites au réseau électrique plutôt qu'en installant des générateurs temporaires à moteur thermique, donc polluant. Le problème, c'est que sans énergie, les équipes ne peuvent pas tester les opérations sur site. Cette situation génère beaucoup de stress au sein des équipes qui travaillent sur chacun des sites. C'est ça les Jeux, on est tous dépendants du travail des autres.

Concernant le montage des sites temporaires, la pluviométrie exceptionnellement élevée du printemps et des premiers jours de l'été a entraîné des problèmes sur tous les chantiers, et donc des retards. Pour le Grand Palais éphémère, Versailles ou Vaires-sur-Marne il a fallu prendre dans notre réserve pour aléas pour effectuer des travaux de dernière minute afin d'évacuer l'eau. Au Grand Palais, les travaux de rénovation de la partie du site que l'on n'utilise pas ont pris du retard. Ils continuent donc en parallèle de notre installation mais dégagent une telle masse de poussière dans toute la nef que la finalisation du lieu pour accueillir l'escrime est retardée.

Quand Édouard me fait remonter ce genre de problèmes, c'est qu'il a déjà tout essayé et qu'il faut que j'intervienne à mon niveau auprès du partenaire ou du prestataire concerné pour débloquer la situation. On ne peut pas se permettre un seul problème technique, surtout pas dans les premiers jours des Jeux. Si on se plante sur ce volet opérationnel, ça écrasera tout le reste : la beauté des sites, la vasque, les cérémonies... Un problème d'électricité dans un site, une fuite d'eau dans le Grand Palais éphémère, et on ne parlera plus que de ça.

Le soir, Fabrice, notre directeur administratif et financier, m'envoie un message : « Les danseurs embauchés pour la cérémonie d'ouverture viennent de lancer un préavis de grève pour le 26 juillet et toutes les répétitions qui la précèdent. Appelle-moi quand tu as deux minutes pour que je t'explique où on en est. » Il ne manquait plus que ça...

Une branche de la CGT spectacle défendant les artistes interprètes proteste contre des inégalités de traitement entre les artistes. En réalité, Paris 2024 paie tous les danseurs de la même façon, mais certains sont indépendants et d'autres font partie de troupes privées qui ont des conventions collectives leur garantissant transport et hébergement. Il y a donc effectivement des disparités dans les rémunérations, même si cela n'est pas de notre fait. La crise couvait depuis quelques semaines et était jusqu'à présent gérée par l'agence qui s'occupe de la production des cérémonies d'ouverture olympique et paralympique. Fabrice et ses équipes ont désormais repris la main sur ce dossier. On implique aussi dans nos échanges Bernard Thibault, qui est membre de notre conseil d'administration et notre interlocuteur privilégié dans le cadre de la Charte sociale de Paris 2024.

18 juillet 2024, J-8

Le village ouvre aujourd'hui ses portes aux athlètes et aux délégations du monde entier. Je suis très ému de les voir arriver. Ça fait longtemps qu'on les attendait... cent ans.

À 12 heures, je vois Fabrice pour faire un point sur le budget. Depuis ses alertes en janvier dernier, toutes les équipes se sont retroussé les manches. Alors qu'à quelques mois des Jeux, il est de plus en plus difficile de faire des économies dans la mesure où tout est déjà engagé, ils ont fait des miracles. Amélie Oudéa-Castéra, Valérie Pécresse, Anne Hidalgo et Patrick Ollier ont également joué un rôle clé en réhaussant leur contribution au coût des Jeux Paralympiques.

Dans notre modèle de financement des Jeux, la part d'argent public – 171 millions d'euros, soit 4 % de notre budget total – est intégralement fléchée sur l'organisation des Jeux Paralympiques, qui sont structurellement déficitaires du fait de leur faible notoriété. Lors des dernières éditions des Jeux, les Jeux Paralympiques étaient subventionnés à environ 50 % par la puissance publique. Pour Paris 2024, nous avons souhaité largement réduire cette part d'argent public, en considérant que les revenus générés par les Jeux Olympiques devaient permettre d'absorber l'essentiel du coût des Jeux Paralympiques. Mais avec l'épidémie de Covid, la guerre en Ukraine et l'inflation, cette stratégie a été partiellement remise en cause. Comme personne ne voulait revoir à la baisse l'ambition du projet paralympique pour ne toucher ni à la cérémonie d'ouverture place de la Concorde, ni à l'utilisation des mêmes sites iconiques que pour les Jeux Olympiques, l'État, la Métropole du Grand Paris, la Ville de Paris et la Région Île-de-France ont pris l'initiative de rehausser leur contribution au coût des Jeux Paralympiques en la portant à 204 millions d'euros. Au total, ils financeront donc 35 % du coût propre aux Jeux Paralympiques, ce qui reste largement inférieur aux éditions précédentes. À quelques semaines à peine de l'événement, c'était un effort décisif qui nous a permis de conserver une réserve pour aléas a priori suffisante pour gérer les imprévus liés aux Jeux.

Fabrice me donne les dernières infos et elles ne sont qu'à moitié rassurantes : nous avons pu reconstituer une réserve pour les Jeux mais, du fait des problèmes liés au montage des sites temporaires, nous en avons déjà consommé une partie. Or, selon la manière dont se passeront les Jeux, on pourrait avoir des surcoûts conséquents à absorber. Par exemple, le report d'une seule session de beach volleyball du fait d'un orage entraînerait trois millions d'euros de manque à gagner car il faudrait rembourser tous les spectateurs. On n'est pas non plus à l'abri de pannes sur du matériel nécessitant des réparations d'urgence, de défaillances de prestataires à remplacer au pied levé, de brèches dans le dispositif d'alimentation électrique impliquant la mise en place de solutions de secours… Il n'y aura pas de miracle : la seule solution pour tenir le budget, c'est d'atteindre nos objectifs de billetterie.

Thierry m'envoie les prévisions météo pour la journée du 26 juillet : les indicateurs étaient bons jusqu'à présent mais l'équipe de météorologues qui travaille avec nous prévoit désormais de la pluie. Il reste encore huit jours, le pire n'est jamais certain.

19 juillet 2024, J-7

À 7 heures, j'ouvre mon ordinateur pour me connecter à la réunion pilotée par Édouard, notre directeur des opérations, et Lambis, notre directeur de la planification. Dans notre jargon ponctué d'anglicismes incompréhensibles, c'est l'une des deux réunions quotidiennes du « MOC » – pour « *Main Operating Center* », le centre de commandement des Jeux. Elles ont été mises en place depuis le 8 juillet et auront lieu pendant toute la durée des Jeux. L'une à 7 heures, l'autre à 17 heures.

Comme mon ordinateur semble avoir lancé une mise à jour qui s'éternise, je me connecte avec mon téléphone portable. Rapidement, on se rend compte que tout le monde est dans le même cas : aucun des ordinateurs de Paris 2024 ne s'allume. On pense évidemment tout de suite à une cyberattaque. Tous les comités d'organisation en sont la cible… Les pare-feu mis en place par l'équipe de Bruno Marie-Rose, notre directeur de la technologie et des systèmes d'information, n'ont peut-être pas été suffisants ? La réponse met plusieurs heures à arriver : il s'agit d'une panne informatique mondiale, causée par la mise à jour d'un antivirus.

Entre-temps, les ordinateurs ont fini par redémarrer. Notre système d'accréditation, en revanche, est hors service. Nous sommes au pic de la distribution de nos 261 000 accréditations et cette panne pourrait être extrêmement impactante si le système n'était pas rapidement rétabli. Heureusement, il a été pensé pour faire face à ce genre d'aléas et dispose d'une autonomie de six heures. La panne en dure sept. Au total, les équipes en charge de l'accréditation n'auront donc perdu qu'une heure, mais on se serait bien passé de ce coup de stress.

L'après-midi, on a une réunion avec Thierry et son équipe sur la cérémonie d'ouverture. Les équipes sont à pied d'œuvre sur le montage, sur les costumes, sur les répétitions… C'est serré, mais on est dans les temps. Le sujet qui nous préoccupe, c'est le débit de la Seine. À la suite des pluies diluviennes tombées fin juin à Paris et dans l'est de la France, le débit du fleuve est quatre fois plus élevé que la normale. Or, les péniches risquent de descendre la Seine trop vite si le courant est fort. Et si le niveau d'eau est trop haut, certaines ne passeront plus sous les ponts !

20 juillet 2024, J-6

À 9 heures, je présente à la Commission exécutive du CIO un dernier point d'étape sur Paris 2024, six jours avant la cérémonie d'ouverture et quatre jours avant les toutes premières épreuves. Les membres du CIO sont bluffés : les sites sont encore plus beaux que les images de synthèse qu'on leur montrait depuis des années !

À midi, j'ai une interview avec *Le Parisien.*

Au village, les athlètes réclament plus de protéines. Chez Carrefour et Sodexo, nos partenaires pour la restauration et la fourniture des produits frais du village, c'est le branle-bas de combat pour répondre aux besoins des athlètes. La présidente de Sodexo annule en urgence son week-end pour montrer l'exemple. Elle nous confirme que les équipes ont revu les portions à la hausse et se sont mises à la recherche de 700 kg d'œufs et trois tonnes de viande en quarante-huit heures. En dehors du village des athlètes, il ne doit plus rester un seul poulet dans les restaurants en France…

21 juillet 2024, J-5

Première conférence de presse au Centre des médias de Paris 2024 avec Anne et Étienne, devant des journalistes venus du monde entier. Certains nous suivent depuis des années, d'autres débarquent complètement sur le projet. Dans tous les cas, ce sont eux qui vont écrire l'histoire de nos Jeux, donc il va falloir qu'on soit bons. Il n'y a aucune annonce, on est seulement là pour dire que la France sera au rendez-vous avec une ambition folle de Jeux spectaculaires, durables et inclusifs, et que nous sommes prêts à accueillir le monde.

J'enchaîne ensuite avec une nouvelle réunion sur mon discours pour la cérémonie d'ouverture. Je change encore parfois quelques mots en le relisant mais le texte commence à se stabiliser et je m'exerce maintenant à le prononcer :

« Jusqu'au 11 août, on va vivre chaque seconde avec vous.
Vos défaites seront nos défaites.
Vos victoires seront nos victoires.
Vos émotions seront nos émotions. »

Le soir, je donne une interview avec le ministre de l'Intérieur, Gérald Darmanin, au journal télévisé de France 2 pour faire le point sur la sécurité des Jeux et, plus globalement, pour dire où on en est des préparatifs.

À cinq jours de la cérémonie d'ouverture, la météo semble s'améliorer. On devrait échapper à la pluie.

22 juillet 2024, J-4

Je me connecte pour la réunion quotidienne du Centre de commandement des Jeux – la réunion MOC de 7 heures. Nous avons établi un classement des problèmes en fonction de leur niveau de gravité. Ce matin, au moins cinq ou six situations sont assez préoccupantes. Au-delà du risque de débit trop élevé de la Seine qui pèse sur la cérémonie, les pluies qui s'abattent sur Paris depuis quelques jours rendent incertaine la tenue des épreuves de nage en eau libre et de triathlon dans la Seine. L'eau a aussi réussi à s'infiltrer dans le Grand Palais éphémère où plusieurs fuites ont été détectées. La rénovation du Grand Palais n'est toujours pas terminée: nos équipes ont commencé à installer le mobilier et les équipements depuis plusieurs jours alors que les ouvriers n'ont toujours pas fini de peindre. De nombreux sites n'ont pas encore reçu les éléments décoratifs parce que notre prestataire a du mal à suivre le rythme et les compétitions vont devoir démarrer sans à Roland-Garros et dans le stade de Bordeaux. Nos prestataires d'énergie n'ont pas fini les raccordements électriques de tous les sites...

Les problèmes s'accumulent: à quelques jours de l'événement le plus complexe au monde, c'est normal. On y est préparés. Nos directrices et directeurs sont même surentraînés pour gérer ces imprévus et c'est pour ça qu'ils sont si calmes et efficaces ce matin. Depuis deux ans, nous avons défini plus de 1000 procédures pour anticiper un maximum de réponses aux situations rencontrées pendant les Jeux: que faire en cas de canicule, d'orage, de bug de notre application billetterie, de retard d'un athlète sur son site de compétition...

Certaines simulations ont eu lieu au niveau des sites de compétition, d'autres au niveau du Centre de commandement principal, d'autres encore en impliquant nos parties prenantes. Le 15 mai dernier par exemple, plus de 600 dirigeants et collaborateurs de Paris 2024, du CIO, de l'État et de nos prestataires se sont projetés dans une journée du 10 août 2024 factice qui ne leur a laissé aucun répit, entre canicule, grève, appels à manifester contre les Jeux pendant la cérémonie de clôture et invasion de la Seine par deux youtubeurs venus perturber le déroulement des compétitions de nage en eau libre.

Ce matin, on ne joue plus et je mesure à quel point ces entraînements nous aident maintenant à gérer les vrais problèmes auxquels nous sommes confrontés.

À midi, je déjeune avec Antoine Dupont et l'Équipe de France de rugby à sept au village des athlètes, avant de m'adresser aux 206 chefs de mission pour leur souhaiter la bienvenue.

23 juillet 2024, J-3

À neuf heures, je présente un point d'étape devant les membres du CIO réunis en session.

Pendant que le château de Versailles accueille la flamme olympique, avec notamment Patrick Bruel, Salma Hayek et Presnel Kimpembe parmi ses relayeurs, Céline Dion et Lady Gaga sont aperçues à Paris. Ça m'a longtemps rendu fou que l'on n'arrive pas à tenir le secret des artistes qui allaient se produire pour la cérémonie d'ouverture, mais je me rends compte aussi que plus certains noms sortent, plus l'envie d'en être semble monter.

Dans l'après-midi, je fais une « prise de plateau » sur la scène du Trocadéro : test de la hauteur du pupitre, de la sono et de l'écho, pour ne pas avoir de mauvaise surprise dans trois jours. C'est la première fois que je vois le lieu quasiment fini. Le podium en forme de tour Eiffel inversé fait son effet… Le site est sublime.

Le soir, on revoit avec Thierry et Thomas Jolly la mise en scène de l'allumage de la flamme. Ce qu'on a prévu est très fort mais je veux qu'on affine encore. On a fait venir vingt volontaires pour tester la scénographie, les passages de torche entre athlètes, la vitesse de marche, la visibilité en fonction des positions des uns et des autres… Ils ne savent pas qui ils représentent, mais ils sont hyper fiers de participer à cette répétition.

24 juillet 2024, J-2

Après mes réunions quotidiennes avec le MOC et la Commission exécutive du CIO, à 10 h 45, je fais visiter le stade de beach volleyball sous la tour Eiffel au président de la République, qui souhaitait voir l'un des sites de compétition temporaire avant le début des Jeux.

Dès 15 heures, je suis au Stade de France pour assister aux premiers matchs de rugby à sept, notamment celui qui oppose la France aux États-Unis. J'ai du mal à y croire parce qu'on n'a pas encore passé la cérémonie mais ça y est, on y est, les premières compétitions débutent…

Après avoir répondu aux médias présents au Stade, je repasse au bureau. Il est 18 h 30. Tous les salariés sont sur le pont, soit en réunion, soit hyper concentrés devant leurs ordinateurs. Quelques écrans diffusent les premières images des Jeux, et notamment celle du tifo géant au Vélodrome de Marseille organisé par l'équipe de Romain. Les images des 60 000 drapeaux bleu-blanc-rouge sont dingues et l'ambiance a l'air survoltée.

Les équipes de la direction générale sont en train de recouper les listes de tous les élus, dirigeants sportifs, personnalités, chefs d'État et de gouvernement, pour refaire une dernière fois le placement en fonction des confirmations ou des annulations de dernière minute. On avait notamment prévu des places pour le prochain gouvernement qui ne sera finalement pas nommé d'ici là. Ça ressemble au casse-tête d'un plan de table de mariage, mais avec 10 000 invités…

Quand je pars un peu avant 22 heures pour le filage de la cérémonie, les boîtes à pizzas arrivent et personne n'a quitté son poste.

25 juillet 2024, J-1

Après une nouvelle matinée de réunions avec le CIO, j'ai un échange prévu en début d'après-midi avec une dizaine de journalistes pour leur expliquer le choix de nos vingt-quatre derniers relayeurs. Il s'agit d'un échange sous embargo : chacun d'entre eux s'engage à ne pas sortir son papier avant la cérémonie.

Je leur raconte toute la scène : Zinédine Zidane, la légende du sport français, celui qui a marqué toutes les générations en remportant la Coupe du monde 1998 à domicile et l'Euro deux ans plus tard, puis en raflant trois coupes de la Ligue des champions d'affilée en tant qu'entraîneur du Real Madrid, amènera la flamme place du Trocadéro pour la transmettre à un collectif de vingt-quatre olympiens et paralympiens. Il commencera par le plus parisien des athlètes internationaux, Rafael Nadal, double champion olympique et surtout quatorze fois vainqueur de Roland-Garros.

Rafael Nadal, lui, portera la torche jusqu'à la Seine où l'attendront sur un bateau : l'icône du sport féminin, Serena Williams, championne la plus titrée en grand chelem de l'ère open et quadruple championne olympique ; le symbole absolu de l'excellence, Nadia Comaneci, qui a marqué l'histoire de la gymnastique aux Jeux avec le premier 10/10, cinq médailles d'or et trois en argent ; et l'athlète le plus titré en athlétisme aux Jeux depuis 1920, Carl Lewis.

Ces quatre légendes internationales transmettront ensuite la torche à vingt athlètes qui ont marqué l'histoire du sport français.

Je préviens les journalistes que je ne vais pas donner les noms dans l'ordre de leur apparition, pour ne pas dévoiler qui allumera la flamme :

- Amélie Mauresmo, unique joueuse de tennis française de l'ère open à avoir été numéro un mondiale, médaillée d'argent à Athènes en 2004 ;
- Tony Parker, quatre fois champion NBA, premier Français à avoir réussi à s'imposer dans le circuit américain ;
- Marie-Amélie Le Fur, quatre participations aux Jeux, neuf médailles dont trois titres, aujourd'hui présidente du Comité paralympique français ;
- Alexis Hanquinquant, champion paralympique en titre de para triathlon et porte-drapeau pour Paris 2024 ;
- Nantenin Keïta, championne paralympique du 400 mètres, quatre fois médaillée et porte-drapeau pour Paris 2024 ;
- Marie-José Pérec, légende du sport féminin français, seule triple championne olympique française avec Félicia Ballanger ;
- Michaël Guigou, triple champion olympique avec l'Équipe de France de handball ;
- Allison Pineau, membre de la première équipe féminine française de sport collectif à devenir championne olympique et élue meilleur joueuse du monde en 2009 ;
- Jean-François Lamour, seul Français depuis 1928 à être double champion olympique individuel dans le sport qui a rapporté le plus de médailles à la France aux Jeux, l'escrime, et porte-drapeau aux Jeux de Barcelone 1992 ;

- Félicia Ballanger, unique française championne olympique de cyclisme sur piste, seule triple championne olympique française avec Marie-José Pérec ;
- Florian Rousseau, triple champion olympique français de cyclisme et dix fois champion du monde ;
- Émilie Le Pennec, seule championne olympique française de gymnastique, sport iconique des Jeux ;
- Teddy Riner, le symbole de la victoire, invaincu en combat pendant dix ans, l'un des cinq Français triples champions olympiques aux Jeux d'été ;
- David Douillet, premier judoka français à devenir double champion olympique, porte-drapeau aux Jeux de Sydney 2000 ;
- Clarisse Agbegnenou, judoka française la plus titrée sur la scène internationale, avec six titres de championne du monde, deux titres de championne olympique et une médaille d'argent ;
- Alain Bernard, double champion olympique, seul champion olympique français du 100 mètres nage libre ;
- Laure Manaudou, championne olympique et seule athlète française à avoir remporté trois médailles en natation lors de la même édition des Jeux ;
- Renaud Lavillenie, champion olympique à Londres 2012 et recordman du monde de saut à la perche, après avoir battu la marque mythique de Sergueï Bubka, avant de se faire dépasser lui-même par Mondo Duplantis ;
- Laura Flessel, première championne olympique française à l'épée, cinq participations aux Jeux, cinq médailles dont deux titres ;
- Charles Coste, champion olympique de cyclisme en 1948, le plus ancien champion olympique français encore en vie.

J'arrête ma présentation et les regarde. Il n'y a plus un bruit. Je vois des larmes couler, je les sens tous émus. C'est la première fois que ça m'arrive lors d'un brief avec la presse.

À 17 heures, lors de la réunion biquotidienne avec le Centre de commandement des Jeux, l'équipe de météorologues, qui croise ses résultats avec les modèles météo de quatre autres pays pour augmenter la fiabilité de ses prévisions, nous affirme qu'il ne pleuvra pas pendant la cérémonie d'ouverture et que les dernières mesures concernant le débit du fleuve sont rassurantes.

Dans la foulée, je prends la parole au sommet Sport & Développement durable qui réunit des chefs d'État et de gouvernement, athlètes, représentants du mouvement sportif et acteurs du financement du sport. Grâce à Georgina Grenon, notre directrice de l'excellence environnementale, et son équipe, l'objectif de réduire de moitié l'empreinte carbone des Jeux, que nous avions pris en phase de candidature, sera tenu. L'équipe de Georgina a réalisé un boulot énorme en collaboration avec toutes les directions de Paris 2024 et tout notre écosystème pour traquer chaque émission de carbone. C'est tout ce travail et la stratégie qui le sous-tend que je viens présenter et défendre, parce qu'ils pourraient servir de modèle pour les grands événements futurs.

Le soir, je participe au dîner organisé par le CIO au Carrousel du Louvre en présence de tous les chefs d'États déjà arrivés à Paris. Je retrouve ensuite Thierry au pied de la vasque pour refaire encore une fois ensemble le chemin des derniers relayeurs. Thierry a l'air serein. Il est concentré, dans son match.

26 juillet 2024, jour J

Avant de me coucher, j'attrape une dernière fois mon téléphone pour voir si j'ai des messages. Quand il s'allume, je vois s'afficher : « 00 h 12, 26 juillet 2024. » Ça y est, on y est. Le 26 juillet 2024, c'est la date qui m'obsède depuis sept ans. Sept ans que je déverrouille des centaines de fois par jour mon téléphone avec le code 260724. Nous y sommes. Quand on a gagné le droit d'organiser les Jeux, le 13 septembre 2017, le compte à rebours affichait 2 508 jours. Il est maintenant à zéro. J'ai la même sensation que dans le *start* avant une finale olympique. Tout est déjà joué, on ne va plus rien changer. Et en même temps, tout reste à faire.

6 h 25. J'ouvre les yeux cinq minutes avant mon réveil, et j'entends la pluie tomber… J'ouvre les yeux cinq minutes avant mon réveil. C'est étrange, il y a à peine quelques heures, le météorologue nous a annoncé qu'on échapperait à la pluie. Je consulte l'application Météo France pour voir à quel moment elle est censée s'arrêter. Je marque un temps d'arrêt en voyant qu'elle est prévue toute la journée. Je rafraîchis la page, mais les gouttes de pluie restent. Je clique sur l'onglet « heure par heure » et fais défiler la journée : pluie sans interruption.

J'ouvre le rapport que le Centre de commandement nous envoie tous les matins vers 6 h 30 et file directement à la page Météo. Pluie ce soir ici aussi. J'envoie un message à Thierry et Michaël dans notre boucle commune, Thierry répond que les modèles météo ont changé pendant la nuit. Je ne veux pas y croire. L'un des météorologues qui travaillent avec nous doit se connecter à la réunion de 7 heures, on sera fixés à ce moment-là. Je vais prendre une douche et m'habiller en attendant. Le temps me paraît long. J'essaie de relire mon discours pour la cérémonie d'ouverture mais je suis envahi par le mauvais stress de l'incertitude, j'ai du mal à me concentrer.

Je repense aux statistiques météo qu'on a consultées au moment de prendre la décision d'organiser cette cérémonie en plein air : sur un quart de siècle, le 26 juillet entre 19 heures et minuit, il n'est tombé à Paris que 0,1 millimètre de pluie en 2000, 0,4 millimètre en 2003 et 0,2 en 2011…

Une part de moi se dit qu'ils se trompent tout le temps pour la météo et que, jusqu'à présent, que ce soit pour l'arrivée de la flamme à Marseille, la cérémonie de passation avec Tokyo ou les Journées olympiques et paralympiques, il a toujours fait beau pour nos événements en extérieur. L'autre se repasse en boucle la liste des tableaux qui vont devoir être modifiés s'il pleut ce soir. La vasque a été conçue pour pouvoir s'allumer même en cas de pluie, mais elle ne pourra pas décoller si le vent souffle à plus de 25 kilomètres par heure. Je sais que personne n'est au courant qu'elle est censée décoller, mais l'enchaînement entre l'allumage de la vasque, son envol et l'*Hymne à l'amour* interprété par Céline Dion en haut de la tour Eiffel est pour moi le moment le plus fort de cette cérémonie.

À 7 heures, je me connecte à la réunion et vois tout de suite à la tête du météorologue qu'il va confirmer les prévisions du rapport. Il nous explique qu'entre hier 17 heures et ce matin, les choses ont changé, mais qu'il est impossible de savoir précisément combien de temps l'épisode pluvieux va durer ce soir. On aura a priori de la pluie pendant la cérémonie, mais, jusqu'à la dernière minute, on ne saura pas exactement quand et avec quelle intensité.

On doit donc réadapter certains tableaux dans l'urgence. Nous n'avons plus que quelques heures pour le faire. On a toujours su qu'il y avait un risque qu'il pleuve. La cérémonie a été conçue pour fonctionner quoi qu'il arrive, mais l'expérience des centaines de milliers de spectateurs risque d'être dégradée. Pour les milliers d'artistes qui vont se produire ce soir, tout va être plus compliqué. Je demande à Thierry le temps de séchage des toits sur lesquels des performances sont prévues pour savoir combien de minutes il faudrait entre la dernière goutte de pluie et le début de certains tableaux: vingt-cinq minutes. Si l'on veut pouvoir voir des danseurs sur les toits de l'hôtel de ville et des alentours, il faut qu'on ait au moins vingt-cinq minutes sans pluie juste avant leur performance.

On a un autre problème que la météo: les lignes à grande vitesse reliant Paris à Nantes, Bordeaux, Strasbourg et Lille ont été victimes cette nuit de plusieurs actes de sabotage. Les services du préfet de police de Paris indiquent que ce type de dégradation n'annonce pas obligatoirement d'incidents pendant la cérémonie d'ouverture olympique. Elles vont en revanche avoir un impact sur l'arrivée des spectateurs et des athlètes: l'équipe de football du Japon est bloquée à Nantes. Édouard prend la main pour gérer cette situation.

À 7h30, je rejoins Anne-Solène, qui fait partie de l'équipe communication, pour l'interview de 7h50 de «La matinale» de France Inter. Anne-Solène me dit: «Tony, ne parle pas de la pluie… On ouvre les Jeux ce soir, ça fait cent ans qu'on l'attendait, ça va être dingue… Parle de ça!»

Mais la journaliste débute l'interview en me demandant: «À quoi avez-vous pensé en vous réveillant ce matin, Tony?» Je commence par lui parler de notre excitation, mais je n'arrive pas à tenir et finis par lui répondre: «J'ai regardé par la fenêtre et j'ai vu qu'il pleuvait…»

J'accuse encore un peu le coup. C'est difficile de le cacher, mais je sais que je n'ai pas le droit de me laisser aller. C'est comme après une faute dans une compétition, il faut tout de suite se remobiliser pour ne pas perdre plus de points. On n'a pas le temps de ressasser.

Comme à chaque interview que j'ai faite au cours des six derniers mois, la journaliste me demande qui sera le dernier relayeur de la flamme. J'ai déjà fait mon choix mais je n'ai pas encore prévenu ceux auxquels je pense. Très peu de gens sont dans la confidence.

Quand on a commencé à s'intéresser au sujet, Thierry est spontanément venu avec des idées décalées. C'est sa marque de fabrique et c'est ce que je lui ai toujours demandé. Toutes ses idées étaient fortes, comme toujours mais, pour cet instant précis des Jeux, j'ai le sentiment que ce qui compte, c'est moins de surprendre que de rendre hommage. C'est un moment qui appartient aux athlètes, à tous ceux qui ont fait l'histoire des Jeux en France, et on ne peut pas le leur voler.

À l'issue de l'interview de France Inter, je rentre dans l'hôtel du CIO et rejoins Michaël, Benjamin et Anaïs dans le bureau qui a été mis à notre disposition. J'ai attendu jusqu'au dernier moment pour éviter que l'information ne s'ébruite, mais il est temps que je prévienne les athlètes que j'aimerais voir allumer la vasque. Ils seront deux parce que les Jeux sont faits de symboles et qu'en tant que premiers Jeux paritaires, c'est important que notre vasque soit allumée par un homme et une femme.

À partir du moment où l'on a décidé que ce serait un duo homme-femme, le choix de Marie-José Pérec et Teddy Riner s'est imposé comme une évidence. Seule triple championne olympique française avec Félicia Ballanger, elle est l'une des plus grandes légendes sportives de notre pays dans le sport roi des Jeux. Invaincu en combat pendant dix ans, il est le symbole absolu de la victoire, l'incarnation de la gagne et l'un des rares triples champions olympiques français.

Je sais que Marie-Jo sera disponible puisqu'elle a accepté de faire partie des 24 athlètes qui porteront la flamme dans les Tuileries. Les équipes m'ont par ailleurs confirmé qu'elle était venue essayer sa tenue de relayeuse hier. Teddy, en revanche, a seulement prévu d'être sur le bateau de la délégation française. C'est donc lui que j'appelle en premier. Il est encore au lit mais suffisamment réveillé pour comprendre tout de suite pourquoi je l'appelle :

« Ce soir, il ne va pas faire très beau, je vais avoir besoin de toi pour faire rayonner cette cérémonie d'ouverture, Teddy… »

Après une pause, j'ajoute :

« Tu seras l'athlète masculin qui va allumer le chaudron de Paris 2024.

– Avec qui ? » me demande-t-il tout de suite.

Mais je ne veux pas lui révéler l'autre nom, même à lui. Il se marre et me dit :

« Du coup, qu'est-ce que tu attends de moi, que je ferme ma bouche ?

– Exactement… T'en parles à personne. »

J'appelle ensuite Marie-Jo. Comme Teddy, elle a compris au moment où elle a vu mon nom s'afficher sur son téléphone : je l'entends pleurer avant même que je commence à parler…

« Salut Marie-Jo, ça va ?

— Ouais, ça va…

— Je te dérange pas ?

— Non…

— Je t'appelle par rapport à ce soir, pour la cérémonie d'ouverture… J'aimerais que tu sois l'athlète féminine qui allume la vasquc dc Paris 2024.

— … Ça me fait pleurer !

— Ah c'est cool… Mais, dis-moi que c'est oui quand même ?

— Je sais pas comment te dire merci…

— Bah, tu me dis oui, et ce sera parfait !

— Ça me fait trop plaisir, t'as pas idée… Jamais personne ne m'a offert un si beau cadeau. »

Nos échanges n'ont duré que quelques minutes. Le rire de Teddy et les larmes de Marie-Jo m'ont ému bien au-delà de ce à quoi je m'étais préparé. Ça va être un moment fort.

Avec Michaël, nous appelons Thierry pour discuter des principales adaptations à prévoir pour le soir. On doit notamment décider si on pré-enregistre ou pas les performances de Lady Gaga et des athlètes du BMX au cas où il pleuve trop au moment où ils doivent passer. Lady Gaga n'a pour l'instant pas voulu faire de *back-up*, mais son tableau est dans des escaliers qui seront trop glissants avec la pluie. Si les drones qui devaient filmer certains plans de la cérémonie ne peuvent pas voler, il faut également réadapter les temps de caméra.

Thierry nous demande d'annuler la conférence de presse qui était prévue ce matin pour pouvoir prendre le temps de repasser en revue chaque minute du script avec les équipes de la cérémonie. Anne me dit que tous les journalistes sont très compréhensifs. J'ai l'impression qu'on est tous dans la même équipe. Tout le monde a envie d'être fier ce soir.

On annule la conférence de presse, mais on maintient mon échange prévu avec France Télévisions, le diffuseur officiel des Jeux, pour briefer les commentateurs de la cérémonie ce soir. On ne peut pas prendre le risque qu'ils passent à côté d'un élément important… J'interviens ensuite au journal de 13 heures sur France 2. Je suis plus combatif que lors de ma première interview radio ce matin : je partage mon enthousiasme et je dis tout le bien que je pense de ce qu'on va offrir au monde ce soir et jusqu'au 8 septembre. Ce que les gens ne voient pas, c'est que je mène un vrai combat intérieur.

C'est la première fois que je me sens autant en décalage entre la tension que je ressens au fond de moi et le visage serein que je dois montrer aux Français pour leur donner envie de suivre la cérémonie.

L'organisation de cette journée a été pensée pour pouvoir se dérouler sans moi, parce qu'on savait que je devrais enchaîner les plateaux de télévision et les cérémonies protocolaires. Mais j'ai du mal à ne pas pouvoir être en coulisses avec les équipes quand je sais qu'elles vivent les heures les plus stressantes de leur vie. Pour moi qui ai toujours aimé être dans l'action et qui ai appris à gérer le stress en restant dans l'action, c'est la journée la plus difficile depuis que je suis à la tête de Paris 2024.

À 15 heures, je dois rejoindre l'Élysée pour la réception donnée par le président de la République en l'honneur des chefs d'État. J'affiche un sourire de façade, mais à l'intérieur, je suis dans un état que je n'ai jamais connu.

À 17 h 30, je m'éclipse en premier pour pouvoir accueillir le président de la République et le président du CIO au Trocadéro. Mis à part les policiers postés tout le long du parcours que vont emprunter les chefs d'État et qui forment comme une haie d'honneur, les rues sont vides. Je n'ai jamais vu Paris aussi calme. On sent que quelque chose d'unique se prépare.

Je profite du trajet pour appeler Thomas Jolly. Thierry m'a dit qu'il était effondré et il faut que j'essaie de lui remonter le moral. Quand on a autant donné, comme il l'a fait, c'est dur d'accepter que tout ne soit pas parfait. Ça fait deux ans qu'il y met tout son cœur.

À 19 h 30, Jamel Debbouze et Zinédine Zidane ouvrent le bal avec le film qui débute dans le Stade de France. Jamel m'a dit que « Zizou Christ » lui était venu spontanément. C'était bien joué et les spectateurs du Trocadéro se marrent.

Pour moi, le calvaire continue. Le ciel est plombé par les nuages et l'atmosphère humide. J'essaie d'avoir l'air serein, mais je n'arrive pas à arrêter de penser aux images que je m'étais faites de cette cérémonie à partir des croquis, des répétitions et du coucher de soleil qui devait donner à la scène d'ouverture une lumière dorée. J'ai arrêté de consulter frénétiquement l'application de Météo France mais, à chaque tableau, je pense au suivant en me demandant dans quelle mesure il va être impacté par la pluie ou pas…

Il se met à pleuvoir très vite après le début de la cérémonie et les premières minutes de pluie me paraissent interminables. Je m'attends à voir sur les écrans les centaines de milliers de spectateurs se lever et quitter les tribunes. Je m'attends à voir dans l'expression des artistes les difficultés que crée la pluie.

Au bout de quelque temps, je me rends compte que les athlètes, les danseurs, les chanteurs, les musiciens et tous les artistes continuent à dérouler leur partition comme s'il n'y avait pas de pluie ou, plutôt, avec encore plus d'énergie, comme s'ils étaient galvanisés par les éléments qui se déchaînent contre eux. Peu importent les trombes d'eau qui se déversent sur eux, les spectateurs restent. Je vois dans leurs yeux la fierté de vivre ce moment. Il y a cette conscience de vivre quelque chose d'historique, cette impression que tout le reste est mis sur pause. Je sens que, pour eux, l'émotion du moment est plus forte que tout.

Moi je n'arrive pas du tout à le vivre comme ça. Je ne vois que deux mille artistes et trois cent vingt mille spectateurs se faire tremper.

Vers 22 h 30, je quitte la tribune présidentielle pour repasser dans les coulisses avant de prononcer mon discours. La journée a été tellement dense que je n'ai pas eu une seconde pour y penser. Je suis rattrapé par le stress d'un coup : « Merde, c'est maintenant ! »

À Rio, à PyeongChang, à Tokyo, à Pékin, je regardais depuis les tribunes le président du Comité d'organisation prononcer son discours en pensant qu'un jour je devrai être à sa place. C'est dans quelques minutes. Si je fais un lapsus, si je perds mes moyens, si je foire, ce sera devant un milliard de personnes et ça va me poursuivre toute ma vie.

Une loge a été mise à ma disposition pour que je puisse relire mon texte une dernière fois avec Benjamin et Camille. Je veux aussi y ajouter une blague sur les torrents d'eau qui continuent de se déverser sur les têtes des artistes et des spectateurs. J'ai du mal à en rire, mais je ne peux pas prononcer mon discours comme si de rien n'était… J'essaie de garder un œil sur la télévision installée dans la loge pour suivre la suite de la cérémonie. Au fond, je n'ai plus besoin de relire mon discours, je le connais quasiment par cœur maintenant, mais me replonger dedans me permet de faire abstraction de l'agitation autour et de me reconcentrer. Je suis dedans, c'est maintenant.

Une fois à la tribune, je ne pense pas au milliard de téléspectateurs. Les athlètes sont placés tout autour de moi et ce sont eux que je vois. C'est à eux que je m'adresse en premier : « Chers athlètes, chers amoureux des Jeux en France et partout dans le monde… »

C'est aussi en m'adressant à eux que je clos mon discours :

« Évidemment, ce soir, j'ai un message particulier pour les athlètes tricolores. Vous êtes 571 à vous être qualifiés pour la plus grande compétition de votre vie. Jusqu'au 11 août, 68 millions de Français vont se rassembler derrière vous.

Parce que, quand vous vous placez sur la ligne de départ, c'est tout un pays qui retient son souffle. Parce que quand vous remportez un titre olympique, c'est toute une Nation qui est fière. Parce que quand vous pleurez sur la plus haute marche du podium, c'est toute la France qui pleure de joie avec vous.

À chacune de vos victoires, les Français se rassemblent.

À chacune de vos victoires, les Français sont fiers ensemble.

À chacune de vos victoires, la République est plus vivante.

Chers athlètes français,

Dear athletes of the world,

We love you !

À partir de maintenant, Paris 2024 vous appartient. »

Quand je retourne m'asseoir en tribune après avoir passé la parole au président du CIO, la pluie a encore redoublé d'intensité, mais je sens la pression retomber un peu. C'est le moment des derniers relayeurs. Un show lumineux débute sur la tour Eiffel pendant qu'on voit progressivement apparaître les légendes du sport français et international sur la scène du Trocadéro, puis sur un bateau qui remonte le fleuve en direction des Tuileries.

Les douze tableaux orchestrés le long de la Seine devaient chacun montrer un pan de notre culture et refléter la diversité de la France, être un hymne à la tolérance. Ils n'étaient pas pensés pour plaire à tous les Français, mais pour que chacun puisse y trouver quelque chose qui résonne en lui. C'est maintenant l'heure du final qui doit mettre tout le monde d'accord.

Les spectateurs et téléspectateurs découvrent la vasque installée dans le jardin des Tuileries et, devant elle, toutes les générations du sport français. Son doyen, Charles Coste, champion olympique en poursuite par équipe aux Jeux de Londres 1948, né en 1924 – l'année des derniers Jeux d'été en France – a pu être présent. Il transmet la flamme à Marie-José Pérec et Teddy Riner qui s'avancent avec beaucoup de solennité vers la vasque. Leurs gestes lents et précis semblent obéir à une chorégraphie. Quand la vasque s'envole, l'image est tellement belle que tout le monde pense que la cérémonie vient de se terminer. C'est le moment où les premières notes de l'*Hymne à l'amour* se mettent à retentir.

J'ai le sentiment que cette pluie qui m'avait semblé si déprimante s'est transformée en un élément du spectacle. Que la scène que j'ai sous les yeux est encore plus belle que celle que j'avais imaginée. Tout autour de moi, je vois des larmes couler.

Je me rends compte qu'une autre magie que celle que l'on espérait a opéré. Pour tous ceux qui ont œuvré à l'organisation de ces Jeux, rien n'a été facile et, jusqu'au bout, on a dû se dire : « Il faut qu'on tienne bon, on va y arriver ». C'est comme si la pluie avait embarqué les centaines de milliers de spectateurs avec nous, dans la même galère et dans la même détermination à en faire quelque chose de beau.

Je ressens un immense soulagement… Je respire à nouveau. On a réussi, on a réussi la première cérémonie d'ouverture des Jeux hors d'un stade, au cœur de Paris, sur la Seine, devant des centaines de milliers de téléspectateurs, malgré la pluie torrentielle, malgré les sabotages, malgré les doutes.

Si on a survécu à ça, il ne peut plus rien nous arriver.

Chapitre XXVII

Samedi 27 juillet 2024. J'ouvre un œil. J'ai l'impression d'être un rescapé après une tempête. La tempête a duré dix ans et je suis soulagé d'en être sorti. Pour autant, l'histoire reste encore à écrire.

J'attrape mon portable. Les messages ont continué à affluer toute la nuit. Anne vient de m'envoyer les photos des unes des journaux français et internationaux : « Époustouflant », « Grandiose ! », « Paris est magique », « En trombes », « Imagine », « Paris 2024 : tous en Seine », « *El fuego olímpico ilumina el cielo lluvioso de Paris* », « *Spectacle on the Seine marks a gleeful revival* », « *Paris eleva o espíritu olímpico* »[1]. Ces derniers mois de travail ont été durs, mais ça valait tellement le coup… Je transfère le message d'Anne à Thierry et Thomas Jolly pour les féliciter à nouveau, eux et leurs équipes.

J'ai rendez-vous à 8 heures pour la réunion de coordination quotidienne avec le CIO. C'est une réunion assez formelle, avec 40 personnes autour de la table et un ordre du jour précis mais, ce jour-là, Thomas Bach et l'ensemble de son équipe s'attardent longuement sur la cérémonie de la veille. C'est la plus belle cérémonie qu'ils aient vue.

Je rejoins ensuite le centre des médias pour prendre la parole avec Thomas Jolly lors de la conférence de presse internationale quotidienne, puis notre partenaire EDF pour une conférence de presse sur la vasque, dont tout le monde veut comprendre comment elle fonctionne.

Désormais, pendant toute la durée des Jeux, je vais avoir plusieurs rôles. D'abord, prendre les décisions qui s'imposent en cas de crise grave. 95 % des problèmes seront gérés au niveau des sites ou du centre de commandement des Jeux mais les plus sensibles remonteront à Michaël, Étienne et moi. Avec Thierry et Thomas Jolly, je dois également finaliser les derniers éléments

1. « La flamme olympique illumine le ciel pluvieux de Paris », « Le spectacle sur la Seine marque un renouveau joyeux », « Paris élève l'esprit olympique ».

des trois cérémonies à venir et choisir les athlètes impliqués pour allumer ou éteindre la flamme.

Je devrais aussi être présent auprès des médias, de nos partenaires, des acteurs publics et des personnalités, mais surtout auprès de tous ceux qui vont faire la réussite des Jeux en coulisses : notre staff, nos volontaires, les agents de sécurité privée, les prestataires de restauration, les chauffeurs... Je veux aller les voir sur chaque site de compétition pour les encourager et les remercier. Taper dans toutes les mains qu'on me tend et accepter tous les selfies.

C'est drôle parce que, durant toute ma vie d'athlète, je me suis préparé en équipe mais, au moment où la compétition commençait, j'étais seul avec moi-même dans mon bateau. Cette fois, les compétitions viennent de commencer et le succès des Jeux reposent sur les épaules des 4200 collaborateurs de Paris 2024, des 41000 volontaires, de nos partenaires, de nos prestataires, des forces de secours et de sécurité...

Dans la matinée, Anne m'envoie les résultats du sondage réalisé par Harris Interactive. J'ai toujours une montée d'adrénaline lorsque je vois le mot « sondage » dans un mail d'Anne... Est-ce que les chiffres vont être à la hauteur de ce que l'on a perçu ?

86 % des Français jugent la cérémonie d'ouverture réussie.
75 % se disent fiers.
81 % la trouvent historique.
83 % approuvent le choix de la Seine.
91 % le choix de Teddy Riner et Marie-José Pérec comme derniers porteurs de la flamme.
79 % se montrent optimistes quant à la réussite des Jeux.

C'est dingue ! Je ne sais pas si un autre sujet a déjà autant mis les Français d'accord. J'ai l'impression qu'hier encore, ils étaient un peuple d'irréductibles râleurs et que ce matin, ils se sont réveillés dans la peau d'une Nation fière de ce qu'elle est et confiante dans l'avenir.

Anne me signale qu'il y a évidemment aussi des gens qui n'ont pas apprécié la cérémonie et le font savoir sur les réseaux sociaux, mais le sondage montre qu'ils ne représentent que 5 % de la population.

À 17 heures, je me connecte pour la réunion biquotidienne avec notre Centre de commandement des Jeux pour faire le bilan de la première journée de fonctionnement de tous les sites olympiques. Avant la cérémonie d'ouverture, seules quelques épreuves de football, de rugby, de handball et de tir à l'arc avaient été organisées. Aujourd'hui, c'était le baptême de feu pour toutes les équipes chargées de la gestion des trente sites de compétition en activité ce jour-là.

S'il y a évidemment eu quelques problèmes dans chaque site, les protocoles ont fonctionné. À chaque fois, les équipes ont su trouver des solutions et s'adapter. Comme une première journée où tout le monde doit prendre ses marques, c'était tendu, mais les équipes ont assuré. Les opérations, qui sont habituellement la source de tous les maux pour un comité d'organisation, fonctionnent. C'est un vrai tour de force, et c'est le chef-d'œuvre d'Étienne.

À 19h30, je suis au Stade de France pour assister à la finale de rugby à sept entre la France et les Fidji. Ils sont les tenants du titre et nous ont battus en poule, mais on a envie d'y croire. Quand j'arrive, les 60000 spectateurs du stade hurlent en chœur avec Joe Dassin :

«Moi, j'avais le soleil jour et nuit
Dans les yeux d'Émilie
Je réchauffais ma vie
À son sourire»

Je n'ai jamais vu une telle ambiance avant le début d'un match. L'équipe des sports a énormément travaillé sur tous les moments qui précèdent et qui suivent les performances sportives : ce qui se passe dans le stade avant une épreuve, pendant une mi-temps, entre deux sessions… Leur idée, c'était de créer des ponts entre le sport et la culture pour qu'il y ait toujours quelque chose à regarder ou à faire sur nos sites de compétition. Ils ont notamment eu l'idée de transformer les stades en karaoké géant, en affichant les paroles des plus grands tubes français sur tous les écrans. Ça marche hyper bien.

Le match commence quelques minutes plus tard. Les Fidji mènent rapidement 7 à 0, mais la France revient à égalité à deux minutes de la mi-temps. En seconde période, Antoine Dupont, qui a mis son parcours au sein de l'Équipe de France de rugby à XV entre parenthèses depuis plusieurs mois pour pouvoir s'entraîner avec celle du rugby à sept, entre sur le terrain. Les Bleus sont extraordinaires. Ils marquent trois essais, notamment grâce à Antoine Dupont qui fait une passe décisive après une course de 80 mètres avant de marquer les deux derniers essais de son équipe. Au coup de sifflet final, l'écran affiche: «FRA 28 – 7 FiJ».

C'est la première médaille d'or de l'Équipe de France olympique, et tout le stade s'enflamme. Ça saute, ça s'enlace, ça crie, ça s'embrasse. Les Français sont comme des fous.

Les Bleus finissent par quitter le terrain pour aller se changer. Quand ils reviennent avec leur tenue de remise des médailles, au moment où tout le monde pense que le meilleur de la journée est passé, ils rejoignent le centre du terrain, forment trois lignes et se mettent à danser sur l'un des tubes planétaires de Will Smith, «Miami».

Une première médaille d'or française dès le lendemain de la cérémonie et dans le sport que Bernard avait fait revenir aux Jeux, c'était déjà un hommage magnifique au père fondateur de Paris 2024. Mais, avec cette danse de la victoire que nous font les rugbymen, on vient de basculer dans une autre dimension.

Si beaucoup en France étaient pessimistes sur la capacité de notre pays à organiser les Jeux, pour nous, une seule chose comptait: qu'on soit prêts le jour J. Ensuite, on savait que les performances des athlètes emporteraient avec elles les derniers doutes. On savait qu'il y aurait un effet *on/off*. Mais pas à ce point-là.

Ce n'est que le début. Le scénario qui s'écrit sous nos yeux à partir du 27 juillet, jamais on n'aurait pu l'imaginer.

J'ai eu souvent l'impression avant le début des Jeux, que rien ne nous était épargné, entre les attentats en France, l'épidémie mondiale du Covid, les conflits armés en Ukraine et au Proche-Orient, l'inflation, le JO bashing dans les médias, la dissolution de l'Assemblée nationale à quelques semaines des Jeux… Maintenant, c'est l'inverse: tout ce qui pouvait arriver de mieux se produit.

On a embauché des danseurs pour animer les stades, on a inventé les carrés de supporters… On a même emprunté au théâtre le rituel des trois coups pour marquer le début de chaque session de compétition et l'entrée en scène des athlètes. Mais jamais on n'aurait pu imaginer que les rugbymen français allaient non seulement gagner avec style, mais aussi lancer ce qui allait devenir la danse des Jeux.

Jamais, avant Léon Marchand, on n'aurait pu imaginer avoir un athlète tellement hors norme qu'il allait non seulement enflammer le centre aquatique, mais aussi mettre sur pause les autres épreuves le temps de ses courses.

Jamais on n'aurait pu imaginer le scénario de l'épreuve de judo par équipe, l'égalité au terme des six matchs, puis la roulette qui tire au sort Teddy Riner pour le combat décisif face au Japon.

On espérait que l'épreuve de surf à Tahiti offre à Paris 2024 des images uniques, mais jamais on aurait pu imaginer qu'une baleine à bosse vienne saluer les athlètes féminines. Ou que Kauli Vaast, un Tahitien qui a grandi face à la vague de Teahupo'o mais qui ne faisait pas partie des favoris, qui décroche l'or et rende fière toute son île.

On aurait rêvé d'écrire ces scénarios, mais on n'osait pas aller jusque-là.

On espérait des médailles, mais on n'osait pas rêver que la première en or pour une épreuve individuelle soit la médaille de la résilience de Pauline Ferrand-Prévot après les échecs de ses trois premières participations aux Jeux, et que ses larmes de joie fassent pleurer toute la France.

On espérait des records, mais on n'osait pas rêver d'un triplé français sur le podium de BMX.

On espérait que l'épreuve de nage du triathlon pourrait se tenir dans la Seine malgré le déluge, le soir de la cérémonie d'ouverture, mais on n'osait pas rêver du sacre de Cassandre Beaugrand, le premier titre olympique de l'histoire du triathlon français.

On espérait que Léon Marchand réussirait à battre le Hongrois Kristóf Milák en finale du 200 mètres papillon, mercredi 31 juillet, mais on n'osait pas rêver que, le temps de quelques minutes, avec 8 médailles d'or, 10 médailles en argent et 8 médailles de bronze, la France passe devant la Chine et soit en tête du classement des nations pour ces Jeux Olympiques.

On espérait que les frères Lebrun, deux génies de la raquette de seulement dix-sept et vingt ans, viennent réveiller le ping-pong français, mais on n'osait pas rêver que la France entière se passionne pour leur parcours et qu'ils déclenchent des vocations parmi toute une génération.

Après avoir eu l'impression que le ciel s'acharnait contre nous le soir de la cérémonie d'ouverture, le lendemain et tous les jours qui suivent, j'ai le sentiment que nous sommes bénis des dieux. C'est comme si on était tout à coup récompensés pour toutes ces années où on a travaillé comme des fous et encaissé les coups sans broncher.

Les athlètes nous prouvent une fois de plus que ce sont eux qui font les Jeux. Ce qu'ils nous offrent, ce ne sont pas seulement des victoires ; ce sont des histoires de résilience, de victoire collective, de communion avec le public, de planètes qui s'alignent. Des histoires de famille. Des histoires d'amour, aussi : quand Alice Finot arrive au pied du podium pour le 3000 mètres steeple et va demander la main de son compagnon en tribune.

Ils ne gagnent pas tous, et pour certains, c'est très dur. Pour ceux qui ne peuvent pas concourir, comme Kevin Mayer qui a dû déclarer forfait la veille de l'épreuve de décathlon, comme pour tous ceux dont la performance n'est pas celle qu'ils attendaient, ce sont des années d'entraînement qui partent en fumée, parfois en quelques secondes. Dans la plupart des métiers, ce n'est jamais aussi brutal. Ce n'est pas tout ou rien, on réussit plus ou moins. Eux, ils perdent tout et il n'y a pas de lot de consolation. C'est ce qui fait qu'on vit aussi intensément ces deux semaines à leurs côtés.

Au-delà même des athlètes et de ce qu'ils nous font vivre, tout est plus beau que dans tous les scénarios qu'on avait imaginés.

Alors que des Parisiens ont fui leur ville avant le début des épreuves, ceux qui sont restés en retombent amoureux. Ils sont près d'un million dans les rues de Montmartre pour acclamer les cyclistes de l'épreuve sur route. Ils sont des dizaines de milliers tout le long du parcours du premier marathon pour tous de l'histoire des Jeux. Tous les jours, ils sont plus nombreux au Parc des Champions. Tous les soirs, ils sont plus nombreux à venir près des Tuileries pour regarder la vasque olympique s'élever dans le ciel. Toutes les nuits, ils font vibrer un peu plus le Club France. Et, tout à coup, le sable du terrain de beach volleyball sous la tour Eiffel semble plus désirable que celui de toutes les plus belles plages du monde.

Alors que l'interprétation de *Imagine* par Juliette Armanet et Sofiane Pamart sur leur barge en feu pendant la cérémonie d'ouverture, avait déjà marqué les esprits, le DJ du site du Champs-de-Mars crée un nouveau moment de grâce pendant la finale féminine de beach volleyball en jouant à nouveau l'hymne à la paix de John Lennon pour apaiser les tensions entre les Brésiliennes et les Canadiennes.

Alors que beaucoup doutaient de la capacité des Français à être des hôtes accueillants, nos 41 000 volontaires éblouissent le monde entier par leur prévenance, leur enthousiasme et leur bonne humeur communicative.

Alors que les tensions sociales semblaient à leur paroxysme quelques semaines avant les Jeux, les policiers et les gendarmes se mettent à danser avec les touristes dans les rues de Paris.

Tout à coup, on fait Nation parce qu'on vit la même émotion au même moment. Et plus personne ne sait si un Premier ministre a été nommé ou pas.

La France s'est redécouverte, a redécouvert sa capitale, son audace, sa créativité, sa combativité, sa capacité à accomplir quelque chose de grand. Elle s'est redécouverte fière d'elle-même.

C'est ce que tous les gens que je croise sur les sites de compétition, me disent le plus : « Merci Tony, je n'avais jamais été aussi fier d'être français. »

★

Dimanche 11 août 2024. Angèle et Kavinsky électrisent le Stade de France, et Phoenix fait danser tous les athlètes. La France vient de vivre deux semaines sur une autre planète et personne n'a envie de refermer la page des Jeux Olympiques. Mais les Français ont compris que cette quinzaine olympique n'était que le match aller, car la billetterie paralympique commence à s'emballer pour le match retour qui débutera le 28 août. Ce soir, ce n'est pas une cérémonie de clôture, c'est une cérémonie de passation.

Lundi 12 août 2024. Mon réveil sonne à 6 h 15. Je me suis couché il y a moins de trois heures mais avec la tension des quinze derniers jours, je crois que je n'ai pas vraiment dormi.

Pierre Cunéo, notre directeur des transports, m'a demandé de passer voir les équipes du centre d'Aulnay-sous-Bois à 7 heures pour les encourager. Alors que la plupart des équipes de Paris 2024 peuvent relâcher un peu la pression pendant quelques jours, certaines ont les plus grosses journées de travail devant elles. C'est le cas des équipes en charge de la transition des sites et de l'équipe transports, qui entame les deux plus grosses journées de départ des Jeux. Malgré la fatigue, je vois que tout le monde a envie de bien finir le boulot.

Plus de 7000 athlètes sont attendus dans les gares et les aéroports. Une logistique impressionnante a d'ailleurs été mise en place pour accompagner leurs déplacements et transporter 114000 bagages, dont 17000 hors format. L'aéroport s'est même déplacé au village avec neuf check-ins installés depuis trois jours pour commencer à enregistrer les bagages.

J'enchaîne avec la matinale de France Info, puis avec la cérémonie organisée par le CIO au siège de Paris 2024. Le CIO nous a fait part de son souhait de rassembler l'équipe dirigeante de Paris 2024, les membres de notre bureau exécutif, ainsi que des représentants des volontaires et des corps de sécurité et de secours pour nous remercier et remettre l'Ordre olympique aux acteurs publics et sportifs qui ont joué un rôle décisif dans le succès des Jeux - Anne Hidalgo, Valérie Pécresse, Patrick Ollier, Stéphane Troussel, David Lappartient, Amélie Oudéa-Castéra, Michel Cadot, Marc Guillaume, Laurent Nuñez, Nicolas Ferrand, ainsi qu'à Étienne, Michaël et moi-même. Personne n'avait vraiment la tête à vivre une nouvelle cérémonie protocolaire, mais tout le monde est là.

À la fin de la cérémonie, le président du CIO m'invite à venir sur l'estrade pour me remettre ma décoration. Je me retrouve face à Michaël, Étienne et toute l'équipe dirigeante de Paris 2024. Face aux responsables politiques et sportifs avec lesquels on collabore depuis des années. Face à Pierre-Olivier Beckers-Vieujant et Christophe Dubi, du CIO, qui ont accompagné toutes nos audaces, qui ont été là dans tous les moments difficiles, toujours à nos côtés, toujours en soutien. Paris 2024 leur doit tellement.

Je n'ai pas préparé de discours et, au moment où j'ouvre la bouche pour remercier Thomas Bach et tous ceux qui sont en face de moi, je commence à prendre conscience de ce que l'on a fait. Nous, la petite équipe à l'origine de ce succès. Les rescapés de la tempête. On a tout donné, tout encaissé, trouvé des solutions qui n'existaient pas et réussi à rendre des millions de Français fiers de leur pays, fiers de qui ils sont. On a connu les jours de doute, les désaccords, les nuits blanches, les engueulades, mais on a traversé tout ça ensemble. On a réussi ensemble.

Je sais ce que je dois à chacune et chacun d'entre eux. Je sais qu'un lien nous unira toujours.

Pendant dix ans, je me suis obligé à être toujours de bonne humeur, déterminé, positif. Je ne pouvais pas m'autoriser à montrer le moindre doute, la moindre faille. Mais ce matin, on est en petit comité et c'est comme si toute la pression retombait d'un coup. Moi qui ai l'habitude de tout contrôler, je suis envahi par l'émotion et je craque. Je ne peux pas retenir mes larmes.

Je ne m'y attendais pas.

Chapitre XXVIII

« Les gens oublieront ce que vous avez dit, ils oublieront ce que vous avez fait, mais ils n'oublieront jamais ce que vous leur avez fait ressentir. »

Maya Angelou

Après trois jours de break dans les Pyrénées avec Aurélie, les garçons, mon frère Patrice et sa compagne, je rentre à Paris lundi 19 août. Patrice m'avait vendu « une petite randonnée à la cool ». En fait, j'en ai bavé… Mais ça m'a fait du bien de couper pour recharger les batteries avant le match retour des Jeux.

Il reste moins de dix jours pour finaliser chaque détail de la cérémonie d'ouverture paralympique et finir d'opérer la transformation de la place de la Concorde et de tous les sites qui accueillent un tout autre sport – notamment le terrain de beach volleyball sous la tour Eiffel, qui va devenir un stade de cécifoot.

Les équipes sont à pied d'œuvre et la fatigue est palpable, mais le succès phénoménal des Jeux Olympiques a remis de l'essence dans le moteur de tout le monde. On a battu le record d'audience et le record d'affluence, qui était détenu depuis près de trente ans par Atlanta 1996. On a aussi le sentiment d'avoir battu des records plus subjectifs, ou moins contrôlés : le record d'ambiance dans les stades, le record du nombre de demandes en mariage pendant les Jeux… Comme un athlète qui vient de réussir sa première manche, on travaille dans la sérénité.

On doit aussi finaliser la préparation de la cérémonie de clôture paralympique. Pour cet ultime grand rassemblement dans le Stade de France, l'idée est de finir sur une grande fête qui mettra en lumière toute la scène française de l'électro. Les équipes de Thierry ont travaillé avec Victor Le Masne, notre directeur musical, et le producteur et metteur en scène Romain Pissenem, pour définir une programmation qui permette de mêler toutes les générations. Ils ont sélectionné 24 artistes, dont Jean-Michel Jarre, Martin Solveig, Kavinsky, Cassius, Isabelle de Crécy, Breakbot, Miss Kittin, Ofenbach et Polo & Pan.

Le vendredi, je reçois un courrier de la Fédération internationale de basket. Jusqu'à présent, les courriers de la FIBA, c'étaient jamais de très bonnes nouvelles… Mais le basket a explosé son record de fréquentation aux Jeux grâce aux capacités d'accueil énormes du stade de Lille, et le président et le secrétaire général veulent nous remercier d'avoir rendu ce record possible : 1 078 000 spectateurs. Après les polémiques et les tensions qui ont accompagné la préparation de ces épreuves, leur mot de remerciement a une signification particulière, comme une poignée de main de fin de match. Peu importent les difficultés que l'on a pu rencontrer, ce qui compte, c'est le résultat final et l'histoire du basket à Paris 2024 se finit bien.

Samedi 24 août, je me rends à Stoke Mandeville, au nord-ouest de Londres, où le docteur Ludwig Guttmann a commencé en 1948 à organiser les compétitions sportives entre blessés de guerre qui sont ensuite devenues les Jeux Paralympiques. C'est ici que la flamme paralympique est allumée.

Le lendemain, dans le tunnel sous la Manche, vingt-quatre relayeurs britanniques transmettent la flamme à vingt-quatre relayeurs français emmenés par Emmanuelle Assmann, que nous avons choisie comme capitaine de ce premier relais collectif paralympique. Médaillée de bronze par équipe en escrime fauteuil aux Jeux Paralympiques de Pékin 2008, Emmanuelle a présidé le Comité paralympique français de 2013 à 2018. Elle a été très engagée dans la candidature de Paris 2024 et c'est pour cela que je souhaite que ce soit elle qui ramène la flamme paralympique en France.

Pour ce relais, on a imaginé un format qui permette d'aller à la rencontre d'un maximum de Français sur une période très réduite : douze flammes distinctes, pour symboliser les douze jours des Jeux Paralympiques, partiront ainsi de douze territoires pour converger vers Paris où elles seront réunies juste avant la cérémonie d'ouverture des Jeux. Au total, plus de 1 000 porteurs prendront part à ce relais qui durera quatre jours et traversera cinquante villes.

Lundi 26 août, je rejoins Michaël et Thierry en fin de journée pour assister ensemble à la répétition de la cérémonie d'ouverture paralympique. La place de la Concorde a pu être reconfigurée à temps grâce à l'ingéniosité et l'engagement total d'Édouard et de ses équipes. Quasiment seuls dans les tribunes, on se laisse embarquer dans l'univers d'Alexander Ekman. C'est un moment hors du temps, avec la météo d'été et le coucher de soleil qu'on aurait aimé avoir le 26 juillet.

Pendant longtemps, j'avais craint qu'on se répète entre les quatre cérémonies. Mais dès qu'Alexander Ekman nous a montré les premiers éléments de son spectacle, j'ai compris qu'il était en train de créer quelque chose de tout à fait singulier. Je lui ai dit qu'au-delà des performances sportives, l'enjeu de ces premiers Jeux Paralympiques d'été organisés en France était de changer notre regard collectif sur la différence. Je lui ai dit qu'on allait voir pendant onze jours de compétition toutes les formes de handicap et que je voulais que cela commence dès la cérémonie d'ouverture. Il a réussi.

Deux jours plus tard, le 28 août 2024, la lumière du soleil couchant accompagne le défilé des athlètes qui débute sur les Champs-Élysées devant les 15 000 personnes venues les accueillir. Lucky love et sa performance sur « *My Ability* », les Phryges qui font le show, Redcar et son interprétation de « Non, je ne regrette rien », les danseurs, la *Marseillaise* de Victor Le Masne… Cette cérémonie, c'est celle que je savoure le plus. Sans le besoin de devoir faire mes preuves, sans le calvaire de la pluie. Tout le monde est heureux de retrouver les Jeux.

C'est Florent Manaudou, l'un des athlètes olympiques les plus engagés pour promouvoir les Jeux Paralympiques, qui fait le lien entre le relais olympique qui a débuté à Marseille et celui qui se termine ce soir. Il apporte la flamme place de la Concorde et la transmet à onze autres légendes paralympiques françaises et internationales : Michaël Jérémiasz, Assia El Hannouni, Christian Lachaud, Béatrice Hess, Bebe Vio, Oksana Masters, Markus Rehm, Alexis Hanquinquant, Nantenin Keita, Charles-Antoine Kouakou et Fabien Lamirault – tous champions paralympiques, certains plusieurs fois. Leurs noms ne disent peut-être pas grand-chose aux spectateurs et téléspectateurs de la cérémonie ce soir… Notre objectif est de les mettre à l'honneur pour que ce ne soit plus le cas le 8 septembre.

Le lendemain, je suis au vélodrome de Saint-Quentin-en-Yvelines quand la cycliste Marie Patouillet décroche la première médaille de la délégation tricolore au 500 mètres contre-la-montre. Dans les tribunes, les meneurs d'ambiance du carré des supporters sont toujours là et l'ambiance est aussi survoltée.

Je vais ensuite à la Paris La Défense Arena pour assister aux épreuves des nageurs Alex Portal et Ugo Didier. Là-bas aussi, la magie des Jeux est intacte, peut-être même encore plus forte. J'essaie d'imaginer ce que ces nageurs qui n'ont jamais connu que des bassins quasiment vides, doivent ressentir dans une enceinte avec 17 000 spectateurs en folie.

Le nageur brésilien Gabriel dos Santos Araújo, qui est né sans bras et avec des jambes atrophiées, et que tout le monde surnomme *Gabrielzinho*, est là. Beaucoup de Français l'ont découvert dans le documentaire *À corps perdus* diffusé par France Télévisions quelques jours auparavant. Il remporte la première médaille d'or du Brésil à l'issue de la finale du 100 mètres dos et la célèbre avec une danse qui achève d'enflammer l'Arena.

Rapidement, les équipes de Paris 2024, les médias et les réseaux sociaux racontent tous la même chose : les mêmes sites spectaculaires, la même ambiance complètement folle, les mêmes soirées d'anthologie tous les soirs au Club France pour fêter les médaillés, les mêmes « Alerte médaille » d'Antoine Griezmann sur X…

Les gens ne sont pas venus voir les Jeux Paralympiques. Ils sont venus voir les Jeux de Paris 2024. Ils sont venus voir les enceintes iconiques du Grand Palais ou de la tour Eiffel, ils sont venus pour l'ambiance impulsée par les carrés de supporters. Mais, une fois sur place, ils ont tous été rattrapés par la puissance du sport et les performances des athlètes.

Ils se sont pris au jeu et ont rencontré leurs athlètes. Ils ont rencontré Tanguy de la Forest, cinq fois champion du monde en para tir mais qui s'était jusqu'à présent toujours arrêté au pied du podium pour ces cinq premiers Jeux, et qui réussit enfin à décrocher non pas une mais deux médailles paralympiques, en argent puis en or, pour ses derniers Jeux.

Ils ont rencontré les frères Portal et espéré que derrière Alex, Kylian, touche lui aussi le mur dans les trois premiers lors de la finale du 400 mètres nage libre : oui, ils sont tous les deux sur le podium.

Ils ont rencontré Alexis Hanquinquant, qui franchit le premier la ligne d'arrivée du para triathlon installée sur le pont Alexandre-III après avoir dominé largement pendant toute la course.

Ils ont rencontré Aurélie Aubert, la 16e mondiale qui arrive à battre la numéro deux avec une fraîcheur qui conquiert tout le pays. Avant elle, aucun Français n'avait réussi à décrocher de médaille en boccia, ce sport d'adresse proche de la pétanque depuis son introduction au programme des Jeux en 1984. Je suis dans les tribunes quand Aurélie prend sa revanche sur la Singapourienne qui l'a battue 6-1 en phase de poules. J'ai rarement été aussi ému lors d'une compétition sportive, peut-être parce que j'ai rarement vu un athlète aussi heureux de gagner.

Ils ont rencontré Frédéric Villeroux et toute l'Équipe de France de cécifoot. Cette équipe qui leur a fait découvrir les olas silencieuses, l'ambiance unique d'un stade entier qui se tait pour laisser les joueurs entendre le bruit du ballon puis exulte dans les temps morts. Les Bleus du cécifoot qui battent les Argentins champions du monde en titre après un match à suspense jusqu'aux tirs au but, et qui vengent ainsi les Bleus du foot battus en finale de la Coupe du monde 2022 par l'Argentine. Tout ça aux pieds de la tour Eiffel. Ça aussi, c'était un scénario dont on n'aurait jamais osé rêver ! Le lendemain du match, tout le monde ne parlait que d'eux, et ça n'était jamais arrivé en France pour une épreuve paralympique.

La première semaine, les Français ont découvert leurs athlètes paralympiques en famille et entre amis. À partir de la deuxième semaine, le profil des spectateurs a un peu évolué. Dès le 3 septembre, les stades ont été envahis par des groupes d'enfants reconnaissables de loin par leurs chasubles fluos. On les croisait se tenant la main deux par deux aux abords des sites de compétition.

À l'origine, nos Jeux Paralympiques devaient avoir lieu du 21 août au 1er septembre, mais nous avons modifié leurs dates pour qu'ils puissent être à cheval entre la fin des vacances d'été, afin de faciliter la venue des spectateurs en famille et entre amis, et le début de l'année scolaire, afin de permettre aux enseignants d'y emmener leurs classes. Pour que toute une génération d'enfants, soit parce qu'ils auront pu aller aux Jeux avec leur famille ou leur classe, soit parce qu'ils en auront regardé des épreuves à la télévision, ne voient plus jamais le handicap de la même façon. Pour que des millions de futurs adultes associent le handicap à la performance, aux records, aux médailles, à la notoriété, à la fête.

★

8 septembre 2024. Quand le défilé des athlètes se termine et avant que la grande fête électro ne débute, vient le moment de mon dernier discours.

J'ai à peine commencé à parler quand j'entends une clameur retentir dans le stade. Avec l'écho de ma propre voix, je ne suis pas sûr de bien comprendre. Puis je distingue : « Tony ! Tony ! Tony ! »

Depuis le début des Jeux, tous les jours, des gens sont venus me voir sur les sites de compétition pour me remercier. J'étais à chaque fois immensément reconnaissant envers tous ces gens qui venaient me dire à quel point ils étaient heureux, à quel point ces Jeux les rendaient fiers, à quel point ils nous faisaient du bien à tous. Mais là, dans ce stade, 70000 personnes qui crient : « Tony ! Tony ! Tony ! », c'est presque trop grand, trop émouvant. J'essaie de contrôler mon émotion, de respirer, de me raccrocher au discours sous mes yeux. Ne pas perdre le fil, pour dire tout ce que je veux dire ce soir aux athlètes qui nous ont faits vibrer, aux Français qui ont redécouvert leur joie de vivre ensemble, aux volontaires, à la formidable équipe Paris 2024, et à tous ceux qui ont rendu ces Jeux possibles. Dire que ces Jeux auront été une nouvelle rencontre de notre pays avec lui-même, avec la France invincible.

★

Il est près de minuit quand la musique s'arrête. Ça y est, on l'a fait… On a réussi.

Jusque-là, je m'étais interdit de le penser, car tout pouvait encore se passer. Il pouvait y avoir un problème de sécurité, une panne, un incident technique… Tant que les Jeux n'étaient pas finis, je ne pouvais pas relâcher la pression.

Dans la tribune présidentielle, tout le monde s'attarde un peu. Je croise la maire de Paris. On ne se dit pas grand-chose de précis, on se prend dans les bras, on se remercie, on se dit qu'on l'a fait, qu'on est allés au bout.

J'ai quelques interviews à chaud dans la zone mixte, près de la scène. Une partie des spectateurs est encore là et se met à entonner : « Merci Tony, merci Tony ! » Ils n'ont pas l'air d'avoir envie de partir, moi non plus… J'ai envie de savourer le moment.

À l'issue des interviews, Anaïs, ma cheffe de cabinet, me propose de rejoindre l'équipe de la direction générale dans l'un des salons du Stade de France. Quand j'arrive, toute l'équipe est là. Ils ont mis de la musique et ont imprimé trois grosses têtes d'Étienne, Michaël et moi… comme les carrés de supporters le faisaient avec les têtes des athlètes français. Je ne sais pas comment ils ont trouvé le temps de faire ça en plus de tout ce qu'ils ont eu à gérer ces derniers jours, et en même temps, ça ne m'étonne pas d'eux. Ils sont une quinzaine, certains sont là depuis le début, certains sont arrivés en tant que stagiaires, mais tous ont pris de plus en plus de responsabilités au fil des mois et m'ont impressionné chaque jour par leur talent et leur engagement.

J'ai souvent dit dans les médias qu'on avait, à Paris 2024, bénéficié des meilleurs experts de chaque domaine pour livrer ces Jeux, et c'était vrai. Mais ce qui a fait notre force, c'est d'avoir, dans chaque direction, des jeunes hyper talentueux qui, par leur fraîcheur, leur mobilisation et leur créativité, ont déplacé des montagnes. Parmi ceux-là, il y a cette équipe qui a travaillé dans l'ombre d'Étienne, Michaël et moi, et nous a rendus meilleurs. C'est avec eux que j'ai envie de fêter la fin des Jeux.

★

Au lendemain des Jeux, je reçois les premiers bilans détaillés de la billetterie. Paris 2024 a vendu 2 575 855 billets paralympiques. Il s'est vendu plus de billets en para natation qu'en natation, plus en para athlétisme qu'en athlétisme… On peut, certes, l'expliquer par un nombre de billets mis en vente plus importants, grâce à un plus grand nombre de sessions et à moins d'espaces réservés aux officiels et aux médias, mais quand même : c'est fou ! Le record absolu d'affluence des Jeux de Paris 2024 n'est pas olympique, il est paralympique : samedi 7 septembre, dernière session de para athlétisme des Jeux, 67 500 spectateurs.

Ces chiffres s'ajoutent aux records de la billetterie olympique, avec plus d'un million de billets vendus rien que pour l'athlétisme, plus d'un million pour le basket, et une affluence historique pour le sport féminin : 66 000 personnes sur une session de rugby à sept, 26 000 en handball…

Après avoir battu le record du total de billets olympiques vendus – Atlanta 1996 le détenait depuis près de trente ans – Paris devient aussi l'édition ayant vendu le plus de billets au global, olympiques et paralympiques confondus : 12 132 647. Devant Londres 2012.

★

Depuis la fin des Jeux, pas une semaine ne se passe sans que quelqu'un ne m'interroge sur l'héritage de Paris 2024. Qu'est-ce qu'on va garder de cet été ?

Au-delà du village des athlètes et des équipements sportifs construits ou rénovés en Seine-Saint-Denis et dans toute la France, au-delà des 30 minutes d'activité physique à l'école et de toutes les mesures prises pour développer la pratique sportive, l'héritage le plus fort des Jeux, pour moi, c'est d'abord le souvenir des émotions que l'on a ressenties. Toutes ces émotions que des millions de gens ont vécues en famille, entre amis et à l'échelle d'un pays. Parmi ces émotions, il y en a une qui a une place à part : c'est la fierté.

Après la fin des Jeux, Lucie, l'une des jeunes pépites de la direction générale, m'a dit : « Tony, tu devrais aller jeter un coup d'œil sur tes réseaux sociaux… » Ça faisait longtemps que c'était elle qui les gérait. On échangeait ensemble sur les messages à poster, mais je n'allais plus lire les insultes que je recevais chaque jour. Après les Jeux Paralympiques, j'ai rouvert ma messagerie : « Fière pour mon beau pays la France », « Bravo Tony, vous nous avez rendus fiers d'être français », « Je n'avais jamais été aussi fier d'être français ».

Tous les messages se faisaient écho entre eux et disaient la fierté unique que les Français avaient ressentie. L'héritage le plus fort des Jeux, pour moi, il est là : on a rappelé aux gens tout ce dont leur pays était capable. Tout ce dont ils étaient capables.

L'héritage le plus fort des Jeux, pour moi, il est là, mais il est aussi dans la bouche d'Ernest. Ernest, c'est le fils de Johann, l'un des premiers à avoir rejoint l'aventure Paris 2024. Quelques semaines après avoir assisté aux Jeux Paralympiques avec ses parents, Ernest, qui n'avait pas encore quatre ans, a aperçu un homme en fauteuil roulant dans la rue. Il a dit à son père : « Papa, tu as vu, il y a un athlète paralympique. »

Continuons d'oser

L'histoire de Paris 2024 a débuté il y a plus de dix ans autour de Bernard Lapasset et des quelques-uns qui y croyaient avec lui. On a été 6, puis 50, puis 4000 et, quand Céline Dion s'est mise à chanter l'*Hymne à l'amour*, le soir du 26 juillet 2024, nous étions des millions.

C'est l'histoire d'une victoire collective. Celle d'un grand projet qui nous a obligés à travailler ensemble et à nous mettre au service de quelque chose qui nous dépassait.

C'est une histoire qui raconte bien plus que la construction d'une édition des Jeux, et c'est pour ça que j'avais envie de la partager. Au-delà des coulisses d'un projet à part, c'est une histoire qui raconte la France. Un pays qui doute souvent de lui-même, qui râle, qui s'invective, mais qui sait se rassembler quand ça compte.

Avec Paris 2024, notre pays a eu l'audace d'imaginer des choses qui n'avaient jamais été faites: les premières cérémonies d'ouverture des Jeux Olympiques et Paralympiques hors d'un stade, les premiers Jeux au cœur d'une ville, le premier marathon ouvert à tous, le premier Parc des Champions, les premiers carrés de supporters, la première vasque qui s'envole…

En mobilisant toute la créativité française, on a réinventé les Jeux et fait de la culture de l'inédit, notre identité. On a battu tous les records d'affluence, d'audience et d'ambiance.

Au moment où le monde entier nous regardait, on a redécouvert notre joie de vivre et notre capacité à accomplir de grandes choses. On a redécouvert la France qui chante, la France qui danse, la France qui se parle, la France qui s'aime.

On a été fiers. Fiers de nos athlètes, fiers de nos artistes, fiers de notre patrimoine, fiers de notre panache.

Le plus important, c'est d'avoir été fiers ensemble. Parce que c'est ce que l'on vit ensemble qui nous lie. À l'échelle d'une famille comme d'une Nation, ce sont les émotions partagées qui nous donnent ce sentiment d'appartenir à un groupe. Pendant ces quelques semaines de l'été 2024, hors du temps, on a tous vibré au même moment, devant les mêmes exploits et des millions de familles, d'amis, d'amoureux, de collègues, de voisins se sont créé des souvenirs communs pour toujours.

Paris 2024 était le défi de ma vie : le plus grand, le plus beau, le plus collectif. Ce que je retiens de cette aventure hors norme, c'est que le sport a le pouvoir unique de nous rassembler et que la France est capable de tout.

Continuons à essayer, à échouer, à se relever. Continuons à faire. Continuons à y croire. Continuons à oser.

★

Quand j'ai eu l'âge de jouer, j'ai joué grâce au sport. Avec mes frères, pendant toute notre enfance, tous nos jeux tournaient autour du sport. On en faisait en famille, on en faisait avec les copains du club, on jouait à imiter les champions, on se repassait en boucle les vidéos des compétitions… Tous mes meilleurs souvenirs de gosse, c'était du sport.

Quand j'ai eu l'âge d'apprendre, j'ai appris grâce au sport. J'ai appris à écouter la rivière, à lire les mouvements d'eau, à surmonter mes peurs pour pouvoir suivre mes frères, à m'adapter…

Quand j'ai eu l'âge de faire la fête, j'ai compris que les émotions du sport faisaient d'un groupe de gamins, des amis et d'un village, une équipe.

Quand j'ai eu l'âge de gagner ma vie, j'ai fait du canoë et je n'ai jamais eu l'impression de travailler, parce que c'était du sport.

Le sport m'a fait voyager et m'a ouvert les yeux sur le monde. Il m'a donné le goût de l'effort et du progrès.

Toute ma vie, je me suis construit grâce au sport, je me suis épanoui grâce au sport, et c'est à mon père que je le dois.

Il m'a fallu du temps pour comprendre la valeur de ce qu'il m'avait transmis, parce qu'il faut parfois devenir soi-même parent pour se rendre compte de ce qu'on nous a légué. Mon père n'était pas parfait, mais ce goût du sport qui vit en nous, c'est le plus beau cadeau qu'il nous ait fait à tous les trois, Aldric, Patrice et moi.

Il avait, lui, découvert le sport un peu sur le tard, après le lycée, et ça avait été une révélation. Il venait d'une famille d'agriculteurs qui avaient peu de loisirs, peu d'occasions de s'évader, et le sport lui était apparu comme un espace de liberté et de plaisir. Il avait commencé par faire de l'athlétisme, puis avait essayé le canoë et était rapidement devenu très bon. Il avait passé dix ans au sein de l'Équipe de France de canoë, été trois fois vice-champion d'Europe et quatrième aux championnats du monde.

Il m'a mis dans un canoë à quatre ans, comme mes frères avant moi, et m'a peu à peu fait découvrir tous les sports qui le faisaient vibrer. Pour lui, ce n'était pas seulement une descente à skis ou à VTT, c'était la meilleure école. On apprenait à être exigeants, à oser, à échouer, à persévérer, à s'entraider. On apprenait sans s'en rendre compte.

Avec ma mère, ils n'avaient pas beaucoup de moyens mais ils se débrouillaient toujours pour pouvoir nous acheter des vélos, des skis ou des canoës. On partait avec le break familial, on mettait le matériel sur le toit et on allait explorer les Pyrénées. Pour eux, c'était le meilleur moyen de nous créer des souvenirs ensemble.

Quand, avec Aldric et Patrice, on est montés sur nos premiers podiums, mon père a été immensément fier. Mais ce qui avait le plus de valeur à ses yeux, encore plus que les médailles, c'était d'avoir transmis à ses trois fils son amour du sport. Transmettre sa passion, c'était beaucoup plus que son métier, c'était sa raison d'être. Après avoir été professeur d'EPS pendant dix ans, il était devenu professeur de sport pour former des éducateurs sportifs et passait tout son temps libre à faire découvrir à d'autres tous les sports qu'il pratiquait. Il emmenait des novices en baptême de canoë, de ski, de VTT, de randonnée… Il le faisait dans le cadre de ses missions, dans le cadre du club de sport qu'il avait créé à Pau, auprès d'amis… Peu importait le contexte, peu importait le terrain de jeu ; ce que mon père voulait, c'était partager son amour du sport. À chaque fois qu'il arrivait à mettre quelqu'un au sport, c'était une victoire.

Quand je me promène à Pau, encore aujourd'hui, je continue de croiser des gens qui me disent : « Tu sais, c'est ton père qui m'a mis sur des skis », « C'est ton père qui m'a mis sur un vélo », « C'est ton père qui m'a fait découvrir le canoë », « C'est ton père qui m'a formé ». Son truc, c'était d'aller chercher des gens qui ne faisaient pas de sport et de leur faire ce cadeau. J'aimais l'accompagner dans ces excursions. J'aimais l'écouter expliquer les gestes à reproduire et voir les yeux des gens pétiller après leur première descente.

Quand mon père nous a quittés en 2005, sa disparition a laissé un vide immense dans notre famille et dans ce petit coin des Pyrénées où il avait joué un rôle à part.

À ce moment-là, mon frère aîné, Aldric, avait déjà commencé à marcher dans ses pas en devenant professeur d'EPS et Patrice venait de s'engager aussi dans cette voie. Moi, j'étais encore athlète ; je venais de remporter mon deuxième titre olympique. Je n'étais pas dans le partage, j'étais dans la performance.

Ensuite, on a chacun eu des enfants et l'histoire familiale s'est reproduite : les sorties en canoë dès l'âge de quatre ans, les excursions dans les Pyrénées, les mêmes paroles pour expliquer les mêmes gestes... À mon tour, j'ai voulu transmettre à mes trois fils l'amour du sport que m'avait offert mon père en cadeau pour la vie, et que mes frères avaient rendu si désirable. Je pensais en un sens que mon devoir de transmission s'arrêtait là.

Et puis, il y a eu cet été où toute la France s'est mise à vivre au rythme des Jeux. Cet été où des millions de gens ont redécouvert la force des émotions sportives, où on est devenus une seule et même équipe. En voyant les sourires des spectateurs dans les tribunes, j'ai repensé aux sourires de tous ceux qu'on avait emmenés en baptême dans les Pyrénées et j'ai pris conscience que, sans m'en rendre compte, j'ai donné à Paris 2024 le sens que mon père et mes frères avaient donné à leur vie. Qu'en sortant le sport de ses murs, en ouvrant le marathon au grand public, en voulant partager mon amour du sport, je n'avais fait que suivre la voie qu'ils avaient tracée devant moi.

« Tu disais que le sport révélait le meilleur de nous-mêmes et les Jeux ont révélé le meilleur de la France. Depuis l'été 2024, j'ai le sentiment de marcher dans tes pas. »

Remerciements

Pendant des années, on a dit que Paris 2024 était le plus grand projet collectif porté par la France : c'était vrai.

Ces Jeux n'auraient pas été un tel succès sans…

Les athlètes. Vous avez été la plus belle version de l'humanité et vous avez fait le succès de Paris 2024. Merci à vous tous et merci aux athlètes français d'avoir rendu fier tout un pays. Merci à toutes celles et ceux qui ont rendu vos performances possibles : les clubs, les ligues, les fédérations sportives nationales, l'INSEP et son réseau, l'ANS, vos entraîneurs, vos sponsors et tous vos proches.

Les volontaires. Vous avez été le sourire de ces Jeux, ceux sans qui ces Jeux n'auraient pas été aussi beaux. Merci.

Le public. Merci à toutes celles et ceux qui ont chanté, dansé, sauté, crié dans les stades, dans les fan zones, dans les rues, chez eux. Vous avez été plus que des spectateurs. Dès le premier jour, vous avez été des supporters et vous avez porté tous les athlètes. Merci en particulier aux membres du Club Paris 2024 et aux leaders d'ambiance.

Les membres du bureau de Paris 2024. **Anne Hidalgo**. Merci pour ton engagement sans faille pour faire revenir les Jeux d'été en France puis donner vie à notre ambition de Jeux ouverts et responsables. Des Jeux qui subliment Paris. Merci à toi, **Pierre Rabadan**, **Jean-François Martins** et toutes les équipes de la Ville de Paris. **David Lappartient**. Merci à toi et à toutes les équipes du CNOSF pour votre engagement et votre soutien sans faille et pour le record historique de médailles françaises qui a tellement compté dans le succès de ces Jeux. **Marie-Amélie Le Fur**. Tu nous as poussés à avoir une ambition toujours plus grande pour les Jeux Paralympiques, et tu as eu raison. Ce record historique de médailles françaises, c'est grâce à toi. Merci à toi et à toutes les équipes du CPSF. **Amélie Oudéa-Castéra**. Tu as mis toute ton énergie dans la dernière ligne droite et joué un rôle essentiel pour que l'État soit au rendez-vous des Jeux. Merci à toi et à toutes les équipes du ministère des Sports. **Valérie Pécresse**. Merci d'avoir fait de Paris 2024 un projet francilien. Merci d'avoir fait du défi des transports des milliers d'athlètes, de médias, d'officiels, et des millions de spectateurs, un enjeu personnel. Merci à toi et à toutes les équipes de la région

Île-de-France. **Stéphane Troussel**. La Seine-Saint-Denis au cœur des Jeux, les Jeux au cœur de la Seine-Saint-Denis, c'est à toi qu'on le doit ! Merci à toi et à toutes les équipes du département et à **Mathieu Hanotin**, président de Plaine Commune. **Patrick Ollier**. Tu as toujours été le premier à chercher des solutions. Merci à toi pour ton esprit d'équipe et pour ce magnifique Centre aquatique olympique et merci à toutes les équipes de la Métropole du Grand Paris. **Nicolas Ferrand**. Merci à toi et à toutes les équipes de la SOLIDEO. Vous avez réussi l'exploit de faire aboutir 70 chantiers dans le calendrier et dans le budget. **Michel Cadot**. Tu as été indispensable. Tu as coordonné l'action de l'État avec autant d'efficacité que de diplomatie. Merci à toi et à toutes les équipes de la DIJOP.

Les membres du conseil d'administration de Paris 2024. Vos décisions ont construit le succès des Jeux.

Les plus hauts représentants de l'État. **Emmanuel Macron**. Merci d'avoir fait de Paris 2024 l'une de vos priorités dès votre élection et d'être resté jusqu'au bout un soutien pour porter le plus haut niveau d'ambition pour ces Jeux. **François Hollande**. Dès 2012, vous avez été le premier à vous prononcer pour une nouvelle candidature aux Jeux. C'est vous qui avez engagé l'État dans la campagne pour Paris 2024. Merci d'y avoir cru. **Nicolas Sarkozy.** Merci pour votre soutien inconditionnel depuis le début de cette longue bataille pour gagner puis réussir ces Jeux. **Les Premiers ministres Jean-Marc Ayrault, Manuel Valls, Bernard Cazeneuve, Édouard Philippe, Jean Castex, Élisabeth Borne, Gabriel Attal et Michel Barnier**. Merci à vous d'avoir accompagné Paris 2024. **Merci à tous les ministres mobilisés pour le succès des Jeux**. Merci aux **ministres des Sports qui ont fait grandir ce projet**. À **Valérie Fourneyron**, qui a été la première à penser au rôle que je pourrais jouer dans ce projet. À **Patrick Kanner, Thierry Braillard, Laura Flessel, Jean-Michel Blanquer** et **Roxana Maracineanu** qui ont accompagné chaque étape du projet avec vision et conviction. Merci à **Gérald Darmanin**, qui a fait de la sécurité des Jeux une priorité absolue. Merci à **Laurent Nuñez** et à toutes les équipes de la Préfecture de police de Paris d'avoir rendu les Jeux sûrs et permis que la fête soit belle. Merci à **Marc Guillaume** et à toutes les équipes de la Préfecture d'Île-de-France d'avoir trouvé des solutions à toutes nos folies. Merci à tous les préfets des territoires hôtes des Jeux. Merci aux conseillers en charge du sport qui se sont succédé à Matignon et à l'Élysée, en particulier à **Cyril Mourin**, qui nous a accompagnés de 2017 à 2024.

Le mouvement olympique et paralympique. Merci au **CIO** de continuer, avec les Jeux, à rassembler toute l'humanité. Merci de continuer à les faire grandir à chaque édition. Merci à **Thomas Bach**, le visionnaire, et à **Christophe de Kepper-Vieujant**, le capitaine du navire. Merci pour votre confiance. Merci à **Pierre-Olivier Beckers** et **Christophe Dubi** de nous avoir accompagnés et soutenus à chaque étape pour donner vie à nos ambitions d'audace et de créativité. Vous étiez le CIO, on était Paris 2024, mais grâce à votre état d'esprit, on a formé une seule et même équipe. Merci à toutes les équipes du CIO et d'OBS. Merci aux **membres du CIO en France**. Merci à **Andrew Parsons** et à toute l'équipe de l'**IPC** : la révolution paralympique de la France n'aurait pas pu voir le jour sans vous. Merci aux **comités nationaux olympiques et paralympiques** et aux **fédérations sportives internationales**. Merci aux **comités d'organisation** qui nous ont précédés et nous ont inspirés. Organiser les Jeux, c'est participer à un grand relais et je souhaite le meilleur aux prochains, en particulier aux équipes d'**Alpes françaises 2030** et de **Los Angeles 2028**, nos meilleurs ennemis ;) **Merci à vous** d'avoir été des compétiteurs qui nous ont obligés à nous dépasser.

Les 85 entreprises partenaires de Paris 2024. Merci d'avoir donné vie à notre ambition, merci d'avoir rendu ces Jeux possibles. **François Pérol, Laurent Mignon, Nicolas Namias et toutes les équipes du groupe BPCE.** Vous avez été les premiers à croire en Paris 2024, vous avez ouvert la voie et votre engagement a fait la différence. **Jean-Bernard Lévy, Luc Rémont et toutes les équipes du groupe EDF**. Alimenter Paris 2024 en électricité renouvelable était un défi. Si on a pu le relever et diviser par deux l'empreinte carbone des Jeux, c'est grâce à vous. **Stéphane Richard, Christel Heydemann et toutes les équipes d'Orange**. Merci d'avoir été à nos côtés dès la phase de candidature et d'avoir permis à la première épreuve des Jeux ouverte au grand public, le marathon pour tous, de voir le jour. **Serge Weinberg, Paul Hudson et toutes les équipes de Sanofi**. Vous avez compris que le sport pouvait tout changer et fait de Paris 2024 un vrai projet d'entreprise. Les sourires de vos 2024 volontaires ont fait la différence. **Alexandre Bompard et toutes les équipes du groupe Carrefour**. Merci d'avoir mobilisé l'ensemble du groupe pour faire rayonner Paris 2024 partout en France. **Bernard Arnault, Antoine Arnault et toutes les équipes du groupe LVMH**. Merci d'avoir mis tout le savoir-faire des Maisons du groupe au service du rayonnement des Jeux et de nous avoir accompagnés dans nos projets les plus fous. **Sébastien Bazin et toutes les équipes du groupe Accor**. Dès la phase de candidature et jusqu'à l'accueil des athlètes et du monde entier au cours de l'été 2024, vous avez montré le meilleur de l'hospitalité française. Merci d'avoir été toujours à nos côtés.

Toutes celles et ceux qui se sont engagés à nos côtés. Les territoires hôtes, les 4 880 « Terre de Jeux 2024 », les associations d'élus et les collectivités qui ont accueilli le relais de la flamme : merci d'avoir fait rayonner Paris 2024 dans toute la France. Merci en particulier à Tahiti et ses présidents successifs, **Édouard Fritch** et **Moetai Brotherson**, dont l'engagement a permis d'organiser les premières épreuves olympiques en outre-mer. **Gérard Larcher, Yaël Braun-Pivet** et les parlementaires français engagés pour le succès des Jeux :

merci pour votre soutien. **Martin Fourcade** et l'ensemble des membres de la **Commission des athlètes de Paris 2024** : merci d'avoir porté la voix des athlètes. **Jean-Marc Sauvé** et l'ensemble des membres du **Comité d'éthique, Jean-Paul Bailly** et l'ensemble des membres du **Comité des rémunérations, Jacques Lambert** et l'ensemble des membres du **Comité d'audit, Gilles Bœuf** et l'ensemble des membres du **Comité pour la transformation écologique** : vous nous avez rendus meilleurs. **Michel Cymes** et le **Collectif pour une France en Forme** : merci de nous avoir accompagnés pour mettre plus de sport dans la vie des Français. **Geoffroy Roux de Bézieux, Dominique Carlac'h, Bernard Thibault,** et l'ensemble des membres du **Comité de suivi de la Charte sociale** ; **les ambassadeurs de Paris 2024 et toutes les personnalités engagées à nos côtés, les recteurs, responsables d'établissements et enseignants** engagés pour faire vivre la Semaine Olympique et Paralympique chaque année ; **les associations labellisées Impact 2024** : merci ! **Merci à toutes celles et ceux qui ont donné de leur temps, qui ont apporté des idées, qui nous ont soutenus.**

Toutes celles et ceux qui ont mis toute leur créativité au service de Paris 2024. **Thomas Jolly, Victor Le Masne, Maud Le Pladec, Daphné Bürki, Alexander Ekman, Mathieu Lehanneur, Leïla Slimani, Patrick Boucheron, Fanny Herrero, Damien Gabriac** et tous les artistes qui ont performé lors des cérémonies. Nos agences créatives. Les établissements culturels et toutes celles et ceux qui ont déployé l'Olympiade culturelle et fait vivre le lien entre sport et culture partout en France. Merci ! Merci à **Ugo Gattoni pour l'affiche officielle de Paris 2024, le premier diptyque olympique et paralympique de l'histoire des Jeux**.

Toutes celles et ceux qui ont livré les Jeux. **Les forces de sécurité, de secours, de transport et de santé**. Merci d'avoir protégé, transporté, secouru et soigné tous les spectateurs et tous les acteurs de ces Jeux. **Les 2500 entreprises prestataires de Paris 2024**. Merci d'avoir contribué à livrer ces Jeux avec exigence et créativité. **L'écosystème de la Seine**. Merci à toutes celles et ceux qui se sont mobilisés pour la cérémonie.

Toutes celles et ceux qui ont fait vivre les Jeux aux Français. Merci aux médias et à nos diffuseurs officiels : RMC, Radio France, WBD Eurosport et bien évidemment France Télévisions. Merci à vous !

Les pionniers. **Merci à Bernard Lapasset,** mon inspiration et mon guide. À **Denis Masseglia**. Paris 2024 est né chez toi. À **Brigitte Henriques**. L'idée du carré des supporters, elle est née avec toi. À **Emmanuelle Assmann**. « Jeux Olympiques et Paralympiques, les deux faces d'une même pièce » : c'était ton ambition et on a réussi à lui donner vie ! À **Jean-Paul Huchon** et **Francis Parny**, parmi les premiers à s'engager. À **Alexandre Mars**, pour ton engagement à nos côtés depuis le début ! À **Jean Castex**, notre premier délégué interministériel aux Jeux, notre Premier ministre pendant la crise sanitaire, puis notre interlocuteur à la tête de la RATP au moment de la livraison des Jeux. À chaque fois, tu as été un soutien sans faille pour Paris 2024. À **l'équipe du Comité de candidature** – à jamais les premiers.

L'armée bleue. **Les 4200 salariés de Paris 2024**, cette armée bleue que le monde a découvert le 26 juillet 2024 mais qui travaillait dans l'ombre depuis des années. Vous avez trouvé des solutions à tout, même dans les périodes les plus difficiles. J'en ai vu certains traverser des épreuves personnelles et garder pourtant toujours le même engagement sans faille et le même enthousiasme pour ce projet. Merci d'avoir été des « possibleurs » jusqu'au bout !

Merci aux directeurs et directrices de Paris 2024. Marie-Emmanuelle Assidon, Édouard Bardon, Capucine Bernet, Gladys Bézier, François-Xavier Bonnaillie, Argyris Caridakis, Carole Colin Kjaer, Thomas Collomb, Damien Combredet-Blassel, Pierre Cunéo, Olivier Debargue, Marie Depecker, Anne Descamps, Louise Dier, Édouard Donnelly, Clémentine Ducrocq, Marie-Catherine Ettori, Stéphane Fiévet, Jean-Philippe Gatien, Catherine Gié, Georgina Grenon, Dominique Hervieu, Anne Kelly, Grégoire Koenig, Lambis Konstantinidis, Romain Lachens, Fabrice Lacroix, David Lamy, Chantal Lasnier, Julie Lasnier, Frédéric Le Brun, Bruno Le Ray, Frédéric Longuépée, Sophie Lorant, Bruno Marie-Rose, Marlène Masure, Cyril Masurier, Julie Matikhine, Arnaud Mennesson, Éric Mérand, Aurélie Merle, Mathilde Meurisse, Laurent Michaud, Alexandre Morenon-Condé, Delphine Moulin, Grégory Murac, Viet Hung Nguyen, Bertrand Paquette, Soizic Picot-Pebereau, Anthony Piqueras, Gaël Pouyadoux, Damien Rajot, Thierry Reboul, Franz Regul, Thierry Rey, Joachim Roncin, Ludivine Roosebeke, Agnès de Saint Céran, Blandine Sorbe, Renaud Souhami, Julien Tassy, Maïa Virgin, Romain Voillemot, Pascal Wattiaux, Camille Yvinec. Vous avez traduit une vision en plans, des plans en opérations et des opérations en succès. Vous avez assumé les arbitrages budgétaires, tenu les timings, porté les risques et protégé les équipes. Merci d'avoir tenu la promesse de ces Jeux.

Merci à cette *dream team* EXE qui a été de tous les combats et m'a rendu meilleur. Merci en particulier à mon équipe rapprochée : Anaïs, Delphine, Lucie et Benjamin.

Merci à Étienne Thobois. On avait besoin du meilleur au monde : on a eu de la chance, il était français, et c'était toi. Tu as été le capitaine de cette armée bleue.

Merci à Michaël Aloïsio. Tu es l'architecte du succès de Paris 2024. Celui qui, dans l'ombre, a été le premier à y croire, a construit chaque étape et m'a fait grandir. Je sais ce que je te dois.

Merci à toi maman, pour tout.

Merci à vous mes frangins, pour tout le reste.

Merci à Aurélie… ma *partner in crime*
de cette folle épopée – je t'aime.

Merci à Titouan, Gabin et Léandre. Merci
de ne jamais m'avoir reproché mes absences.
Vous avez grandi en même temps que ce projet
et je suis tellement fier de ce que vous devenez.
Si j'ai tenu jusqu'au bout, c'est grâce à vous.

★

Ce livre n'aurait pas vu le jour sans

Camille Reinauld. Merci d'avoir trouvé les mots pour raconter cette histoire. Merci pour ces discours des cérémonies qui resteront gravés dans l'histoire de nos Jeux. **Michaël Aloïsio.** Ce livre n'aurait pas existé sans toi. Merci de m'avoir accompagné dans cette aventure comme dans toutes les autres. **Benjamin Brun.** Merci de m'avoir aidé à retracer le fil de cette histoire. Au-delà de ce livre, merci d'avoir été mon fidèle allié depuis 12 ans, dans toutes les galères comme dans les meilleurs moments. On a grandi ensemble et ce n'est pas fini… **Lucie Lardé**. La formule 1 de ma *dream team* – la plus jeune, la plus rapide, la plus efficace – infaillible sur tous les lieux, les dates et les chiffres qui ont nourri ce livre. **Philippe Robinet.** Merci pour ta confiance, ton accompagnement et ton humanité. J'ai eu la chance d'être guidé par le meilleur éditeur. Une vraie rencontre. **Toute l'équipe de Calmann-Lévy,** notamment Isabelle Giordano, notre premier contact, Éléonore Delair, éditrice, Sylvie Denis, maquettiste, Laly Bernard et Lara Debelle, assistantes d'édition, Camille Lucet, directrice générale adjointe, Valérie Taillefer, directrice déléguée et Anne Sitruk, secrétaire générale.

Composition et mise en pages Sylvie Denis

Achevé d'imprimer en octobre 2025
par CPI BRODARD & TAUPIN (72200 La Flèche)
pour le compte des Éditions Calmann-Lévy
21, rue du Montparnasse, 75006 Paris
commercial@calmann-levy.fr

PAPIER CERTIFIÉ

CALMANN LEVY s'engage
pour l'environnement en réduisant
l'empreinte carbone de ses livres.
Celle de cet exemplaire est de :
950 g éq. CO_2
Rendez-vous sur
www.calmann-levy-durable.fr

N° d'éditeur : 7634166/01
N° d'imprimeur : 3062463
Dépôt légal : novembre 2025
Imprimé en France.